本文集（全四卷）系河北省社会科学基金项目"《胡如雷先生全集》整理与研究"（批准号：HB23ZL001）结项成果

胡如雷文集

第四卷·抛引集 杂文篇

胡如雷 ◎ 著
阎荣素 ◎ 编

河北师范大学历史文化学院双一流文库

中国社会科学出版社

目 录

抛引集

关于发展马克思主义基本理论的几个问题	（3）
关于生产力与生产关系范畴的几个问题	（10）
试论"民族同化"及其机制	（19）
运用马克思主义理论研究历史的点滴体会	（25）
时代赋予历史学家的中心使命	（31）
历史与现实	（36）
运用"角色"原理研究历史人物的设想	（38）
试论社会主义史德	（43）
一个值得努力研究的重大史学课题	
——人类历史上的社会发展效益问题	（51）
试论中国封建社会的土地所有制形式	
——对侯外庐先生意见的商榷	（69）
关于中国封建社会形态的一些特点	（82）
论"东方土地国有制"与中国的封建土地所有制	（111）
如何正确地理解封建主义生产方式	（122）
谈谈研究封建社会经济史的一个方法论问题	
——如何看待典型性的问题	（131）
略谈中国古代的国家体制	
——统一、集权、专制	（138）

"让步政策"是客观存在的 …………………………………………（144）
关于唐代韩柳之争的几个问题 ……………………………………（151）
几件新疆出土文书中反映的十六国时期租佃契约关系 …………（168）
历史研究法刍议 ……………………………………………………（176）
漫谈治学 ……………………………………………………………（186）
瞻前顾后　左顾右盼 ………………………………………………（194）
读《汪篯隋唐史论稿》兼论隋唐史研究 …………………………（197）
《中国农民战争史》（隋唐五代十国卷）读后 ……………………（203）
回顾在清华大学历史系学习生活片断 ……………………………（208）
附录　关于"史学危机"的思考
　　——访胡如雷教授 ……………………………………………（215）
后记 …………………………………………………………………（220）

杂文篇

甲午以前的军需工业 ………………………………………………（225）
试论秦汉以后我国封建社会经济外的强制 ………………………（236）
关于我国封建社会经济规律的几个问题 …………………………（247）
应该严肃正确地理解和引用马克思列宁主义经典理论 …………（260）
怎样研究隋唐五代史 ………………………………………………（267）
对出版古籍的几点建议 ……………………………………………（274）
建议出版三种《一切经音义》 ……………………………………（276）
中国历史学四十年 1949—1989
　　——隋唐五代史 ………………………………………………（277）
中国古代史导读
　　——隋唐五代史部分 …………………………………………（297）
知识竞赛的新世纪 …………………………………………………（357）
《升平源》的真伪辨析 ……………………………………………（359）
哲学、思想与史学的关系 …………………………………………（365）
《唐末农民战争战略初探》序言（二）……………………………（370）

怀念张老 纪念张老 …………………………………………（373）

附录 胡如雷先生论著目录编年 ………………………………（380）

编后记 …………………………………………………………（395）

拋引集

第15站

关于发展马克思主义基本理论的几个问题

自从有人类以来,世界上任何事物都有一个由产生到发展的过程,在这种过程中都会发生由简单到复杂、由粗糙到细致、由不成熟到成熟、由不完备到完备的变化。马克思主义的基本理论必然也要经历这样的过程和变化,今天的理论工作者必须以这样的态度和眼光看待以往经典作家所取得的成就,以便为理论工作的明天做出新的贡献。

国际工人运动迫切要求马克思列宁主义的基本理论取得新的发展。资本主义国家的无产阶级,要求从理论上回答怎样认识目前所处历史阶段的革命形势问题;社会主义国家的工人阶级,要求从理论上回答无产阶级取得政权以后如何在政治上、经济上进行社会主义建设的问题,而且社会主义国家的成就越大、优越性显示得越明显,对资本主义国家的工人运动也越能起示范作用,助成革命斗争的高涨。

自从马克思主义在19世纪中叶诞生以来,无论是资本主义社会还是工人运动本身,都取得了长足的进展,呈现出前后相承的若干阶段性特点,现在人类正面临着历史发展的新阶段,在这种关键时刻回顾一下马克思主义和工人运动并进行总结和发展理论,不但条件已经具备,而且是非常有现实意义的。

受历史的局限,过去认为只有经典作家和革命导师才有资格和条件发展马克思主义,有些人甚至已经做出了理论上的巨大贡献也难以领受发展马克思主义的桂冠,至于其他理论工作者当然就更不在话下了。经典作家都已相继逝世,目前在理论战线上思想非常活跃,各国的马克思主义理论家正在从不同的角度进行创造性探索,我国建设和革命的经验、教训和当前的任务也促使理论工作者摆脱了"左"的束缚,能够进行深入的研究。在这种形势下，不能设想等到新的经典作家诞生以后再发展马克思主义，应当承认现在是"人皆可以为尧舜"的时代，当今的工人运动领导者和理论工作者是完全可以做出一定贡献的。

从哪些方面进行研究和探索呢？个人的粗浅考虑，重点问题似乎可概括为以下几个。

一　关于资本主义国家发展新阶段的问题

列宁所写的《帝国主义是资本主义的最高阶段》一书，为马克思主义基本理论增添了新的内容。这部名著指出，资本主义国家已经在19世纪末20世纪初发展到了一个新的阶段，显示了一系列新特点，并且根据帝国主义各国发展不平衡的理论指出社会主义革命可以在一国内首先爆发和成功。正是由于这些理论掌握了亿万群众，转化成了物质力量，所以发生了"十月革命"。

但是《帝国主义是资本主义的最高阶段》这部经典著作写成于1916年，从那时到现在又经历了近70年，很显然，自从第二次世界大战以后，尤其从60年代开始，各国经济先后起飞以来，资本主义世界又发生了很多新的变化，出现了一系列新特征，而这些概属列宁所未见，也不可能为帝国主义的五大特征所概括，甚至有的同原有的特征很不相同。譬如："新技术革命"和所谓"信息社会"给资本主义世界带来了一系列深刻的影响，使其经济、政治都发生了量变基础上的局部质变，虽然还不足以从根本上改变社会制度，但这种变化是非常深刻的，其意义不见得小于从自由竞争阶段发展到垄断阶段的变化。再如跨国公司、欧洲经济共同体这种超越国界的资本主义经济实体，也是20世纪初根本不存在的，它对资本主义世界经济发展的影响，决不比资本输出在19世纪末出现时为小。再举一例，20世纪的黎明时期，殖民地已经被帝国主义列强基本上瓜分完了，但是在第二次世界大战以后，原有的殖民地在政治上纷纷独立，它们虽然作为第三世界还在处于被第一世界、第二世界剥削的地位，但资本主义国家不再是依靠"船坚炮利"和派遣总督去征服和奴役这些国家，而是利用自己拥有的科技先进的优势，采取技术输出的方式，剥削落后国家，甚至部分的商品输出、资本输出也是附于技术输出的骥尾。很显然，在这种条件下，第三世界的国家要想真正取得经济上的独立，就必须首先在科技上独立；而如果要在科技上独立，就必须首先发展教育、培养自己的人材。单纯依靠引进技术毕竟只是权宜之计，必须引进与自力更生并举。因此，教育改革在世界范围内引起了普遍的重视，它不仅是先进的资本主义国家间经济竞技场上的一场殊死战，也是新形势下第三世界国家反剥削、求生存的一场生死攸关的战役。在经济学方面，尤其在国际经济领域，个人完全是门外汉，如果内行专家研究这些问题，恐怕会发现很多资本主义社会的新特征。我们应当运用列宁分析帝国主义特征的立场、观点和方法研究当前的资本主义世界，却不能以"腐儒死章句"的态度看待那五大特征。

目前在理论界和群众中经常遇到提出的下列问题：资本主义世界的科学技术正在突飞猛进，科学技术是生产力，那么在这些国家生产力同生产关系的矛盾尖锐吗？资本主义国家是否处于垂死的前夕？它们的发展前景是什么？为什么那里的工人运动处于革命低潮阶段？无产阶级的革命运动将怎样发展？当前应当采取什么策略？要想回答这些问题，仅仅引用一些经典著作中的语录和单纯进行解释性工作，已经远远不够，只有认真研究资本主义世界当前阶段的新特征，做出令人信服的科学结论，才能产生理论的力量，并为工人运动指出斗争的前途和策略。

二 关于总结社会主义国家政治、经济建设中正反两方面的经验和教训

马克思和恩格斯除了亲眼看到了昙花一现的巴黎公社，对建立无产阶级国家略事总结以外，基本上没有这方面的实践，所以关于社会主义国家只能粗略地描绘一个大致轮廓，不可能在理论上做出更多的、更具体的和更深刻的概括。列宁在"十月革命"后经历的时间也不长，而且忙于应付当时所面临的外国武装干涉及国内很多紧迫任务，更没有看到

社会主义国家以后取得的经验和所犯的严重错误，所以也不可能在这方面进行更全面的总结。斯大林本人犯过一些错误，由于当局者迷及严重的个人崇拜，他自己也很难客观地、正确地对待这些问题。在国外，不仅50年代爆发过"匈牙利事件"，而且今天有的国家竟然发生了阶级同党的对抗，反映出来的问题也很严重。现在几乎大多数社会主义国家都在进行体制改革，原因在于普遍发现了严重缺陷：有的国民经济各部门比例失调，需要理顺；有的按劳分配原则贯彻得不彻底，局部地为按工龄分配所取代；价值规律普遍违反，形成了价格扭曲；官僚主义在部分国家成为流行的瘟疫，还产生了以权谋私的官吏……总之，从巴黎公社到现在一个多世纪，可以总结的成功经验很多，从失败和挫折中吸取的教训也应当正确对待，问题的关键是要对这些进行系统的总结，并使经验和教训上升为理论。对历时仅仅60多天的巴黎公社，马克思尚且能够当时就进行总结；对近百年的社会主义建设、革命经验进行事后总结，就更是义不容辞的事了。现在总结有一个非常有利的条件，就是今天的各国无产阶级领袖及理论工作者中已经有相当一部分人头脑冷静，过去没有发现的问题现在发现了，过去看不清的问题现在看清了，过去不能说的话现在已可以说了。

马克思和恩格斯对巴黎公社经验进行总结时曾经指出，"为了防止国家和国家机关由社会公仆变为社会主人"，"公社采取了两个正确的办法。第一，它把行政、司法和国民教育方面的一切职位交给由普选选出的人担任，而且规定选举者可以随时撤换被选举者。第二，它对所有公职人员，不论职位高低，都只付给跟其他工人同样的工资"。现在回过头来考察七八十年来的历史，很多问题都是由于没有很好贯彻这两条原则造成的。在理论上和形式上，没有人反对公民的普选权和罢免权，但采取什么具体措施才能使之真正行之有效？为什么在普选制下竟然会产生终身制呢？这正是须要探讨和解决的问题。在实行按劳分配的原则下，国家干部与工人间的工资必然有差距，不可能完全相等；但差距多大才既符合公社原则，又符合按劳分配原则呢？这也是须要探讨的问题。解决这两方面的问题，就会使马克思、恩格斯的理论由粗糙走向细致，由抽象走向具体，由朴素走向丰富。

三 发展社会主义国家党的建设的理论

马克思和恩格斯的时代，无产阶级的政党尚未执政，他们不可能过多地考虑执政党的组织建设问题。布尔什维克同孟什维克发生分裂的时候，列宁在党的组织原则上做出了新的贡献。毛泽东在一些著作中，刘少奇在《论共产党员修养》中都在党的思想建设方面有创见。但大多是强调从事正面的思想教育，很少谈到党变成执政党以后怎样防止追求私利的人混入党内及采取什么有效措施防止部分党员和干部蜕变的问题，因此这个问题是尚待探讨和解决的重大课题。

在资本主义社会里，无产阶级尚未掌握政权，一般愿意入党的人，都是出于接受了马克思主义理论，不满旧社会人剥削人的不平等现象；至于入党以后，则随时可能受到敌人的迫害，甚至献出宝贵生命，根本无私利可图，他们经常处于考验之中，由于不断进行严酷斗争而得到锻炼。到无产阶级掌握政权以后，党的地位发生了本质的变化，执政党的地位带来了以下两方面的问题：一方面是如何对待权力以及怎样防止被权位腐蚀的问题；另一方面是怎样防止伪装成革命者的野心家及着意谋取私利的人混入党内的问题。前一类人，林彪和刘青山、张子善是其代表；后一类人，在日常生活中随处可见。

过去几十年中通常强调思想教育，这当然非常必要；但毕竟教育不是万能，尤其对那些明知故犯的人，不采取组织措施，单纯的教育根本无济于事。这些蜕化变质的分子和混入党内的野心家都有一个共同的特点，就是伪装成正人君子，对上对下两种态度，所以受骗上当的往往是上面的领导，他们的本质在群众的心目中往往是一清二楚的。为了纯洁党的队伍，关键问题在于走群众路线，然而把走群众路线看成作风问题就难以保证，因此应当建立一套实行群众路线的组织措施，才能解决问题。在这方面，列宁的榜样是值得学习的，他同孟什维克的分歧，就恰恰产生于对组织原则的不同主张，而不是由于对党员教育方面有什么不同看法。至于采取什么措施和手段识别骗子和野心家，用什么办法在新的条件下对干部和党员进行考验，是一个须要在实践中继续解决的问题，只有在实践中取得了经验，才能在理论上加以概括，丰富马列主义组织建设理论的武库。

党际关系也是一个应当从理论上进行总结的问题。马克思、恩格斯的时代，列宁的时代，不但党内斗争复杂，各国党之间也产生过不少分歧和斗争，现在冷静地回顾国际共产主义运动史，是否应当总结：哪些斗争是必要的、应当的，取得了哪些经验；哪些斗争是不必要的或过火的，应该吸取什么教训；各个党之间的正确、健康的关系应当建立在什么样的原则基础之上。斯大林逝世以后，各国党之间关系更加复杂化了，走过来的道路异常曲折。在这方面从理论上进行总结，已经具备了一定的条件，如果做出新贡献，对当前及今后的国际共产主义运动也是利莫大焉。

四　继续吸收资产阶级学者的"合理内核"丰富马克思主义

马克思主义从创建开始，就是一个开放的理论体系，一贯不拒绝资产阶级学者所发现的真理，哪怕是局部真理，并且把它们先后吸收到自己的理论体系中来。列宁曾经指出："在马克思主义里绝没有与'宗派主义'相似的东西，它绝不是离开世界文明发展大道而产生的固步自封、僵化不变的学说。恰巧相反，马克思的全部天才正在于他回答了人类先进思想已经提出的种种问题。他的学说的产生正是哲学、政治经济学和社会主义的最伟大代表的学说的直接继续。"

难道自马克思、恩格斯逝世以后，资产阶级学者就再也没有创造出类似黑格尔、费尔巴哈所创造的理论上的"合理内核"吗？显然不是这样。既然如此，我们就应当继承马克思、恩格斯的传统，继续通过"扬弃"，把它们吸收到马列主义的理论体系中来，不能以"宗派主义"的态度对待这些"内核"，不应当使自己"离开世界文明发展的大道"。

翻开恩格斯的《自然辩证法》和《反杜林论》这两部经典著作，其中涉及自然科学的部分所举的例子，水平超不过今天高中理科的教科书所包括的内容。从20世纪初到现在，人类文明进入了一个新阶段，已经提出了"知识爆炸"的问题。科技的发展既影响生产力和人们的思想意识，也通过方法论影响哲学，系统论、控制论、信息论关于渐变突变的理论，关于认识论的理论，有很多都是客观世界运动规律的科学总结，符合唯物主义的原则，但是截至目前，把这些新结论、新成果加以改造和"扬弃"，进一步丰富马克思主义哲学武库的工作还没有认真进行。应该看到，这是一个非常迫切的任务。

尽管世界上出现了不少新的有价值的理论和结论，但就理论体系而言，还没有一个比马克思主义的体系更完整，水平更高。但是如果不把这些新的"合理内核"加以吸收和消化，就会使马克思主义显得落后于时代，甚至在某些人中产生马克思主义已经过时的错误看法。把这项工作做好了，马克思主义就会以崭新的面貌出现，显示出更加强大的理论力量，掌握世界上的亿万群众。我们之所以说这是一项"迫切"的任务，原因就在这里。

回顾马克思、恩格斯逝世以后将近一个世纪的情况，在这方面实际上存在不同程度的封闭化和"宗派性"，究其原因，盖同"左"的思想与教条主义倾向有关。在这种思潮和倾向的影响下，经典作家没有讲过的东西不敢讲，自然不敢创树新颖的理论；资产阶级学者的东西不敢去沾边，只能连小孩带洗澡水一起泼掉。因此，要想在这方面丰富马克思主义基本理论，须要具有解放思想和实事求是的精神，须要克服"左"的思想和增强理论的勇气。

综上所述，今天从事发展马克思主义基本理论的工作，既有需要，也有可能，只要国际工人运动的领导者和马克思主义理论工作者破除迷信，解放思想，开动思维机器，实事求是地大胆探讨和研究，一定可以做出重大的贡献，并由此把世界无产阶级革命运动推向前进。

（原载《社会科学评论》1986年第4期）

关于生产力与生产关系范畴的几个问题

马克思主义历来肯定，社会生产在人类历史发展中起决定性作用，而生产力同生产关系即社会生产的基本因素。二者间生产力是最革命、最活跃的成分。所谓人民群众是历史的创造者，也是就他们从事社会生产和进行阶级斗争而言的。但是多年以来，史学工作者和哲学工作者，存在重生产关系而轻生产力、重阶级斗争而轻生产斗争的研究倾向，并且在有关生产力的问题上存在争论，至今未彻底解决。因此，今天从探讨生产力出发来全面分析这些历史唯物主义的基本理论，仍具有现实意义。本文仅提出几个方面的问题，就正于大家。不妥之处，在所难免，尚乞专家与读者不吝示教。

一

解放初，大家学习历史唯物主义过程中，只知道经济基础决定上层建筑，至于经济基础是仅包括生产关系呢？还是也包括生产力呢？思想上并不明确。后来斯大林发表了《马克思主义与语言学问题》及《苏联社会主义经济问题》，似乎只有生产关系才能算作经济基础的论点占了绝对优势，普遍认为生产力不能直接作用于上层建筑，只有通过生产关系的中介，才能使折光达于后者。但另一方面，也始终有个别理论工作者认为生产力亦应属于经济基础范畴。所以问题并没有得到解决，现在仍有旧话重提的必要。

马克思主义经典作家之所以把社会形态构成的要素区分为基础和上

层建筑，目的就在于：首先，明确经济基础是第一性的，上层建筑是派生的，第二性的；其次，肯定上层建筑也能对经济基础发生反作用。在这一意义上，如果生产力不能直接作用于上层建筑，对后者直接起作用的只有生产关系，那么把生产力排斥在经济基础范畴之外也未始不可。问题的关键是这样的论点经不起历史和社会现实的检验，因为生产力有时在某些场合和条件下，确实也能对上层建筑起直接的作用。

在阶级社会中，人的意识具有阶级性，而这一点与生产关系直接有关，很难把它同生产力直接挂起钩来，这确实是事实。但不可否认，某些社会的习俗、审美观点却同生产力密切相关，并不取决于生产关系的状况怎样，因为决定人们的思想意识的因素除了经济利益以外，还包括生活方式，而生活方式怎样，既与生产关系有关，也与生产力及从事生产的形式有关。同样处于原始社会，一个部落从事渔猎生产，一个部落从事畜牧业生产，就生产关系而言没有什么区别，但二者间的生活方式却有明显的差别，从而其习俗和观念也不可能完全相同。在相同的封建生产关系下，山区的农民同平原的农民由于单纯的生产环境不同，也会产生彼此意识上的差别。普列汉诺夫在《没有地址的信》中列举了下列事实：有的"野蛮人"用虎的皮、爪和牙齿或野牛的皮和角来装饰自己，非洲许多部落的妇女在手上脚上戴铁环，作为装饰品。这种不同的美感显然来源于前者从事狩猎，后者正处于"铁的世纪"。再如布什门人（南非的一个原始民族）和澳洲土人从来不用花来装饰自己，这是由于狩猎的民族在其装饰品中"完全没有植物"。普列汉诺夫根据大量事实得出结论："艺术发展是和生产力发展有着因果联系的，虽然并非总是直接的联系。"[①] 再如阿尔温·托夫勒《第三次浪潮》及约翰·奈斯比特《大趋势》的研究和预测，随着信息传播技术的进步，资本主义生产关系不发生根本变革的条件下，社会政治决策制度、政权结构、家庭生活及人们的意识都将发生明显的变化，而且不少变化现在已见端倪。这同样说明技术的进步也可以直接作用于政治领域或意识形态领域。

---

① ［俄］普列汉诺夫：《论艺术》，曹葆华译，生活·读书·新知三联书店1973年版，第10、11、12、32、114页。

近年来我们认识到,科学技术也属于生产力,尽人皆知,哲学思想属于意识形态范畴。人类唯物主义思想的产生和发展往往与科技发展水平有关,后者是前者的前提条件之一,且后者对前者的作用也是直接的,并不完全通过生产关系的中介。

上层建筑对经济基础的反作用,其中有一部分须要通过生产关系的中介间接地体现于生产力,但同时也应当承认,意识形态、政策等直接对生产力发生反作用的情况是存在的。封建王朝横征暴敛的政策同轻徭薄赋的让步政策,对历代生产力发生的不同作用,是再明显不过的了。欧洲文艺复兴时期的人本主义思想对科学技术进步所起的作用,也是直接的,显而易见的。类似的例子不胜枚举。

社会主义社会中,政治理论、文学艺术、哲学思想都能直接作用于工人和农民,影响他们的劳动积极性,提高其创造性。教育作为上层建筑,能直接提高工人、农民的文化水平和技术水平,对提高生产力也能起直接的作用。甚至在今天的资本主义世界,也出现了"以教育立国"而终于形成经济大国的实例。

既然生产力同上层建筑之间,既存在间接的、也存在直接的作用和反作用,就不应当把生产力排除在经济基础之外。因此,经济基础既包括生产关系,也包括生产力。

二

近来,在经济体制改革的过程中注意学习西方的管理方法,因而在经济理论界发生了争论,有的学者认为经济管理属于生产关系范畴,有的学者认为属于生产力范畴,可见这一分歧牵涉到历史唯物主义的基本理论,应当从哲学的高度加以辨明。个人作为经济史工作者,愿在这里谈谈粗浅的、极不成熟的看法。

在不同的社会形态中,由于生产关系的本质不同,经济管理的方式随之产生差异。所谓管理,必然体现管理者同生产者间的关系,即人与人之间的关系,而在以私有制为基础的阶级社会里,占有生产资料的阶级及其代理人肯定居于管理者的地位，所以管理必然体现剥削者同被剥削者的关系。随着剥削关系的不同，管理方式和方法也就不完全一样。譬如奴隶社会的奴隶主是以棍棒和鞭子管理生产者，强迫奴隶从事集体劳动；封建地主是以份地制或租佃制的方式经营地主经济，农民则从事个体生产；资本主义社会的资本家虽然也经营大生产，但使用的却是不同于奴隶的雇佣工人，因而与奴隶主的管理方式有本质的不同。在这种意义上，经济管理无疑具有生产关系的性质。不同社会的经济管理方法对生产力也发生明显的作用，如封建社会的生产力水平高于奴隶社会，资本主义社会的生产力水平高于封建社会，但管理是通过生产关系的中介作用于生产力的，它本身并不就是生产力。

在看到此点的同时，也应承认，经济管理也还有属于生产力范畴的一面。为了说明此点，试举资本主义萌芽时期的包买主管理与手工工场主管理为例。在包买形式的高级阶段，包买主向分散的手工业生产者不但包销产品，而且提供生产工具和原料，生产者的所得相当于包买主所付的工资。在工场手工业管理形式下，手工工场主提供生产工具和原料，手工业工人领取工资，产品全部归手工工场主所有并加以出卖。就生产关系而言，这两种管理方式所体现的生产关系基本相同，但在两种不同的管理方式下生产力水平却发生了霄壤之别。在包买主的管理下，手工业者是进行一家一户的个体生产，家内劳动者间分工水平极低；但把数十名手工业者集中到手工工场中后，作坊内部之分工水平就大为提高了，总体大于局部之和，所以生产力不能同包买形式下者同日而语。

中国封建社会地主通过租佃制管理地主经济，但在分成制和定额租制下，农民的生产积极性是有高低之别的。当大稔之岁，后者比前者更有利于提高农民的生产积极性；值灾荒之年，情况就大相反了。租佃制本身是生产关系，但不同的租佃形式却也局部地具有生产力的性质。

在目前的经济管理体制改革中，承包、工资、奖金等方面的变化均涉及生产关系，但厂长能否用系统论的理论调整好各车间之间的分工配合关系，就不触动生产关系，却能明显地影响生产力，显然纯属生产力范畴。

如上所述，经济管理的性质是一个比较复杂的问题，有些内容属于生产关系范畴，有些内容纯属生产力范畴，也可能有一身而二任焉的交叉情况。明确这一点，对今天的改革具有现实意义。资本主义国家的生产关系同我国社会主义生产关系有本质的区别，但又都具有现代化生产的大工厂，西方的经济管理方法究竟能不能学习和引进？如何学习？学什么呢？个人觉得，凡属牵涉生产关系范畴的管理方法，可师法的东西很少，或者根本没有；凡仅属生产力范畴的管理方法，可师法的东西就比较多；凡属兼有两种范畴的管理方法，则须慎重对待，有分析地加以取舍。如果取其所不当取，就必然要犯错误，甚至造成混乱。简单的"拿来主义"是行不通的。

三

生产关系一定要适合生产力性质规律，是历史唯物主义的基本理论之一。随着生产力的发展，生产关系必然或迟或速地发生变化。这一理论放之四海而皆准，无须讨论。在这里打算探讨的问题是：生产力水平提高的过程中既有渐变，也有突变；生产关系发展的过程中同样也是既有渐变，也有突变；这两种突变点在时间上吻合吗？是否生产力的突变必然早于或同步于生产关系的突变呢？个人感到两种突变在时间上并不总是吻合，生产力的突变有时还迟于生产关系的突变。兹举数例以明之。

在原始社会，生产力发展的突变点是从旧石器时代向新石器时代的过渡，社会发展上的突变点是由原始群向氏族制的过渡。但母系氏族的出现却既不与新石器时代的到来同步，前者也不晚于后者，母权制氏族恰恰是在旧石器时代晚期诞生的。可见，这里是生产力的渐变引起了社会组织的突变。

资产阶级革命是从封建社会向资本主义社会过渡的突变点，生产关系发生了质变；在这一社会大变革前后，生产力发展的突变点是工业革命。但尽人皆知，尼德兰革命爆发于 16 世纪。英国资产阶级革命爆发于 17 世纪，迟至 18 世纪末 19 世纪初工业革命才姗姗而来。这是两种突变点不相吻合，而且生产力突变点晚于生产关系突变点的又一例证。

1917年的俄国十月革命是人类历史上社会变革的又一个突变点,中华人民共和国的成立是第三世界社会变革的突变点;在这些社会突变前后出现的生产力突变主要表现在原子能的利用、现代化信息传播技术、基因的发现等方面。但是尽人皆知,这些技术进步都晚于十月革命;尽管1945年已经爆炸过原子弹,但1949年中华人民共和国成立前原子能在我国还根本是全然陌生的。这再次说明生产力的突变与生产关系的突变点在时间上并不吻合,前者也并不一定先于后者。

由上述几例可知,尽管生产力的性质和水平决定生产关系,但常常是生产力在量变的时候就能引起生产关系的质变。这一说法如果能够成立,讨论中国古代史分期问题的时候就不必着意寻找那些生产力发展的突变现象,作为立论的根据。

四

前几年,史学界发生过一次关于历史发展动力问题的争论。一种意见认为,在阶级社会里,只有阶级斗争是推动历史的唯一动力;在中国封建社会,只有农民起义和农民战争才是唯一的动力。另一种意见认为,除了阶级斗争和农民起义是动力以外,劳动人民所从事的生产斗争也是动力。

既然两种意见都承认阶级斗争是推动历史发展的动力,剩下来的只是在生产力是否动力的问题上产生分歧。主张生产力也算动力的史学工作者认为,由于生产力的发展引起生产力同生产关系的矛盾激化,才导致了阶级斗争的尖锐化和农民起义的爆发,所以不能把生产力排斥在历史动力的范畴之外。主张阶级斗争、农民起义是唯一动力的史学工作者认为,当生产关系束缚、阻碍生产力时,恰恰是阶级斗争为生产力的发展扫清了道路,所以只能承认阶级斗争和农民起义是动力,生产力不能算动力。

这正如人们常常提出的一个开玩笑的问题:是先有鸡,还是先有蛋?从表面上看,日常生活中鸡每天都在生蛋,蛋也每年能孵化出鸡来,无从判断孰先孰后，要解决这个难题，必须放大目光，观察生物的发展过程，才能得到答案。与此相同，要解决历史动力问题，仅仅研究某一次阶级斗争和农民起义，就事论事地相争下去，是难于争出结论的。在这里也须要放大目光，观察人类历史的全过程，才能得到准确无误的答案。人类的黎明阶段，原始社会并不存在阶级和阶级矛盾，当然也就不存在阶级斗争，那么阶级斗争是怎样产生的呢？是由于生产力的发展同原始社会的生产关系发生了矛盾，出现了私有制和人剥削人的现象，才有了阶级对立和阶级斗争。原始时代，在没有阶级斗争推动的条件下生产力也在逐渐自行发展。因此，个人认为生产力的发展确实是推动人类社会进步的动力之一。结论是双动力。

双动力论的第二个理由是：不论是阶级社会和无阶级社会，历史前进都需要动力，没有动力的推动，任何社会都会停步，而历史像一条永无尽头的长河，每时每刻都在不舍昼夜地奔腾向前。既然如此，在原始社会和将来人类的理想社会——共产主义社会，历史前进的动力是什么呢？在没有阶级斗争的条件下，动力只能是生产斗争，因为如果否认生产斗争是动力，那就等于承认没有动力了。至此不觉要问：生产力在无阶级对抗的社会中是历史发展的动力，进入阶级社会以后仍然在起作用，为什么就丧失了作为动力的资格呢？显然，把阶级斗争说成唯一动力的理论是难以令人信服的。

在承认双动力的前提下，哪一个动力更具有根本性，更重要呢？我觉得就人类社会发展的全过程而言，生产力更重要，更具有根本性。这样说有两点理由：首先，原始社会有数十万年的历史，阶级社会才有几千年的历史，将来的共产主义社会又将经历一个极其久远的过程，与前后两个无阶级社会相比，几千年有如一个短暂的瞬间，所以阶级斗争作为动力推动社会前进，只发生在较有限的历史阶段，对人类社会发展的绝大多数时期，是无能为力的。其次，正如前面所说，由原始社会到奴隶社会，最初的阶级斗争是由生产力的发展引起的，以后每当社会变革和革命爆发的时候，生产力同阶级斗争的孰先孰后也应作如是观，那么当然生产力就比阶级斗争更带有根本性，更重要。众所周知，阶级斗争和农民起义是政治范畴，属于上层建筑；生产力发展引起生产关系变化，属基础范畴。根据唯物主义理论，哪一个是第一性的，哪一个是第二性的、派生的，不是很清楚吗？

以往，史学界着力于研究中国封建社会的农民起义，这是完全正确的，但由此却流于忽略研究劳动人民的生产斗争，并不免过度夸大农民战争的作用，对此值得进行反思。把农民起义和农民战争的作用孤立起来进行研究，就容易把起义前后的社会、政治变化单纯地全部归之于阶级斗争的推动，而忽略了某次起义之所以能起某些作用，不能起其他作用，是受客观条件制约的，并不是任意的。这里所说的客观条件，主要是指生产力发展水平及由此决定的生产力同生产关系的矛盾状况。譬如士族之走向衰落和最后退出历史舞台，大多归之于隋末、唐末两次农民战争之打击，但不禁要问，汉末的黄巾起义也打击豪门大族，西晋流民起义也打击士族，为什么门阀制度在打击声中逐渐形成，士族势力日益兴盛起来了呢？只有研究士族兴衰的物质条件，才能回答为什么只有隋唐时期的阶级斗争才能发生那样的作用。又如隋唐时期农民人身依附的减弱，有的论著也简单地归诸农民起义的作用，但不禁要问：汉代、两晋、北魏的农民起义也很多，为什么超经济强制不见削弱，在某些历史阶段反而有强化的趋势呢？显然，生产关系中的这种变化同生产力水平的提高有密切的关系，二者间如果不发生矛盾，单纯的农民起义是起不了这种进步作用的。历史任务只有当具备完成条件的时候，才会呈现于历史舞台之上，不具备成熟的条件，阶级斗争的威力再大，也是巧妇难为无米之炊。因此，不能因为把农民起义的动力作用过分夸大而不承认生产力也是历史发展的动力，应当把二者结合起来辩证地分析，才能解决问题。忽略生产力的动力作用，农民起义和阶级斗争作用的研究就会流于表面化，肤浅化。

五

根据历史唯物主义理论，大家承认只有人民是创造历史的动力。这里所谓人民，一般泛指劳动人民，即奴隶社会的奴隶和自由民，封建社会的农民和手工业者，资本主义社会的工人（包括产业工人和农业工人）。至多承认封建主在推翻奴隶制时、资产阶级在推翻封建制时也属于人民范畴，是否也算历史的创造者，就未必首肯了。科学家、教育家、精神财富的其他创造者的活动是否也是历史动力的组成部分呢？尚很少有人论及。

既然科学技术是生产力，教育和文化同生产斗争、阶级斗争有密切的关系，"创造"历史主要指上述两种斗争而言，那么结论必然是：凡属这些领域中做出杰出贡献的各种专门家，也都是历史的创造者，他们的专业性劳动也都属于历史动力的组成部分。

在通史读物和断代史论著中，关于生产技术的发明和创造，应当归于文化史部分呢？还是归于经济史部分呢？在处理此类问题时不是不存在混乱现象。应当怎样确定某项科技的归属呢？个人觉得应看它是否已经转化成了生产力。如果一项新技术最初发明时尚未在生产中应用，就应写入文化史、科技史；如果历史上第一次记载它时，已经在生产中应用了，就应写入经济史。

由此又想到，我们史学工作者对历史上科学技术如何转化为生产力的问题，研究得十分不够，探讨这类问题具有现实意义，也有利于以文化人类学的角度研究历史。譬如宋代发明了活字印刷，但却长期以来没有转化成生产力，用木、铜活字印成的书是稀世珍宝，直到明清始终盛行雕版印刷。至于铅活字印刷技术，并不是在活字印刷发明的故乡成长起来的，反而是"出口转内销"，在近代从西方传来的。为什么宋代的活字印刷术不能转化成生产力呢？转化的条件是什么呢？为什么这种技术西方能转化成生产力呢？这类问题都非常值得深思。

即令我国历史上的某些科技发明已经转化成了生产力，也还要研究，为什么有的转化得顺利，转化得快，有的却转化得步履艰难。

这几年现实生活中提出了这个问题，促使我想到历史上的转化课题。目前个人还未形成任何成熟的看法，只是在此抛砖引玉，希望有志于此的史学工作者能够留意此一课题。

（原载《河北学刊》1987年第3期）

试论"民族同化"及其机制

马克思在《不列颠在印度统治的未来结果》一文中说:

> 相继征服过印度的阿拉伯人、土耳其人、鞑靼人和莫卧儿人,不久就被当地居民同化了。野蛮的征服者总是被那些他们所征服的民族的较高文明所征服,这是一条永恒的历史规律。①

史学界通常把这种现象称作"民族融合"。但列宁在谈到"民族融合"时候却说:

> 正如人类只有经过被压迫阶级专政的过渡时期才能达到阶级的消灭一样,人类只有经过一个被压迫民族完全解放的过渡时期,即他们有分离自由的过渡时期,才能达到各民族的必然融合。②

这指的是阶级差别、民族差别在全世界彻底消灭以后的事,当然与我国历史上出现过的一再"汉化"是完全不相同的。所谓"汉化",实质上就是马克思所说的"同化"。

那么人们已经用惯了的"民族融合"是否还可以用来解释、描写不同民族文化之间的相互关系呢?窃以为用在北魏孝文帝的民族政策之类的史实上,未必合适,还是用"同化"或"汉化"准确,因为它的确符

---

① 《马克思恩格斯全集》第9卷,人民出版社1961年版,第247页。
② 《列宁全集》第22卷,人民出版社1958年版,第141页。

合马克思所指出的那条"永恒的历史规律"。也有的史学工作者认为"同化""汉化"是指统治者自上而下地贯彻的民族政策,"融合"是指各族劳动人民之间的"同化"。但这一界说有缺乏根据之嫌,而且尚未普遍为史学界所接受。个人在此提出一个不成熟的意见,即凡属一个民族的"文明"完全被另一个民族的"较高文明所征服"者,可以一概称之为"同化";凡属两个民族的"文明"互相渗透,其结果不是一个民族"文明"的被征服或消失,而是你中有我,我中有你,则不妨称之为"民族融合"。我之所以提出上述看法,是因为后一种情况在世界史上的确存在,阿拉伯人、土耳其人、鞑靼人和莫卧儿人在印度的遭遇同中国历史上的"汉化",并不是唯一的民族文化间的接触形式。马克思指出:

> 所有的征服有三种可能。征服民族把自己的生产方式强加于被征服的民族(例如,本世纪英国人在爱尔兰所做的,部分地在印度所做的);或者是征服民族让旧生产方式维持下去,自己满足于征收贡赋(如土耳其人和罗马人);或者是发生一种相互作用,产生一种新的、综合的生产方式(日耳曼人的征服中一部分就是这样)。在所有的情况下,生产方式,不论是征服民族的,被征服民族的,还是两者混合形成的,总是决定新出现的分配。[1]

西罗马灭亡后日耳曼人的"文明"同罗马"文明"相"混合",就是那种"民族融合"现象。黄烈同志研究魏晋南北朝的民族史时已经先于我而提出:"民族同化和民族融合的根本区别在于,前者是一个民族丧失了自己的民族特征而融解到另一个民族中去,后者是所有的民族都失掉各自的特征而溶铸为统一的新民族。"接着举出柔然就是由蒙古草原上多民族融合而成的新民族以为例证。他所说的"历史上除了民族同化的现象以外,确有一些民族融合的现象"[2]。确实是很有见地的看法。

马克思所说的民族同化的那条"永恒的历史规律"在世界上的确一

---

[1] 《马克思恩格斯全集》第12卷,人民出版社1962年版,第747—748页。
[2] 黄烈:《中国古代民族史研究》,人民出版社1987年版,"导论"第13页。

再起过作用，但这条规律发生作用的机制是什么呢？为什么会产生这一普遍历史现象呢？对此拟作如下的简单阐释。

恩格斯在《反杜林论》一书中指出：

> 比较野蛮的征服者，在绝大多数情况下，都不得不适应征服后存在的比较高的"经济情况"；他们为被征服者所同化，而且大部分甚至还不得不采用被征服者的语言。①

"经济情况"显然指生产力和生产关系。根据历史唯物主义生产关系一定要适合生产力性质的原理，"野蛮的征服者"不论处于原始社会末期还是奴隶制社会，当被征服的地区已经达到封建社会的生产力水平时，不论征服民族的统治者愿意与否，他们只能适应当地生产力的性质建立封建的生产关系，这是不以人们的意志为转移的。五代十国时契丹族统治者在中原进行掠夺，大搞所谓"打草谷"，严重破坏了生产力，所以难于立足。蒙古族灭金后一度想把中原的农田化作牧场，但亦告碰壁。这些野蛮、落后的政策之所以行不通，就是由于违背了生产关系一定要适合生产力性质的规律。对于这种历史现象，恩格斯尖锐地指出："每一次由比较野蛮的民族所进行的征服，不言而喻地都阻碍了经济的发展，摧毁了大批的生产力。"② 历史唯物主义认为，凡是阻碍生产力发展的事物都是反动的，而反动的东西是没有生命力的，迟早要垮台。因此，"野蛮的征服者"或者遭受挫折或失败，不得不最后撤出征服区；或者被迫改弦更张，实行"同化"政策，争取适者生存的前途，以使生产关系适应于生产力水平。北魏孝文帝之所以必然实行均田制，其原因正在于此，所以他的"汉化"政策才具有进步性。

但也不是所有的"汉化"经济政策都具有进步性，如女真人在灭北宋后进入先进的被征服区，实行猛安谋克制度大量掠夺土地，大大加剧了土地集中的过程。这样就不利于发展生产力。汉人所在的黄河流域早

---

① 《马克思恩格斯全集》第20卷，人民出版社1971年版，第199页。
② 《马克思恩格斯全集》第20卷，人民出版社1971年版，第199页。

已实行封建制度，当自耕农比较多时生产力就容易恢复和发展；当土地兼并、土地集中比较严重的时候，就会爆发社会经济危机，阻碍或破坏生产力的发展。这两种情况均属于封建经济范畴。北魏实行均田制相当于前一种情况，故显示了"汉化"的优越性；女真实行猛安谋克制大肆掠夺土地，相当于后一种情况，故未能显示出封建化的优越性。

征服民族在民族"同化"过程中，既然适应着被征服民族的既定生产力水平发生了生产关系的改变，根据经济基础决定上层建筑的历史唯物主义原理，其政治、法律、军事及意识形态等各方面也必须适应生产关系的需要或快或慢地发生变化，只有如此上层建筑才能为经济基础服务。因此"汉化"不仅包括基础的封建化，并且也包括上层建筑的全面改变。契丹人建辽朝后不得不在汉人地区置"南面官"，仍然沿用唐朝的官制，就是最典型的例子。

在民族"同化"的过程中，"野蛮的征服者"由于从经济基础到上层建筑都在发生变化，这就必然影响他们的生活习惯和风俗，因而必然引起生活方式的"汉化"或封建化。

总之，用生产关系一定要适合生产力性质的理论和上层建筑必须适应、服务于经济基础的理论可以大体上讲清楚征服民族"被那些他们所征服的民族的较高文明所征服"的基本机制。由于这是一种"较高文明"的胜利，所以民族"同化"一般都具有进步性。于此需要特别声明的是，如果"野蛮"民族并没有进行民族征服，而是文明较高的民族中的统治者在少数民族地区强制推行"汉化"政策，或者迫令他们以汉语代替胡语，那就完全不具有进步性，因为这是一种大汉族主义的表现，不利于民族联合和民族团结。

魏晋隋唐时期，在边境少数民族中也发生了一部分汉人被"胡化"的现象，陈寅恪先生对此一事实非常强调。恩格斯在《工人阶级同波兰有什么关系？》一文中也特别指出：

> 欧洲最近一千年来所经历的复杂而缓慢的历史发展的自然结果是，差不多每一个大的民族都同自己机体的某些末梢部分分离，这些部分脱离了本民族的民族生活，多半参加了其他某一民族（peo-

ple）的民族生活，已经不想再和本民族的主体合并了。①

上述这种现象大多不是"野蛮的征服者"被"较高的文明所征服"，而是本来属于文明较高的民族部分成员被落后民族的较低的文明所征服，这种情况应当如何解释呢？其机制又是什么呢？

关于此点，我想提出两点极不成熟的想法：首先，在民族"同化"中，除了前述机制外，还存在一个两族人口在数量上的孰多孰少，也可以称之为人口的结构问题。在中外历史上，"野蛮的征服者"在占领区，同当地民族相比，一般只占少数。由多数来"同化"少数是一般的规律，由少数来"同化"多数是很难办到的。无论是北魏的鲜卑人还是金朝的女真人，在黄河流域同汉族相比，汉族人口占绝对多数。但在边境地区的汉人"末梢部分"和欧洲大民族的"末梢部分"，在两族相邻的地区如果文明较高的民族在人口结构上占绝对少数，那就只能被其他各族所"同化"，因为在这些地区落后民族在人口数量方面居于优势。汉人"胡化"的根本原因就是如此。

其次，两个民族或两个以上的民族如果共同生活在一个广袤的区域，某一民族之是否被"同化"，还取决于该民族是采取聚居方式还是各民族完全杂居。如果一个民族尽管在人口上只占少数，但能采取聚居形式，则抵抗"同化"的能力就会大大加强；如果少数民族人口进入中原后同汉族人口采取杂居形式，则其"同化"趋向则会大大加强。我之所以会想到此点，是由于受以下两点启发：第一，现代西方的中国人，如果聚居在"唐人街"，则华语、我国固有的风俗习惯保留较多；凡是同外国人杂居在一起的，传几代以后汉语就会被忘记了。再如中国到外国去的留学生，如果大家不住在同一个宿舍楼里，外语过关就比较容易；如果中国留学生共同生活在一个宿舍楼里，外语过关就比较困难，而且慢得多。第二，民族"同化"包括语言的"同化"，尽人皆知，语言不属于上层建筑，不受经济基础的支配，因此仅仅用生产关系一定要适合生产力水平的理论和经济基础同上层建筑关系的理论根本不能解释语言"同化"问

---

① 《马克思恩格斯全集》第16卷，人民出版社1964年版，第176页。

题，而且语言不同也难以反映"文明"水平的高低，所以如果不补充人口结构和民族聚居、杂居问题，仍不足以说明民族"同化"的全部机制。近读黄烈同志《中国古代民族史研究》一书，看到下编第一章中有"聚族而居阻碍民族融合"，其中所引史料与介绍的史实，亦与鄙说不谋而合，由此更加强了我提出个人不成熟看法的勇气。

最后提出一个尚待深入考虑的疑难之点，即少数民族的统治者在征服先进的中原地区以后，所推行的政策有很大的区别，有的甚至完全相反，最明显的例子如：北魏孝文帝制定和推行积极主动的民族"同化"政策，而金世宗却执行抵制"汉化"的政策，力求保留女真的习俗，产生这种不同态度、不同政策的原因是什么呢？制约这些政策的机制又是什么呢？对此个人还丝毫没有形成看法和意见，希望治民族关系史、文化人类学的学术工作者能够深入研究这一问题，给以科学的解释。

我自己对民族史、民族关系史一窍不通，提出上述粗浅意见，不免贻笑大方，希望得到大家的批评指正。

[原载《河北师院学报》（哲学社会科学版）1988年第4期]

运用马克思主义理论研究历史的点滴体会

前不久给《文史知识》写了一篇《怎样研究隋唐五代史》的约稿，接着《文史哲》编辑部的同志又约我写一篇治学经验方面的短文，个人感到十分为难。这是因为：首先，我本来没有什么成功的治学经验。大学毕业以后，我分配到中学教书，业余搞研究，一无人指导，二缺乏基本功训练，自己每每用野生植物来形容自己，其特点是长得不规格，果实小而少，如果说有什么长处的话，唯一的是生命力强，不浇水、不施肥也能活下来。由于在学术上成长得很不顺利，在坎坷的道路上暗中摸索，弯路走得太多，所以教训不少，经验不多，约我这样的人写治学经验的文章，岂不是问道于盲；其次是深恐贻笑大方。但《文史哲》编辑同志的盛情难却，只好硬着头皮再写一篇。

关于运用历史唯物主义和辩证唯物主义对研究历史的重要性，在这里不打算再重复前人的论述了，解放以来史学界的老前辈已经就这个问题发表过很多精辟的意见。在这篇短文里，仅打算就如何运用马克思主义研究历史的问题介绍个人的一些点滴体会，尤其是要谈谈自己走过的弯路，也许对青年同志们还有些参考价值。

在运用理论研究历史的经历中，我大概可以分作如下两个阶段：

第一个阶段是，在学习哲学、政治经济学、《联共（布）党史》及中共党史这几门理论课的基础上开始接触马克思主义经典原著时，觉得经典作家之所以伟大，就在于他们发现了人类社会发展的一系列规律，于是就把经典著作中的每一篇论著、每一个结论都看成是讲普遍规律的，认为其中的每一个论断、每句话都可以在文章中加以引用。事实证明，这样的学习方法和运用理论的方法是很成问题的，因为经典作家固然有很多论点是放之四海而皆准的，具有普遍的指导意义，但在全部经典著作中绝大部分篇幅都不是讲普遍规律，而是运用辩证唯物主义和历史唯物主义分析具体事物，由此而得出的结论未必能任意套到另一个历史人物或另一次历史事件上。实际上我在当时是犯了幼稚的教条主义错误。

由此而派生出来的另一个错误就是移植结论。譬如在研究隋朝统一全国重建中央集权国家的条件时，由于看到经典作家说西欧是在统一的民族市场形成的条件下建立了中央集权国家，于是就说南北朝后期商品经济的微弱发展促成了隋朝的统一；由于看到经典作家说东欧的一些国家在尚未形成民族市场的条件下是为了防御外敌的入侵而提前建立了统一集权的国家，于是就说突厥的威胁是北周灭北齐、隋灭陈的原因之一；由于看到东方某些国家是因为自然条件而特别需要建凿大型水利工程才建立了中央集权国家，于是就用隋朝大运河的开凿来解释隋朝的统一。当时自己的确感到这样讲是既有理论根据，又有史实根据。但仔细分析起来，这种张冠李戴的办法也很成问题。在世界历史上，两个人物、两次事件、两个典章制度完全相同或基本相同的情况是存在的，在这种情况下把经典作家的某些结论借用过来解释历史是完全可以的，但"完全相同"或"基本相同"的事毕竟并不多，所以移植结论的作法非常危险，往往容易牵强附会，理论运用得不太恰当。列宁指出，研究社会历史不能玩弄个别举例。如果不把握事物的总体和主要特点，一味在历史中寻找个别的特殊例子，不但能把中西奴隶社会、中西封建社会说得完全相同，甚至也能把奴隶社会同资本主义社会说得一模一样。譬如欧洲的奴隶社会与西方资本主义社会都存在大生产，都有商品生产，奴隶主和资本家都追求利润，不同之处只在于奴隶是不自由的劳动者，工人是自由的雇佣劳动力。如果不顾事物的主流而玩弄个别举例，根据美国在南北战争前曾经使用过奴隶劳动就可以强词夺理地说，资本主义社会的劳动力也未必是自由的。果尔则奴隶社会同资本主义社会间还有什么区别呢？这样说的错误就在于忽略了下述事实：美国确实使用过奴隶劳动，解放前上海的外资企业中也确实使用过"包身工"，但这只是个别现象，资本家在一般情况下、在大多数时间里，所使用的都是自由的雇佣工人。如果不自觉地在中国历史上寻找上述三个促成统一的因素，在秦统一和宋统一中也同样能够找到。外国的历史现象大多在中国都能找到个别例子，然后用研究外国史的结论套到中国来，中国历史岂不成了世界历史的大杂烩！这种运用理论的方法是错误的，因为它违反了具体事物具体分析的原则，它不是运用马列主义的立场、观点和方法实事求是地研究具体历史，这样做出的结论往往不能令人信服。回顾我走过来的这段道路，教训是惨痛的。

在这种教条主义的态度下，我一度认为一篇论著引用的经典语录越多就说明它的理论水平越高，怀着这种看法学习经典著作，就不免流于埋头寻找可引用的段落和句子，大量摘抄下来以便写文章时使用，或者说是利用经典作家的话来证明自己所作结论的正确性，至于作结论的方法是否符合马克思主义原则，考虑得就不太多了。这样做的缺点是：第一，学习中不能系统地、全面地掌握经典著作的精神和理论体系，忽略了学习经典作家的立场、观点和方法，而且这种"腐儒死章句"的作法使自己对经典著作中的片言只字也只能皮相地加以理解；第二，在研究工作中是利用经典著作，而不是运用马列主义理论，写文章时就容易表现为贴标签式的庸俗方法，实际上就是用经典语录装潢自己的文章。

随着年事的增长，到60年代时开始发现过去这些学习方法和运用理论的方法很不妥当，同时也看到部分史学工作者由于走这条道路而犯了一些错误，于是渐渐把注意点转移到怎样运用马列主义的立场、观点和方法研究历史方面来。这样一来就在思想上开了窍，自己感到茅塞顿开，于是在学习理论和运用马列主义研究历史方面进入了一个新的阶段。过去寻章摘句式地学习时总感到马克思主义的基本理论也就那几条，可征引的字句和段落又不容易找到合适的，因而学习的劲头并不足。一旦到经典著作中去学习立场、观点和方法时，就感到虽然经典作家对很多具体问题所作的结论和总结不能胡乱套用，但他们分析、研究问题的方法却处处对我能有所启示，研读理论时真相在理论的大海中游泳。譬如我在读《资本论》时看到马克思分析作一个资本家起码需要多少资本以及决定资本最低限量的条件是什么，就联想到研究中国封建社会时也应当分析一个地主起码须有多少土地以及决定地主土地最低必要限量的条件是什么。由此又进而联想到自耕农与佃农的最低必要耕地限量也由于生产条件的不同而有所差异,从而发现了自耕农经济比佃农经济优越的地方。又如我在分析租佃制的几种不同形式时反复钻研马克思是怎样分析资本主义的各种工资形态的,然后运用这种分析方法解剖由分成制到定额租制,到产生田骨、田皮、田面的各种租佃形式的转化。马克思在解剖资本主义社会时不论是用逻辑的方法推理,还是以历史的方法分析,在理论上每前进一步都要指出生产社会化同私人占有之间的矛盾也进一步激化,我细心体察这一方法后在解剖中国封建社会时也紧紧抓住生产过程个体性与封建的大土地所有制之间的矛盾,联系一切社会现象来加以解释。说老实话,《资本论》中的很多部分是我至今也读不懂的,但为了写拙著《中国封建社会形态研究》,曾硬着头皮把这部巨著死啃过两遍,可以一提的是,我当时并不留意去记诵《资本论》中的大量理论,而是到处注意马克思对每一个问题进行研究的方法,然后看这样的方法在解剖中国封建社会的某些问题上能否使用,思想上每受到一点启发,就把它即时捕捉住,记录在笔记本上。这样日积月累,掌握的方法、观点越来越多,形成的看法也随之增加,这是我写那本拙著的主要方法之一。再举一例,解放初期我读恩格斯的《德国农民战争》,只注意其中"中世纪所有的大规模的起义都是从乡村中爆发的,但是由于农民的分散性以及由此而来的极端落后性,这些起义也毫无结果""农民只有与其他等级联盟才能有胜利的机会""德国的分裂割据状态之加甚与加强是农民战争的主要结果,同时也是农民战争失败的原因"等著名论断。到60年代重读这部光辉著作时,就留心学习恩格斯是怎样写这部书的,于是发现:他在背景部分不仅一般地介绍阶级矛盾激化及农民生活痛苦的情况,而且分析了每一个阶级、每一个阶层的地位及其在阶级对立中所起的作用;在经过部分他不仅单纯描写和歌颂革命农民的英勇善战,而且结合史实分析各阶级、各阶层所采取的战略、策略,并加以评论和总结;在写农民起义的结果时不是简单地说起义打击了封建制度和地主阶级,而是分析哪些阶级和阶层占了便宜,哪些阶级和阶层吃了亏。正是由于在方法论上受到了恩格斯的上述启发,我才产生了写《唐末农民战争》这本小册子的念头。由于个人的水平及掌握的资料所限,这本书写得很肤浅,不免有东施效颦之讥,但我觉得努力的大方向是正确的。

因为这样做尝到了甜头，学习方法上也就有了新的改进。记得"文化大革命"前有五六年的时间，我每天读一个小时的经典著作，主要目的不是要钻研什么重要的结论或寻章摘句，以便写文章时引用，也不一定选择最重要的名篇来读，而是为了经常使自己的思路跟着经典作家的思路跑一跑，在潜移默化中从方法论上提高素养。有的时候看了一篇史学论著中的一种说法自己感到很不顺劲，但一时也说不出人家错在哪里，过了几天以后往往恍然大悟，发现了它的症结所在，即在什么地方不符合马列主义，这种下意识的察觉问题的能力，就与经常有意识地阅读经典著作有关。

年轻的时候，我判断别人论著的理论水平，往往是看作者引用了多少经典语录，尤其是注意发现有多少语录是罕为人所引用的；年纪大了以后，判断理论水平高低的标准就不同了，现在我不是看一篇文章里出现了多少次马克思、恩格斯的话，而是看作者运用马列主义的立场、观点和方法解决了多少问题。解决问题多，即使一句经典语录也不征引，理论水平也是高的；如果没有解决问题，引用得再多也不能说明理论水平高。

在开始运用马列主义理论研究历史时，我特别注意钻研历史唯物主义的基本理论，这无疑是正确的，因为生产力与生产关系、经济基础与上层建筑、个人与人民群众的历史作用等理论与历史科学有着最直接的、密切的联系；但这样做却具有一定的片面性，因为忽略了辩证唯物主义对于研究历史的指导意义。应当看到，辩证唯物论对研究历史的重要性决不低于历史唯物主义。譬如是否能全面分析一个历史现象，就与辩证法修养的高低密不可分。能否在复杂的矛盾中抓住主要矛盾，在主要矛盾中抓住矛盾的主要方面，也是同一性质的问题。马克思曾经指出："如果事物的表现形式和事物的本质会直接合而为一，一切科学就都成为多余的了。"所以我们研究历史，往往不是选择那些现象与本质一致的史实作为课题，恰恰是专找那种现象与本质相矛盾的史实作为课题，说明选题本身就与辩证法有关。对一个历史人物、一个典章制度进行分析，是否能运用发展、变化的观点，也反映方法论水平的高低。隋唐之际科举制取代九品中正制时，前者为庶族地主、中小地主在仕途上开了方便之门,但到唐朝后期是否如此,就不一定了。进士及第的人在春天举行一次曲江池的宴会,所费就达万余贯钱,"家贫者苦于成名",无怪乎当时中进士的"率皆权豪子弟","寒门俊造,十弃六七"。不运用发展变化的观点,把科举制看成一成不变的事物,思想就会僵化。如果说,历史唯物论中关于英雄与人民群众的历史作用的理论在研究人物评价问题时是主要依据,那么在研究生产关系时用处就少得多了;关于生产力同生产关系的理论在研究经济史时是不可缺少的武器,在研究历史人物时使用得就不那么多了。但是,辩证唯物主义中很多有关方法论的理论,是研究任何一个问题,甚至写每一句话时都离不开的,都具有指导意义。这就是我说史学工作者重视历史唯物主义、忽视辩证唯物主义具有片面性的原因。

拉拉杂杂谈了不少,有用的东西不多,浪费了可贵的刊物篇幅,不妥之处,希望大家指正。

(原载《文史哲》1984年第2期)

时代赋予历史学家的中心使命

马克思列宁主义的辩证唯物主义和历史唯物主义的出现使历史学第一次成为真正的科学，这已经是尽人皆知的真理，但在部分史学工作者中，运用马列主义、毛泽东思想研究历史仍然是一个在认识上尚未完全解决的问题。尤其是林彪和"四人帮"在"文化大革命"中大大搞乱了我们的理论战线，"评法批儒"严重地败坏了历史科学的名声，更易于使一些人在理论上发生动摇。"回到乾嘉时代"的私议的出现，就是这种不健康的倾向的明显表现之一。因此大力宣传运用历史唯物主义的基本理论研究历史，在当前还是具有现实意义的。在这篇短文里，我不打算谈理论指导研究的重要性和必要性，因为在这一方面已经有一些同志发表了非常有益的文章可供参考；个人只想从史学发展的轨迹这一侧面谈谈粗浅看法。

唐代杰出的历史学家刘知几在《史通》这一名著中开宗明义地指出："古往今来，质文递变，诸史之作，不恒其体。"其实，不同历史时代产生的史学名著，不仅是史体"不恒"，就是指导思想、研究方法也会因时而异。如果历代史学仅只限于陈陈相因，那它本身就会无所创新，最终必然失去生命力。

每一个历史时代，由于社会政治、经济制度的制约和史学发展规律的作用，客观上必然会向当时历史学家提出发展历史科学的中心任务。只有那些很好地完成了这一时代所赋予的中心使命的史学家，才能在史学史上留下自己光辉的业绩。至于非中心使命的其他使命也是存在的，完成这些使命也是必要的，但就贡献而言，就不能与完成中心使命并驾齐驱了。文艺界目前号召作家要唱出"时代的最强音"，如果我们借用这一名词，史学界的中心使命也就是历史科学领域中的"时代的最强音"。

在汉代，由于社会经济、文化发展的要求，历史学家就有可能创建纪传体，为我国的一系列"正史"开先河。谁能在这方面有所成就，谁就是中国史学史上的巨匠。适应这一客观要求的是司马迁和班固，前者编写了我国历史上第一部纪传体的通史——《史记》，后者写成了第一部纪传体的断代史——《汉书》。后代继续编纂纪传体史书的人大有人在，但他们的成绩就不能望迁、固之项背了。

唐代史学家的突出创建，是这个时期出现了探讨历史编纂学的理论以及撰写政书体史书，对我国历史科学的发展作出了有益的贡献。我国古代本来是文史不分的，但到魏晋南北朝时开始产生了文史分家的趋势，于是出现了专门性的文学批评论著：曹丕的《典论·论文》、刘勰的《文心雕龙》和钟嵘的《诗品》。这就在史学家面前提出了一个新的任务，即创立独立的史学理论。完成这一中心任务的是撰成《史通》的刘知几。隋唐统治者继秦汉之后要在典章制度上有所革新，须要借鉴历史；纪传体史书至唐代已经汗牛充栋，各书的书、志参差不齐，尤其是《三国志》《梁书》《陈书》《北齐书》《周书》《南史》《北史》等书均有传无志，带来很多不便。这就在唐代史学家面前提出了新的要求，即总结以前各书的书和志的正反两方面的经验，撰写有关典章制度的通史就成为这个时代的需要，杜佑的《通典》正是适应时代的需要写成的。唐代编修《晋书》《梁书》《陈书》《隋书》《南史》《北史》的史学家虽然也做出了一定贡献，但他们毕竟没有唱出时代的最强音，故其贡献不能与刘、杜二人同日而语。

到了宋代，由于政治斗争和经济文化的发展，司马光的《资治通鉴》、李焘的《续资治通鉴长编》和李心传的《建炎以来系年要录》等名著应运而生，尤其是《通鉴》一书成为千古名著。在这样的时代，撰写《新唐书》和《五代史记》的欧阳修是无论如何也不能与司马光并驾齐驱的。编年体本身有"一事而隔越数卷，首尾难稽"的缺陷，给阅读带来了不便，于是大量编年体史书的出现又在宋代史学家面前提出了另一个新的要求，即创建纪事本末体。完成这一使命的是撰成《通鉴纪事本末》的袁枢。袁氏创建此体，对《资治通鉴》虽未增一字，但"文省于纪传，事豁于编年"（清章学诚语），适应了当时的社会需要。这就为以后的《宋史纪事本末》《元史纪事本末》《明史纪事本末》开了先河，有始创之功。

20世纪初，考古发掘有很大进展，甲骨文、汉简、敦煌卷子大量出现，西洋汉学东渐，历史学的发展又须要开创新的局面。于是像王国维这样的杰出史学家出现了，他们把考古学与史学结合起来，把中国传统的治学方法与西洋汉学的治学方法结合起来，因而能做出新的伟大贡献，成为一代大师。陈寅恪先生不但能利用自己广泛的外文知识治魏晋南北朝隋唐史，以诗证史，而且力求发现中国中古时期决定历史发展的关键因素，从总体上探求历史发展的规律。尽管他所过分强调的种族和文化并不是决定历史发展的真正关键因素，但这种方法却打开了人们的眼界，大大启发了史学工作者的思路。如果王国维和陈寅恪继续死守乾嘉遗风，闭目塞听，不问时代的新要求，他们就根本不可能成为20世纪的史学泰斗了。

由此可见，每一个时代的历史学家都应有高瞻远瞩的战略眼光，认准当时社会的客观要求，力争为自己的时代唱出"时代的最强音"。我觉得自"五四"以来，史学阵地上的中心使命就是运用马克思主义的辩证唯物主义和历史唯物主义的基本理论研究历史，当今的史学工作者应当首先在这方面力争有所作为。这一中心使命的出现不是偶然的，而是有其必然性。首先，"五四"以来，随着马克思主义的传播和中国共产党的成立，新民主主义革命取代了旧民主主义革命，中华人民共和国成立后不久又进入了社会主义革命阶段，中国历史确实发展到了一个新时代。"新"就新在这些革命都是以马克思列宁主义为指导思想，都是以无产阶级为领导力量的。这样，时代就要求史学工作者运用马列主义、毛泽东思想研究历史，通过这样的研究向全国人民传播科学的历史知识，宣传革命的理论。对于今天的史学工作者来说，这是当仁不让、义不容辞的责任。其次，像陈寅恪那样杰出的史学家虽然也企图探求决定历史发展的关键因素，发现历史发展的规律，但由于他不是在正确的理论指导下进行研究，因而始终没有发现历史发展的真正关键和规律，而对于我们这一代史学工作者来说，由于学习了马列主义和毛泽东思想，就恰好能在这方面大有作为。如果今天再提倡"回到乾嘉时代",那就不但是从马克思主义的史学阵地上倒退,甚至比起王国维、陈寅恪等前辈也是一种倒退。如果说,我国史学在"五四"以前在漫漫长夜中暗自摸索了两千多年,始终没有发现一条通向历史发展规律的光明大道,那么马克思主义的光芒一旦照射到历史科学领域,就为我们开拓了攀登科学之巅的康庄大道。

在我们这个时代,谁能在完成这样的中心使命方面做出贡献,谁就能成为成就最大的史学功臣。郭沫若同志正是由于运用马列主义理论研究史料,分析甲骨文,才破天荒地做出了商代是奴隶社会的科学结论,为我国史坛立下了不朽的功勋。范文澜同志也是由于运用历史唯物主义的基本理论全面地研究中国历史,写出了一部又一部的巨著,得出了一系列符合马克思主义的结论,因而成了我们这个时代的伟大史学家。回顾解放以来史学界所走过的历程,虽然在整理古籍、考证辨伪等方面也做出了不少成绩,但我们最大的成就还是运用马克思主义基本理论提出、讨论和解决了一些具体的历史问题。尽管在运用理论研究历史方面还存在这样或那样的问题,产生过这样或那样的缺点,但我们在这方面的大方向是正确的,成绩是主要的,问题与缺陷只居从属地位。这是国内外史学界有目共睹的。运用马列主义研究历史的重要意义,就在于能够发现历史发展的规律。研究生物学如果只把眼光局限于一科一目,甚至一种植物或动物,那就永远也出现不了进化论。达尔文之所以成为达尔文,就因为他发现了生物进化的规律。如果研究历史仅仅局限于考证历史人物的生年、卒年和某些史籍的成书年代,那就必然陷于只见树木、不见森林的境地,永远也解决不了历史发展的规律性问题,正如同青蛙博士、蜻蜓院士永远也不能成为达尔文一样。

强调大量史学家从事马列主义理论指导下研究历史,并不意味着对乾嘉以来的校勘、考证之学可以弃若敝屣。用一定的人力、物力校点、整理古代的史籍是必要的,考辨史书的真伪、版本,对史实进行考证,都是不可少的。即令对马克思主义的史学家来说,史料学也是一门必需的辅助学科,考证史书、史事也是必须具备的基本功,因为运用理论研究历史必须以信实的史料做基础。单纯在理论的高空盘旋而不在史料上站稳脚跟，或者在正确的理论指导下引用了伪书和上了史料的当，同样都不能做出科学的、正确的结论。但以过多的人力、物力搞离开理论指导的研究，把主要的精力集中在考证、校勘上，就不合适了。我们应当把"兴奋点"摆正。

而且，即就考证工作而言，恐怕也需要有点理论指导。历来认为单纯搞考证、辨伪工作与运用马列主义理论无涉，只要伏案读线装书就足够了。应当承认，干这一行，确实没有历史唯物主义的指导也能做出成绩，乾嘉学者的学术成果大多至今仍有价值，并没有因时代变化而被推翻即是一例。但尽管如此，我总觉得，假如搞考订、辨伪工作也能以马克思主义为指导，那么无疑这种工作必将有显著提高，理论在这一行中并非无用武之地。譬如透过现象洞悉本质，具体事物具体分析，区分事物的主流与支流，力求全面掌握事物而不玩弄个别举例，要从事物的相互联系、前后发展变化观察事物而不要孤立地、静止地看待事物……这些方法运用到考辨史籍、史事方面是完全可以和必要的。古人没有学习过马克思主义，但确曾自发地、朴素地运用过这些方法；如果我们能进一步自觉地加以运用，岂不是会超过古人？至于根据史料的阶级性、政治派别性对它进行考辨，那我们所达到的高度更是古人所望尘莫及了。

（原载《光明日报》1982年2月1日）

历史与现实

多年以来，我国史学工作者都在围绕历史科学如何在马列主义指导下为社会主义服务这个重要问题进行讨论，先后提出过"以论带史""论从史出""史论结合"等口号。我个人觉得，口号如何提法，并不十分重要。只要认真运用辩证唯物主义理论分析大量搜集到的史料，做出实事求是的科学结论就可以了。这样做是否就意味着为社会主义服务呢？我觉得不但可以这样说，而且应当认为这是主要的服务方式之一，理由有二：首先，通过史学论著在广大读者中促进历史唯物主义世界观的建立，这是最好的服务。因为读者在学习历史过程中对人类社会的发展有了规律性的认识，坚信全人类的历史必定走向社会主义和共产主义，这时他们的历史唯物主义世界观就树立得牢固了。其次，运用马列主义研究历史，得出令人信服的科学结论，在同资产阶级史学家争夺史学阵地方面具有重大意义。这一点本身就是无产阶级政治的一部分，因为这实际上是无产阶级同资产阶级进行政治斗争的一个有机组成部分。

历史科学是否还要为现实斗争中的某些具体政治需要服务呢？答复是肯定的。我认为，结合现实中的某一政治运动、政治事件、某一种政策和方针撰写历史文章以启迪群众是必要的。如恩格斯为总结1848年的革命经验而写成《德国农民战争》这部光辉著作，就是这方面最好的典范；除此之外，更重要的是要结合无产阶级的一个时代的伟大斗争，研究历史上的重大课题，力争在理论上做出贡献，这一方面也许比前者更为重要。如恩格斯的《家庭、私有制和国家的起源》就是这方面最好的典范。显然，阐明阶级的产生、国家的性质，远比总结一次政治革命的经验更为重要。需要特别指出的是，在上述这两方面为无产阶级政治服务时，必须要把论著写得具有科学性、学术性，也就是说要有研究成果，不能写成毫无学术价值的单纯的政治宣传文字。这样的学术论著也应当经得起时间的考验，不应当成为过眼烟云，成为随着政治形势的变化而以后永远无人回顾的文章。《德国农民战争》《家庭、私有制和国家的起源》与列宁的《俄国资本主义的发展》这几部光辉著作之所以在今天的学术工作者中仍有指导意义，能引起广泛的兴趣，就因为它们既有政治性，又具有学术性。

在批判"四人帮"的影射史学时，大家都认为他们那种影射、比附的手法是错误的，但这个问题并没有从根本上得到解决。譬如恩格斯用16世纪的农民战争比附19世纪40年代的资产阶级革命，总结历史经验，就做得很好，那么有什么不可以比附呢？我个人在这个问题也发生过长期的思想混乱，现在才初步形成了一点想法。我觉得进行比附必须建立在真正科学的基础上，像"四人帮"那样违背科学性地大讲主观臆造出来的"儒法斗争"，是根本不允许的。此外，影射也不是绝对不可以运用的。譬如在国民党统治下写明代的特务政治，借以攻击反动派的特务统治，是完全允许的。但"四人帮"借"评法批儒"影射无产阶级革命家，就是绝对不能允许的。二者之间的界限在哪里呢？我觉得主要的界限有两条：其一，只允许被统治、受压迫的革命人民影射当权的反动统治者，不允许反革命势力在无产阶级专政下影射革命者。在前一种情况下，革命人民处于无权地位，他们除了要进行非法斗争外也要巧妙地进行合法斗争，而用明代的特务政治影射国民党的特务统治就是这种合法斗争的形式之一。在后一种情况下，革命人民已经处于掌权地位，他们再也无须进行非法斗争，所以也就不必利用历史影射现实；这时反革命势力处于非法地位，所以他们就可能利用影射攻击革命者，这是绝对不能容忍的。其二，革命人民在运用类比的手段对反动势力进行斗争时，也不能违背科学性。譬如用谩骂秦始皇的办法影射蒋介石的法西斯专制，就未必合适，因为秦始皇是我国历史上应当基本肯定的政治家，蒋介石则是逆历史潮流而动的人物，把这两个人强拉在一起进行比附，不伦不类，就不符合科学性。

（原载《光明日报》1982年10月13日）

运用"角色"原理研究历史人物的设想

近几年来,随着改革和开放的进行,有的史学工作者试图运用自然科学的某些方法研究历史。个人感到,除此之外,社会科学各学科之间的跨学科研究应当首先强调,因为它们性质相近,研究的课题易于互相启发,使用的方法大多能相互借用。

基于上述思想,近来读了一些文化人类学、艺术哲学、心理学、社会学等方面的入门书,在读书过程中,发现社会学和社会心理学中的"角色"原理对自己颇有启发,因而设想把这一原理用来研究历史人物,或可别开生面。顺着这一思路想下去,形成了一些极其初步的意见,愿意在这里不揣浅陋地介绍出来,目的在于引起大家更多地留意这方面的问题,通过群策群力,将来也许能够开拓出一个工作面来。

人类历史上有数不清的人物,是不是所有在历史上出现过的、有记载的人物都是"历史人物"呢?我的答复是否定的。"历史人物"一方面是历史上的客观存在,另一方面又是一个历史学上的概念,只有同时具备这两种性质的人物才能成其为"历史人物"。史学工作者判定历史上的人物是否属于"历史人物",主要是根据被研究的人物是否有研究的价值,而人物被重视的程度既取决于他本人在历史上的实际地位和起过的作用,也取决于史学工作者选题的需要。史学工作者的主观需要同历史上某些个人的客观条件相结合才能构成"历史人物"。既然如此,"历史人物"就必然是历史舞台上曾经出现过的重要角色。对于这种人物,本文姑且界定为"历史角色"。

对于"历史角色",首先应当进行角色定性工作。根据社会学的角色原理,一个人物必然同时充当着若干的角色,一般是通过人际关系反映出来的。譬如在家庭这个最简单的群体中，相对于父母，一个人是子女角色；相对于爱人，他是丈夫角色；相对于子女，他是父亲角色。在社会上，相对于学生，他是教师角色；在工会中，他是工会小组长角色。对于"历史人物"，我们不可能研究他充当的所有角色，而是要紧紧抓住他在历史舞台上主要扮演的那些角色，也就是决定其历史地位的主要角色，使他起主要历史作用的角色。至于他的其他次要角色，就可以弃而不论了。像秦始皇、汉武帝、诸葛亮、曹操、唐太宗这样的人物，在政治上透明度比较高，一望而知是杰出的政治家或皇帝，但仔细分析起来，也并不那么简单，譬如曹操这个"历史人物"，除了充当进步政治家这个角色外还应当给他派上一个诗人的角色。又如李煜是以擅长写词而在历史上留下了地位，如果他不是词人而仅仅作为南唐的亡国之君，恐怕根本不会成为"历史人物"，因为其政治活动根本不会引起史学工作者的注意，所以他作为"历史人物"，只能定性为词人角色。王安石既是政治改革角色，又是文学家，属唐宋古文八大家之一，虽然也有一些唯物主义思想，恐怕够不上充当思想家角色。从这些例子中可以看出，有的人物角色定性比较容易，有的人物比较困难，深入进行这一工作时肯定还会发生争论，我的前述几个角色定性的结论就可能引起争论。

既然历史角色的形成既取决[①]于人物在历史上的地位、活动及所起的作用，又取决于后人对他的重视与否，那么研究"历史人物"就不应仅仅注意肯定的正面人物，对那些扮演过重要反面角色的"历史人物"也不能忽略。像秦末的赵高，就对秦汉之际的政局演变产生过不小的影响；再如秦桧，讲宋金战争不可能绕开他不加以涉及；希特勒理所当然地派作法西斯首领的历史角色，但讲第二次世界大战不讲他也不行。除了评价"历史人物"以外，后世历史学家对"历史人物"重视的程度，也是不可忽略的课题。我们甚至可以建立"重视度"这一范畴。

在"社会化"原理的启发下，我对隋唐之际的少数"历史人物"进行分析，发现这种理论用之于"历史人物"的研究，还是有效的。隋文

---

① "决"原脱。——编者注

帝大肆提倡佛教，在全国普建寺塔，原因何在呢？一般的论著都说他是出于政治需要，为加强封建统治服务。但我们不禁要问：魏太武帝和北周武帝也要加强和巩固封建统治，为什么却采取了相反的政策而大力"灭佛"呢？细检史籍，杨坚出生于冯翊的一座般若寺，而且一直在寺院中为尼姑所抚养，13岁时才离开寺尼而还家。按照社会化原理，一个人从6岁到12岁是社会化的第一个阶段，儿童在这个社会化阶段中要通过游戏，模仿成人的行为方式，学习道德规范，识字读书，掌握某些技能，学到的东西有一部分对其一生可以产生长远的影响。杨坚的第一个社会化阶段是在寺院中同僧尼相处中度过的，所接触的是佛教经论而很少是儒家经典，恐怕这对他后来崇奉佛教及"不悦儒术"有一定的影响。当然，他推行什么样的政策，还取决于政治文化环境及具体的政治需要，但杨坚幼年时的特殊经历无疑是一个不可忽视的因素。

在中国历史上，太子是皇帝的接班人，其社会化的结果就是要培养成皇帝角色。为此，太子必须学习文化，提高政治素养，懂得和学习做皇帝的规范，知道君主运用权力的限度。唐太宗李世民在"玄武门之变"前充当的角色是秦王而不是太子，他是通过特殊的政变途径一举而龙飞九五的。这就决定了，在长时期内，唐高祖李渊和宰相大臣们对他并没有使之将来成为皇帝的角色期待，所以李世民缺少一个社会化为皇帝角色的过程，由此产生了两个不足：作为皇帝，他文化水平低，政治理论不足。所以唐太宗即位后面临一个补课问题，谏臣盈廷实际上是为他补政治课，学士满朝实际上是为他补文化课。李世民是先成为皇帝角色，后进行局部社会化的，明乎此，对贞观朝的一些政治现象就比较容易解释了。

角色原理中的另外一项内容是关于角色冲突的理论。所谓社会角色的冲突，是指同一角色的内心冲突而言，大体包括以下几种冲突：当角色改变时新旧角色间发生矛盾与冲突，即旧习惯与新角色的冲突；当一个人身兼几个角色时，各方面的期待不同，无法满足各种要求而发生角色冲突；社会角色规定的人格与其真实人格之间的矛盾和冲突。目前西方流行所谓心理史学，其实角色冲突原理同心理史学有相通之处。运用上述三种角色冲突原理研究历史人物，也是很有意义的事。隋文帝杨坚一方面受佛教影响，性格中应当具有行善、忠厚、宽容的一面，但他登上帝位以后，国家元首又要求他玩弄准军事术，即施展权术，很好地行施刑罚，这样就必然产生角色冲突。中外史学工作者中有人对杨坚一面佞佛，一面对百官异常猜忌，感到难于理解，于是争论文帝崇信佛教究竟是真是假，问题就产生在未能运用角色冲突的原理分析这种矛盾现象。再如皇帝同太子之间，实际上存在着双重的角色关系，一方面是家庭中的父子角色关系，另一方面又是皇帝同储君间接班与被接班的角色关系。这是由于我国自古以来实行"宫府一体"的"家天下"制度。在这种复杂的人际关系下，就父子角色关系而言，感情的因素占很重要的比重；但是就朝廷中的皇位继承关系而言，要求皇帝完全根据冷酷的理智原则选择太子。这样，皇帝也好，太子也好，双方就可能都陷于角色冲突之中。唐太宗晚年已立承乾为太子，但在感情上却偏爱魏王泰，于是在是否改变储君的问题上陷于极度的苦闷，承乾同李泰之间也发生了剧烈的争夺，甚至不惜发动政变，实际上父子三人都陷于角色冲突之中。皇帝这个角色规定的人格应当是持重、成熟、言行审慎，隋炀帝杨广的个性却是外向、轻率、幼稚、贪图享乐，因此他虽然以政变的方式弑君杀兄登上了皇位，却不免陷于严重的角色冲突之中，终于成为悲剧人物，为天下人耻笑。当我们运用角色冲突原理分析历史人物时，还可以越出个人心理冲突的范围，分析某些人物身上存在的素质矛盾。譬如韩愈，作为文学家角色，倡导古文运动，具有进取的素质；但他作为思想家角色，提倡"道统"和唯心主义，却具有保守性。对于这种素质上的矛盾不妨也当作历史角色冲突的范畴对待。再如柳宗元，作为思想家，一方面坚持唯物主义思想，一方面又佞佛，这同样是素质方面的角色冲突。此外，历史人物大多都发生过角色改变情况，因为他们不可能一生死守在一个职位上，当他们转换职业时，很容易发生旧的生活习惯、工作习惯同新角色的冲突，从而感到不适应，甚至产生苦闷，像杜甫以诗人的气质而担任严武的幕僚，就产生过这样不愉快的心情。运用这一原理分析历史人物的心理变化及其对人物言行的影响，亦饶有趣味。

对于运用角色原理研究历史人物，我也还处于刚刚开始摸索的阶段，上面这些初步的想法，肯定非常幼稚，在社会学家、社会心理学家看来，很可能是错误的，可笑的。但事物总是从幼稚走向成熟，从错误走向逐渐正确的，所以我不怕出丑，提出这些幼稚的想法来，希望得到大家的批评。如果有的同志能顺着这条思路再向前进，发现更重要的天地，那我就会感到万分满足了。

（原载《光明日报》1988年6月1日）

试论社会主义史德

"文化大革命"时期,在经济、政治、党风、文风等方面造成了空前的大破坏,而且对道德观念也进行了无情的践踏,史德是职业道德中的一种,也同样遭到严重破坏。如果说,经济、政治等方面的破坏,可以经过改革和整顿加以克服,因为它们都是有形的事物,克服起来比较容易见效;那么,道德观念在一部分社会成员的意识中根本未曾建立或遭到破坏,建立和恢复起来就难得多,也许需经很长的时间、几代人的努力才能奏效,因为道德规范是无形的,只能靠社会舆论来维护,任何法律、行政手段都无济于事。笔者在痛感这一困难的时候,由于从事史学工作多年,遂联想到如何建立和加强史德的问题。但什么是社会主义的新史德,又如何提倡和加强呢?对于这些问题,经过长期酝酿,形成了一些萌芽状态的不成熟看法。现在不揣浅陋,冒昧提出,以就正于大家。

一

汉代以来,儒家思想长期居于统治地位。西方古代的大思想家主要在宇宙观上大作文章,力求回答精神、物质孰为第一性的问题;我国的孔子、孟子虽然偶然也提到天命,但他们思想中的兴奋点,却不是解决精神与物质孰为第一性的问题,而是在伦理、道德、政治思想上大加阐发。因此,在几千年的漫长岁月里,仁、恕、忠、孝悌、大义灭亲、己所不欲勿施于人……这些范畴,便作为重要的道德规范,在社会生活和政治生活中发挥着重要的作用。应当承认,这种儒家思想比欧洲的基督教思想是略胜一筹的。儒家重道德伦理，不可避免地对古代史学也发生了显著的影响，因而自古以来我国史坛就有讲究史德的传统。南史氏、董狐、韦昭、司马迁、孙盛等一批秉笔直书的史家，历来受到尊敬和崇拜，彪炳于史册，放射出夺目的异彩。他们中有的人遭受严重迫害、有的"身膏斧钺"，为史学事业贡献出了宝贵的生命，确如刘知几所说，是"烈士徇名，壮士重气；宁为兰摧玉折，不作瓦砾长存"（《史通·直书篇》）。这些史坛巨子是中华民族的骄傲。

首先明确提出"史德"这个理论概念的，是著名的学者章学诚。他认为史家的史德如何，与其"心术"有关，但进一步发挥这一理论时却大谈其天与人，义与情，认为"史之义出于天"，"气合于理，天也"；人之情"失其流"，则"害义而违道"，违背史德（《文史通义·史德篇》）。章氏思想与《周易》有关，把古代天地阴阳的理论加以推演，引进他的史学理论之中，再进而论证"史德"这样的具体问题，就不免流于虚玄。章学诚《文史通义》中还有一篇名《文德》，由于也是不满足刘知几的才、学、识说而加以补充的新范畴，所以也包括"史德"的内容。这篇文字中提出了"敬"与"恕"两个概念，前者指的是"气摄而不纵，纵必不能中节也"；后者指的是"能为古人设身而处地也。"这些观点有的高度不够，有的也流于虚玄，同样使人产生隔靴搔痒之感。倒是比章氏早一千多年的唐人刘知几，在《史通》的《直书篇》中所讲的道理，更加实际和贴切。史学家正是由于坚持忠于史实、忠于自己的是非观的原则，才能为了"直书其事，不掩其瑕"而宁肯"直如弦，死道边。"为人正直是"直书"的前提。

古人讲的直书、直笔，对于今天的史学工作来说，既有可借鉴、继承的一面，也有不足的一面。简单的"拿来主义"不能解决问题，这是由于：首先，古人同我们有不同的立场、观点和是非观；其次，出于阶级的局限和时代的局限，古人不可能完全做到"直书"，如《史通·曲笔篇》就说："子为父隐，直在其中"；"掩恶扬善，《春秋》之义也"。这样做"虽直道不足而名教存焉"。看来某些"曲笔"也是允许的。最后，把"史德"仅仅限制在"直书"一个原则内，对我们今天的需要来说，显得太不够了。

由此可见，我们既要继承古代的"史德"传统，又要对之加以改造和完善，单纯地发思古之幽情是不行的。新中国成立以来，新中国的史学同其他各项事业一样，取得了辉煌的成就，这是有目共睹的；但也遇到过一些挫折和困难，走过几段坎坷曲折的道路。正是由于积累了正反两面的经验和教训，现在探讨建立新史德问题才有了基础。党的十一届三中全会以来，由于政治路线正确、稳定，史学界如同整个学术界一样，已经踏上顺利、健康发展的坦途，今天的喜人气氛是自1917年以来空前的，这就为探讨新史德问题提供了有利的政治环境。时代命了题，我就试着答这张考卷。

二

何谓社会主义史德呢？关于这个问题，笔者经过反复斟酌，初步认为可以概括表述如下：

科学性同革命性的统一。

马克思和恩格斯说："我们仅仅知道一门唯一的科学，即历史科学"[①]史学不仅是一般的学科，而且是社会科学中特别重要的一门学科。每一门科学，实际都是按照其发展过程形成体系的。历史的发展顺序也就是逻辑推演的序列，因此在马克思主义的方法论中，历史的方法与逻辑的方法是统一的。史学本身是一门严格的科学，所以史学论著首先必须具备科学性。史德应当首先与科学性相一致。

但这并不是说，任何史学论著，在任何情况下、在任何程度上不符合科学性，就是违背了史德。有的时候，由于史学工作者理论水平不高，掌握的史料不足，业务能力欠缺，或出于一时的疏忽，也会做出一些不科学的论断和结论；但只要他主观上是认真的，态度是诚实的、严肃的，出现这样那样的错误势属难免，并不牵涉史德问题。只有明知不对，为了某种目的而故意做出不正确论断，才是违背了史德。因此，符合科学

[①] 《马克思恩格斯全集》第3卷，人民出版社1960年版，第20页。

性的论著一般都合乎史德的要求，不科学的论著也不一定违背史德，对后者要具体事物具体分析。我们所以这样说，是因为史德是一种道德规范，而行为是否道德，主要取决于主观的自觉意识。没有自觉到的失误，不牵涉道德问题。譬如西周是什么社会，有封建社会论和奴隶社会论的争论，其中必有一论是错误的，只是目前尚难以辨识，但持两种论点的史学工作者都是出于追求科学结论的目的进行研究的，所以即使得出错误结论也与史德问题无涉。"四人帮"出于某种不可告人的政治目的，居心叵测地硬给王充、柳宗元、王夫之等人戴上法家的帽子，这就是失德行为。

社会主义新史德与古代的传统史德，有一个明显的性质上的区别，就是前者除科学性外还必须具有革命性，即新史学是为今天我国的革命和建设服务的。不过，关于"革命性"这一概念，不能理解得过于狭隘了。结合当前的政治任务和生产需要研究历史，撰写论著，是一望而知的革命性，无庸解释。运用辩证唯物主义和历史唯物主义研究历史，发现历史发展规律，也是革命性的表现，因为这样做有力地宣传了马克思列宁主义，有助于人们形成正确的世界观和提高其理论素养。考证一个历史人物的生卒年代和一本古籍的成书年代，虽然不牵涉现实政治生活和马克思主义理论，但也具有革命性，因为结论只要正确就符合唯物主义的实事求是原则，而且此类成果在编写人物传记、工具书和各种教材时，也是不可缺少的。即令那些在上述几方面都毫无作用的项目，如果不搞就会出现史学上的空白，等于把阵地完全放弃，让国外学者去占领，而我国的史学研究工作一旦取得成果，也就可以为祖国争光，这样的史学工作同样具有革命性。由此可见，这里所谓的革命性，主要是指两点：首先是看对现实社会、政治、理论有没有意义；其次是看对国家的革命建设有没有用处。这种广义的革命性，同极左路线下那种令人望而生畏的"革命性"是不可同日而语的。

科学性与革命性必须统一，也能够统一。真正科学性的史学论著必然具有革命性，因为我国物质文明、精神文明的建设正需要而决不会拒绝科学著作。真正具有革命性的论著，理所当然地也具有科学性，因为无产阶级和社会主义决不会为了某种目的而要求史学工作者去从事违背科学性的"研究",得出不科学的论断。彻底的唯物主义者是无所畏惧的,无产阶级是大公无私的阶级,它要通过解放全人类来彻底解放自己,是具有大无畏精神的唯物主义者,那么这种无畏精神体现在历史科学领域中,主要就是不畏惧史实,不畏惧科学真理,不畏惧正确的史学论断,不畏惧历史上客观存在的矛盾和问题。只有"革命性"、没有科学性的史学论著,说不上是具有科学价值的著作。科学水平低下的论著,即令具有一定程度的"革命性",其理论力量也是极其有限的。《家庭、私有制和国家的起源》《德国古代的历史与语言》《德国农民战争》《资本论》等著名的经典著作,是直接服务于工人阶级的政治革命的,但作为学术著作,它们也具有永久的生命力,因而成为科学性同革命性高度统一的典范。有这样的私议:"我不写带理论色彩的论著,我的著作是要传世的。"言外之意,运用马克思列宁主义理论写的书不能传世,但为什么看不到上述经典著作已经成了不朽的传世名著呢?有些"革命"高调满天响而科学水平很低的著作确实不能传世,但那不是由于运用了马克思主义理论,恰恰是由于违背了科学性与革命性统一的原则,而且是史德修养不足的一种表现。

科学性与革命性必须统一,也能够统一,这本来是不言而喻的,然而回顾史学界经历过的30多年的历程,就会发现问题并不那么简单。在极左思潮盛行的时候,或"四人帮"发动"评法批儒"的时候,非马克思主义和反马克思主义的政治口号莫不装扮成最符合马克思主义的东西,迫使我们史学工作者撰写非科学或反科学的论著,在这种关键时刻,要想坚持科学性就很不容易了。因此,为了以史德为武器抵制这种政治生活中的反科学行径和歪风邪气,一是要有政治上、理论上的识别能力,二是要坚决捍卫历史科学这块阵地的纯洁性,寸步不让,寸土必争。总结以往的沉痛教训,现在可以清醒地认识到:每当"左"的或右的思潮,某种政治势力,要求史学工作者违背科学性"为政治服务"时,当时的政治生活已经处于不很正常或很不正常的状况。这种时候,也正是社会主义史德应当充分发挥威力的关键时刻。

解放以来,历史科学领域内开展过几次群众性的批判运动,现在看来,有批对的,也有批错的或批不准的。批错与批不准的可不论,因为那不但说不上什么革命性和科学性，而且仅仅是一种不讲道理的乱打棍子。即令那些批对了的文章，也有不少实际上是于革命无益而缺乏科学性的。其科学性不足的主要表现是，不批驳对方的论据，只断章取义地摘引对方论著中的片言只字，用以同经典作家的某句语录对照，然后就说被批者反马克思主义。这种批判方法，无以名之，只能称之为法官判决法。即被批者是被告，经典著作是法律条款，批者是法官。这种批判与其说是理论斗争，不如说是施加政治压力。恩格斯在《反杜林论》中没有讲过一句违反科学性的话，也很少引用马克思的语录，而只是就杜林的论据一个一个地加以驳斥，正是由于进行了这样认真的研究和严肃的论战，才能在这部名著中发展马克思主义，得出不少新的结论。而且也只有这样的论战才能战胜论敌，把对马克思主义将信将疑的中间群众争取过来。采取短时间内群众性批判运动的形式进行理论斗争，往往不能达到预期的效果。高明的射手是一弹毕命，万箭乱发并不一定能射中目标。缺乏科学性的批判文字之所以都成为过眼烟云，不是没有原因的。

三

以上我们从正面论述了社会主义新史德——科学性同革命性的统一。史德属于道德规范，道德高尚的人必须有所为，有所不为，因此下面再从反面谈谈应当在哪些方面有所不为。

一曰违反马克思列宁主义的论著不写。现在自觉反对辩证唯物主义和历史唯物主义的史学工作者可以说是绝无仅有。在通常情况下容易出现的问题有两种：首先是看风使舵，"左"右摇摆，"左"起来"左"得"可爱"，右起来又右得出奇，但不论在何种情况下都偏离中轴线。史学界对秦始皇的正确评价应当是：在历史上起了进步作用，但也有阶级的和历史的局限性。当"文化大革命"爆发之初，大批阶级斗争熄灭论，在史学领域也强调运用阶级观点，于是造反派举起"左"手打史学家的右脸，硬说肯定秦始皇就是歌颂帝王将相。当"评法批儒"开展以后，他们又举起右手打史学家的左脸，说强调秦始皇的局限性就是贬低法家，影射无产阶级专政。总之，在政治生活反常的时候，你坚持真理、坚持马克思列宁主义理论就会遭到来自四面八方的攻击。因此，首先，史学工作者在政治风浪中捍卫马列主义是离不开史德修养的，应当既反"左"又反右，不能"左"右摇摆；其次，是不能认为"左"比右好，觉得宁"左"勿右比较安全。解放以后直到"文化大革命"时期，通常是只反右，不反"左"，而且流行这样一种看法："左"虽然也不正确，但主观上是要求革命的；右则是立场问题。在这种思想支配下，有的人总认为"左"点有安全感，殊不知我们在文字上留下的脚印是要经受历史考验的，只要不正确，身后也不会安全，几十年几百年之后，迟早有人要对它进行评论。

二曰不歪曲历史本来面貌。我们研究历史，无非是为了两个学术目的：一是发现历史发展规律；二是恢复历史的本来面目，把几千年来被颠倒了的历史再颠倒过来。为了在这两方面取得成果，都需要具有实事求是的态度。战国时期儒法斗争是有的，韩非确曾对儒家进行过攻击，展开过论战，但那只是整个"百家争鸣"海洋中的一个波澜，把儒法斗争突出到不适当的地位，已经不符合历史实际。汉代以后个别法家思想较多的历史人物也确实存在，但说儒法斗争这一条线一直纵贯到今天，就是无中生有，百分之百的胡诌，是对历史的狂暴歪曲。要想抵制这种歪曲历史本来面目的歪风，也需要有史德修养。

三曰不作违心之论。古代有所谓"代圣人立言"。今天我们运用马列主义研究历史，不存在代什么人立言的问题，理论上的是非、学术上的是非，都要通过史学工作者自己的独立思考来判断。脑袋只能由自己运用，不能让它长在别人的肩上，要学习马克思那种检验全部人类文化成果的科学上的彻底精神。见诸文字的，只能是由衷之言。不同意的观点和论断，不管它们来自多大的权威人物，都不违心迁就和勉强附丽。如果发现自己确实在学术上犯了错误，由于那是由衷之言，也用不着懊悔，接受批评改正错误就行了。孔子说："丘也幸，苟有过，人皆知之。"作为一个史学工作者不作违心之论，即使犯了错误，也会是"君子坦荡荡"的。

四曰不用伪书，不曲解史料。在"评法批儒"的日子里，像《孔丛子》这样的伪作，也被当作可信的史料大引特引；不少史料甚至还被断章取义地引用，背离了原文的含义。如果出于没有目录学的基本知识或理解史书的能力过低，出现这样的问题还情有可原；如果是经过基本功训练而有意地这样做，就太成问题了。

当不正当的思潮涌来的艰难时刻，要求所有的史学工作者像董狐那样献出生命，是不现实的，刘知几是经过"披沙拣金"才"有时获宝"（《史通·直书篇》）。而且在社会主义社会里，在通常情况下也不会出现"文化大革命"时期那种专横局面，要求史学工作者付出生命的代价去从事学术研究。但既然历史上已经出现过极左思潮泛滥的时候和"文化大革命"持续的十年，那么作为一个正直的史学工作者就不能不准备一点防身之术。

笔者在自己的学术生涯中，也犯过这样那样的错误，极左思潮在自己的论著中也有所反映，我写这篇文章也是为了鞭策自己。愿与广大的史学工作者共勉。

（原载《河北学刊》1985 年第 2 期）

一个值得努力研究的重大史学课题
——人类历史上的社会发展效益问题

一

最近几年，"史学危机"的议论甚嚣尘上，致使部分史学工作者心神不宁，甚至有人考虑改行。细究所谓"史学危机"的含义，不外下述两个方面：首先是指过去的研究方法和历史理论太"陈旧"了，认为不寻找新的理论和方法，史学就等于走进了死胡同，没有出路；其次是指历史学对现实生活中的"改革""四化"起不了实际作用，史学研究成果转化不成利润和经济效益。关于前者，我不想多谈，这里打算就后者略事涉及，因为与本文所讨论的问题有直接的关系。通过历史研究和历史课，可以进行爱国主义教育，可以帮助人们树立辩证唯物主义和历史唯物主义世界观，可以提高民族的文化素质，也可以借鉴历史上的人和事而对当今有所启发……这些方面，史学界的同志们已经谈得很多了，我不想重复发挥。但除了这几方面以外，历史研究还能不能在理论上，在较高的层次上，在广泛的范围中，对当今的人类进步起较大的作用呢？我个人这些年确实在一直考虑这个问题。

我们在经济体制改革中，经常提到效益问题，有的时候产量增加了，产值提高了，但大量产品积压在仓库里卖不出去，大大降低了经济效益。讲经济效益，还要注意少投入、多产出，即降低成本，节约原材料和能源，提高产品的质量和数量。由此使我想到，在人类历史上，进行宏观考察时，也能够发现：有的时候，人们付出的代价并不很大，历史发展却比较顺畅；有的时候，人们付出了极大的代价，社会进步却极其有限，甚至毫无进展；有的时候，还出现过历史的暂时倒退。个人感到代价的大小与社会发展的多少、快慢之间并不总是呈现正比例的函数关系，其间也存在一个效益问题。我遂把这一概念姑且名之为"社会发展效益"。

是哪些条件、因素和规律导致社会发展效益产生明显的差异呢？这是一个非常复杂的问题。对人类以往的历史进行回顾和总结，如果能在这个课题上取得扎扎实实的成果，我们就可以用来指导当今人类社会的发展，使创造历史的人们，在实践中大大提高社会发展效益，避免走社会发展低效益的道路。古人借鉴历史，主要就是就事论事地进行借鉴，现代人也还在这样做，譬如今天搞改革，就重点研究历史上的商鞅变法和王安石变法，但借鉴仅限于此层次还比较低，缺乏高度。马克思列宁主义主张研究历史以发现规律，重点在于预见未来，即资本主义必然为社会主义所代替，但对总结以往的规律以指导当今的实践，还发挥得不十分充分。因此，为了今后的具体实践，为了创造历史而总结历史规律和具有规律性的历史经验，在某种意义上说，确实是一个新的重大课题。

英国历史学家汤因比创造了一个"挑战—应战"理论，不但用以解释历史上出现过的二十多个"文明"的诞生、成长和死亡，而且还被广泛地应用到现实生活之中，使人们自觉认识面临的任务，并用以激励人类的斗志。如果我们研究人类历史上的社会发展效益，也能取得重大的理论性突破，其现实意义当不下于"挑战—应战"理论。与汤因比的研究方法相比，希望我们形象思维的成分更少一些，扎扎实实的理论分析、逻辑思维的成分更加强一些。

如此重大的课题，由我这样一个小人物提出来，不免显得荒唐，一定会贻笑大方，甚至被看作狂妄。马克思在谈到古代的希腊艺术时说："一个成人不能再度变成儿童，否则就变得稚气了。但是，儿童的天真不使他感到愉快吗？""为什么历史上的人类童年时代，在它发展得最完美的地方，不该作为永不复返的阶段而显示出永久的魅力呢？"（《"政治经济学批判"导言》）个人作为首先提出社会发展效益概念的普通史学工作者，肯定表现了"儿童"的"稚气"，但愿我的"天真"能给别的史学工作者带来"愉快"，如果能对未来的人们产生某些"魅力"，那我就会感到非常幸运了。我之所以这样说，是因为深知，这样重大的课题，不可能由一个人来完成，有待于对此课题感兴趣的许多人同力协作，一起攻关。

既谈效益，就有高低之分。不进行比较，就看不出高低，看不出发展效益的孰高孰低，也就无从总结出理论性、规律性的结论。为了进行比较，不但要研究我国汉族的历史，还要研究我国境内的各少数民族的历史；不但要研究中国史，还要研究国别史和世界史；不但要研究一个民族、一个国家的断代史，还要对各个历史阶段的社会发展效益进行比较。作为有社会责任感的史学工作者，我义不容辞地把这一个课题公之于众，并不怕出丑，把自己初步形成的一些幼稚看法提出来，更欢迎史学工作者中搞各个专业的同志们来参加这次历史研究的大合唱。我们取得可喜的成果时，相信也就是"史学危机"议论彻底烟消云散之日。这样的成果，不仅可以用于我国的改革和实现"四化"，对任何一个民族和国家都有参考价值。

二

阴云密布的时候，云层和地表产生感应电，一方是阴电，另一方是阳电。感应电积累到一定程度，就要产生放电现象，这就是闪电。人类为了避免霹雳所造成的损失，遂发明了避雷针，其作用在于用微量的、局部的放电代替一次性的大放电。我想用这个例子说明人类社会发展过程中的类似现象，即社会运动没有能量不成，这种能量也很像感应电，在阶级对抗的社会里，能量来源于进步阶级同保守阶级的矛盾，革命阶级同反动阶级的矛盾，政治势力中各种党派间的矛盾，统治者同被统治者间的矛盾。在没有阶级对抗的社会里，也存在于人们间先进与落后的矛盾，观察事物的是与非间的矛盾，氏族长与氏族成员间的分歧。没有分歧和矛盾，就不能积累能量，缺乏能量，社会就缺乏前进的动力。原始社会历史发展得异常缓慢，就是由于人们征服自然的力量有限的情况下，智与愚的差别不大，是与非的矛盾太少，能量积累得非常缓慢所致。

但社会能量的释放方式与闪电时的放电现象有一个根本性的不同，因为人类释放社会上的积累能量，会遇到一个外壳的阻挡，有的时候，外壳比较薄弱，能量易于释放出来；有的时候，外壳比较坚强，释放起来不大容易；也有外壳极端坚硬，致使能量根本无法释放的情况。在阶级社会里，党派斗争、议会辩论、质询、舆论监督、三权制衡……都是在上层释放能量的方式；阶级斗争、农民起义、武装革命等，都是大规模释放能量的方式。每一次释放能量，都是由于正确的一方、进步的一方、革命的一方打破了外壳的束缚，才得以实现，所以每次积累能量的释放都是社会发展的一次重要机会。在没有剥削、没有阶级对抗的社会里，氏族长同氏族成员、氏族群众发生意见分歧时，如果氏族长坚持自己的错误意见和主张，也会出现外壳束缚效应。只是比阶级社会易于突破它而已。将来人类进入理想的没有阶级、没有对抗的大同世界时，由于文明的进步和人们智能的提高，"感应能量"形成得非常快，但外壳已经趋于消亡，所以很容易得到释放，甚至可以说是随时形成随时释放，这将意味着社会进步非常迅速，前进的步伐空前的快，可以用"一日千里""一天等于二十年"来形容。

回顾以往的历史，尽管无阶级的初民社会占有的时间最长，但由于对它知之甚少，所以我们还是把注意力集中在几千年的文明史上。在探讨阶级社会的社会发展效益与积累能量的释放方式时，我发现也存在一个"避雷针效应"。它指的是，有些社会问题如能通过上层的争辩、斗争加以解决，人类为进步所付的代价就低；如果上层中的外壳过于坚硬，能量得不到释放，积累得多了，就要通过大规模的、社会范围的一次性释放的方式；如果本民族、本国的外壳坚硬如钢铁，无论如何释放不了能量，那就会招致外力释放的方式。在后两种情况下，人类社会所付的代价就比较大。下面略举数例加以说明。

战国时期人们面临着由奴隶社会向封建社会过渡的历史任务，由于生产力同生产关系的矛盾、经济基础同上层建筑的矛盾、新旧阶级关系下的复杂社会矛盾，社会上积累的能量很可观了。怎样释放呢？有两种可能的方式：或者通过一次大规模的革命战争加以释放，或者通过上层人物进行改革和变法加以释放。很显然，前一种方式意味着代价极高，后一种方式比较廉价。变法中斗争局限在上层，商鞅本人虽遭车裂，改革的成功却达到了释放积累能量的目的，避免了大规模的流血战争。改革之所以成功，与秦国奴隶制不成熟及由此引起的政治外壳不十分坚硬有关。就社会发展效益而言，商鞅变法是可取的，它实际上起了"避雷针"的作用。

我国19世纪末叶，随着封建制的腐朽及帝国主义入侵步步深入，社会上积累的能量也相当可观了，于是爆发了"戊戌变法"，这实际上是要发挥"避雷针效应"，即在上层集团的斗争中就力争把能量释放掉。但由于外壳太坚硬，释放不出来，最后遂采取代价较高的革命战争方式加以释放，于是爆发了辛亥革命。

西罗马帝国末年，奴隶制行将最终崩溃，社会上积累了大量的能量，斯巴达克起义是规模巨大的阶级大搏斗，但仍然未能使能量突破坚硬的外壳得到释放。内部释放未能实现，终于酿成了日耳曼人入侵，采取了外力释放的方式，随着外力释放的成功，西欧社会由奴隶制进入了封建制。

第二次世界大战以前，德国、意大利和日本由于没有获得所需的殖民地，在空前严重的经济危机中积淀的能量最多，但法西斯统治下政治外壳根本杜绝了内部释放能量的一切可能性；经过残酷的世界大战，全世界人民都在大浩劫中付出了空前的代价，于是盟国最后战胜三国，用占领的方式以外力释放能量。其结果，这三国由于积淀的能量得到彻底的释放，所以虽然付出了巨大的代价，战后却经济发展迅猛，政治走向民主，取得了长足的进步。

由上述数例可以看出，社会积累的能量越是在上层，在较小的范围内就能得到较好的释放，为社会发展所付的代价就越小；越是由于外壳坚硬得不到释放，最后释放时所付的代价就越大。为了提高社会发展效益，人类就应当尽量自觉地利用"避雷针"效应，力争尽早释放积淀的能量，避免爆炸性的大释放所带来的高代价。这样讲是否涉嫌宣扬改良主义呢？不会。有的场合，积累的能量不可能在上层释放，那么爆发革命战争即使代价再大，也只能采取这种释放方式。在这种条件下，如果上层改革、变法一次失败、二次失败、三次失败……最后再爆发起义和革命，这就付出了更大的代价，还不如一次彻底革命把能量释放干净，社会效益反而更高。认识到起义和革命所付出的代价较高后，就应当得到这样的结论：革命后的复辟是使已付出的高代价付诸东流，是人类社会发展中最大的浪费现象，复辟行动抵消发展效益，是极大的犯罪。

三

社会发展效益的高低，往往取决于社会财富消耗的方式。如果说，一个社会的财富总量是一个既定的量，那么其中用于有利社会发展的方面越多，社会发展效益就越高；被浪费的人力、物力、财力越多，社会发展效益就越低。社会上的人力资源、物质资源究竟怎样消费，既与不依人们的意志为转移的生产关系、社会性质有关，也与人们的自觉控制有关。因此，对这类社会、政治现象及其机制有所认识，还是有必要的。

就社会财富的消费方式而言，中国封建社会与西欧封建社会有显著的不同，这对双方社会发展效益产生了明显的影响。西方中世纪的绝大部分时期，没有形成大量的职业官僚和雇佣兵，官禄和兵饷的开支较少。我国自战国、秦、汉开始，就出现了大批的官吏和职业兵，官禄、兵饷支出历代都相当浩繁。西方 10 世纪以后产生的封建城市均为工商业城市，其生产的意义大于消费的意义。我国的封建城市基本上是郡县城市，其居民的绝大部分由地主、官吏、军队、茶炉、酒肆中的佣保、寺院中的僧尼及无业游手构成，从事手工业生产的人口只占极少部分。这种城市的消费意义大于生产的意义。欧洲农业劳动生产率提高以后，由农业提供的商品粮主要供工商业者消费，所以社会经济得到了有效的发展；我国唐宋时期的农业劳动生产率远高于西方的相应阶段，但除农业人口消费外，其余的农产品却主要被不事生产的人口消费了，尤其官僚的穷奢极欲，大吃大喝非常惊人，因而大量的社会财富被浪费了。中国小农经济的成就超过西方，我们的社会发展效益远低于西欧，就与这种社会范围的浪费性特点有密切的关系。正是由于看到了这种封建城市的特点，解放初期我国提出了"变消费城市为生产城市"的战略任务。

不论任何社会，都存在一个社会财富由什么人消费多少的问题。大致寄生阶级消费得越多，劳动人民消费得越少，社会发展效益越低。资本主义高度发达的国家，由于财力充足，社会富裕，强调大量使用一次性的消费品，以开阔市场，但任何产品都是由原材料和能源转化成的，所以浪费产品最终会归结为浪费资源，而地球所蕴藏的资源是有限的，人类掠夺能源、掠夺自然资源的结果，迟早是要受到惩罚的。直至当今，人类仍然面临着一个如何正确对待、引导消费的难题。

　　处理好生活消费同生产消费的关系，固然是异常重要的问题，仅就生产的消费而言，也存在一个浪费与节约的问题。在人类历史上，生产力越低，技术水平越低、生产设备越简陋的时代，生产上浪费与否越无明显差别。奴隶制时代，奴隶戴着镣铐在鞭子下劳动，毫无积极性可言，使用的都是笨重的工具，彼此之间很难发现生产能力上有悬殊的区别，从而谈不上明显的经济效益上的区别。封建社会农民从事个体劳动，生产技术进步了，积极性提高了，他们出于关心自己的利益，就会在经济上斤斤计较，避免浪费。资本主义工业革命以后的大机器工业时代，资本有机构成提高了，生产规模空前地扩大了，企业中雇用的劳动力增加了。在这样的条件下，工厂领导人一个错误的决策、由于疏忽造成的一次事故、一批资金和原材料的积压，都意味着是一次灾难性的大浪费。正因为人类已经认识到了生产中经营管理的重要性，才产生了管理科学。当今人类面临着第三次技术革命的浪潮，随着将来技术的突飞猛进，如何改善生产消费，进一步杜绝浪费，增强节约，将是越来越重要的课题，因为它将直接影响未来的社会发展效益。

　　劳动者，包括体力劳动者和脑力劳动者，其体力和智力既可用于有效劳动，也可用于无效劳动，对社会发展效益的影响却不可同日而语。当人们从事有效劳动时，社会发展效益就高；任何社会，存在一部分无效劳动都是不可避免的，但如果所占比重过高，就会大大降低社会发展效益。古埃及建造金字塔，秦始皇修建骊山墓，等等，均属无效劳动的见证。欧洲中世纪基督教全部控制了社会的精神生活，人们用很多的时间学习《圣经》，做弥撒，消耗了大量的智力和时间，这是智力方面无效劳动的表现。当资本主义兴起，马丁·路德、约翰·加尔文等人发动宗教改革运动时，人们的智力虽然也用于宗教活动，却属于有效劳动，因为宗教改革在精神文明建设中发挥了作用。西方封建主义时代的绝大多数时间，无效劳动所占比例较大，所以社会发展缓慢；宗教改革以后，随着无效劳动的减少，资本主义生产关系下人们争分夺秒地进行有效劳动，所以社会发展一日千里，日新月异。

四

人类社会的发展不可能走笔直的道路，出现曲折是不可避免的，但弯路有大有小，凡是绕了大弯子，社会发展效益就大为降低，而弯路较小时社会发展效益就显得高。

以两汉的社会为例，西汉走的弯路就比较小，因而为社会进步所付的代价就比较小；东汉社会迈着沉重的步伐缓步前进，所付的代价就比较大。黄巾起义以后，先则分裂内战，继则"五胡"混战，积累的社会问题一拖再拖，长期得不到比较彻底的解决，这个大弯路走了近四个世纪，社会发展效益上不如秦汉，下不如隋唐。唐朝前期，历史几乎是沿直线上升的道路前进，社会发展效益很高，"安史之乱"以后，社会动乱，藩镇战争此起彼伏，整个国家可以说是在困境中挣扎，这次弯路绕行大约200年，直到北宋建立和统一，社会才回到发展的正道上来。

如果弯路具有旋涡式的反复效应，那问题就更严重了。西欧封建社会没有我国封建社会那种"危机—恢复—发展—再危机—再恢复—再发展……"的反复发展形式，所以那里的封建社会尽管进步也不算快，但其整个历程比我国却短得多，我国封建社会由于有这种周期性特点，历史迈着进两步、退一步，再进两步，再退一步……的步伐蹒跚前进，因而走了一条异常迂回曲折的道路。这种不同的道路可以图示如下：

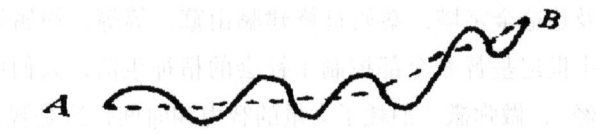

A 代表封建社会的起点，B 代表封建社会的终点，实线代表中国封建社会的发展道路模式，虚线代表西方封建社会的发展道路模式，从上图可以明显看出，虚线大大短于实线，前者接近于直线，后者曲折太多。这是中国封建社会发展效益较低的另一个主要原因。

资本主义社会也出现过这种反复效应。从 19 世纪 20 年代开始，经济发展道路进入了"危机—萧条—复苏—高涨—危机……"的反复模式，虽然与封建时代相比，社会发展的速度大大加快了，但如果能够摆脱这种反复模式，社会进步的步伐必将更加迅速。

当然，发展道路反复模式的出现，由其具体的社会机制所制约，大多是不以人们的意志为转移的，非人力所能控制；但随着人们对社会经济发展规律的认识，从宏观上控制经济能力的加强，将来有意识地避免这种模式；或发现走上这种道路后尽早设法加以摆脱，从历史的旋涡中早日走出来，也许有一天能办得到。

与此类似的还有一个循环模式问题。循环模式又可分为三种：恶性循环、良性循环和中性循环。

恶性循环的例子，在历史上和现实中随处可见。譬如封建社会的小农经济，生产遇到困难，有时连简单再生产也无法维持，而生产越萎缩，农业劳动者越食不果腹、再生产的条件越不能很好地更新，这就反转来造成生产的进一步萎缩。再如我国历代处于经济危机阶段时，土地兼并越严重，封建国家的财政越困难；财政危机越严重，地主政权对农民的课役剥削就越厉害；农民的课役负担越重，就更加易于走向破产；农民越加速破产，土地兼并越发展。资本主义社会中也有类似情况，如通货膨胀引起物价飞涨，物价飞涨引起工人罢工，罢工的结果增加了工资，增资提高了产品的成本，成本提高又反转来引起物价上涨和通货膨胀。

与上述情况相反的循环模式，就是良性循环。如我国封建社会每一次大规模的农民战争以后，由土地集中引起的经济危机克服了，财政危机也随之成为过去，横征暴敛遂为"轻徭薄赋"所代替，课役的减轻有利于农民发展生产，农民生产、生活条件的改善使土地兼并趋于缓和。举一可以反三，不必要再罗列其他的例子了。

介乎恶性循环与良性循环之间的过渡模式，即中性循环。

社会陷于恶性循环时，社会发展效益不但低，甚至会出现负效益，即暂时呈现倒退，社会处于良性循环时，社会发展效益就比较高；在中性循环的时候，社会发展可能处于停滞状态，至多只能取得缓慢的、微小的进步。认识了这种效益，就应当有意识地、尽可能避免落入恶性循环的旋涡，力争处于良性循环及中性循环状态。一旦发现已经卷入恶性循环，就要尽快从中摆脱出来，为此是需要付出相当代价的。我国封建社会在危机阶段同时处于恶性循环之中，摆脱的唯一有效途径就是农民战争。而一次大规模的起义是需要社会付出极高的代价的。但支付高代价是值得的，因为如果解脱不出来，一直在恶性循环中打转，经常所付出的代价等于填入一个无底洞，更加不合算。恶性循环的形成有时是不依人们的意志为转移，但也有的是由人为的因素造成的，在政治生活中尤其如此。如隋炀帝对人民横征暴敛，残酷统治，引起农民反抗；各地起义多了，他就进一步加强镇压、大肆滥杀，其结果是更进一步地加速起义的发展。隋政权就在这一恶性循环中陷于灭顶之灾。这种纯人为的因素是可以认识、控制和避免的，汉初、唐初有那么多人从秦亡、隋亡中总结教训，不是没有原因的。

五

人类社会可以分为若干层次高低不等、大小相异的群体，最小的是家庭，中等的有政党、群众组织、阶级等，最大的是民族、国家。无论大小群体，欲求本身的发展，就必须同外界交换能量和信息；目光全部内向，使本群体成为一个封闭的体系，就很难谈得上发展。这个道理，这几年已经为人所熟知，无须赘论。

一个群体究竟有多大可供本身发展的有效能量，如果假设是一个既定量，作为前提条件，那么剩下的问题就是仅有的能量如何使用、用于何处了。群体内部产生分歧和斗争，几乎是人类历史上的通常现象，这种斗争无疑是会消耗力量的。大致内部消耗的能量越多，与外界可交换的能量就越少。一个家族中兄弟阋墙而争，内部分崩离析，这个家庭肯定走向衰败；一个政党内部经常展开不必要的斗争，消耗了大量精力，必然要削弱势力；一个国家分裂、割据，就会招来外部的入侵，西晋"八王之乱"为"永嘉之乱"开了方便之门，就是明显的例证。人类内部的战争频繁，必然削弱人同自然的能量交换，经济发展就要受阻。像这类的事例，可以概括为一个概念——"内耗"。

但是，我们不能把人类各种群体的内部斗争笼统地归结为"内耗"，因为这种斗争可以划分为两类：其一是两种意见有是非之争，两种政见、方针和路线有正确与错误之分，战争双方有正义与非正义之分，斗争有革命与反革命之分。其二是两种势力的斗争无是与非、无进步与反动、无正义与非正义、无革命与反革命可言的无谓之争。前一类斗争是必要的、不可避免的，而且进步的一方战胜落后的一方、正义的一方战胜非正义的一方、革命的一方战胜反革命的一方会带来巨大的社会发展效益，因此这类斗争不能称为"内耗"；后一类斗争不可能提高社会发展效益，甚至会造成历史的暂时倒退，所以是地地道道的"内耗"效应的表现。

造成"内耗"的斗争大体上有两种情况：一种是单纯的权力之争，主要发生在政治生活领域中。唐代的"牛李党争"有路线之争、政见之争，不属于"内耗"范畴，但两派宦官为拥立谁当皇帝而斗争，即是"内耗"。北宋的新旧党争有变法与反变法的斗争性质，也不属于"内耗"范畴。东汉的外戚、宦官相争就是典型的"内耗"。单纯的权力之争最后的结果往往是导致本群体的崩溃，外戚、宦官长期相争的结果是东汉覆灭，两种势力同归于尽；唐朝宦官相斗的结果是加速唐政权的灭亡，最后全部宦官成了朱温的刀下之鬼。

另一种内耗斗争是在群体内部把小的矛盾扩大化，把非本质的矛盾"上纲"为本质矛盾，把本来容易解决的斗争加以复杂化和激化。"文化大革命"中搞"无限上纲"，就是搞扩大斗争、激化斗争的典型事例。任何群体，内部一贯保持一致都是不可能的，一个家庭中，夫妇、父子、兄妹之间还不可避免地发生意见分歧和争执，如果一有这种情况就加以扩大和激化，一个团体成员间一有不同意见就被看作原则性斗争，那么这个群体的历史命运就只能是从分裂走向分裂，从再分裂走向崩溃。任何群体陷入这种状况，都不可能有效地同外部交换能量和信息，不可能有效地发展。

由此可见,为了提高社会发展效益,人类就要有意识地避免"内耗"效应,全力以赴地同自然界交换能量;革命势力内部就要尽量少进行无原则的权力之争和避免扩大矛盾、激化矛盾,通过协商交换意见加以缓和、解决,对暂时解决不了的问题也要有求同存异的雅量。

六

恩格斯说:"传统是巨大的阻力,是历史的惰力。"(《社会主义从空想到科学的发展》)一个民族或一个国家,都拥有自己的传统,历史越悠久,传统越久远,对该族、该国的影响越大。任何文化都应当一分为二,其中必然有优秀的精华,一定也包括应当扬弃的糟粕。但某一民族或国家继承其传统的机制,选择原则,至今还是一个谜,因为以往的继承传统往往完全是自发的,带有很大的盲目性。这就决定了传统中的消极因素有可能逐渐成为一族一国前进中的包袱。大致全部继承精华、完全拒绝糟粕的例子,在世界历史上还从未出现过,而越是历史悠久的民族或国家,由糟粕形成的历史包袱越沉重。背着沉重历史包袱的国家,其社会发展效益必然很低;没有历史包袱或包袱较轻的国家,其社会发展效益必然较高。

世界上曾经闪烁过异彩的"文明古国",当时是最发达的明星,但不论是埃及和巴比伦,还是印度和中国,在当今都属于第三世界。美国建国仅有200年左右的短暂历史,今天却在经济发展方面跃居世界首位,产生这一奇迹的原因,一则固然与其优越的自然条件有关,譬如有几个广阔的平原,耕地特别多,气候适宜于各种农作物的生长,地下矿藏相当丰富,等等;但更加不可忽视的是文化条件,这个国家的居民来自世界各地,当地无所谓悠久的历史,因而根本缺乏作为"阻力"和"惰力"的历史传统,没有历史包袱是美国得以轻装前进的极其有利的条件。

认识到这一点非常重要,由此可以知道,一个民族和一个国家应当怎样自觉地、有意识地扬弃自己的传统文化。即慎重选择那些传统中的精华，并加以发扬光大；对于历史包袱则应当毫不吝惜地甩掉，彻底加以批判。不如此，"死的就会拖住活的"，社会进步就会举步维艰。

谈文化问题，不可避免地还要涉及如何对待外来文化的问题，尤其是处于信息时代的世界环境中，各种文化的交流、渗透空前加强，在这样的条件下任何民族、任何国家都面临着容纳外来文化还是拒绝外来文化，容纳什么和拒绝什么的问题。能否处理好这个问题，也是一个严重的挑战。

外来文化同本国、本族文化相遇、渗透，可以比作农作物的杂交，现代的农学家都知道杂交优势这个概念。如果文化"杂交"也产生了优势，就会大大提高一族一国的社会发展效益。在这方面，日本的经济起飞是一个最成功的例子。"明治维新"以来，日本吸收了很多西方文化，但固有的传统并没有简单地全部抛弃。两种文化结合的结果，大步跨进了资本主义社会。第二次世界大战中吃了败仗，武士道精神不再能在军事、政治上发挥像过去那样的作用。这个民族善于化废为宝，把民族主义精神转移到振兴经济上来，在各个生产领域都企图力争名列世界前茅。至于西方的政治民主、科学技术等有用的东西，进一步加以吸收，继续发扬着"明治维新"以来的传统。中国的儒家文化，在我国有一部分人错误地主张全盘否定，但在日本却被用于企业管理，发挥了一定的作用。甚至我国的《孙子兵法》和《三国演义》，日本资本家也没有对之采取不屑一顾的态度，而且着意钻研，力求从中领悟出经济竞争中可资借鉴的策略和手段。战后日本的经济起飞和突飞猛进，说明文化上的杂交优势大大提高了社会发展效益。

假设有两株果树，一株的果实大而酸，另一株的果实小而甜，进行杂交的结果有以下两种可能：或者是新果实大而甜，这就是杂交优势的体现；或者是果实小而酸，杂交也可以产生劣势。两种文化接触后也有可能产生文化上的杂交劣势。假如一个国家一方面拒绝历史传统中的优秀部分，专门把传统文化中的糟粕接过来当作沉重的包袱背起来；对外来文化中有用的东西辨认不清，或者学不会，用不上，对其中的腐朽部分甘之如饴，甚至奉为圭臬，那么两种文化杂交的后果就不堪设想。这不但谈不上什么提高社会发展效益，甚至会造成历史暂时倒退的后果。

由此可见，研究如何对待传统文化，如何对待外来文化，如何自觉地、能动地争取文化"杂交优势"，是一个非常重要的课题，其研究结果具有重大的意义。任何社会都是在一定的文化环境中发展的，人类应当力争主动地创造有利于提高社会发展效益的文化上的"生态环境"。

七

古人云："失之毫厘，谬以千里。"俗话说："良好的开始等于成功的一半。"这两句话均意在强调，一切事物开始产生的状态对其以后的发展无不具有深远的影响，所以凡事都应首先力争"善始"。

人类社会的发展过程是可以划分为若干阶段的，按照社会性质划分，有原始社会、奴隶社会、封建社会、资本主义社会和社会主义社会。每一个国家在每一个社会形态开始产生的时候，都面临着能否迈好关键性的头几步的问题。至关紧要的这几步迈好了，以后的社会发展效益就有可能较高；起步不好，就可能导致以后发展的低效益。

中国封建社会开始的时候，土地"民得卖买"，由此派生出土地兼并和土地集中，这一点基本上决定了以后两千年间封建社会的特点及其发展所经历的特殊道路。经济上的迂回曲折道路由于斯，政治上的统一集权由于斯，农民战争的频繁爆发由于斯……这些方面，在拙著《中国封建社会形态研究》中已经讲得很多了，不赘于兹。西欧封建社会开始的阶段，日耳曼人的入侵是一个非常引人注目的特殊因素，从而形成了采邑、领地分封制，严格、僵化的世袭等级制，份地制，公社制……这一系列的特点对以后的发展也产生了复杂的影响。

资本主义取代封建制的资产阶级革命时代，英、法两国不同于德、意、日三国的社会变革道路，前者以彻底革命的方式用武器批判了封建社会，后者均以自上而下改革的方式建立资本主义社会，由此影响两类国家以后的发展趋向有所区别。德、意、日之所以后来都变成法西斯国家，一方面自然与它们所处的帝国主义时代及老牌帝国主义国家已经把殖民地瓜分殆尽有关，但恐怕也同这几个国家残存的封建传统较多有关。

一个彻底建立了资本主义民主共和制政体的国家,要想发展法西斯主义,是相当困难的。

十月革命一声炮响,建立了世界上第一个社会主义国家,苏俄的民族特点不但决定了本国以后的发展道路,而且作为"模式",影响了以后革命的很多国家。当今社会主义各国进行的改革各有其民族特点,但也面临着不少类似的问题,毋宁说,这些类似的问题中有相当一部分来源于最早的"模式"。如果第一个社会主义国家恰恰是一个彻底扫清了封建残余、真正建立过资产阶级民主共和国的国家,"巴黎公社原则"恐怕就很容易实现了,终身制就缺乏产生的土壤。巴黎公社,在历史上有如短暂的一瞬,就能创造出公社著名的两条原则——"第一,它把行政、司法和国民教育方面的一切职位交给由普选选出的人担任,而且规定选举者可以随时撤换被选举者。第二,它对所有公职人员,不论职位高低,都只付跟其他工人同样的工资"①。显然这一点与法国封建残余较少、民主共和制比较完善有密切的关系。尤其是第一个原则,与当时政治、文化环境的关系更为密切。遗憾的是巴黎公社只存在了短短的两个月,未能把这一原则作为良好的开端,为以后的历史所继承,国际共产主义运动因而在以后的百年中出现了一系列的缺陷。

一个新事物,开始出现的时候,会遇到什么样的历史条件和文化环境,会由此产生什么样的社会发展效益,在很多情况下是不依人们的意志为转移的,但也同人类以往对此没有自觉的认识有关。应当承认,如果将来人类能达到某种程度的、可能条件下的选优能力,选择"善始"的道路,社会发展效益的大大提高是有可能的。现代决策理论和有关决策方案择优而从的理论之出现,就说明人类实际在沿着这样的方向前进。历史发展的盲目性将随之逐渐减少,自觉性将逐渐随之加强。

八

最后谈谈精神文明建设方面的效益问题。在人类历史上,有时文化

---

① 《弗·恩格斯写的导言》,马克思:《法兰西内战》,人民出版社1964年版,第12页。

高度发展，无论是哲学、文学、艺术……各个方面，呈现繁花似锦万紫千红的盛况，发展效益很高；有时各个领域都呈现枯萎、低沉的衰象，发展效益很低。究竟是哪些条件起重要的制约作用呢？这个问题也异常复杂，远不是一两篇文章或一两本著作所能解决的。尤其是像我这样的门外汉，更无资格加以置喙。但这篇文章既然必须牵涉这方面的问题，完全不谈似乎也说不过去。因此就硬着头皮从宏观方面略抒己见，肯定是纰漏百出，抛出来的必定是砖，只要能引出玉来，个人就心满意足了。

就西方历史而言，精神文明发展效益提高的两个时期是：希腊、罗马古典奴隶制阶段，资本主义上升时期的文艺复兴、启蒙运动阶段。两个时期的共同点是什么呢？都处于思想、精神活跃的状态下。

雅典城市繁盛的时代，工商奴隶主同贵族奴隶主发生冲突，并且建立了民主政治，复杂的思想竞争与开明的政治文化环境使人们的思想空前地活跃起来，由此不但产生了古希腊伟大的各派思想家，而且出现了灿烂的艺术成就。文艺复兴前后欧洲处于思想大解放的阶段，资产阶级坚决批判中世纪的教会一统局面，所以随着人文主义、理性主义的勃兴带动了整个精神文明的发展。与此相反，在中世纪的早期和中期，政治上虽然没有建立专制主义政体，基督教的文化专制却极其严酷，在这种情况下，人们的精神生活贫乏，思想沉闷，所以几乎谈不上有什么文化方面的显著成就。大致文学和艺术的发展有一条规律，当作家和艺术家思想贫乏的时候，精神空虚，不可能进行富有内容和意义的创作，就容易被驱赶到单纯追求形式的狭窄道路上去。中世纪教会文学的仅有著作之所以走向形式化和公式化，其原因盖源于此。

我国的战国时期正在发生社会大变革，随着阶级关系的复杂化和政治文化环境的有利，形成了"百家争鸣"的局面，这确实是思想活跃的反映。作为中国历史上出现的第一次精神文明发展高潮，体现了空前高的效益。汉代"罢黜百家，定儒一尊"，思想趋于沉闷，所以文学上就以缺乏内容、堆积词藻、枯燥无味、追求形式的汉赋为主流，魏晋南北朝时期由于士族文人思想贫乏、精神空虚，于是他们只能写那些骈四俪六的形式主义作品；像陶潜那样思想、感情丰富的作家，只是极个别的例子。唐代儒、释、道竞胜，中外文化广泛交流，士人思想再度大活跃起来，因而出现了中国文化高效益发展的第二次高潮。"五四"前后，不但社会发生显著变革，而且中西文化再度交流，西方的各种流派和马克思主义纷至沓来，传统观念的束缚再度被摆脱，思想的活跃造就了几代的思想家、文学家和艺术家。

有突出成就的思想家、文学家和艺术家，一般都具有站在时代最前列的特点，他们比一般人站得更高，看得更远，因而都是时代精神的代表。马丁·路德是宗教改革的先行者。托尔斯泰虽然出身贵族，甚至心爱贵族阶级，但却产生了解放农奴的先进思想。巴尔扎克尽管在政治上具有保皇主义色彩，而在社会问题上却不满于资本主义时代的种种罪恶，因此用批判现实主义的武器对社会的阴暗面、人们精神生活的阴暗面进行了尖锐、无情的揭露。鲁迅最成功的代表作《阿Q正传》和《狂人日记》，也都是以针砭中国人的精神不健康为特色的。思想家、作家、艺术家之所以能够站得高，看得远，走在时代的前面，其出发点就是不满足于现实。如果对现状完全满意，看不出弊病，或者不允许精神文明创造者有超前的思想，那也就从根本上铲除了天才产生和成长的土壤。不存在没有天才的时代，只存在埋没天才的时代。假如有人给批判资本主义阴暗面的巴尔扎克扣上留恋封建制的帽子，打击、限制他的创作活动，那《人间喜剧》早就夭折了。

从事具有进步意义的精神文明创作，思想家、作家和艺术家必须通过自己的活动表达自己的由衷之言，真实的感受。从理论上讲，资本主义社会以人剥削人为基础，资产阶级宣扬人道主义和人性论具有虚伪性，其目的在于欺骗群众。但就一个具体的思想家、作家和艺术家而言，他在从事创作的时候，自己对于人道主义、人性论却是完全真诚信仰的，否则，他就不可能成为一个伟大的人物。在这方面，托尔斯泰可以说是最典型的例证，他对自己信仰的东西不止于进行宣传，而且能够身体力行。如果他有丝毫欺世盗名之心，也就不成其为托尔斯泰了。

由于精神文明的创造必须出自主体的内心，发表的是真正的由衷之言，所以"命题作文"方式就完全违背了这一原则。古代的"应制诗"不知有多少篇什，在文学史上能够留下足印的却一首也没有。科举取士时有的朝代专试诗赋，但考场诗一首也没有成为名作。应制诗、科场诗即令有的写作技术高超，但它们终究是绢花或塑料花，只有诗人不是出于答卷，而是从生活的土壤中汲取了养料，完全发自内心的歌咏，才是活鲜鲜的、具有生命力的、经得起时间考验的花朵。

由此可见，不论任何时代，为了提高精神文明的发展效益，就必须为精神文明的创造活动提供一个思想能够活跃起来的政治文化环境；力避出现思想沉闷、万马齐喑的局面。思想家、文学家、艺术家就要力争站得高、看得远，找到自己时代继续前进的起点，以大无畏的精神进行创作；力避思想平庸，为人庸俗，随风逐浪。精神文明的创作主体就要具有高度的时代责任感，表达发自内心的感情，宣传自己认为真正正确的东西；力避别人命题、自己答卷的创作模式。

关于这篇文章的研究课题，还有一些问题与历史唯物主义直接有关，如生产关系同生产力矛盾或适应的情况对社会发展效益有明显的影响，政治、意识形态也能产生同样的影响，由于历史唯物主义的理论在我国是大家非常熟悉的，很容易想到这些方面，所以我在这里就不一一涉及了。

（原载《抛引集》，河北教育出版社 1993 年版）

试论中国封建社会的土地所有制形式
——对侯外庐先生意见的商榷

封建社会的基础是"封建土地所有制"①，研究封建社会的全部社会结构的总体，是必须首先从土地所有制的研究开始的。各国的封建土地所有制，由于历史的、地理的与其他生产条件的差异，虽有其共同之点，但也必不可免地有其独特之点。我国封建社会不但较之欧洲的封建社会，有着显著的区别，即与东方其他各国的封建社会亦未尽相同，因此，为了全面地研究我国的历史，我们必须首先解决我国封建土地所有制形式这样一个富有决定意义的关键问题。在试图解决这个复杂的理论问题时，机械地搬用欧洲封建土地所有制的公式是行不通的，而把马克思、恩格斯对东方其他各国的指示作为固定的框子，强把中国的某些历史社会现象硬镶进去，同样也是错误的。我们应该对中国封建社会的实际情况进行实事求是的分析，只有在这一基础上，我们才能希望运用正确的理论，最后得出科学的结论。

关于此一重大问题，过去虽然产生过不同的意见，可惜的是只停留在有"鸣"无"争"的阶段，学术界并未展开应有的争论。在这篇文章里，我仅在过去各家说法的基础上，提出一些个人的粗浅意见，与侯外庐先生及其他史学工作者进行讨论，希望能够得到大家的严正指正与补充。

侯外庐先生认为，在我国封建土地所有制中，占支配地位的是"皇族土地所有制"，此外，"这种主要的土地所有制形式，是和许多领主占有制以及一定的私有制并存的，首先是所谓豪强地主（即《史记》、《汉

---

① 斯大林：《苏联社会主义经济问题》，人民出版社1953年版，第37页。

书》所谓豪杰武断于乡曲）的'占有权'，其次是农民当做自己土地的'使用权'，甚至有一定的土地买卖权"。

我认为中国封建土地所有制包括国家土地所有制及地主土地所有制，而占支配地位的却是地主土地所有制。我这里所以用"国家"代替了"皇族"是因为：我觉得中国的地主政权是在地主土地所有制基础上产生的驾乎整个地主阶级之上，同时又代表整个地主阶级的政权，皇族只是地主阶级中虽然地位很高，但人数很少的一个集团。所谓国家土地所有制也就是地主政权代表了全部地主阶级（包括皇族）的土地所有制。

在秦朝形成以前，商鞅变法时，土地制度上就发生了废井田而"为田开阡陌"的变化，此后则"民得卖买，富者田连阡陌，贫者无立锥之地"。秦汉以降，类似的记载是史不绝书的，不必多所枚举。这种地主拥有土地，对农民征取地租的情况是地主土地所有制存在的有力证明。除此以外，历代的地主政权亦拥有很多屯田、营田、公田、皇庄、官庄等，这些土地属于国有也是肯定的。复杂的问题在于：我国封建社会的土地可以买卖，农民亦可以获得土地，尤其是大规模的农民起义后，这种情形更见增加，自耕农民的这部分土地是什么性质呢？是国有还是私有？我认为这部分土地也是具有国有性质的，农民只是有占有权和使用权而已。因为断言封建地主和农民分别享有封建土地所有权是错误的。"封建社会形态中的直接生产者可以占有自己全部劳动条件（包括土地在内）的事实，决不意味着他就是自己份地的所有者。"而"在任何对抗性社会形态中，占有基本生产资料的权利是归统治阶级垄断的"[①]。土地所有权的经济实现就表现为地租，我国地主政权用经济外的强制手段向农民征收的赋税正是这种地租。土地国有的性质尤其集中地表现在西晋的占田制与由北魏至隋唐的均田制。土地的"还""授"制更雄辩地说明了此点。其他各代的赋税与户调、租庸调，在性质上是完全相同的，不同的只是征敛的方式而已，因此我们可以断言，在这些朝代中，自耕农民所占有的土地也是国有的，只是在没有占田制、均田制实行的情况下，这

[①] 苏联《历史问题》编辑部：《论封建社会形态的基本经济规律（讨论总结）》，《史学译丛》1955年第5期。

些土地的国有性质采取了比较隐蔽的方式而已。如果我们肯定了农民占有土地的私有性质，那就必然导致下列的错误结论：我国有相当数量的农民，在社会物质生产条件中，已经越出了封建社会的范围。当然，这种论点的荒谬是十分显然的。

如上所述，我已完全肯定了我国封建土地所有制可分作国家土地所有制及地主土地所有制。往下，应该接着讨论中心问题了，也就是必须明确指出其中究竟何者居于支配地位。在研究这一问题时，我们必须密切地考察我国的封建地租，马克思曾经正确地指出："地租不管属于何种特殊的形态，它的一切类型，总有这个共通点：地租的占有是土地所有权由以实现的经济形态，并且地租又总是以土地所有权，以某些个别的人对于地球某些部分有所有权这一个事实，作为假定。"① 由此可见，缺乏土地所有权的地租是不可想象的。斯大林也说，生产关系所包括的是："（甲）生产资料的所有制形式；（乙）由此产生的各种不同社会集团在生产中的地位以及它们的相互关系，或如马克思所说的，'互相交换自己的活动'；（丙）完全以甲乙二项为转移的产品分配形式。"② 可见分配原则是取决于生产手段所有制的形式的。根据这些原理，我们可以通过中国地租分配原则的研究来判明我国封建土地所有制中究竟何者占支配地位。侯外庐先生正是由于没有全面注意我国封建地租的分配情况，而单纯根据屯田、营田、皇庄等政府直接经营的土地所产生的地租及历代农民缴纳的赋税，就断言皇族土地所有制占支配地位。事实上，我国封建社会的剩余生产物绝大部分是当作私租归地主阶级占有的，地主政权所占有的赋税在全部剩余生产物中，只占较少的部分，因为地主阶级的剥削是普遍而广泛的，他们的人数是众多的。汉代的分配情况就是"今汉民或百一而税，可谓鲜矣。然豪强富人占田逾侈，输其赋太半……官家之惠优于三代，豪强之暴酷于亡秦。是上惠不通，威福分于豪强也"③。汉代农民所负担的私租剥削是"或耕豪民之田，见税十五"④。唐代长安

---

① 马克思：《资本论》第3卷，人民出版社1953年版，第828页。
② 斯大林：《苏联社会主义经济问题》，人民出版社1953年版，第65页。
③ 荀悦：《汉纪》卷8。
④ 《汉书·食货志》。

附近的京畿一带也是"每田一亩，官税五升，而私家收租，殆有亩至一石者，是二十倍于官税也。降至中等，租犹半之，是十倍于官税也"，所以就出现了"官取其一，私取其十"的现象。① 宋代"富民之家，地大业广……田之所入已得其半，耕者得其半"②。明代的王夫之把这种情况做了具有典型意义的总结："言三代以下之敝政，类曰强豪兼并，赁民以耕而役之。国取什一而豪强取什五。"③ 侯外庐先生不仅不承认地主土地所有制的支配地位，甚至还进一步认为豪强地主"从最初就是不合法的占有者，因为他们是和皇族地主的土地所有制相矛盾的，当他们威胁到皇族政权的时候，他们的财产就可能被没收"。这是忽视了地租分配原则的说法，根据上述确凿的史料记载，我们不但应当肯定地主对于土地不仅有占有权而且有所有权，尤其应当肯定这种所有权在我国封建社会的支配地位，因为地主是剩余生产物的最主要占有者。用地主政权采取强制手段收夺地主土地的事实来证明皇族土地所有制的支配地位是不能令人信服的，作为我们研究土地所有制的最重要依据，是对社会经济内部不以人们意志为转移的客观经济条件的正确分析与认识，我们不能用单纯法律上的外部条件来代替这种社会经济发展的内在规律。

也许有人会产生这样的问题：在土地兼并盛行、土地高度集中的时期，土地所有权的经济实现确实是如此；但在农民起义后，很多土地分散于农民手中，尤其是在占田制、均田制推行的时期，难道我们不能断言国家土地所有制占支配地位吗？在这里，重要的问题是我们不能单纯从社会的静态来进行分析而必须从历史发展的动态中进行研究。在历代的具体历史中，虽然不缺乏广大农民占有土地的情况，但更重要的是土地兼并与土地集中总是最后吞没了农民的这些土地而占了上风，也就是说，正是地主土地所有制对历史的发展发生着制约作用，从而决定着经济发展过程。历代农民丧失土地的记载是史不绝书的。历代均田制的推行也并不说明国有土地是绝对的，这首先表现在地主原来拥有的私有土地并未因此而发生动摇，只有在私有土地以外的无主土地才具备国有的性质。均田制本身就是土地国

---

① 《陆宣公集》卷22。
② 苏洵：《嘉祐集》卷6。
③ 王夫之：《噩梦》。

有向土地私有转变的通路，永业田的私有及全部受田的合法或违法的出售，均最后使地主土地所有制重新又发展起来。唐长孺先生所谓"曾经施行了三百年，中间屡次破坏、屡次重建的均田制度在唐玄宗统治期间达到最后崩溃的阶段"[①]，正可说明地主土地所有制的制约作用是无法抗拒的。侯外庐先生企图用汉武帝"算缗钱"的政策来证明皇族土地所有制的支配地位，我们已经指出，这种利用强力征收土地的事实，不能作为我们理解经济发展过程中的内部规律的依据，更重要的是，这种增加国有土地的办法是违反土地兼并规律的，所以它只能作为暂时的历史现象昙花一现，而西汉末年时，仍旧再度出现了"强者规田以千数，弱者曾无立锥之居"[②] 的情况。正因为地主土地所有制占支配地位，所以董仲舒的"限民名田"、师丹的"限田"、王莽的"行王田"以及历代的均田、限田之议都是违反客观经济规律的，从而也只能成为具文。

由于地主政权是代表整个地主阶级来统治与剥削农民的，所以它所征收的赋税也就成了整个地主阶级所占有的地租。军费和行政费的开支是为了维持全部地主阶级的国家机器。此外，我们从赋税的分配中，也可看出地主土地所有制的支配地位。秦汉开始，我国出现了征辟、察举，魏晋时期，发展而为九品中正制，隋唐以后，又盛行了科举取士，可见地主政权中的绝大部分官僚是来自地主阶级的，皇族只是贵族官僚中的一小部分而已，因此，作为俸禄的赋税，绝大部分是通过禄米之制又重新分配于地主阶级之中了。宋代时，随着历年科举取士之进行，官僚集团日益庞大，而制禄之厚，更属惊人，故赵翼说："其待士大夫可谓厚矣……然给赐过优，究于国计易耗，恩逮于百官者，惟恐其不足，财取于万民者，不留其有余。"[③] 实际上，其他各代在程度上虽有差别而基本情况却与此一致。侯外庐先生也不得不承认汉之选举贤良，曹魏之九品中正，唐代以来之科举是豪强土地"占有制""反映到历代皇权下的官僚制度"。其实，与其说这是豪强土地占有制的反映，毋宁说这是地主土地所有制的反映。总之，我觉得正确的逻辑应该是：因为有了地主土地所

---

① 唐长孺：《均田制度的产生及其破坏》，《历史研究》1956年第2期。
② 《汉书·王莽传》。
③ 《廿二史札记》卷25，《宋制禄之厚》。

有制的经济基础，所以才出现了地主政权；因为有了地主政权，所以才出现了土地的国有，才出现了皇族。把皇族的产生及皇族土地所有制当作我国封建政权产生的基础是倒果为因的说法。

由此可见，就封建土地所有制的经济实现而言，占支配地位的是地主土地所有制而不是皇族土地所有制，国家土地所有制是在地主土地所有制的基础上产生的历史现象，从而也就只能成为它的补充形态。马克思说："假使相对出现的，不是私有土地的地主，却像在亚细亚一样，是那种对于他们是地主同时又是主权者的国家，地租和课税就会合并在一起，或不如说，不会再有什么和这个地租形态不同的课税。"① 可见马克思是把土地所有制的形态与地租密切地联系起来考察的。在我国，正是在课税之外，还存在着更加重要的由地主占有的地租，所以我们并不能根据马克思这条理论得出皇族土地所有制占支配地位的结论。侯外庐先生虽然也引用了这一理论，他显然由于只注意到了"亚细亚"这几个字而忽略了马克思这一指示的精神实质，因此就机械地做出了错误的论断。

我们从秦汉以后的阶级斗争中，亦可看出我国封建土地所有制的支配形态是地主土地所有制，因为当时的阶级存在与阶级斗争是与生产关系密不可分的。历代农民起义的表面原因是苛暴的赋税剥削，史料中关于此种情况的记载也是比较普遍的，这好像可以证明正是土地国有的性质造成了阶级矛盾的尖锐化；如果我们能进一步深入地进行分析，就会发现历史的现实与这种肤浅的判断是适得其反的。大规模的农民起义及农民战争正是在地主土地所有制高度发展，土地大量集中的条件下爆发的。贫无立锥之地的生产者只得"耕豪民之田"而忍受着"见税什五"的地租剥削，于是就陷入了"常衣牛马之衣，而食犬彘之食"的悲惨境地。我觉得这是农民起义的最重要原因。也只有农民失去原来占有的土地后，由于生产条件及生活条件的恶化，赋税剥削才特别显得繁重。当然我们也并不否认农民起义时赋税特别苛暴的客观事实，但我们须要特别强调指出的是，这正是地主政权财政危机的表现。那么财政危机又是怎样产生的呢？仍旧是土地兼并造成的。所谓"官取其一，私取其十"

---

① 《资本论》第3卷，第1032页。

正是有力的证明。"广置田庄,不入赋税;寄户郡县,不入征徭;阡陌连亘,而民无立锥"①的记载也说明了土地兼并、财政困难、阶级矛盾尖锐三者间的有机联系。如果我们脱离开土地集中这一社会经济中合乎规律的发展趋势,而单纯地把农民起义的原因归结为皇族的腐化等次要原因,那我们就会把我国封建社会的阶级斗争理解为无规律可循的偶然现象,也就是把皇帝执行重敛政策的意志作为了农民起义的根源。实际上,这是违反历史唯物主义的方法论的。因此,毛泽东曾经正确地指出:"地主阶级对于农民的残酷的经济剥削和政治压迫,迫使农民多次地举行起义,以反抗地主阶级的统治。"②可见脱离开地主土地所有制是无法正确地理解我国历史上的农民起义的。

更重要的是我们要从农民起义的作用上来研究我国的封建土地所有制。毛泽东说:"只有这种农民的阶级斗争、农民的起义和农民的战争,才是历史发展的真正动力。因为每一次较大的农民起义和农民战争的结果,都打击了当时的封建统治,因而也就多少推动了社会生产力的发展。"③我们须要研究的问题是,除了政治上的统治外,在经济剥削上,农民起义所打击的主要是皇族(或国家)土地所有制对农民的统治呢,还是地主土地所有制对农民的统治呢?每一次农民起义都在不同程度上打击了地主政权,所以新建立起来的王朝往往能够实行"轻徭薄赋""与民休息"的政策,但这只是问题的一个次要方面,如果农民的生产条件没有得到改善,土地仍旧集中在地主手中,即令实行百一而税的政策,其结果也还不免是"官家之惠,优于三代;豪强之暴,酷于亡秦;是上惠不通,威福分于豪强"的。这种薄赋政策所以能发生更加巨大作用的原因,主要还是由于农民起义对地主阶级及地主土地所有制的打击,使生产关系得到了一定程度上的调整,很多农民均能占有了一部分土地,从而生产条件得到了改善。我们已经指出,农民占有的土地是属于国有的,如果肯定国家土地所有制是我国封建社会占支配地位的土地所有制,那就必然得出如下的错误结论:农民起义不但没有打击了我国主要的封

---

① 《明史·聊让传》。
② 《毛泽东选集》第2卷,人民出版社1952年版,第619页。
③ 《毛泽东选集》第2卷,人民出版社1952年版,第619页。

建土地所有制，反而还促进了它的进一步发展，而这种主要的土地所有制的发展还是生产力恢复和社会经济走向繁荣的基础。显然，这一结论和毛泽东的指示与客观历史实际都是不符合的，从而也是极其荒诞的。事实上，正是由于占支配地位的是地主土地所有制，所以促成农民起义的基本原因是这种所有制的发展，农民起义主要打击了这种所有制，因而生产力才能为自己的恢复和发展开辟道路。脱离开这种土地制度上的变化，单纯强调地主政权的"轻徭薄赋"，同样会使我们错误地把社会生产的发展归诸地主政权主观意志由重敛到薄赋的转变。其实，这是降低了农民起义的伟大作用，也是违反历史唯物主义的方法论的。

对我国封建土地所有制的正确理解，不但对于研究我国历史具有决定性意义，而且对于我国新民主主义的革命实践也是有现实意义的。假如我们肯定皇族土地所有制占支配地位，那就必然把辛亥革命的意义估计过高，因为随着封建皇族的推翻，占支配地位的土地所有制也就消灭了。如果肯定国家土地所有制的支配地位，那就必然认为，随着代表封建势力的地主政权的推翻，占支配地位的封建土地所有制也就消灭了。在这种说法的基础上，我们必然得出这样的错误结论：土地改革运动所消灭的只是封建残余而已，并非我国主要的封建剥削基础。我认为，正是伟大的土地改革运动才最后真正动摇了中国封建社会的基础，彻底完成了反封建的民主主义革命任务，这是最终的一次农民与地主阶级的斗争，也是有决定意义的一次斗争。毛泽东正确指出，鸦片战争后，我国自给自足的自然经济逐渐解体了，"但是，封建剥削制度的根基——地主阶级对农民的剥削，不但依旧保持着，而且同买办资本和高利贷资本的剥削结合在一起，在中国的社会经济生活中，占着显然的优势"[①]。这一指示说明，农民和地主的矛盾仍是过去数千年来封建制度中阶级对立的继续，因此，地主土地所有制既是近代的，也是古代的占支配地位的封建土地所有制。毛泽东在精确地分析了近代中国的社会性质，指出中国革命必须分两步走以后，特别肯定了革命第一阶段的任务就是消灭帝国主义与封建势力的统治，"而辛亥革命，则是在比较更完全的意义上开始

---

① 《毛泽东选集》第2卷，人民出版社1952年版，第624页。

了这个革命……这个革命，现在（**作者按**：毛泽东写这段文字的时候是在1940年）还未完成，还须付与很大的气力，这是因为这个革命的敌人，直到现在，还是非常强大的缘故。孙中山先生说的'革命尚未成功，同志仍须努力'，就是指的这种资产阶级民主主义的革命"①。因此，无论如何，我们也不能给这次失败了的资产阶级民主主义革命以过高的估价，它只结束了中国的封建帝制，却并没有从根本上动摇了封建生产关系这一经济基础。与此相反，对于伟大土地改革的意义却是必须给以充分估价的。毛泽东在1947年就已指出："中国土地法大纲规定，在消灭封建性和半封建性剥削的土地制度、实行耕者有其田的土地制度的原则下，按人口平均分配土地。这是最彻底地消灭封建制度的一种方法，这是完全适合于中国广大农民群众的要求的……全党必须明白，土地制度的彻底改革，是现阶段中国革命的一项基本任务。"② 所谓"土地制度的彻底改革"正是指废除地主土地所有制而言的，我们没有理由断言土地改革是占支配地位的皇族土地所有制消灭后，继续消灭封建残余的措施。由此可见，把皇族土地所有制或国家土地所有制当作占支配地位的封建土地所有制，那就必然要降低伟大土地改革运动的反封建意义，这种错误的论断既违反历史事实及其发展规律，也是对新民主主义的革命实践有害的。

以上，我从地租、阶级斗争、资产阶级民主主义革命与土地改革等方面肯定了地主土地所有制的支配地位，这就是我的基本论点。往下，我要在几个比较次要的问题上，对侯外庐先生的意见提出商榷。

侯先生把皇族土地所有制的发展分作两个阶段，其中的分界点是杨炎两税法的实行，在前一阶段，"这种土地所有制是以军事的、政治的统治形式为主，汉之垦田、屯田、公田、营田是不完全制度化的，魏晋屯田、占田以至北魏、北齐、北周、隋唐的均田是制度化的。后一阶段的这种土地所有制是以经济的所有形式为主（军事屯田除外），唐中叶两税制开其端，至宋元明的官田皇田官庄皇庄是制度化的。"③ 关于此一看法，我提出几点

---

① 《毛泽东选集》第2卷，人民出版社1952年版，第660页。
② 《毛泽东选集》第4卷，人民出版社1960年版，第1250—1251页。
③ 侯外庐：《中国封建社会土地所有制形式的问题——中国封建社会发展规律商兑之一》，《历史研究》1954年第1期，第26页。——编者注

不同的意见。第一，屯田、营田、公田、官田、官庄、皇庄这类土地虽有相当数量，但我们不能用以证明皇族土地所有制的支配地位，因为它们在全国垦田面积中，还是绝对的少数，明代官田已至最发达的程度，亦仅占全国垦田的七分之一。第二，这些官田的经营与赋税制度虽然有一定的关系，但这毕竟是属于不同范畴的两类问题，因为汉之田赋，晋之户调、唐之租庸调都是对民间土地的征敛，与各项政府直接控制的官田是无涉的。两税法的实行当然是赋税制度上的一大转变，但按户等、土地征收的田赋仍旧是就民间土地而言的，与此一阶段的官田、官庄、皇庄等仍是没有直接关系的，可见侯先生这一论点是把官田的经营与赋税的剥削混淆起来的说法，也可以说是不够妥当的。第三，我自己对两税法实行前后的这些变化却有着全面相反的看法。在按户按丁征税的阶段，各种赋税制度证明地主土地所有制是处于不十分巩固的情况下，因为只有农民能够比较普遍地占有土地时，才能实行这些制度，这是和占田制、均田制的实行分不开的，由于土地兼并及地主土地所有制的发展，在均田制不断遭受破坏的条件下，这些赋税本身的缺点也就日益暴露了，它一方面造成了破产农民的沉重负担，促进了社会危机的发展，一方面也使地主政权处于严重的财政危机之中。唐中叶以后，随着大土地所有制的普遍发展，地主土地所有制进一步巩固起来了，农民占有土地的情况减少了，类似均田制的制度不再能普遍全面推行了，于是地主政权就只能按户等、土地来征收赋税，在这一阶段，地主政权向地主分割地租成了赋税剥削中的最主要部分。因此，我觉得两税法的实行并不能证明皇族土地所有制的向前发展，反而可以证明地主土地所有制的向前发展及其支配地位。第四，两税法实行以后，宋、明各代地主政权直接经营的官田确实是增加了，宋代实行过贾似道的公田制，江浙一带的官田大为发展，明代屯田、官庄、皇庄特别发展，苏松一带的土地，官有其十五分之十四。这是否可以证明皇族土地所有制的支配地位呢？首先，从数量上及比重上说，这些土地在全国还是绝对的少数，关于此点，前已论及，不再重复。其次，我们必须研究这种现象出现的根本原因是什么。中唐以后，由于地主土地所有制的巩固与发展，地主政权陷入了财政危机。侯外庐先生说，宋代对"豪族占有权""采取让步政策，以赌咒的方式，允许豪族各安其占有权的地位。后来北宋财政危机正与此有关"，我觉得这并不是我国封建社会的反常现象，更不是地主政权从主观意志出发，采取让步政策造成的。事实上，正是地主土地所有制的发展是合乎历史规律的，所以这种财政危机的出现也就是必然的，不可抗拒的。地主政权由于认识了这种历史趋向，知道地主土地所有制是不可动摇的，所以就采取了很多政策来解决财政危机。两税法的实行已有这种意义，但地主以析户、诡寄等方式尽量规避赋役，于是地主政权也就以推排经界、核实田亩、度田、括田的办法来增加收入。明代时，地主土地所有制的高度发展反映到赋税制度上就出现了"鱼鳞图册"与"赋役黄册"。问题的关键在于这种斗争中，失败的往往是地主政权而并非拥有土地的地主，因此度田不实、版籍破坏就成了惯见的事实，历代的括田运动是很少能收实效的，明初实行的"鱼鳞图册"亦不免遭到了"甫数年，胥吏恶之，因弃殆尽，有抱而鬻之市者，自此飞诡又出，不可端倪"① 的命运。地主政权在无可奈何之余，才最后采取了这种直接经营土地的办法。由此可见，此类土地的增加不仅不是皇族土地所有制占支配地位的表现，反而是占支配地位的地主土地所有制无限制发展所引起的后果，也可以说是国家土地所有制的衰落使地主政权的财政基础薄弱了，所以才用这种办法与地主进行对抗。这是现象与本质的矛盾，也是形式与内容的矛盾，而这种矛盾才正是历史发展的辩证规律。

侯外庐先生把两税法以前及以后，这两大阶段转变的原因，归结为下列三点：第一，侯先生认为中唐以后，南方经济的发展使"从前的小份地的'均田'法，就不能适应着当时经济的发展"。我觉得，南方的经济尽管发展，其为封建经济则是毫无疑问的，而中世纪社会的重要特点之一是"细小的个人生产。生产资料预定为个人使用，因此是简陋拙劣的，细小的，效能微小的"。② 我们从这里看不出小份地的土地分配与社会经济的大大发展间有什么不可克服的矛盾；与此相反，正是大土地所有制的发展才使大所有制与这种生产过程的个体性间的矛盾空前地发展起来了。正是地主土地所有制的空前发展才是均田制无法推行的原因。

---

① 《天下郡国利病书》卷23。
② 《马克思恩格斯文选》（两卷集），第2卷，莫斯科：外国文书籍出版局1955年中文版，第153页。

侯先生认为这一转变的第二个原因是，南方商业城市的繁荣使"商人也就参加了土地所有制的占有，'均田'形式在这样商业资本侵入之下是要受影响的。这就使得皇帝和官吏们（如唐之庄宅史①）不能不采用直接经营土地的所有制形式，以适应新的城市发展，来代替从前的依政治手段施行的所谓'均田'"。② 我觉得这一论点是正确的，只是它所证明的并不是皇族土地所有制的支配地位，而却是商人兼并土地，地主土地所有制的发展，此点与我前面的论点是相合的，不必在这里再事赘论了。转变的第三个原因，侯先生认为是，人民的逃亡造成了"户口不实"，农民"从皇族所有权的'均田'土地上逃出，多荫于'占田逾限'的势家贵族的土地去了。道理很简单，强制的劳役是太陈旧的奴役方式了，要'土断人户'，那就必须直接以官有的庄园来代替'均田'，借以把户口搜括出来"③。实际上，户口逃亡与荫于势家正是地主土地所有制发展的表现，这里再一次证明，地主政权对土地的直接经营还是在地主土地所有制无限制扩张的基础上产生的，因此，这一论点与侯先生皇族土地所有制占支配地位的理论，又是处于自相矛盾之中。

我对中国封建土地所有制问题的初步意见，大致就是如此。希望在不同意见争论的基础上，能更推动我的认识向前发展一步。

（《光明日报》1956年9月13日）

附记

读侯绍庄先生《试论我国封建主义时期的自耕农与国家佃农的区别》一文后，我感到收获很大，这是首先须要表示谢意的。我把自耕农所占有的土地一概列入国有土地中，而否定了自耕农的所有权，是由于教条主义地理解苏联《历史问题》编辑部所指出的下列论点："封建社会形态

---

① "史"原作"使"。——编者注
② 侯外庐：《中国封建社会土地所有制形式的问题——中国封建社会发展规律商兑之一》，《历史研究》1954年第1期，第28页。——编者注
③ 侯外庐：《中国封建社会土地所有制形式的问题——中国封建社会发展规律商兑之一》，《历史研究》1954年第1期，第29页。——编者注

中的直接生产者可以占有自己全部劳动条件（包括土地在内）的事实，决不意味着他就是自己份地的所有者"；"在任何对抗性社会形态中，占有基本生产资料的权利是归统治阶级垄断的。"因此，侯绍庄先生的意见基本上是正确的。

但当我们讨论，在均田制一类制度实行的条件下，受田农民的社会地位时，却不能不注意下面的事实：这些农民所占有的土地是国有的，他们有国家佃农的身份，地租和课税是结合在一起的——这些都是应该肯定的；同时，他们却与另外一些国家佃农（如屯田户、佃耕职田、公廨田的农户）有所不同，正如侯绍庄先生所说，受田农民与占有私有土地的自耕农"所缴纳的赋税或地租，在数字上和缴纳方式上，一般是没有什么差异的"；但受田户与屯田户，营田户，公廨田、职田的佃耕户所缴纳者，在数字上和缴纳的方式上，却是有显著区别的。唐代受田百亩的农民负担租、庸、调、地税及户税，其中租与地税每亩共纳粟四升；而开元十九年（731）的一道敕文却规定，职田租价每亩"无过六斗；地不毛者，亩给二斗"①。此外，在均田制实行的情况下，地主阶级进行土地兼并的主要对象就是自耕农的私有地及受田户的永业、口分田。因此，我试图对受田农民的身份作如下的初步理解：他们既有国家佃农的性质，也在一定程度上有自耕农的性质；他们既不同于完全以私有土地为基础的自耕农，也不同于百分之百的国有土地佃耕者。这一说法是否能成立，自然尚有待于进一步的深入研究。

最后，须要再次声明的是，侯绍庄先生肯定自耕农土地的私有性质就更有力地证明了，皇族土地所有制或国家土地所有制在我国历史上并不占支配地位，只有地主土地所有制才是我国封建社会的主要基础。

1957 年 3 月 27 日

（原载南开大学历史系中国古代史教研组编《中国封建社会土地所有制形式问题讨论集》上册，生活·读书·新知三联书店 1962 年版）

---

① 《唐会要》卷92《内外官职田》。

关于中国封建社会形态的一些特点

世界各民族封建社会形态的共同点是：自然经济占支配地位，封建土地所有制是封建生产方式的基础，大土地所有制与生产过程个体性的矛盾是基本经济矛盾，超经济强制或人身依附的存在，商品经济为封建社会服务并为资本主义生产的产生创造某些条件。但是，各个民族的封建社会形态又都有它自己的一些特点。我们研究一个民族的封建社会形态，首先必须认识这些特点，并且以历史态度考察产生这些特点的具体条件。列宁说："在分析任何一个社会问题时，马克思主义理论的绝对要求，就是要把问题提到一定的历史范围之内，此外，如果谈到某一国家……那就要估计到在同一历史时代这个国家不同于其他各国的具体特点。"[①] 这也是我们研究中国封建社会形态所必须遵循的原则。

马克思曾经指出："在一切社会形态中有一定的生产，它指示着其他一切生产的地位和影响，因而它的关系也指示着其他一切关系的地位和影响。这是一种普照的光，淹没着其他一切色彩，改变着它们的特点。……在定居耕作的民族……那里耕作居于支配地位，如古代社会和封建社会连工业和工业的组织和相应的所有权形式都多少带着土地所有权的性质……如中世纪那样在城市和城市的各种关系上模仿着乡村的组织。"[②] 既然农业在封建社会居于决定其他一切生产的地位，农业生产的社会形式，即其生产关系能够决定和影响社会生产的一切方面，所以，为了全面地研究中国封建社会形态的特点，就必须首先研究封建土

---

① 《列宁全集》第20卷，人民出版社1958年版，第401页。
② 马克思：《政治经济学批判导言》，《政治经济学批判》附录1，人民出版社1955年版，第156页。

地所有制的特点。

在中国封建社会中，占支配地位的是地主土地所有制，因此，我们的研究必须从分析地主土地所有制的特点开始。

一　地主土地所有制的特点

中国封建土地制度的首要特点是土地可以买卖。从汉代的董仲舒开始，历代不断有人重复着他所提出的对于商鞅变法的斥责："改帝王之制，除井田，民得卖买。"然而他们不知道，"田里不鬻"的原则不改变，中国的封建社会也就不能诞生。正是土地买卖才成为地主土地所有制产生的土壤、成长的摇篮。没有它，就不会有"富者田连阡陌，贫者无立锥之地"的两个主要封建阶级的经济划分。当很多人迷恋于"先王之制""三代之法"，从"井田制"获得自己的诗情时，头脑比较清醒，能够以现实态度对待实际的苏洵却嘲笑他们"亦已迂矣！"[1] 马端临则更讥之为"书生之论，所以不可行也"[2]。正是土地买卖这一特点使中国的地主土地所有制，既与东方的封建土地国有制相区别，也与西方的领主等级所有制相区别。欧洲封建社会盛行长子继承制，土地不能买卖，马克思把这种"不可转让"的领地称作"已经硬化了的私有财产"[3]。这与我国的情况迥然不同。历代都有地主通过强占、强夺、强市等手段兼并土地的事实和记载，不论在数量上，这些事实多至何种程度，购买土地仍然是占支配地位的土地兼并方式，因为任何形式的经常而普遍的土地兼并均以地权的极不稳定为前提，而土地买卖却是导致地权极不稳定的最终的经济根源。

地主土地所有制的第二个特点是没有土地占有的等级结构。列宁在谈到西方历史时说："在奴隶社会和封建社会中，阶级的差别也是用居民的等级划分而固定下来的，同时还为每个阶级确定了在国家中的特殊法

---

[1] 《嘉祐集》卷5，《田制》。
[2] 《通考》卷1，《田赋考》。
[3] 《马克思恩格斯全集》第1卷，人民出版社1956年版，第369页。

律地位。所以，奴隶社会和封建社会（以及农奴制社会）的阶级同时也是一些特别的等级。"① 我国封建社会也有士与庶的等级划分，在贵族、官僚集团中还有品级高低的区别。此外，社会上还存在不同类型的"贱民"及奴婢。但是，这种等级划分，"布衣"可以为卿相，王侯将相既可被统治者废为庶人，而且自己也可以"悬车致仕"。况且，庶人之中既包括地主，也包括农民，他们被统称为"编户齐民"。可见，士与庶的等级界限和地主与农民的阶级界限并不吻合，这里并未确立着"阶级即等级"的原则。我国封建社会的不同阶级并没有全部穿上不同等级的制服，从政治外观上显示出差异来。土地所有权没有"硬化"，封建主的等级地位也就不可能"硬化"。他们的个人政治地位无法被固定位置在某一特定的等级上。在土地可以买卖及缺乏严格的等级制的条件下，居民占有土地的多少，主要不取决于等级身份的高低，而取决于经济力量的大小。明人丘濬说："自秦用商鞅废井田，开阡陌之后，民田不复授之于官，随其所在皆为庶人所擅，有资者可以买，有势者可以占，有力者可以垦。"② 在"有资者可以买"的情况下，地主政权不可能根据等级身份，为土地的占有划定有效的法定界限。晋人李重精辟地指出了这一特点："周官以土均之法经其土地，井田之制而辨其五物九等贡赋之序，然后分司制定，率土均齐。自秦立阡陌，建郡县而斯制已没，降及汉魏，因循旧迹，王法所峻者唯服物车器有贵贱之差，令不僭拟以乱尊卑耳。至于奴婢私产则实皆未尝曲为之立限也。"③ 这完全是根据实际状况所作出的实事求是的平心之论。把西方封建社会"阶级即等级"的公式强行移植于中国的研究方法必然流于脱离实际。

土地买卖及缺乏封建土地占有的等级结构这两个特点又导致了下述两点：第一，占有土地的自耕农不断大量地产生，这和西方"没有土地没有领主"的情况相较，也是显著的特点。第二，商人根据"以末致财，用本守之"的原则不断购买土地，商业利润不断转化为地租，这也是西方基本上没有的情况。因而马克思把西方那种"硬化"了的地产描写为：

---

① 《列宁全集》第6卷，人民出版社1959年版，第93页原注①。
② 《大学衍义补》卷14，《制民之产》。
③ 《晋书·李重传》。

"由于地产是不可转让的，所以在它那里社会神经被割断了，它和市民社会的隔离也巩固了。"① 在我国，由于没有严格的等级制，所以土地买卖消除了地主和商人间的隔离状况，成为沟通二者的桥梁。

地主土地所有制的第三个重要特点是不能形成完整的庄园制经济体系。

既然购买土地是地主获得地产的主要手段，那么地主的土地就很难保证必然集中在一处或少数几处形成庄园。虽然历代都有一部分地主能够拥有大田庄，但在大多数场合下，各个地主的地产及自耕农的私有地，都是相互交织、犬牙交错在一起的。地权集中与地段分散的矛盾就为庄园制的确立设置了天然的障碍。据《越中金石记》载，宋代嵊县学田买自王周者分布于升平乡及仁德乡各畈，买自杨滂者分布于方山乡、仁德乡及升平乡各畈，买自张隘者坐落于剡元乡各头、畈。② 上述地段均系数亩、数十亩自成片段。嵊县学田不但说明学田的分散，而且说明这些田地原来属于王周、杨滂等私有主时，也是散处各乡，未能集中一起。由于这种情形十分普遍，所以朱熹推行经界法时，深感不便，当时产田、官田、职田、学田、常平租课田"散漫参错，尤难检计"，"其有田业散在诸乡者"。③ 即令已经形成的大田产，也很不稳定，可以在地主分片出售之下重新陷于片段畸零。④ 我国历来就有"千年田，八百主"的谚语，⑤ 有"百年田地转三家"的俗语，到明清时代，土地转手更为加速，"十年之间，已易数主"⑥。这时地段的分散就更为发展了，所以清代的江南一带，有这样的情况，"住此图者多兼业彼图田，住城郭者多兼业各图田，即田不过数十亩，亦多分散四乡各图者"⑦。这是土地买卖下的必然现象。因此，称庄称园的大田庄并没有囊括了地主经济的全部领域，而

---

① 《马克思恩格斯全集》第1卷，人民出版社1956年版，第368页。
② 《越中金石记》卷4，《嵊县学田记》。
③ 《朱子大全》卷19，《条奏经界状》。
④ 《实政录》卷4，《改复过割》："西里孙丙有地一顷，卖与北里李丁二十亩，卖与东里周戊三十亩，卖与南里吴已二十五亩……"此虽为吕坤举例，当亦切合实际情况。
⑤ 《天下郡国利病书》第7册，《常镇》，引《武进县志》。
⑥ 《履园丛话》卷4。
⑦ 《皇朝经世文编》卷33，赵锡孝：《徭役议》。

只是地主占有土地、经营地产的方式之一。

宋代的寺田、学田有些是千亩成块的，这与私人的大田庄基本上相同，但这些地产也被土地所有者分开出租，大地产被佃户二三十亩甚至数亩佃种的零星使用所瓜分。事实上，历代都是如此，清代就有这样的记载："一段地亩，或佃户认种划分，或业主分契出典，致成数段。"① 土地买卖造成了"田亩移换"，"贫富升降"，所以大田庄本身也很不稳定。这样，在田庄内部就很难形成什么成套的、固定的生产制度，其经济结构比西方的庄园简单得多，既没有地主自用地和农民份地的划分，也没有条田制、敞地制，佃农也不会像西方农奴那样，共同在条田上进行耕种和收获。各个田庄大小差别很大，大多数都不具备公有的山林川泽，更没有饲草地的分配制。可见，地主的土地能否集中在一起形成大田庄，只是土地配置在空间上的一种差异，并不能因此显示出庄园制与非庄园制的社会意义上的经济差别。

两汉时期，我们很少发现"田庄""庄墅"等字样，称"园""园田""园囿"者则有之。但这种记载尚不十分普遍。《四民月令》描绘了一幅地主经济及田园生活的生动图画，但我们很难就判定它是庄园制经济生活的记载。魏晋南北朝时期，关于大田庄的记载多起来了，但如孔灵符、谢灵运等的著名田园均远离城市，大多坐落在山湖川泽地区。大致此时在平原地区购买的土地比较难于形成大田庄，而这些著名田庄的出现则与荒地的开垦、官僚地主的"占固山泽"有关。我们不能根据少数大田庄的描写，把这种情况放大为地主经济的社会全貌，更不能因此断定当时有所谓庄园制。唐宋时期，大田庄有向城市附近集中的倾向，现存有关记载说明，唐代田庄大多分布于长安、洛阳、金陵、渭南、济源、汝州、江陵等著名城市附近。这与城市经济的发展，"邸店田园，遍满海内"的商人地主的增加有关，也与门阀士族制衰落、科举制兴起、官僚集团的恶性膨胀有关。他们既可以凭借政治权势强市、强夺土地，又须要在城市附近建立园林，供其玩赏。唐宋时期，庄、园、庄园、别业、庄墅等名称很杂乱，而且没有显著差别。尤其有很多

---

① 《清通考》卷5，《田赋考》。

大田庄是只供玩赏，经济意义不大。因此，唐宋时期，不但大田庄没有统一的庄园经济制度，而且地产园林化的倾向是大大加强了。明清时代，庄与园就逐渐有了显著的区别。所谓"园"就是地主们吟风弄月、寄情山水、充满楼台亭榭的园林。个别的园林内仍从事生产，具有经济意义，但大多数园林是只供玩赏，不事生产的。钱泳在《履园丛话》中列举了清代分布于京师、江宁、苏州、常熟、扬州、瓜州、仪征、通州、如皋、松江、上海、青浦、太仓、嘉定、清河、芜湖、杭州、嘉兴、嘉善及绍兴等地的园林，但很少涉及园林中的农业生产，几乎是关于土木工巧、风景幽静的描写。有些园林则干脆就置于城市之中，[①]大多数园林不但不给地主带来什么重大的经济利益，成为提供地租的场所，而且其土木工程实际上成了地主经济中重要的消费部分。有的地主在园林中"恒不治生产，即岁入租税或四方贤豪有所馈遗，悉以供一园之费"[②]。可见，根据明清时期的园林论证庄园制的存在就更属无稽之谈了。当时的"庄"确有很多是指具有经济意义的大田产而言的，如官庄、皇庄、旗庄、寺庄等。然而在土地买卖加速、转手频繁的情况下，一部分"庄"也在地权分裂的条件下失去了原来的意义，人们遂给"庄"以新的解释："其业田之民，比户而居者谓之庄。"[③] 这种"庄"已成了农村的居民点。因此，我们仍旧不能根据明清时代的"园"和"庄"，就断定当时有庄园制。

大田庄并未囊括全部地主经济领域，本身又没有庄园制所具备的一整套生产制度，不但各代的大田庄不同，同一历史时期的田庄亦不尽相同；大田庄中又没有农奴手工业者及完整的农、工业生产体系。因此，把西方和日本中世纪的庄园制移植到中国封建社会，同样不免流于削中国历史之足，适外国历史之履。

地主土地所有制的上述特点是产生一系列社会经济特殊现象的出发点，也是特殊的剥削形式由以建立的基础。

---

① 《履园丛话》卷5，《园林》。
② 《云间据目抄》卷5，《土木》。
③ 《皇朝经世文编》卷33，赵锡孝：《徭役议》。

二 剥削形式、地租与农民的经济地位

地主土地所有制的特点反映到剥削关系上就是农民与地主的土地相结合的特殊方式。我国封建社会农民与地主的土地相结合的基本方式就是"或耕豪民之田，见税什五"或"分田劫假"的租佃制。

毛泽东说，"这种农民，实际上还是农奴"，[①]显然是就佃农与农奴均处于被剥削的经济地位而言，这一指示并不排斥我们对佃农与西方农奴进行比较研究的必要。

西方农奴制的特点是：农奴终生被束缚于领地之上，而且可以被领主买卖，他们对于份地的占有权非常稳定。这种情况之所以能够出现是和地产"硬化"分不开的。我国地主也关心劳动力的占有，对佃户也有不完全的人身占有和超经济强制。魏晋时期有所谓"赐客"、部曲和私属。元代甚至有可以随着土地买卖而买卖的"随田佃客"，这种人身支配权确实达到了农奴制的程度。另外我们却应该看到，"赐客"与"随田佃客"只出现于个别历史时期及个别地区，而地主不能终生控制佃农，农民可以自行离开地主土地的记载却大量存在。地主对佃农人身控制较差、佃农比西方的农奴有较多的自由，这一特点之所以能够产生，是和我国的土地买卖这一特点分不开的。地主不能保证永远稳定地占有一块固定的地产，他也就无法使佃农稳定地占有一块份地，从而他就不可能终生地占有劳动者。何况佃农还有购买土地转化为自耕农的可能。可见，土地所有权的灵活性给剥削关系带来了某种程度的灵活性。根据这一特殊情况，并结合一些其他超经济强制的条件，我们可以说，中国的佃农在绝大多数历史时期是处于半农奴地位。

有的时候，农民会感到"惟恐不得富民之田而耕之"的苦恼；[②]但也有时候"佃户利于易田"而改佃。[③]地主有的时候会由于不能得到佃户而

[①] 《毛泽东选集》第2卷，人民出版社1952年版，第618页。
[②] 《皇朝经世文编》卷30，盛枫：《江北均田说》。
[③] 《履园丛话》卷4。宋代也有这样的记载："富民召客为佃户，每岁未收获间，借贷用给，无所不至。一失抚存，明年必去而之他。"（《续通鉴长编》卷397）

失去地产,①他们也很关心自己占有劳动力的多少,甚至互相间还争夺佃户;但有的时候,为了提高剥削率,地主却又采用"划佃增租""夺田改佃"的手段。由此可见,地主并不经常需要永久占有固定的佃户,农民更不会感到有终生依附于一个地主的必要。因此,从实际的社会需要而言,也缺乏佃农完全农奴化的条件。

在没有庄园制而又实行半农奴式的租佃制的情况下,我国的地主并不像西方的领主那样,把土地划分为自用地和份地。这就使劳役地租在我国封建社会失去了产生的物质基础,因为劳役地租实行时,"直接生产者为自己做的劳动,和他为地主做的劳动,在空间和时间上,都还是分开的"②。我国佃农进行生产时,必要劳动和剩余劳动无论如何也无法从空间和时间上分开。因此,我们可以说,严格意义上的劳役地租,并不是中国封建社会的原始地租形态,而实物地租则不但是原始地租形态,而且一直居于绝对的支配地位。虽然佃农也会为地主提供某些劳役,如"夜警资为救护,兴修赖其筋力,杂忙赖其使令",③但这是佃农的额外负担,并不是在生产领域中的地租的经济实现。我国实物地租的突出地位符合于各民族封建社会的基本规律,"在大多数国家中,劳役地租占统治地位的时期是比较不长的","在封建主义初期就可能与劳役地租同时出现,而有时还可能是封建义务的原始形式"。④尽管如此,没有劳役地租仍是我国封建地租形态发展的一个重要特点。

虽然佃农没有为地主提供过劳役地租,但地主阶级,作为一个整体,通过其国家政权,却在劳动的自然形态上向全国农民进行过奴役和榨取,这种徭役尤其在封建社会早期,在全部课役中占有重要的位置。农民的徭役也是在生产领域之外,以超经济强制为基础而实现的,然而却同样合乎封建社会剩余劳动表现形态的通常发展规律。但不能把它称作严格

---

① 《古今图书集成·食货典》卷61,《田制部》,引刘同升《限田均民议》:"小民之田与势家连亩,诱其致佃。田主不得收租,不得已而归之势家。势家既欲其田,复捐其值。"
② 《资本论》第3卷,人民出版社1953年版,第1033页。
③ 《实政录》卷2,《小民生计》。
④ 苏联《历史问题》编辑部:《论封建社会形态的基本经济规律(讨论总结)》,《苏联关于封建主义基本经济规律的讨论》,生活·读书·新知三联书店1956年版。

意义上的劳役地租。

马克思用实物地租与劳役地租相比时，指出前者的进步性在于："在这个地租形态上，代表剩余劳动的生产物地租，不就会把农业家庭的全部剩余劳动抽得干干净净。与劳役地租比较，生产者宁可说将会有更大的活动范围可以获得剩余劳动的时间"，而且这部分剩余产品"归他自己所有。"① 我国佃农的人身依附程度比西方的农奴差，封建社会一开始就出现远比劳役地租进步的实物地租，这是中国封建社会早期能够出现西汉时期的"昌盛"，在经济、文化发展上，比西方"黑暗的中世纪"早期取得远为显著的成就的主要原因之一。

租佃制使佃农比农奴有较多的人身自由，在实物地租下，佃农"宁可说是由各种关系的力量，而不是由直接的强制，是由法律的规定，而不是由鞭子来驱使，那就是由他自己负责来进行这种剩余劳动"②。这两点是我国地主对于农民的超经济强制比较缓和的主要原因。此外，还有一个主要原因就是没有严格的等级制。西方由于存在着严格的等级制，故"地片和它的主人一起个人化着，它有着主人底阶位，和主人一起是男爵的或伯爵的，它有着他的诸特权，他的审判权、他的政治关系等等。土地显得像它的主人底非有机的身体"③。因而"军事上诉讼上的裁决权，是土地所有权的属性"④。我国的土地可以买卖转手，地主个人又没有被位置于固定的等级，这样，行政权、司法权、军事权就不能直接表现为土地所有权的属性。毋宁说，这些权力是从地权上游离出来了。尤其我国还存在着大量的自耕农，他们根本超越于地主经济领域之外，更非地主个人所能控制和统治。可见，佃农和自耕农的经济地位决定了我国必然会出现驾乎地主之上而又代表其意志行使行政权、司法权和军事权的郡县制度和官僚政治。在"官无常守"的情况下，这一切权力最后又必然集中于中央。离开我国社会经济结构的特点，用兴修水利、防御匈奴的需要来解释专制主义中央集权国家形成的原因和条件，总不免使人感

---

① 《资本论》第3卷，人民出版社1953年版，第1038页。
② 《资本论》第3卷，人民出版社1953年版，第1037页。
③ 马克思：《经济学—哲学手稿》，人民出版社1956年版，第46页。
④ 《资本论》第1卷，人民出版社1953年版，第398页。

到有些牵强附会。地主本人既不能直接掌握政治权力，他就失去了对佃农施以专横的必要强力手段，因而佃农对地主没有法律的依附，人身依附的程度也比西方农奴差。

在强调佃农的半农奴地位时，我们也应该看到租佃制给农民经济带来的另一些特殊的不利影响。西方的农奴能够稳定地占有份地，很少有失业和完全破产的危险，恩格斯说，农奴生活"有保障"，他们"处在竞争之外"。① 我国的佃农在生活上也有某些"保障"，有的地主确实知道"宽恤佃户，不敢退佃"。② 在荒年，地主政权勒令地主减价粜粮，赈济贫乏时，也知道让地主留足"地客"食用的口粮。③ 然而这种"保障"却远较农奴制差，因为佃客没有完全处于竞争之外，而是往往处于竞争之中，他们常常会感到夺佃、退佃、撤佃的威胁。更多的情形是地主"坐视火客佃户狼狈失业，恬不介意"。④ 我国历代都有佃农失业破产的记载。西方领主的权力不依存于地租折的大小，而依存于所占的农奴人数，⑤ 况且农奴主有时是通过购买而获得农奴的，他会把农奴看成自己财产的一个有机组成部分，因而比较关心劳动力的再生产问题。在使用农奴时，领主的原则是既不使他们"闲散"，也不使他们过于疲劳。⑥ 我国的地主利用自耕农的破产和劳动力的竞争来补充自己的佃农，他不把佃农看成自己的财产，从而对劳动力的再生产问题关心较差。地主总是设法最大限度地提高地租剥削水平，很少考虑不使佃农过于疲劳。

我国封建社会的政治特点表现为专制主义中央集权及官僚政治的较早出现。地主对佃农超经济强制的削弱就为地主政权对于全国农民及手工业者的超经济强制所补充。在这一意义上，全体劳动人民对于作为整

---

① 《马克思恩格斯全集》第4卷，人民出版社1958年版，第360页。
② 《杨园先生全集》卷49，《补农书》上。参阅同书卷19，《赁耕末议》。
③ 《朱子别集》卷9，《取会管下都富家及缺食之家》。《东坡奏议》卷7，《奏浙西灾伤第一状》："民庶之家，置庄田招佃客，本望租课，非行仁义，然犹至水旱之岁，必须放免欠负，借贷种粮者，其心诚恐佃客散而田荒，后日之失，必倍于今故也。"
④ 《朱子大全》卷99，《约束粜米及劫掠榜》。
⑤ 参见《资本论》第1卷，人民出版社1953年版，第906页。
⑥ 参见梅伊曼《封建生产方式的运动》，科学出版社1956年版，第35页。

体的地主阶级处于依附地位及半农奴地位。地主虽然不能把佃农终生束缚在土地上,而地主政权却可以在一定程度上把农民束缚在某一行政区域内。地主政权还通过基层政权及乡官"司奸盗""督课役",并用"什伍连坐""保甲纠告"等办法把劳动人民束缚于封建制度之中。

专制主义中央集权建立以后,产生了大批的官吏与职业兵,须要征收赋税供其消费。正是在赋役征课上突出地体现了地主政权对劳动人民的超经济强制。人口的增减直接影响着国家的财政收入,统治者十分注意人口统计数字的升降,不但商君有《徕民》之篇,而且历代统治者都知道,"国之彝伦,资于版籍。"杜佑更说:"古之为理(治)也,在于周知人数。"他认为"版图脱漏,人如鸟兽飞走莫制",必然导致"国以之贫",甚至"倾覆"的后果。①

自耕农是我国封建社会的一个不容忽视的重要阶层。我们对这一特有的阶层的经济地位必须给以足够的重视。

自耕农是一个具有二重性的阶层。一方面,他们是劳动者与被剥削者,在这一意义上,他们与佃农相同。另一方面,他们又是土地私有者,并根据地产提供赋税,在这一意义上,自耕农又与地主相同。地主是社会上最主要的土地所有者,他们提供的赋税是从地租中分割出来的,因而地租就是赋税的天然界限,在通常的时候,赋税总是少于地租。自耕农在提供赋税时,一方面以劳动者的姿态出现,成为受剥削者,另一方面则又以土地私有者的姿态出现。在法律上,无论课税对象是土地、户赀或丁口,向自耕农征税时,计税单位及课税标准,在计算上均与地主所缴纳的赋税相同。可见,耕种相同面积土地的自耕农和佃农,在其他条件相同的情况下,自耕农所负担的赋税总是少于佃农所缴纳的私租。这样,自耕农就成为我国封建社会所特有的一个最有能力发展生产的社会阶层。这是我国封建社会发展的早期阶段,经济、文化成就能够远远超过西方相应历史阶段的第二个主要原因。

自耕农数量的增减标志着社会生产发展能力的强弱,也关系着国家财政收入的多少。统治者也知道这种道理,所以不断实行占田制、均田

---

① 《通典》卷7,《食货典》。

制及移民垦荒、更名田等抚育自耕农的政策。宋代的吕大钧更说："为国之计，莫急于保民，保民之要，在于存恤主户，又招诱客户使之置田以为主户，主户苟众而邦本自固。"①

在强调自耕农经济地位比佃农优越的同时，我们也应该看到，在经济动荡、土地兼并加速进行的时候，自耕农更易于破产，其生活更缺乏"保障"。他们在破产之后，土地为地主所兼并，自己则转化为佃农或雇农。上升为地主的自耕农只能是作为例外而存在的个别现象。因此，就社会生产的物质条件（土地）而言，自耕农的小块土地所有制只能是地主土地所有制的后备和补充；就社会生产的劳动力条件而言，自耕农则是受地主剥削的佃农和雇农的潜在后备军。由此可见，在土地兼并原则经常发生作用的条件下，自耕农经济每时每刻都在产生着地主经济。正是在这一意义上，我们说自耕农经济是地主经济的附庸。

历代破产的自耕农往往是产生流民群众的主要泉源。宋代的富弼在一篇奏疏中称："臣昨在汝州窃闻河北流民来许、汝、唐、邓州界逐熟者甚多……臣亲见而问得者，多是镇、赵、邢、洺、磁、相等州下等人户。以十分为率，约四五分并是镇人，其余五六分即共是赵州与邢、洺、磁、相之人。又十中约六七分是第五等人，三四分是第四等人及不济户与无土浮客。即绝无第三等以上之家。臣逐队遍问因甚如此离乡土远来他州。其间甚有垂泣告者曰：'本不忍抛离坟墓骨肉及破货家产，只为灾伤物贵，存济不得，忧虑饿杀老小，所以须至趁斛斗贱处逃命。'又问得有全家起离来更不归；亦有减人口暂来逐熟，候彼中无灾伤，斛斗稍贱即却归者；亦有去年先令人来请射或买置田土稍有准备者；亦有无准备望空来者；大约稍有准备来无一二，余皆茫然并未有所归，只是路上逐旋问人斛斗贱处便去。臣窃闻有人闻于朝廷云：'流民皆有车仗驴马，盖是上等人户，不是贫民，致朝廷须令发遣却归本贯。'此说盖是其人只以传闻为词，不曾亲见亲问，但知却有车乘行李次第颇多，便称是上等之人。臣每亲见，有七八量（辆，下同）大车者约及四五十家、二百余口，四五量大车者约及三四十家、一百余口，一两量大车者约及五七家、七十

---

① 《宋文鉴》卷106，吕大钧：《民议》。

口。其小车子及驴马担仗之类,大抵皆似大车,并是彼中漫乡村相近邻里或出车乘、或出驴牛、或出绳索、或出搭盖之物,递相并合,各作一队起来,所以行李次第力及大户也。"① 这是关于流民记载中最珍贵的一条史料,所以我将其主要部分全部抄录如上。宋代"上三等"户是"从来兼并之家"②均系地主,没有参加流民队伍。四、五等户是自耕农及半自耕农,成为上述流民集团中的极大多数。作为破产佃户的"浮客"却只占少数。富弼仕宦于宋仁宗至神宗时,当时土地集中已经十分严重,佃农是农民中的绝大多数,超过了自耕农的数量,而参加流民队伍的却远较自耕农为少,此点充分地说明,自耕农比佃农在经济上更少"保障",更易破产。宋代是佃农数量大增的时代尚且如此,由此可以推论,其他各代,流民也是主要由自耕农转化而成的。自耕农经济的正常发展或破产,实际上是测量社会经济兴衰、阶级矛盾的缓和与尖锐的晴雨表,通过流民群众的增减可以预见政治气象的转晴或"暴风骤雨"即将来临,故清代有人说:"昔人谓:流民安则转盗为民,流民散则转民为盗。"③

我国佃农的生活比西方农奴缺少"保障",自耕农更差。破产的佃农和自耕农不免于"卖妻鬻子",自身则有相当一部分转化成雇佣劳动者,或则"为人佣耕",成为雇农,或则为人"佣保",肆力于都市。这样,我国封建农民的特殊经济地位最后又导致了下列两个特点:第一,奴隶制的残余尽管日益削弱,然而却长期严重地存在于封建社会中。第二,雇佣劳动出现很早,其数量也超过西方封建社会的早期及中期阶段。

三 基本经济矛盾的特点与我国所特有的周期性社会危机

我国封建社会的土地"民得卖买",历代都有土地兼并和土地集中。

---

① 《宋文鉴》卷45,富弼:《论河北流民》。
② 《韩魏公集》卷18。
③ 《皇朝经世文编》卷34,徐旭龄:《安流民以弭盗疏》。

土地兼并确实决定着社会经济发展的某些重要过程和方面。正是在土地兼并的经常作用之下，我国的基本经济矛盾显示出了自己的特点。

封建社会"主要经济矛盾是生产过程的个体性质和大封建所有制之间的矛盾"。它"自封建社会形态一开始存在的时候起即为其所固有，并随着它的发展而日益尖锐起来"。并且"这种矛盾在萌芽时期就包含有封建主义时代的一切冲突，它是以农民和封建主之间的对抗显露出来的"。这一矛盾的存在，任何民族的封建社会形态[①]概莫能外。

西方封建社会由于土地不能买卖，没有土地经常普遍兼并的经济原则，所以基本经济矛盾的逐渐尖锐化是由于生产力发展过程中，个体小生产者的日益发展促成的。由劳役地租经过实物地租发展为货币地租，这种地租形态的转变就是这一基本经济矛盾的"运动形式"。[②] 就中国封建社会两千年的发展总过程而言，随着生产力的发展，个体生产者对经济独立性的要求日益加强，基本经济矛盾也会因此而尖锐化。但在土地兼并的作用下，由大土地所有制的发展而不断激化基本经济矛盾却作为一个特有的现象存在于我国封建社会形态。

上述特点又导致了我国封建社会再生产的特点。当地主兼并土地，扩大剥削基础时，这种生产关系的扩大再生产并不反转来促使农民经济进一步扩大生产规模，而且会使农民连简单再生产也难以维持，因为地主经济的扩张是以自耕农经济的萎缩、破产及被兼并为条件的，而自耕农却正是最有能力发展生产的社会经济成分。自耕农的破产、流民的增加使我国封建社会出现了特有的相对过剩劳动者，因而失业农民的激增加剧了劳动者间的竞争，为"划佃增租""挖种增租"提供了条件，这样，佃农承担的剥削率、地租量也就提高了，佃农经济也必然趋于萎缩。当土地兼并发展到一定程度时，这一特殊的再生产过程使基本经济矛盾突出地尖锐化了，于是就爆发了危机，这种危机不是资本主义社会的生产过剩危机，而是生产萎缩、产品不足的危机，是使社会患贫血症的危机。在这种时候，阶级矛盾激化了，"安土重迁"的农民就会转化为"易

---

① 苏联《历史问题》编辑部：《论封建社会形态的基本经济规律（讨论总结）》，《苏联关于封建主义基本经济规律的讨论》，生活·读书·新知三联书店1956年版。

② 梅伊曼：《封建生产方式的运动》，科学出版社1956年版，第41页。

动难安"的流民，他们就必然走上"卖犊买刀""铤而走险"的起义道路。

在危机爆发的时候，随着基本经济矛盾的激化，一切社会矛盾都显露出来了。

首先显示出来的是生产的萎缩与分配的集中之间的矛盾。汉代董仲舒所谓"（地主）广其田宅、博其产业，畜其积委，务此而亡已，以迫蹙民。民日削月朘、寝以大穷。富者奢侈羡溢、贫者穷急愁苦"。① 正是这一矛盾的社会表现。实际上，历代都有相同的情况。

其次，在瓜分地租的过程中，地主政权与地主之间的矛盾显示出来了。农民的破产、自耕农的减少使地主政权陷于税源枯竭之中，剩余产品的绝大部分当作私租被地主所占有，这就形成了"官取其一、私取其十"的现象。王莽改制、两税法、王安石变法、推排经界、一条鞭法等一系列财政改革于是就都出现了。地主政权的目的无非是想改善自己在地租再分配中的地位。地主则总是用各种方法规脱、飞洒、诡寄，以逃避赋役。正因为如此，所以"井田不复，仁政不行"，"仁政必自经界始"，就成了封建学者惯唱的千古滥调。

复次，地主政权为了解决财政困难，因而继续在谷糠中榨油，进一步剥削农民，这就使生产人口减少与消费人口增加的矛盾，农业人口减少与非农业人口增加的矛盾显示出来。逃避课役的农民或则根据"用贫求富，农不如工，工不如商"的原则"舍本逐末"，或则成为游食四方的游手。这是"仰困于租税而俯困于兼并"② 的农民的一条出路。

最后，农业的萎缩与工商业的繁荣形成尖锐的矛盾。关于此点，以下还要谈到。

危机的爆发也是生产关系与生产力矛盾尖锐化的表现。西方地租形态的演变实质上是反复地出现的生产关系落后于生产力水平的矛盾及其克服。我国危机的爆发，不是生产关系落后于有了显著发展的生产力，而是破坏、摧毁现有的生产力。我们知道，生产力是最活跃、最革命的

---

① 《汉书·董仲舒传》。
② 《栾城集》卷20，《私试进士策问》。

因素，它总会为自己的恢复和发展开辟道路，使社会经济摆脱危机，我国不断爆发的农民起义和农民战争就是为完成这一客观任务而出现的。每经过一次剧烈的阶级斗争之后，生产关系就得到了某些调整，土地配置发生了一定程度的变化，因而基本经济矛盾及由它引起的一系列矛盾遂趋于缓和。这时，社会经济发展的危机阶段就为恢复阶段所代替。经过一定时期，生产力就会在恢复的基础上取得新的发展，并超过以往时期的最高水平。但在土地兼并规律的作用下，不久，又会爆发新的危机，扩大再生产的进程因之再被打断。由此可见，我国封建社会生产关系与生产力发展的特殊形式的辩证法使社会经济的发展具有着周期性。大致由一次危机至下次危机爆发之前可以算作一个周期，每一个周期可以分作危机、恢复、发展三个阶段。正是这种周期性历史发展的特点使我国的历史迈着退一步、进两步的步伐前进，使我国的经济沿着迂回曲折的道路螺旋式地前进。这就是我国封建社会长期停滞这一特点所以能够产生的主要原因。毛泽东说："地主阶级这样残酷的剥削和压迫所造成的农民的极端的穷苦和落后，就是中国社会几千年在经济上和社会生活上停滞不前的基本原因。"① 只有充分认识了我国封建社会所特有的这种周期性危机的作用，才能正确、深刻地领会毛泽东这一经典指示。在恢复、发展阶段，农民并未陷入极端的穷苦和落后，他们比西方的农奴更有能力发展生产；只是在危机阶段，农民才陷入了极端的穷苦和落后，才失去了改进生产技术的一切可能。

我国封建社会爆发过大小数百次的农民起义和农民战争，这是世界史上所仅见的，也是我国阶级斗争的特点。这一特点产生的社会根源正是不断爆发的周期性危机的经常袭击，因为农民起义、农民战争常常是与危机孪生的、平行发展的。

四 商品经济与自然经济的特点

中国封建社会也以自然经济占绝对的支配地位，商品经济只居从属

---

① 《毛泽东选集》第2卷，人民出版社1952年版，第619页。

地位。这一点是必须首先加以肯定的。但能够显示民族特点的，却是在封建社会的早期和发展期，商品经济的发展水平大大超过了西方中世纪时期的相应阶段。只有到15世纪以后，我们才能承认西欧的商品经济水平超过了我国。恩格斯指出，在西方，"货币在中世纪初期的典型封建经济中几乎完全没有地位"①。苏联史学家认为封建主义从古代社会最先承袭的货币职能是"货币的最后一个职能——世界货币的职能"②。这个意见未见得完全正确，却可反映西方中世纪前期国内商品经济的水平很低。从我国封建社会开始的战国时期起，就有大量关于商品经济的记载，当时人们就知道用货币"权轻重""通有无"，可见在我国封建主义的初期，价值尺度及流通手段这两个货币职能已占主要地位。就是到了自然经济程度最严重的魏晋南北朝，还出现了《钱神论》所反映的货币拜物教思想，有的地主还指地示人曰："钱尽在此中！"③

为什么会出现这一特点呢？

秦汉时期，封建生产方式在农业中已经取得了支配地位，但由于我国奴隶制发展得不够充分，所以手工业生产中的奴隶劳动并未被排挤出去。就史料记载而言，当时很多商品生产是与奴隶劳动相联系的，这种以奴隶劳动为基础的商品生产补充了当时的商品经济部分，从而也就成为商业繁荣的原因之一。东汉以后，经济自然性加强的真正原因就是奴隶劳动在商品生产中的被排挤。不过，这只是一个早期封建社会商品经济比较发达的次要原因，它并不能说明魏晋以后各代商品经济超过西方的根源。

我国封建社会商品经济发达较早的主要原因是农民经济、地主经济与商品经济有较多的联系。农民"几千年来都是个体经济，一家一户就是一个生产单位"④，这是社会生产的最简单的细胞，也是最小的自然经济单位。自耕农有较优越的生产条件，人身上比较自由，地主对佃农的

---

① 恩格斯：《论封建制度的解体及资产阶级的兴起》，见《封建社会历史译文集》，生活·读书·新知三联书店1955年版，第8页。
② 波尔什涅夫：《封建主义政治经济学概要》，生活·读书·新知三联书店1958年版，第110页。
③ 《宋书·沈庆之传》。
④ 《毛泽东选集》第3卷，人民出版社1953年版，第954页。

强制也比西方领主对农奴的强制缓和,这就必然大大加强了农民出卖产品的能力。另一方面,农民的生活又没有"保障",比农奴容易破产,当他们处在逐渐破产的过程中时,农民家庭只有用增加手工业副业生产的办法来抵消农业生产的萎缩,"以织助耕"的意义就特别显得突出了。由于这种手工业只是农民经济机体上的一个附属物,农民是以农业生产者的姿态,而不是以独立的商品生产者的姿态出现在市场上,所以,为了缴纳贡赋,为了购买生活用品和生产工具,他就会不计算产品的劳动量,低于所值地轻于脱售产品。① 农民越接近破产的边缘,就越缺乏利用价值规律的能力。破产的境遇人为地把农民不仅逼成为手工业品的出卖者,而且成为谷物的买者和卖者。到农民完全破产之后,其中相当部分成为游动人口,走上"舍本逐末"的道路,转化成为工商业者。由此可见,我国农民的特殊经济地位既使他们在生产条件转好时易于成为产品出售者,更使他们走向破产时,不仅加强副业经营,多卖产品,而且会把他们逼成完全脱离农业的工商业者。

　　西方的封建庄园是一个意义更大的自然经济单位,是"一个自给自足的和闭关自守的整体,同外界很少联系"②。与此相应的是我国的地主经济,它也是一个自给自足的自然经济单位,最典型的记载莫过于《颜氏家训·治家篇》:"生民之本,要当稼穑而食,桑麻以衣;蔬果之蓄,园场之所产;鸡豚之善,埘圈之所生;爰及栋宇、器械、樵苏、脂烛,莫非种植之物也。至能守其业者,闭门而为生之具以足,但家无盐井尔。"唐代有的地主也能够过这样的生活:"树之谷,芝之麻,养有牲,出有车,无求于人。"③ 就是到商品经济有了高度发展的明清时代,还有这样的记载:"居乡则可以课耕数亩,其租倍入,可以供八口。鸡豚畜之于栅,蔬菜畜之于圃,鱼虾畜之于泽,薪炭取之于山,可以经旬累月不用数钱。"④ 在看到此点的同时,也应该注意问题的另一方面,就是地主经济按照自然经济的原则

---

　　① 《杨园先生全集》卷49,《补农书》上:"若家有织妇,织与不织,总要吃饭,不算工食,自然有赢。"
　　② 《列宁全集》第3卷,人民出版社1959年版,第158页。
　　③ 《柳宗元集》卷24,《送从弟谋归江陵序》。
　　④ 《皇朝经世文编》卷36,张英:《恒产琐言》。

解决再生产问题和地主的消费问题的条件却远逊于欧洲的领地庄园。在西方的庄园内部，有复杂的经济结构和比较完整的农工业生产体系，领主不但拥有从事农业生产的农奴，而且还有相当数量的农奴手工业者。领主能够在庄园内部通过征收地租，从各类农奴那里取得他所需要的一切东西。我国的地主经济没有采取庄园制的经营形式，内部结构简单得多，没有农奴手工业者。地主虽然也能征收到某些农副产品、农产品的加工产品，但地租多样化的程度却不能与欧洲相比。《红楼梦》第五十三回描写庄头乌进孝所开的一张地租单子，上面罗列了数十种产品，但却没有多少是手工业产品。《颜氏家训》《红楼梦》所记载的都是大地主，我国历代都有很多中小地主，他们依照自然经济原则安排自己消费的能力和条件，比这些大地主又差得多，我们根据这几条记载把全部地主经济的自然性估计过高是以偏概全。历代记载说明，我国封建地租的绝大部分都是谷物，其他产品的种类和数量比西方的地租所包括者少得多。这样，地租品种简单化和地主消费需要的复杂性就产生了矛盾。地主经济内部无法解决这一矛盾，于是就只有从外部与市场取得联系来解决。所谓"里有千金之家，嫁女娶妇、死丧生庆、疾病医祷、燕饮赍馈、鱼肉果蔬椒桂之物，与之为市者众矣！"① 就是这种情况的写照。城居的地主就在更大的程度上依赖于市场的供应，② 土地最集中、地主消费能力最强时，恰恰也就是大批农民破产、"舍本逐末"的时候，二者的节拍是基本一致的。

　　为了购买，就得出卖。既然地租的主要部分是谷物，而"米粮非比他物，可以收贮数年，富民积粟概于次年秋前发粜，断无留待下年者"③。可见，任凭地主能够积谷多少石，他也不得不以新易陈，陆续粜卖租谷。此外，土地买卖也加强了地主经济与货币经济的联系。④ 上述条件使相当数量的地租必然商品化。地主经济会比例于土地兼并的程度而加强与商品经济的联系。

---

① 《皇朝经世文编》卷7，唐甄：《富民》。
② 《皇朝经世文编》卷36，张英《恒产琐言》："子弟有二三千金之产，方能城居。盖薪炭蔬菜鸡豚鱼虾醯醢之属，亲戚人情应酬宴会之事，种种皆取办于钱。"
③ 《皇朝经世文编》卷26，陈大受：《复部议禁米囤核城工疏》。
④ 《古今图书集成·食货典》卷63，《田部制》："云阳改氏值丰年则尽取金钱埋之，九里皆满，曰：'有得意田遂可弃无用金。'"

根据上述分析，我们可以看出，当农民起义和农民战争之后，社会经济处于恢复阶段及向发展阶段过渡时，商品经济的逐渐发展反映了生产力的恢复和发展，是比较健康的。从发展阶段发展为危机阶段时，商业的繁荣就是虚假的，它建立在地租商品化及农业人口反常地转化为工商业人口的基础上。工商业的发展与农业的萎缩陷入严重的矛盾之中。马克思说："超越于劳动者个人需要的农业劳动生产率，是一切社会的基础"。① 危机阶段的工商业发展不是建立在农业生产率提高的基础上，而是建立在农业生产率降低的基础上，它不是真正的社会分工加强的表现，而是社会畸形发展、工农业生产脱节的表现。在这方面，唐代"安史之乱"以后的情况最为典型。仔细分析起来，历代都有这种社会病态。远在战国时代，荀子就指出了"工商众则国贫"的论点，并且主张"省商贾之数"。② 商鞅变法更有这样的规定："大小僇力本业耕织致粟帛多者复其身，事末利及怠而贫者，举以为收孥。"从汉代的晁错、董仲舒开始，大力反对"背本趋末"，坚决主张"驱民归农"，以后，"劝农""务本"就成了历代统治者的座右铭。满足地主消费性需要的"雕文刻镂，以伤农事；锦绣纂组，以害女红"的手工艺制造总是被咒诅为"淫巧"。一直到清朝，雍正还重复着荀子的调子说："今若于器用服玩之物争尚巧华，必将多用工匠以为之。市肆之中多一工作之人，即田亩之中少一耕稼之人。此逐末之所以见轻于古人也。"③ 因此，不顾不同历史环境的差异，把商品经济看作某种不依赖周围经济条件而独立自在的东西，把任何时期商业繁荣的原因都归结为社会生产的发展，这不是辩证的看法。

由此可见，我国封建社会商业发达较早的主要原因仍旧根源于地主土地所有制的特点。邱濬朦胧地但却敏锐地感到了此点，所以，他说："后世田不井授，人不皆农，耕者少而食者多。天下之人食力者什三四，而资籴以食者什七八矣！"④ 只是不免有些夸大。

当我们指出上述特点时，绝不应该对它加以不适当的夸大，事实上，

---

① 《资本论》第3卷，人民出版社1953年版，第1025页。
② 《荀子·富国篇》。
③ 《清通考》卷39，《国用考》。
④ 《大学衍义补》卷25，《市籴之令》。

农民经济与地主经济的主要方面还是自然经济，不是商品经济。

危机阶段商品经济的繁荣违反正常的社会分工原则，是一种社会病态，因而每经过一次大规模的阶级斗争之后，随着危机阶段为恢复阶段所代替，商业就在一定程度上趋于衰落，经济的自然性有了加强。秦末农民起义之后，西汉文景时期，"黎民醇厚"，① 农村居民"自年六七十翁亦未尝至市井"。② 清代顺治时期，"商贾不通，城市罢织"③ 与"扬州十日""嘉定屠城"固然有关，同时也要看到："成化前俗朴厚而民富，弘治间奢靡。自壬申盗起，岁入损少，乃更简俭，多弃贾为农。"④ 这条材料典型地说明了恢复阶段代替危机阶段之后商业衰落的根源。既然农业生产是决定商品经济的那个"普照的光"，能够淹没后者的"色彩"，决定其特点，因而农业发展的周期性特点也就成了商品经济波浪式前进的规律。我们不能把农民战争以后的商品经济衰落看成是历史的倒退，因为它正意味着社会病态已经消除，农工业经济重新走上了健康发展的常轨。

历代赋税中的货币征收既与商品经济发展的水平有关，也与土地集中有关。两汉时期，赋税中的货币部分不少，但当时历史条件复杂，可弃而不论。唐中叶以后，地主土地所有制发展到了一个新的历史时期，商品经济也有了显著的发展，因而赋税中的货币部分大增，不但正税中增加了货币成分，而且作为货币收入主要源泉的盐、茶、酒、矿冶榷征，在财政收入中日益占居重要地位。唐代两税法实行后，大量征钱，出现了"钱荒"。明代大量征银，一条鞭法实行以后，更为突出。清代行折色，征银也不少，亦有所谓"银荒"。地主政权大量征收货币突出地发展了货币贮藏手段的职能。唐代民间纷纷"削钱为器"。国家三令五申严禁藏钱、削钱，但禁者自禁，削者自削。宋代王安石变法，增征钱币，出现了"积钱巨万于家"的现象。所谓"钱荒""银荒"，均与富室、国家的大量贮藏有关。马克思说："在那些有传统的自给自足的生产方式和固

---

① 《汉书·景帝纪赞》。
② 《史记·律书》。
③ 《皇清奏议》卷2，赵弘文：《请定江南赋役疏》。（"疏"原作"书"。——编者注）
④ 《天下郡国利病书》第13册，《河南》引《彰德府志》。

定的有限的需要范围相适合的民族内，这种素朴的货币贮藏形态是永久化了。"① 欧洲货币地租盛行的时期，正是大量金银内流，引起"价格革命"的时期，随着货币的社会必要流通量的增加，原来窖藏的金银也都投入了流通过程。我国货币赋税的征收却引起了相反的效果。西方货币地租的出现既是商品生产发展的结果，它本身还反转来促进商业的繁荣。但我国货币赋税的征收却引起唐代的"州县禁钱不出境，商贾皆绝"②。宋代的"公私上下并苦乏钱，百货不通"③。这又是一个与西方不同的"反常"现象。

为什么我国会出现违反通常规律的这些矛盾现象呢？原因在于土地集中。当地主占有了绝大多数剩余产品，又千方百计逃避赋税时，农民破产了，地主政权则陷于财政危机之中，它只能通过"和雇"，从破产群众中得到劳动力，通过"和籴""和市"，从地主那里取得剩余产品。这就增加了地主政权对货币的需要。另一方面，地主商人在出售谷物时，又总是要居奇囤积，坐待善价，地主政权为了在价格上和他们斗争，就大量征收货币，迫使纳税居民出售谷物，使市场上供求失去平衡，物价下落，这样，地主政权就在购买时居于有利地位。因为大量征钱部分地是适应着土地集中的一种财政措施，所以也就超过了当时商品经济的实际水平，从而就会引起上述看起来难以令人理解的矛盾现象。我国历史上虽然稀疏地出现过货币地租，但它从来没有获得排挤实物地租的力量，这种实物地租的绝对支配地位准确地反映了自然经济的程度。赋税中的货币部分远远超过地租中的货币部分，这一情况可以有力地说明上述财政原则的作用。

纳税居民为了取得货币，被迫把生产物投入流通过程，看起来商品的数量增加了，实际上这是一种假象。纳税者一手交出货币，一手出卖谷物，征税者一手收回货币，一手购买谷物，这不过是人为地使财政课敛披上了货币商品关系的外衣，这种买卖行为不过是课敛的变态而已。邱浚又敏锐地看到了此点，因此，他说："名曰和买，其实非民间所有而

---

① 《资本论》第 1 卷，人民出版社 1953 年版，第 127 页。
② 《新唐书·食货志》。
③ 《宋史·食货志》。

欲出卖者，亦是州郡于民常赋之外敛钱收买以供官司之求。"他还进一步指出中国历史上国家籴谷的变化："唐以前所谓籴者，聚米以赈民。宋以后所谓籴者，聚米以养兵。"① 从战国李悝的"平籴法"开始直至唐中叶的"常平仓"，地主政权通过这些办法增加收入的目的只居次要地位，主要是为了缓慢"商人兼并农人"的过程，使不等价交换产生等价的倾向。从唐开元二十五年（737）大兴"和籴"之后，地主政权的目的确实变成以增加收入为主了。这和地主土地所有制的发展是分不开的。西方的货币地租虽然会加强农民分化，使部分农民破产，就总的情况而言，它却适合生产力发展的要求，使生产者具有更大的自由和独立性。我国大量征钱的结果，钱重物轻，生产者成倍地出售产品，濒于破产，使生产力遭到破坏。所以顾炎武说："昔者唐穆宗时物轻钱重，用户部尚书杨於②陵之议，令两税等钱皆易以布帛丝纩而民便之。吴徐知诰从宋齐丘之言……诸税悉收谷帛绸绢，是则昔人之论取民者，且以钱为难得也。"③清代农民为了缴纳货币赋税，"穷民小户有谷帛而无售主，有鸡豚而待市贩，或代为设法，或曲示变交，田父村叟感而流涕"④。这正是货币征收脱离生产水平，纳税者感到不便的生动描写。

如上所述，我国封建社会在由发展阶段转化为危机阶段时，赋税的货币征收水平超过商品经济的水平，商品经济的繁荣超过了应有的社会分工水平，工商业人口的增加超过了农业劳动生产率所允许的水平。必须一层一层剥去这些外衣，才能正确地估计自然经济的绝对支配地位。资产阶级历史学者由于缺乏这种透视能力，因而浮光掠影地根据事物的表象，妄谈什么"前资本主义社会"，陶希圣之流的这些奇谈怪论除了证明他们论证资本主义永恒性的可耻目的外，也充分暴露了资产阶级历史学的反科学的性质。

与商品经济有密切关系的是封建城市，因为"城市产业本身一经和

---

① 《大学衍义补》卷25，《市籴之令》。
② "於"原作"于"。——秦进才注
③ 《亭林文集》卷1，《钱粮论》上。
④ 《皇朝经世文编》卷29，赵廷臣：《请定催征之法疏》。

农业分离，由于事物的性质，它们生产物自始就是商品"。① 我国的封建城市与城乡对立关系也显示了自己的特点。

西方封建社会早期，不仅没有产生城市，而且连罗马时代的繁荣城市在这时也都衰落不堪了。仅存的少数大城市也大大失去了自己的经济意义。从公元11世纪以后，才勃兴起来一批新的城市，原来保存下来的旧城市才重新获得经济意义。在时间上，中国封建社会的城市大多形成于奴隶社会崩溃、封建社会形成的过程中，与欧洲情况大异其趣。仅《左传》所载筑城之事即在50次以上。当时已经出现了郡县制的萌芽，个别的城已成为县的治所。战国以后，郡县制进一步成熟发展，城市大增。秦统一后，郡县制成为全国统一的制度，中国封建城市的分布就初步定点确定了。我国封建城市产生得早是一个重要的特点。

西方封建城市的产生原因主要是经济的要求。农业与手工业的分离，社会分工的发展，使逃离封建领地的农奴手工业者越来越多，他们聚居的地方就逐渐由市镇成熟为城市。最初筑城时，尽管领主也表示了积极态度，但他们的支持在城市的产生中不起重要作用。《左传》中记载了统治者大量筑城的事实，然就其目而言，全都是政治和军事的。郡县制也是适应着封建经济基础的上层建筑，治所筑城也是为了军事、政治目的。当时根本没有由手工业者聚居地发展成的城市。由于城市形成的原因不同，所以城市居民成分也不相同。在西方，"手工业者在中世纪，不仅在城市发展的最初阶段，而且在中世纪末期，都构成城市居民中人数最多的一部分"②。我国封建城市居民中手工业者只是少数，而主要居民是作为消费人口而存在的官吏、军队、地主及围绕在他们周围的"游手"。汉代的王符既典型又集中地指出了此点："今察洛阳，浮末者什于农夫；虚伪游手什于浮末……天下百郡千县，市邑万数，类皆如此。"③以后历代的基本情况仍是如此。只有到明清时代，才渐渐出现了以手工业生产者为主要居民的个别市镇及城市（如景德镇）。由于城市手工业有限，城内市场上出卖的商品，只有一小部分生产于本城，大部分商品是

---

① 《资本论》第3卷，人民出版社1953年版，第410页。
② 斯托克里茨卡娅－铁列什柯维奇：《西欧封建城市的起源》，《史学译丛》1957年第1期。
③ 王符：《潜夫论·浮侈篇》。

附近农民出卖的产品及远地贩运来的奢侈品，所以，尽管城市内部商品生产的水平不高，却可以有比较繁荣的商业。

由此可见，我国封建城市的主要特点是：政治、军事意义大于经济意义，消费意义大于生产意义，商业的繁荣远远超过了商品生产的水平。对于欧洲的封建城市来说，则应该是商品经济的意义大于政治、军事意义，生产的意义大于消费的意义，商业的水平不会超过商品生产的水平太多。这是截然不同的两种类型的封建城市。结合上述特点，我觉得我们可以把中国的城市称作"郡县城市"。

开始出现于唐宋，普遍于明清的市镇，大多数是由商品经济的发展而逐渐形成的。对于市镇来说，经济意义大于政治意义，但它们也多少具有郡县城市的特点，而且往往不能避免最后转化为郡县城市的命运。宋代零壁镇："本镇官势有力人户意欲置县"，提出申请，理由是"只为本镇居民曾被抢劫，及人户输纳、词讼去县稍远"。[①] 清代乌青镇上层分子申请置县的理由，大同而小异。[②] 两例说明，市镇居民中最有势力的并不是工商业者，而是地主官僚分子。他们争取的是郡县法制，而不是市民立法。在政治上，市镇实际上编入了郡县系统之中，即所谓"乡镇统于郡县"。[③] 此外，就经济意义而言，手工业生产者占居民主要成分的市镇是少数，大多数市镇都是商品集散地，到处都是"商贾辐辏"，"东贾某地，西贾某地"的记载，与郡县城市中商业意义远远超过商品生产意义并无二致。

消费意义大于生产意义这一特点就造成城市内部市场容量特别大这一后果。西方城市产品绝大部分必须售卖于农村，这种城乡经济联系反映了工农业之间的社会分工。所以11世纪形成封建城市之后，14、15世纪时，货币地租已经成了普遍的地租形态。我国封建城市手工业中重要的一个组成部分是官府手工业，其绝大部分产品是用来直接满足统治者的消费需要。作坊手工业主要也是生产城居地主、商人所需要的精细手工艺品。这就城市手工业产生了下述特点：技术成就主要表现于产品的

---

① 《东坡奏议》卷16，《乞罢宿州修城状》。
② 《乌青镇志》卷1，《沿革》。
③ 《乌青镇志》卷1，《沿革》。

质量方面，而不是数量方面。明代"南京、苏州织造，花样太巧。松江大红布，太仓洗白布太细。古人谓之服妖，费财劳人"①。不少史学家过多地根据手工艺品质量估计历代手工业生产水平，稍嫌片面。因为这些产品是以浪费大量人力，消耗很多时间为代价的。真正标志生产力水平的应该是劳动生产率。城内商品生产的薄弱与城内市场容量很大两方面结合起来，就削弱了城市经济与农村经济的联系。譬如清代的高邮，"虽为贸易，不出城廓"②。在这种情况下，农村经济与城市经济联系薄弱，因而战国以来就有不少城市商业繁荣的记载，但一直到明清时代，农村仍以实物地租占统治地位。这一特殊情况正是郡县城市的特点所必然引起的后果。

　　清人说："自井田毁，限田之制累朝不能行，非通都大邑财货聚居之所，则取材之途不广。"③ 这就必然引起农民破产后逃往城市谋生。不但"舍本逐末"者、"游手"大量涌入城市，剥削阶级由于消费能力的增加也纷纷改乡居为城居。这时，城市以农村的破产为条件，由于集中了大量消费人口和工商业者而膨胀，呈现出一片繁荣景象。我国封建城市的特点在这时成倍地被放大了。然而，这却是一种病态，因为危机阶段，就社会经济的总和而言，生产力在遭受摧残。顾炎武深刻地观察到了此点，因此，他说："人聚于乡而治，聚于城而乱；聚于乡则土地辟、田野治，欲民之无恒心，不可得也。"④ 城市内部手工业生产的薄弱使城市的繁荣缺乏巩固的经济基础，因此，我国封建城市经济的消长就具有极不稳定的特点。不但国都迁移会使某些城市此兴彼衰，而且农民战争之后，随着危机阶段为恢复阶段所代替，城市经济也会趋于衰落。因此，与农业相同，我国城市经济的发展也具有一起一伏的周期性特点。

　　城市中市民力量的薄弱与封建统治力量的强大使市民运动特别难于开展，这一点也与欧洲情况迥然不同。西方11世纪城市兴起之后，立刻就开始了"城市公社革命"，这一反封建领主的运动盛行于12、13世纪，

---

① 《明臣奏议》卷10，林俊：《灾异陈言疏》。
② 《古今图书集成·职方典》卷760，《扬州府风俗考》。
③ 《皇朝经世文编》卷28，朱泽沄：《养民》。
④ 《日知录》卷12，《人聚》。

但从14世纪开始，地中海的沿岸才稀疏地可以看到资本主义生产的最初萌芽。可见市民反领主的斗争并非属于资本主义萌芽范畴的阶级斗争。在我国，恰恰是迟至资本主义萌芽以后，才爆发市民运动，其原因就在于郡县城市的特点。不少研究明代资本主义萌芽问题的史学家都把市民运动和资本主义萌芽联系起来。实际上，与欧洲一样，市民运动是由商品生产的发展引起的，却不是由新的生产关系的萌芽引起的。明万历时沈鲤奏称，矿税"激为临清之变、武昌之变、苏州之变……而近日广东、辽东、陕西、云南尤复纷纷未已"[1]。可见市民运动的空间范围远远超越了资本主义萌芽的江南地区。中外市民运动各有特点，条件有区别，性质却是一致的。

郡县城市的特点使我国市民运动无法取得城市自治权和市民立法。西方"城市的空气使人自由"，城市是商品经济的发展场所，是资本主义产生的摇篮。我国城市是封建统治者行使法权和统治人民的据点，根本没有那种西方式的"自由空气"。在官府手工业主要依靠征调劳动力维持的条件下，城市手工业生产者处于农奴状态。这是我国资本主义萌芽和发展中所遇到的特殊困难。

西方城乡对立关系表现为：在政治上，领主从农村控制城市；在经济上，城市剥削农村。城乡矛盾体现为市民和领主间的斗争。我国的城市都是郡县治所，是对农村行使行政权、司法权、军事权的出发点，又是官吏、地主、商人、高利贷者聚居的场所。郡县城市的特点使特殊的城乡对立关系表现为：城市既从政治上统治农村，又从经济上剥削农村。城乡矛盾不体现为市民与地主间斗争（在我国，市民运动是城市内部的阶级斗争），而体现为农民与封建统治的斗争，劳动与地租、赋役、利润、利息的斗争。

五　余　论

我从地主土地所有制及其特点出发，对中国封建社会形态的特殊面

---

[1]《明臣奏议》卷33，沈鲤：《请罢矿税疏》。

关于中国封建社会形态的一些特点

貌做了一个粗线条的简单描绘。当我们基本上知道了各方面特点之间的内在联系,各个经济环节之间的关系之后,再重温本文开头所引马克思《政治经济学批判导言》中所做的指示时,就会深刻地体会到经典作家的理论具有多么强大的威力。如果说地主土地所有制是我国封建社会形态的那个"普照的光",那么马克思主义理论则是"普照"历史科学领域的那个"光"。离开了地主土地所有制,就失去了认识中国封建社会形态的凭借;离开了马克思主义,就等于取消了历史科学。

研究中国封建社会形态的特点对于古代史分期问题及资本主义萌芽问题的研究具有重大意义。当我们看到两汉时代奴隶大量存在的事实时,应该看到,直至明清,奴隶劳动和家内奴隶仍然相当不少,奴隶制残余长期存在正是我国历史的特点。主张西汉是奴隶社会的史学家把当时奴隶的增加当作奴隶制危机的表现,但却没有注意,罗马奴隶制危机不是表现为奴隶的过剩,而是表现为奴隶来源的不足。实际上,王莽时代的奴隶问题,是奴隶制残余趁封建危机而发展这一事实促成的。主张两汉是奴隶社会的史学家把"卖田宅,鬻子孙,以尝责者矣"解释为奴隶制时代的下述现象:"随着商业底扩大,随着货币和货币高利贷,随着土地所有权及典当而迅速发生了财富底积累及集中在人数很少的一个阶级手中,同时,大众底赤贫化与贫民的数量也都增长了……奴隶数目有了巨大的增加。"[①] 我们应该看到,"商人兼并农人",在危机阶段农民"卖妻鬻子"的事实,在我国历史上的任何朝代也是司空见惯的,并不是两汉所特有的问题,只是程度上前重后轻而已。有的史学家用古巴比伦的租佃制、雅典的"六一农"及罗马晚期的隶农租佃制论证秦汉是奴隶社会,认为封建社会是农奴制。但他们忘了,秦汉以后各代,我国普遍盛行着租佃制及地主不能终生占有佃农人身的这一特点。因此,与其说两汉像罗马,不如说两汉更像唐、宋、元、明、清。抛开中国封建社会的特点,在两汉社会和罗马社会这两个貌似而实异的几何图形之间,用社会性质的"全等符合"联系起来,是不妥当的。

在研究明清时代的资本主义萌芽问题时,应当首先看到,雇佣劳动

---

① 恩格斯:《家庭、私有制和国家的起源》,人民出版社1954年版,第161页。

出现早，也较西方中世纪早期和中期多，是我国封建社会的特点。所以对于当时的雇佣关系应当分析，封建雇佣关系的基础怎样，在什么程度上的雇佣劳动才是由资本主义萌芽引起的。当我们看到在明代官府手工业中，由"轮班""住坐"改变为征班银、以银代役及雇匠团造时，不要单纯地把这一过程与资本主义萌芽联系起来，因为根据同样的公式，在过去就有一次类似的演算，由北朝的伎作户经过轮番制、纳资代役发展到唐代的"明资巧儿"与唐宋时期的大量"和雇"，也是一个同样的过程。手工业者地位的变化与农民依附关系的强化及缓和有密切关系。超经济强制在魏晋时期特别强化；唐中叶以后趋向缓和；南宋至元，再度强化，有所谓"随田佃客"；明以后农民的身份又趋向自由。农业发展的周期性使农民和官府手工业者身份变化也具有某种程度往复的特点。看到了这一特点，就不会因为明代工匠身份的变化对资本主义萌芽估计过高。看到成化、弘治以前的"质胜于文"及此后的"风俗一变"时，既要注意危机阶段商业繁荣的虚假部分，也要看到社会分工的发展所起的作用；既要看到嘉靖、万历时期的资本主义萌芽，也要看到清初商品经济的暂时衰落。只有如此，才不会夸大成化、弘治前后经济变化的意义，才不会把嘉靖、万历时代的经济演变夸大为社会性质的变化。不了解中国封建社会商品经济发展的周期性特点，不了解危机对商业繁荣所引起的特殊作用，就必然会产生上述不正确的看法。

不能把两汉和明代从历史发展的总进程中孤立出来研究当时的社会变化，历史不能割断，只有把中国封建社会的特点及其发展全程当作总的背景，当作研究工作的出发点，在这一基础上判断两汉社会性质及明清资本主义萌芽的实际水平，才能作出信实的科学结论；否则，既能够把两汉社会古代化，也容易把明清社会近代化。

（原载《历史研究》1962年第1期）

论"东方土地国有制"与中国的封建土地所有制

马克思和恩格斯为了解决国际工人运动的革命实践问题,为了确立崭新的历史唯物主义理论体系,不但深刻地研究了资本主义社会诸经济关系的总和,而且也研究了资本主义以前诸生产方式,从而发现了人类社会发展的普遍规律。同时,他们不但对欧美资本主义国家的历史进程进行了精湛的分析,而且也对殖民地国家的社会经济进行了独到的剖析,马克思和恩格斯的经典著作无疑是我们研究历史的重要理论依据,当然也是我们研究中国封建社会土地所有制形式的有力武器。

马克思列宁主义者在肯定人类社会发展具有普遍规律的基础上,还承认各个民族、各个国家,甚至不同地区的具体特点。列宁说:"马克思主义理论的绝对要求,就是在分析任何一个社会问题时,都要把问题提到一定的历史范围之内,再则,如果是讲到某一国家……就要注意到在同一历史时代以内该国与其他各国不同的具体特点。"[①] 这就决定了我们在运用某些马克思主义经典理论时,首先要辨明它是人类历史的普遍概括呢,还是对某一国家、某一时期的具体分析结论。我们应该首先服从前者,对后者的运用须特别慎重,把这些具体论点当作普遍规律不适当地套用是错误的。在研究中国土地制度时,情况也是如此。

主张中国封建社会的基础是土地国有制(或称"皇族土地所有制")的史学家所依据的重要经典理论之一,是恩格斯所说的"土地私有制的不存在确实是了解整个东方的锁钥。这是全部政治史和宗教史的基础"[②]。

---

① 《列宁文选》(两卷集),第1卷,人民出版社1953年版,第826页。
② 《给马克思的信》,见《马克思恩格斯列宁斯大林论水利》,人民出版社1955年版,第5页。

对这句话只引到这里是断章取义，恩格斯接下去说："但东方人为什么没有走上土地私有制，甚至没有走上封建所有制呢？我想主要是由于气候和土壤性质，特别是由于从撒哈拉横贯阿拉伯、波斯、印度、鞑靼，直到亚洲高原最高地区的大沙漠带。"恩格斯用了"甚至没有走上封建所有制"一语是十分值得玩味的。可见这里所指的土地国有制主要是奴隶社会的土地制度。显然，我们不能用恩格斯这句话对全部东方各国的封建土地制度作结论。马克思在给恩格斯的信中还说："白尔尼正确地看到，全部东方现象的——他是指土耳其、波斯、印度斯坦来说的——基本形式，是在于土地私有制的不存在。这一点甚至可说是了解东方国家的真正锁钥。"① 马克思这里是指封建社会而言的，但并未在白尔尼所指的土耳其、波斯、印度斯坦之外再补充其他国家，甚至埃及也不包括在内。中国当然毫未涉及。因此，我们对"东方没有土地私有制"的经典结论，应当根据不同历史阶段及不同国家的情况在相对的意义上来理解。

为什么马克思谈到封建社会时期的东方土地国有制时没有提到埃及呢？这不是没有原因的。埃及土地国有制原则在托勒密王朝时代是执行得比较彻底的，但当时就已存在着"国家经济制度进一步瓦解，而私人占有制经济的意义增长起来"的趋势。在罗马统治的时代，这种趋势就更日益明确了。从托勒密王朝时代保存下来的土地逐渐变成了私有财产，产生了土地的继承权和割让权。埃及封建化的过程亦表现于"私人土地占有制靠牺牲国家土地占有制而增长起来"②。埃及进步历史学家拉西德·阿里·巴拉维和穆罕默德·哈姆查·乌列士也指出，埃及封建社会没有土地私有制是"法国远征学者"的错误论断，他们把税收制度和土地私有制混为一谈了。无论在阿拉伯人入侵时期或土耳其人占领时期，埃及一直存在着封建土地私有制。③ 由此可见，在奴隶社会时期，埃及确实存在着土地国有的原则，但在晚期，土地私有制已经出现了。在封建社会时期，就更不能认为埃及没有土地私有制了。马克思和白尔尼没有

---

① 《马克思恩格斯论国家和法》，法律出版社1958年版，第216页。
② 久梅涅夫：《近东和古典社会（续）》，《史学译丛》1958年第4期。["和""（续）"原脱。——编者注]
③ 《近代埃及的经济发展》，生活·读书·新知三联书店1957年版，第18—20页。

把埃及包括在没有土地私有制的封建国家中绝非偶然。

马克思和恩格斯在谈到"亚细亚""东方"时,往往是以印度作典型的,而马克思对印度没有土地私有制的看法也不是完全绝对的,他后来在给恩格斯的信中曾承认:"克立齐那南方的断续山地好像的确有土地私有制的存在。"① 印度的情况尚且如此,我们对东方其他国家的封建土地制度就更不能机械地理解为绝对没有土地私有制了。

虽然如此,但土地私有制的存在并不能在任何程度上否定马克思、恩格斯对印度及东方其他某些国家封建土地制度的论点。因为在这些国家中,封建土地私有制确实没有成为占支配地位的经济制度。为了正确认识中国封建土地制度,把中国的情况和上述国家的土地制度作一些对比研究是特别有意义的。由于我对东方各国封建社会史的研究还非常不足,所以我们目前还不能就这一问题作全面的对比研究;但苏联史学家安东诺娃所写的《16世纪莫卧儿王朝时期印度土地占有制的基本形式》②译文的发表,起码为我们就中、印两国情况的对比研究开辟了道路。往下,我将在这方面提出自己的初步看法。

首先,我们从剩余生产物的分配形式比较两国的土地所有制形式。

在德里苏丹统治时代,穆克塔是印度最高的统治阶层,他们所占有的土地称"大伊克塔"。在"大伊克塔"上,他们"有收税和把收来的税缴给国库的义务。不过可以扣除因征税和维持自己随员的生活所需的那些费用"。除此以外,他们还有义务按政府规定提供一定数量的军队。在莫卧儿帝国时期,札吉达尔占有的土地称"札吉尔",当时的剥削形式是札吉达尔"用征收地税、榨取附加的不合法的杂税和使用农民的强迫劳动履行国家义务的办法来剥削农民的"。从这里可以看出,土地占有者只有在替国家征收赋税的条件下,才能获得由赋税中"扣除"出来的一部分剩余生产物。农民所履行的不是对于土地占有者的"义务",而是"国家义务"。因此,在印度,赋税和地租确实是完全合而为一的,赋税本身就是地租,我们不能发现再有什么和这个地租形态不同的课税,"在

---

① 《马克思恩格斯通信集》第1卷,生活·读书·新知三联书店1957年版,第554页。
② 安东诺娃:《16世纪莫卧儿王朝时期印度土地占有制的基本形式》,《史学译丛》1957年第2期。以下引自此文处不另注。

这里，国家是最高的地主。在这里，主权就是在全国范围内集中的土地所有权。但在这里，因此也就没有土地私有权，虽然对于土地，既有私人的，也有共同的占有权和使用权"①。事实上，穆克塔对于"大伊克塔"、札吉达尔对于札吉尔是只有占有权而没有所有权的。

在我国封建社会，农民向地主所缴的是"见税什五"的私租，是农民向地主履行的"封建义务"。地主向政府所缴纳的赋税只占地租中的极小部分，这就是"公家之惠"尽管可以"优于三代"，但"豪强之暴"却仍然"酷于亡秦"的秘密所在。陆贽所谓"每田一亩，官税五升，而私家收租，殆有亩至一石者，是二十倍于官税也"②，正是这种土地私有制基础上必然产生的剩余生产物分配形式。在这里，地主向农民征收地租时并不意味着他是在履行替政府征收赋税的义务，而地主所实际占有的除纳税以外的地租也丝毫不说明是由赋税中"扣除"出来的。而地主政权向地主所征收的赋税倒可以说成是由私租中"扣除"出来的。

由此可见，在印度，国家征收的赋税就是地租，它确实是土地所有权的经济实现，而土地占有者所得到的"费用"是由地租中分割出来的。在我国，地主所征收的私租是土地所有权的经济实现，地主向政府缴纳的赋税是由私租中分割出来的。因此，印度剩余生产物的性质及其分配形式是国家土地所有制的证明，中国剩余生产物的性质及分配形式只能是地主土地所有制的有力说明，因为生产品的分配形式总是以生产资料的所有制形式及各种不同社会集团在生产中的地位以及它们的相互关系为转移的。③

其次，印度穆克塔、札吉达尔取得土地占有权的方式与我国地主取得土地所有权的方式也是大异其趣的。

印度的君主"把全部土地集中在中央政权的手中"，与欧洲封建制不同，这里是没有封建等级的。所有的封建主只能从帝国的君主那里"取得土地的占有权"。因此，在法律上赐予土地占有者的"既不是实际的土地，也不是农民，而是在一定的地区征收国家租税的权利"。可见，札吉

---

① 《资本论》第3卷，人民出版社1953年版，第1032页。
② 《陆宣公集》卷22。
③ 斯大林：《苏联社会主义经济问题》，人民出版社1958年版，第55页。

达尔与土地所有权是完全无关的，他们只有土地的占有权。

我国封建社会地主取得土地的主要手段是购买土地。正因为战国以来，"除井田，民得卖买"，所以才产生了"富者田连阡陌，贫者无立锥之地"的土地兼并。在购买土地的意义上说，地主占有土地的多少并不取决于什么封建等级，而是取决于经济力量的大小，所以马端临曾说："自汉以来，民得买卖田地矣，然亦惟富者、贵者可以得之，富者有赀，可以买田。"① 由于没有严格的封建等级制，通过购买地产就可以获得土地所有权，所以我国的农民也往往可以买得一定数量的土地；但随着土地兼并的发展，自耕农大部破产，失去了小块土地的所有权，只有极少数可能上升为地主。因此，正如在资本主义生产存在的地方，小商品生产每时每刻都产生着资本主义一样，我国自耕农的小块土地所有制也必然每时每刻产生着地主土地所有制。在土地可以买卖的条件下，自耕农的土地私有制正是地主土地所有制的后备力量。所以，大量自耕农土地私有制的存在，不但不能动摇地主土地所有制在我国封建社会的地位，而且正是后者占支配地位的证明。

印度的札吉达尔由于"被看作一种职务上的赏赐，所以它不能继承。甚至于札吉尔的占有权也不是终身的"。我国地主通过购买方式获得土地并不是什么"职务上的赏赐"，而且还能够世代相承。这也是占有权和所有权的重要区别。

宋代地主政权出资购买土地的记载很多，这也是地主土地所有制占支配地位的有力说明。如果全国的土地都属于国家或皇族，那么地主政权就不会以支付土地价格的方式获得土地。土地价格之所以必须支付，正是由于地主政权在法律上就是承认土地私有权的。我国历代官田、私田的划分是很分明的，绝不能混淆。譬如宋代田赋为："曰公田之赋，凡田之在官，赋民耕而收其租者是也；曰民田之赋，百姓各得专之者是也。"② 前者是国有土地，即官田；后者"百姓各得专之"，是私有土地。明代"土田之制凡二等：曰官田、曰民田"③，亦属相同情况。由此可见，

---

① 《通考·田赋考》。
② 《宋史·食货志》。
③ 《明史·食货志》。

地主土地所有制不仅是历史上一直确立着的经济原则，是我国封建社会的经济基础，而且还反映于上层建筑，通过法律形式巩固下来。

法律是根据统治阶级的意志而产生的，因此它反映经济基础，同时又为经济基础服务。这是马克思主义的基本理论之一，而且已经是尽人皆知的常识了。但就在这个问题上，有的史学家却企图通过错误的解释来否定中国地主土地所有制的存在。贺昌群先生说："如果说土地私有权，那是在法律底下承认的私有权，可是，法律是帝王制定的，所谓前主所是著如律，后主所是疏如令，是国家一种统治工具，所以在专制封建主义的绝对君权下，官僚、地主、豪商的生命、财（动产）、产（不动产），随时都有被绝对君权——最高的地主生杀予夺之可能"。又说："资产阶级革命向专制主义的君主提出的口号是争取'自由'，资产阶级口中的'自由'，主要是指资产阶级的生命、财、产三者而言，必须依照资产阶级承认的宪法来保护他们自己的生命、财、产，不容皇权任意侵犯，才算'自由'。可见在专制封建主义统治下，土地私有权是在帝王的法律底下才被承认的，最后的意义只是土地占有权。"① 贺先生这一论点的错误在于：第一，既然资产阶级的"自由"口号意味着反对君主专制，争取财、产得到"保护"，那就等于说，在封建专制主义时代，财产的私有制是不存在的。我们知道，英、法两国的资产阶级革命发生得最早，"自由"的口号也首先由这两国的资产阶级提出，难道英、法两国的封建社会也只有私人财产的占有权而没有所有权吗？贺先生比一般主张"东方"绝对没有土地私有制的史学家更前进了一步，甚至要否定世界范围内的一切封建土地私有制了。第二，贺先生对资产阶级革命时期的"自由"口号的理解是错误的，因为资产阶级要求的是"财产自由"，而不是一般的私有制。事实上，在欧洲封建社会，因为土地基本上不能自由买卖，而且实行着"长子独袭制"，所以并未普遍确立着"自由财产"的原则，但私有制却并不因此就归于消失；恰恰相反，领地世袭制同样是一种土地私有制的表现形式，马克思在《黑格尔法哲学批判》一文中正确地指

---

① 贺昌群：《汉唐间封建的国有土地制与均田制》，上海人民出版社1958年版，第17—18页。

出："实际上长子继承制是土地占有制本身的结果，是已经硬化了的私有财产，是最独立和最发达的私有财产。"① 正是由于地产不能自由转让，不成其为"自由财产"，"所以在它那里社会神经被割断了，它和市民社会的隔离也巩固了"②。由此可见，资产阶级反对的是财产的不自由，而不是土地国有制。第三，认为"法律底下承认的私有权"就"只是土地占有权"而不是土地所有权，这是极端错误的论点。在阶级对抗的社会里，难道有任何一国的私有权不得到法律的承认？实际上，法律就是为这种私有制服务的。如果历史上真出现了不承认当时社会私有制的法律，那才是不能令人理解的怪事。也许贺先生会说，中国的法律是根据君主的意志制定的，所以它只反映国家土地所有制。我觉得这是只见现象而未究其本质的看法。在封建专制时代，"朕即国家""君权神授"的政治观点是普遍存在的，我们不能因此断言这些"君主"就不是领主阶级的代言人了。马克思在《哲学的贫困》中指出："只有毫无历史知识的人才不知道：君主们在任何时候都不得不服从经济条件，并且从来不能向经济条件发号施令。无论是政治的立法或市民的立法，都只是表明和记载经济关系的要求而已。"③ 由此可见，我国"法律底下承认的私有权"不仅不能证明贺先生的论点，反而足以说明，这些法律只是表明和记载了我国地主土地所有制的经济关系的要求而已。此外，马克思还说："私有财产的真正基础，即占有，是一个事实，是不可解释的事实，而不是权利。只是由于社会赋予实际占有以法律的规定，实际占有才具有合法占有的性质，才具有私有财产的性质。"④ 因此，我国法律对地主占有土地权利的承认正使这种占有具有了合法的性质，地主占有的土地才具有了私有财产的性质。

虽然我们肯定我国地主阶级具有土地所有权，但我们同时还承认，在一定程度上，官僚贵族们也曾根据身份占有过土地，而这些土地的性质还是值得进一步研究的。在占田制、均田制实行时期，官僚可以按品

---

① 《马克思恩格斯全集》第1卷，人民出版社1956年版，第369页。
② 《马克思恩格斯全集》第1卷，人民出版社1956年版，第368页。
③ 《马克思恩格斯全集》第4卷，人民出版社1958年版，第121、122页。
④ 《马克思恩格斯全集》第1卷，人民出版社1956年版，第382页。

占田，历代又有所谓赐田，也是仅与官僚贵族有关而与一般庶族地主无涉的。这就是马端临所说的"贵者有力，可以占田"①。但这些土地也在地主土地所有制的影响下，表现了一定程度的私有性质，其国有性质也是极不完整的。首先，印度穆克塔及札吉达尔只能扣除赋税中的一小部分作为自己开支的费用，大部分是上缴国家的；我国封建社会的官僚贵族一旦占有了这些原来属于国家的官田，同时也就几乎占有了这些土地的全部或大部剩余生产物。如汉代的制度是："其若公田，以秩石为率赋与，令各自收其租税。"②官僚贵族向地主政权所缴纳的"献费""酎金"只占其总收入中的极小部分。历代情况大致皆类此。其次，官僚贵族对自己占有的土地有较大支配权。有的时候，这种占有权实际就成了所有权。西晋占田令不载还受的办法，这些土地很可能就成了官僚贵族的私有财产。北魏职分田原为"公田"，但"自宣武出猎以来，始以永赐，得听卖买。迁邺之始，滥职众多，所得公田，悉从货易"③。这种"公田"在事实上也转变成了私田，因为它已既为"永赐"，又可"货易"了。北齐河清改制时亦规定："职事及百姓请垦田者，名为永业田"。露田在法律上是"不听买卖"的，但事实上"卖买亦无重责"，所以"贫户因王课不济，率多货卖田业"。④ 唐代官僚所受之永业田"皆传子孙，不在收授之限，即子孙犯除名者，所承之地办不追"⑤。可以完全肯定，这些永业田基本上是私有土地。露田和口分田虽有还授，在法律上禁止买卖，但实际上也往往被占有者货卖，均田制正是在这种情况下最后破坏的，因此，这些土地的国有性也是极不完整的。均田制的最后破坏正说明地主土地所有制的原则战胜了土地国有制的原则。马克思说："在一切社会形态中都有一定的生产决定着其他一切生产的地位和影响。这是普照的光，淹没着其他一切色彩，改变着它们的特点。"⑥ 在我国封建社会中，正是地主土地所有制决定着国有土地制，前者是普照的光，淹没着后者

---

① 《通考·田赋考》。
② 《续汉书百官志补注》引《献帝起居注》。
③ 《通典》卷2引《关东风俗传》。
④ 《通典》卷2《田制》下。
⑤ 《通典》卷2《田制》下。
⑥ 《政治经济学批判》，人民出版社1955年版，第169页。

的色彩，改变着后者的特点。

最后，在研究中国封建制度时，有些史学家涉及了秦汉以后历代的分封制问题，关于此点，我亦初步提出自己的一些粗浅看法，就正于大家。

我国历代均有分封制。从表面上看，受封贵族与印度的穆克塔及札吉达尔是十分相似的。在印度，当土地占有者的职务调动或占有土地面积发生变化时，常常要"更动领地"，即把完全在另一个地区的领地分给土地占有者。或者是"规定以不属于一个地区的，而是不同地区的土地由他管理"。我国的王、侯封区同样也可以更动，有时这些封爵还可以根本削夺。汉武帝时，坐酎金不如法而夺爵者竟有百余人。西晋八王之乱前，徙诸王的情况也非常普遍。这是最典型的例子。可见我国受封者的爵位和封区还是不稳定的，很像印度土地占有者的职务调动与领地变换。此外，诸王、侯在封区内的坐吃租税亦与印度情况相类。印度土地占有者有为政府提供军队的义务，而我国受封者亦往往与军功有关。我国史学家也确实有人根据这种军功与受封的联系，断言受封者对于封区具有土地权，由于这种封区是由国家授与的，所以这种制度就是国家土地所有制的证明。李埏先生在《论我国的①"封建的土地国有制"》一文②中也说："大土地占有制是在土地国有制的范围以内存在的。一切的大土地占有者，不论在'封建阶梯'上的等级如何高，他对土地的占有权总是得自专制帝王的。所谓封国、藩国、汤沐邑……都是这样。"仔细分析起来，我国的分封制度与印度的大伊克塔及札吉尔制度是有本质区别的，不容混为一谈。

印度的领地之内，不再存在任何的土地私有制，在穆克塔和札吉达尔之下，根本没有地主，所以他们的土地占有权是由国家或君主那里取得的。他们的占有权因此可以说明国家对土地的所有权。在我国，封区之内还有自耕农及地主的私有土地，李埏先生也承认，作为大土地所有者的地主"不仅在人数上，而且在垄断土地的面积总和上，较之大土地

---

① "的"原脱。——编者注
② 李埏：《论我国的"封建的土地国有制"》，《历史研究》1956年第8期。

占有者都是为数更多的。这种土地占有形式是我国封建社会构成的主要基础"。按照李埏先生的逻辑推下去，结论必然是：地主有土地所有权，地主之上的封建王、侯却只有土地占有权；而这种占有权又系从国家那里取得的，所以国家对这些封区又有土地所有权。显然，李埏先生在这里陷入了逻辑的混乱之中，他既承认了国家对封区土地的所有权，又承认封区之内存在着地主土地所有权。难道对于同一块土地，这两种所有权是并存的吗？事实上，封区并不体现土地占有权，受封王、侯所得到的只是在这一区域内的征税权。封区在法律上，只具有行政意义而不具有经济意义。就实质而言，甚至食封者所得到的亦只是对一定数量户口的征税权，区域的意义是远为次要的。历史记载本身也充分反映了这种情况，如："秦汉之制，列侯封君食租税，岁率户二百，千户之君则二十万。"① 西汉初年，人口散亡，所以受封者中，"大侯不过万家，小者五六百户"②。汉代诸侯王缴纳献费的办法是："常以十月朝献，及郡各以其口数率，人岁六十三钱，以给献费。"③ 可见这里占支配地位的，是人口的多少而不是土地面积的大小。以后各代，情况略同，如东晋南朝时"自西晋相承，诸王开国，并以户数相差为大小三品……自永定迄于祯明，惟衡阳王昌特加殊宠，至五千户，自余大国不过二千户，小国即千户"④。唐代诸王及公主以下所食封邑亦"皆以课户充"，州县国官、邑官共收租庸调，"均为三分，其一入官，其二入国"⑤。正因为如此，所以《晋书·地理志》称："古者有分土、无分民……所谓分民，自汉始也。"这正是一针见血之论。由此可见，我国历代的分封制度并不是土地占有权的表现，受封者所获得的，只是在一定区域内对一定数量人口的征税权，而不是土地占有权。因此，我们不能根据分封制证明全国范围内土地国有的原则是唯一的，或者是占支配地位的原则。

总之，研究中国封建土地所有制形式问题必须既考虑屯田、营田、

---

① 《汉书·食货志》。
② 《史记·高祖功臣年表》。
③ 《汉书·高帝纪》。
④ 《陈书》卷28。
⑤ 《通典》卷31，引《职官典》。

均田、官庄、皇庄，也考虑庶族地主的土地占有形式；既考虑某种时期官僚贵族按政治地位占田的事实，也考虑地主通过购买方式获得土地所有权的事实。对一般地主买卖土地情况避而不谈，仅仅根据屯田、营田、均田、官庄、皇庄就断言中国没有土地私有制，或者肯定土地国有制占支配地位，这是缺乏说服力的，不能令人信服的。

马克思所说的，任何形式的地租都是土地所有权的经济实现，根据地租与赋税是否合一来理解封建土地制度，无疑是我们研究中国封建土地制度的主要理论根据，因为这是具有普遍性的原则，不是对某一国家、某一时期的具体结论。

(原载《抛引集》，河北教育出版社 1993 年版)

如何正确地理解封建主义生产方式

马克思在《哲学的贫困》一书中早已指出，"为了正确地判断封建的生产，必须把它当做以对抗为基础的生产方式来考虑"。封建社会的基础是封建土地所有制，因此，我们必须把中世纪的土地制度和阶级对抗结合起来，才能正确地理解封建主义生产方式。换句话说，马克思列宁主义者研究封建制度的目的并不仅仅限于了解这种土地制度的形式，更重要的是要通过这种研究，揭示出封建社会地主阶级剥削农民阶级的社会根源，从而论证阶级斗争的必然性。对土地制度、生产关系进行分析，作出结论，必须符合当时的阶级关系，才能令人信服。列宁说：

> 所谓阶级，就是这样一些集团，这些集团在历史上一定社会生产体系中所处的地位不同，对生产资料的关系（这种关系大部分是在法律上明文规定了的）不同，在社会劳动组织中所起的作用不同，因而领得自己所支配的那份社会财富的方式和多寡也不同。所谓阶级，就是这样一些集团，由于它们在一定社会经济结构中所处的地位不同，<u>其中一个集团能够占有另一个集团的劳动</u>。① （重点号为引者所加）

马克思在批判蒲鲁东时说："虽然蒲鲁东先生表面上似乎讲的是一般的所有权，其实他所谈论的不过是土地所有权，地租而已。"② 这和马克思在

---

① 《列宁全集》第29卷，人民出版社1956年版，第382—383页。
② 《马克思恩格斯全集》第4卷，人民出版社1958年版，第180页。

《资本论》中所说的,任何形态的地租都是"土地所有权由以实现的经济形态"这一论点是完全吻合的。要之,我们必须把土地所有制和地租结合起来进行研究。

由此可见,判断我们对封建土地所有制形式所作的结论是否正确,唯一的标准就是,这一结论是否充分揭露了封建剥削的实质,是否能够作为划分阶级的武器。离开了阶级对抗和阶级斗争,孤立地、客观主义地研究封建制形态的土地制度,就必然走上经济唯物主义的错误道路。

根据这些基本理论来衡量,我觉得侯外庐先生在近著《关于封建主义生产关系的一些普遍原理》[①] 一文提出的一些论点,还是值得商榷的。

应该首先指出,侯先生的论点是前后有所发展的。侯先生在《中国封建社会土地所有制形式的问题》一文中还承认:"封建制的土地所有制形式,有属于私人的,有属于国家的,如马克思所说的'不管他是国家还是私人'(《资本论》)。他把不隶属于私人、而隶属于国家的地租形态作为是亚洲式的土地所有制主要的形式去看待。"[②] 看来侯先生是同意马克思把土地国有制作为"亚洲式"的特点,而西方却盛行着私有制这一经典指示的。但侯先生最近在《关于封建主义生产关系的一些普遍原理》一文中却又说:"严格意义的私有权或私有制这一历史形态乃是古典的古代和近代的形态,而不是封建所有权的形态"。"至于在中世纪,则按照封建主义的一般规律,根本谈不到严格意义的土地私有权,即运动的所有权。"侯先生认为在近代,才有"真正的私有权""自由的土地所有权","而在中世纪,私有财产就不具有这种'真正的私有权'性质,而实质上是特权、例外权的同义语,不过从经验的事实看来,以私有财产的形式表现出来而已"。在这里,"严格意义的私有权"和"真正的私有权"是同义语。这种仅有"私有财产的形式"的地权不过仅仅是占有权而已。既然这是"封建主义的一般规律",所以土地私有权的缺乏不仅是"亚洲式"土地制度的特点,而且还是全世界封建主义生产方式的普遍特

---

① 《新建设》1959年4月号。
② 侯外庐:《中国封建社会土地所有制形式的问题——中国封建社会发展规律商兑之一》,见南开大学历史系中国古代史教研组编《中国封建社会土地所有制形式问题讨论集》上册,生活·读书·新知三联书店1962年版,第4页。——编者补注

征。很明显，侯先生现在不再把土地国有制看成"东方"的特点了，侯先生看法的转变在于：由承认封建土地所有制形式"有属于私人的，有属于国家的"，发展而为只有属于国家的，而没有属于私人的。侯先生虽然也承认，封建"私有财产的性质"是"在一般意义之下的私有财产"；"从一般的更宽广的涵义来说"，奴隶制的、封建制的、资本主义的社会都是"私有制"对原始社会及公有制的否定。但在具体的讨论中，侯先生却又否定了封建社会有"真正的私有制"。因此，这里对封建社会私有制的承认只是一句空话，并无具体内容，从而我们对"一般的意义""一般的更宽广的涵义"这些概念也很难理解，不易捉摸。

无论是在苏联抑或中国的史学界，否认欧洲封建社会土地私有制存在的史学家是绝无仅有的。我们从未看到这样的怪论："土地私有制的缺乏是世界范围内的封建土地制度的特征。"如果企图推翻大多数史学家的普遍意见，重新建立这一关于封建形态的理论，是需要进行巨大的理论工作和史料分析工作的，并且应对马克思所说的"地租是土地所有权的经济实现"这一经典理论作新的理解和解释。

我们知道，马克思主义经典作家是把土地国有制、没有土地私有制作为"东方"某些国家的特点提出来的。如果全世界封建土地所有制的形式都是如此，那么经典作家为什么一再把这一现象作为特殊的，仅与"东方"相联系的范畴提示出来呢？事实上，马克思主义经典作家从来就认为欧洲封建土地所有制形式是领主的大土地所有制。侯先生所引《黑格尔法哲学批判》及《经济学—哲学手稿》等经典著作已充分说明了此点，如马克思说："凡是在我们看到长子继承制具有古典形式的地方（在德意志的各邦人民中），整个国家制度都建立在私有财产的基础上。在那里，私有财产是一个普遍的范畴，是一种普遍的国家联系。"①"在封建的土地占有制中……土地继承头生子。一般地私人所有制底统治以土地占有制开始，土地占有制是私有制底基础。"② 此外，马克思、恩格斯在《德意志意识形态》一书中亦指出，封建时代所有制的主要形式"是地产

---

① 《马克思恩格斯全集》第1卷，人民出版社1956年版，第381页。
② 《经济学—哲学手稿》，人民出版社1956年版，第46页。

和束缚于地产上的农奴劳动"①。在这里，我们又一次看到经典作家是把"土地私有权"和"农奴劳动"的被剥削密切地联系在一起的。毫无疑问，欧洲农奴的剩余产品——地租——归领主所占有。假如我们把领主对土地的私有权否定之后，这种地租如何在经济上实现土地所有权呢？所以，把欧洲封建社会也说成是没有"真正的私有制"，那就必然否定了生产手段所有制与阶级剥削、阶级压迫的有机联系。离开了剥削关系和阶级对抗而作出的土地所有制的结论，究竟还有什么意义，那是不说自明的。

侯先生在讨论中国封建土地制度时，亦采用了同样错误的方法。把"皇族土地所有制"或"国家土地所有制"当作中国封建社会唯一的土地所有制形式，那就必然无法说明地主阶级占有地租的社会根源，也必然无法根据土地所有制这一基础来明确地划分出地主阶级和农民阶级。可见否认地主土地所有制存在的错误结论一定导致阶级对立实质的被掩盖及阶级界限之被模糊。侯先生说：

> 如果在封建制社会不区别土地所有权、占有权和使用权，那就容易发生误解，使人们忽视封建生产关系中的人与人间的真实的关系，即阶级集团之间的对抗关系。因为占有权虽然在形式上是豪强地主、庶族地主和农民的程度不等的权利，但身份的体制却划分出统治阶级和被统治阶级来。②

侯先生正确的地方在于指出了土地制度的研究成果必须能够说明封建生产关系中"人与人间的真实的关系"，"即阶级集团之间的对抗关系"。但"皇族土地所有制"或"国家土地所有制"的论点显然只能揭示出"皇族"或封建"国家"与农民的对抗，却无助于指出地主阶级与农民阶级的对抗。抛开所有制仅按严格意义上的占有制来划分阶级已经是不正确的，即令我们姑且用这个"标准"来研究我国封建社会人与人间的对抗

---

① 《马克思恩格斯全集》第 3 卷，人民出版社 1960 年版，第 28 页。
② 侯外庐：《关于封建主义生产关系的一些普遍原理》，《新建设》1959 年 4 月号。

关系，它也是毫不中用的。因为"豪强地主、庶族地主和农民"都具有这种土地占有权。侯先生显然感到这些标准都不能解决问题，于是最后只好用"身份的体制"来划分统治阶级和被统治阶级了。

在这个问题上，我们必须对欧洲封建社会与中国封建社会的具体情况进行具体的分析，根据不同条件作出切合实际的结论。在欧洲中世纪，确实是推行着"封建的或等级的所有制"，"土地占有的等级结构以及与之有关的武装扈从制度使贵族掌握了支配农奴的权力"。[①] 所谓"等级所有制"就是领主按等级占有土地的制度。那里没有什么"庶族地主"和"非身份性地主"，所有的领主都有贵族头衔及爵位。领主阶级和农奴阶级在经济上的区别与等级上的界限是完全吻合的、一致的。因此，欧洲中世纪确立着"阶级即等级"的原则。在我国封建社会，庶族地主和农民都可以购买土地，成为土地的所有者或"业主"，他们在等级上都是所谓"编户齐民"。只有地主阶级中的贵族、官僚集团才获得了品级上的特殊地位。因此，我们只有用各个社会集团"在社会经济结构中所处的地位不同，其中一个集团能够占有另一个集团的劳动"这一标准来划分出剥削阶级和被剥削阶级。我国中世纪的"阶级"与"等级"是两个不相同的范畴，用"身份的体制"只能使人看到"士""庶"的对立，却看不到阶级的分野。因为在我国封建社会，阶级的界限和等级的界限是不完全吻合的。土地所有制和占有制既然都不能划分出阶级，只有用"身份的体制"来划分阶级——侯先生这一结论岂不正是"使人们忽视封建生产关系中人与人间的真实的关系，即阶级集团之间的对抗关系！"如上所述，硬把欧洲封建社会"阶级即等级"的公式套用于中国封建社会，是完全行不通的。

对生产手段所有制研究的结论既不能揭露地主剥削农民的物质基础，又不能作为划分我国封建社会各阶级的依据，显而易见，这种论断是错误的。

如果把地主土地所有制作为中国封建社会占支配地位的土地所有制形式，那么封建地租的社会根源、划分阶级的标准、阶级对抗的物质基

[①] 《马克思恩格斯全集》第3卷，人民出版社1960年版，第27页。

础这些问题自然就迎刃而解了。尽管农民也能够私有土地，但这种土地的性质与地主土地的性质却完全不同。不仅因为地主和农民所支配的土地有多寡之别，而且还由于地主能够占有别人的劳动而自耕农却不能占有别人的劳动。

究竟侯先生否定封建主义时代"真正的私有制"的存在的理由是什么呢？那就是以土地能否当作商品自由买卖为根据。古代和近代有"运动的所有权"，中世纪只有"非运动的所有权"，因而古代与近代有"真正的私有制"，封建社会则没有"真正的私有制"。马克思主义经典作家确实是区别了"运动的"与"非运动的"两种所有权的，但却肯定都是所有权，并没有认为"非运动的所有制"就不是"真正的所有制"。马克思在《黑格尔法哲学批判》中曾经把欧洲长子继承制下的"非运动"的世袭领地称作"硬化了的私有财产，是最独立和最发达的私有财产"。这和侯先生的论点是完全对立的。侯先生虽然承认"运动的"土地是私有土地，但却坚决不肯承认我国封建社会"民得卖买"的"运动的"土地是私有土地，但毕竟也不得不承认"这种土地所有权的某些'运动的'倾向"。在这个问题上，侯先生的主张是并不坚决的，因为按照侯先生的论点，"运动的""倾向"就是私有制的倾向，这样一来，似乎中国封建社会里又出现了私有制。

在区别封建土地的所有权和占有权的问题上，侯先生提出了这样的论点："合法的占有与不合法的占有必须严格地区别开来，前者具有封建的'私有财产的性质'，后者则不过是一种事实上的占有。""封建的法权对土地的占有者赋以主人的名分，这即是合法的占有——所有；越出了主人的名分而分外侵夺逾制，便成为实际的占有，甚至是非法的占有。"根据这一原则，欧洲封建社会不课不纳制下按等级占有领地都是"合法的占有"，自然也就是"所有"。看来侯先生又承认封建社会是有领主私有制的。但这些领主"所有"的私有土地同时还是"非运动的财产"。显然，这两个衡量私有制的标准在这里发生了矛盾，我们很难把二者统一起来。

这两个标准用来衡量中国封建社会的土地所有制时，也同样会发生不可克服的矛盾。侯先生认为，中国封建社会的"身份性地主"或"品级性地主"均"依据名分而有免役免课的特权,因而他们占有的土地具有相对的合法占有的性质"。那就是说,有相对的私有性质。但是我们知道,这些"身份性地主"或"品级性地主"按照特权所占有的土地,其"运动性"是比较少的,侯先生根据是否合法的原则却认为有相对的私有性。地主和自农民支付了土地价格之后购买而得的土地,其"运动性"是很大的,侯先生也承认有运动的"倾向",但根据是否合法的原理,却认为这些土地没有私有的"倾向",而只有"实际的占有"与"非法的占有"的性质。在这里,这两个标准又完全处于对立地位了。

根据"运动"与"非运动"的原理,侯先生认为,"按照封建主义的一般规律,根本谈不到严格意义的土地私有权";根据"合法占有"与"非法占有"的原则,世界上又出现了封建土地私有权。这不仅说明两个标准的矛盾,而且再一次说明,侯先生对于坚持自己的观点是不够坚决的。

我们认为,这两个标准根本不是判明土地私有制的依据,因为它们都没有触及地租问题,也就是没有触及封建剥削及阶级对抗的根本问题。

此外,用土地占有者是否缴纳赋税来断定占有权的合法与否是错误的。所有权之是否合法取决于这种所有权是否在法律上得到承认,法律是否保障这种所有权。早在战国时期,商鞅的"法"就承认土地是"民得卖买"的,这正是法律承认土地私有制的表现。以后,我们在历代法典中,都可以看到,购买土地是要"申牒官司"的。民间对土地的争讼也会得到地主政权在法律上的判决。显然,我们无法把这些私有土地说成是非法占有的财产。至于土地税的问题,那是地主政权财政赋敛的法律规定,它根本不牵涉土地所有权是否合法的原则。法律对于土地私有权的承认和对于赋役制度的规定完全是两件事,我们不能混为一谈。

侯外庐先生在《关于封建主义生产关系的一些普遍原理》一文中正确地指出:"法律和宗教一样,没有自己的固定的历史,而经济关系之反映为法律原理,必然是一种头脚倒置的东西。因此,对于所有权(或译所有制),政治经济学所要把握的是其表现做生产关系的总和,而不仅只是法权形式"。在对抗性的阶级社会中,所谓"生产关系的总和",最重要的内容应该是生产手段所有制、剥削形式、阶级关系（即各社会集团对生产手段的关系）。侯先生在这篇文章中正是忽略了这些内容，地租剥削很少引起侯先生的注意，而侯先生却以主要力量研究"霸权式的统治""合法与非法""封建国家的职官制""法律的虚构""君主和国家主权""等级""品级""身份体制"等一系列的上层建筑现象。实际上，这正是没有把握"生产关系的总和"，而致力于把握"法权形式"的表现。因为没有把握生产关系中的主要问题，所以侯先生用摘引经典作家的词句加以推敲、诠释的办法来进行研究。我们知道，这些经典指示都是经典作家在讨论不同具体问题时所作出的具体结论，所以侯先生对这些指示进行推敲、诠释之后，很难得出一个能够自圆其说的结论，给读者一个完整的概念。因此，文章中时而说封建社会没有"真正的私有制"，时而说在合法占有的情况下又有私有制；时而说"在一般意义之下"有私有制，时而说中国封建社会的土地有"运动"的倾向（即私有的倾向），时而又说"地主阶级的所有权是不完整的"。我们读完这篇文章之后，还是弄不清封建社会（包括中国封建社会）究竟有没有土地私有制。

斯大林说：

> 各种不同的社会形态在它的经济发展中，不仅服从自己特有的经济法则，而且还服从一切社会形态所共有的经济法则。[①]

我们研究任何一个社会形态时，不允许过分强调其"特有的经济法则"，而违背了"一切社会形态所共有的经济法则"。私有制是奴隶制的、封建制的与资本主义社会所共有的特征，私有制是这三个社会形态中剥削制度、阶级对抗存在的物质前提。离开了这些历史唯物主义的基本理论，我们就不可能正确地理解封建主义的生产关系。当然，中世纪的印度等国确实基本上没有土地私有制，但马克思主义经典作家是把它当作特殊情况来对待的，从"东方没有土地私有制"推论出全世界封建社会都没

[①] 斯大林：《苏联社会主义经济问题》，人民出版社1958年版，第53—54页。

有土地私有制，显然是以偏概全。在"没有土地没有领主"的欧洲和"地主、贵族和皇帝，拥有最大部分的土地"①的中国，无论如何，也不能说统治阶级没有土地私有权。

（原载《新建设》1960年2月号）

---

① 《毛泽东选集》第2卷，人民出版社1952年版，第618页。

谈谈研究封建社会经济史的一个方法论问题
——如何看待典型性的问题

封建社会是全世界各民族、各国历史发展过程中的一个必经的阶段,有共同的发展规律;但同时我们应当承认,各民族、各国的封建社会都必然拥有一些各自所具有的特点,共性通过个性表现出来。因此,我们应该在肯定共同规律的基础上一视同仁地研究各民族、各国封建社会的特点,而不应当把某一民族或某一个国家的封建社会看作绝对的典型和标准的样板,什么是封建社会的典型呢?某一个国家的封建社会在某一方面或某个环节上越是以最单纯、最直接的形式体现共同规律,就越是在某一方面或某个环节上具有典型性。但必须指出,任何一个民族或国家的封建社会在所有的方面和各个环节上都成为典型,这是根本不可能的,历史学家不应当形而上学地看待问题。

根据以往的传统看法,西欧的封建社会向来被当作绝对的典型,我觉得这种观点是值得商榷的。西方的封建制确实有比较典型的地方,主要表现在两个方面:其一,它是在罗马奴隶社会高度发展的基础上建立起来的;其二,它经历了封建社会史的全发展过程,走到了自己的天然终点,最后进入了资本主义社会。东方有不少民族和国家的封建社会在这一方面确实不够典型,它们往往是在奴隶制没有得到充分发展的基础上出现的,而且没有发展到自己的天然终点就走上了半封建半殖民地的道路。在承认这两点的同时,也应当强调指出,在一切方面都把西欧封建社会看作典型则未必合适。譬如在奴隶社会向封建社会过渡的问题上,西欧就不如拜占庭和中国典型。因为日耳曼人的入侵使西方的封建制成为一个混血儿,掺杂了很多复杂的因素,具有二元性;而在拜占庭和中国，则完全是凭借各自的纯内部因素完成了社会制度的变革。此外，西方在社会变革的时候发生了一场极其野蛮的民族征服战争，这也是不够典型的地方。因为阶级斗争是社会变革的必然产物，民族征服却具有偶然性，并不符合历史发展的普遍规律。在这一意义上，我们只能把日耳曼人的征服西欧看成是那里封建制产生的特殊性。如果肯定我国历史是在春秋、战国之交或秦汉时期完成了这一社会变革，那么就必须承认，我国封建社会是华夏—汉族历史的纯种产儿，当然比西欧典型得多。不认真考虑西欧历史的特点，把西方封建社会当作绝对的典型，实际上是欧洲中心论在史学领域中的一种反映。

西欧封建社会形成阶段的某些特点，在以后长期历史发展中都有明显的影响，这些派生出来的现象也必须当作特点来对待，决不能把它们通通看成合乎封建社会共同发展规律的必然产物。关于这一问题，兹就以下几个方面略事发挥。

首先，日耳曼人的入侵西欧，摧毁了一个中央集权的罗马帝国，紧接着出现了西哥特王国、汪达尔王国和东哥特王国，以后虽然出现了比较强大的法兰克王国，但它仍然是一个不巩固的军事行政联合体，不可能恢复西罗马帝国的旧观，所以一直到近代统一的民族市场形成以前，西欧始终处于分裂割据状态。这样的政治形势是由蛮族入侵及其后果引起的，所以不能视为封建制代替奴隶制时的典型情况，也不能把它当作划分两种社会形态的标准之一。东方的拜占庭帝国在发生同样性质的社会变革时因为没有伴随着日耳曼人入侵一类的事件，所以中央集权的统一国家并未遭到摧毁，而是一直维持到公元1453年东罗马帝国灭亡的时候。我国封建社会建立于春秋、战国之交，也没有经历什么蛮族的入侵，不但没有发生摧毁中央集权国家的事，而且正是中央集权制逐渐形成与巩固的时候。由此可见，在国家政权的构成形式上，与其说西欧封建社会那种大分裂割据、大混乱是典型，不如说拜占庭和我国的秦汉帝国是典型，因为后者没有掺杂其他的外来因素，是一元的，不是二元的。

其次，西欧封建土地所有制的等级结构之所以产生，与蛮族入侵时的军事占领有关，也与日耳曼人内部事先存在的王权、亲兵制度和等级制有关；尤其是分裂割据代替统一集权国家，更使逐级分封领地成为必要。军事义务在土地所有制等级结构的形成中起了重要的作用,后来军事权、审判权、行政权之成为土地所有权的属性,也与上述军事、政治条件是分不开的。拜占庭帝国没有日耳曼人入侵所带来的上述种种因素,君主没有把土地逐级分赐给亲兵和其他公职人员的必要,所以封建社会建立后在相当长的一段时期内并没有形成土地所有制的等级结构。后来在公元10世纪时,拜占庭由于连续遭到来自多瑙河北岸的匈牙利人、阿尔发人等的侵略,军事贵族的地位和作用变得越来越重要,才为以后等级所有制的出现提供了前提。可见封建土地所有制等级结构的出现,并不必然以封建社会的产生为前提,往往是由对外战争与军事征服引起的,因而不应当把它看成封建土地所有制的典型。从战国到秦朝,我国历史上虽然爆发了一系列战争,也出现了按军功赐田的情况,但这些战争毕竟是在华夏族内部进行的,并没有外来的野蛮民族带进来什么特殊的亲兵制度和严格的等级制,尤其重要的是秦汉统一帝国建立后,战争停止了,中央集权确立了,在这样的条件下皇帝根本不必把土地按军功进行逐级封赏,而且土地买卖的原则又具有决定性意义。所以我国封建社会没有形成土地所有制的等级结构,应当说是更典型一些。因为我们的封建土地制度形成的时候,不但是一元的,而且上层建筑的反作用更小一些,经济因素更加突出一些。

第三,西欧封建社会形成后的最初几个世纪,商品货币关系比西罗马时期一落千丈,这也不能当作典型的情况。因为是"日耳曼人的侵略,几乎把它们(工商业——笔者注)全部摧毁。留下来的大半都由非自由人和外国人经营,而且仍然成为被人轻视的行业"[①]。很显然,这里又掺杂了一些外来的因素,具有二元性。与西欧不同,拜占庭在封建社会确立的过程中,没有遭到落后蛮族的入侵和破坏,所以奴隶制时代的商品经济并没有遭到破坏,被新的时代继承下来了,而且君士坦丁堡作为封建城市就是随着新社会制度的建立而勃兴起来的。只是后来由于阿拉伯人的侵略和十字军的东征才出现了商业衰落的情况。由此可见,封建社会商品经济的衰落与野蛮战争的破坏有关,在没有外来侵略的情况下它

---

① 《马克思恩格斯全集》第19卷,人民出版社1963年版,第542页。

并不是历史的必然。我国封建社会开始形成的阶段，从战国到西汉，由于没有发生野蛮民族的外来征服，所以商品经济不但没有衰落，而是取得长足的发展，更加繁荣起来。因此，如果与西欧相比，拜占庭和我国在这一方面可以说是更加具有典型意义。

第四，由奴隶社会向封建社会过渡，必然要经历一个相当长的过程，而且往往出现奴隶制与封建制长期交错并存的现象。封建制崩溃，资本主义兴起的时候，资产阶级不是封建领主转化而成的，它的前身是市民等级。所以封建地主阶级与资产阶级之间毫无渊源关系，其间的阶级界限是泾渭分明的。资产阶级会在革命中彻底摧毁封建制，后者的残余在资本主义社会要保留得少得多。但如果社会变革不走美利坚的道路，而是走普鲁士的道路，容克地主逐渐资本主义化，那么封建残余就会在资本主义社会保留得多而久。由奴隶社会向封建社会过渡的时候，在没有外来干扰的情况下，封建主就是由奴隶主本身转化而成的。因为在奴隶制危机阶段，随着奴隶来源的减少，奴隶的怠工、逃亡和起义，奴隶主也发现继续采取奴隶制剥削对自己不利，从而改行隶农制。然后隶农逐渐转化为封建农奴。因此，这个社会变革的过程要长得多。奴隶制残余在封建社会中会长期保留。在这个问题上，拜占庭的情况就是如此。公元10世纪时，那里的奴隶贸易仍是十分繁荣，而且奴隶劳动一直持续到14、15世纪。西罗马亡于日耳曼人的入侵，罗马奴隶主转化为封建领主的并不多，西欧的封建主阶级基本上是法兰克人，在这样的条件下，中世纪早期保留的奴隶制残余就非常有限了。但我们却不能把这一点看作奴隶社会向封建社会过渡的典型情况，因为外来因素起了显著的作用。我国战国、秦、汉时期的封建地主并不是由外来蛮族转化成的，其中很多人先世就是西周、春秋时期的奴隶主贵族。由于这种纯内部的一元因素，所以秦、汉时期长期保留奴隶制残余是正常的，与拜占庭有惊人的相似之处。此外，商、周奴隶制没有得到充分发展，自然也是造成上述现象的原因之一。不过，无论如何我们不能把西欧那种社会制度变革的短暂性、截然性当作绝对的典型。

最后，在世界范围内，很多民族和国家在封建社会都盛行过马尔克制度，或者称之为农业公社和农奴制公社，但我却认为这种情况也未必具有典型性。因为它的出现也是由于一些外来的特殊因素引起的。在西罗马，几百年来土地早已成为私有财产，农村公社的残余究竟保留了多少，很值得怀疑。后来是在蛮族入侵之后，日耳曼人到处推行他们的马尔克制度，① 才把它广泛传播开来。以后的农奴制村社就是由此发展形成的。因此可以说，西欧封建社会的马尔克是从日耳曼人那里引进来的制度，并不是土生土长的产物。法兰克人之所以保存了这一制度，是由于他们的社会是由原始社会向封建社会直接飞跃。这种情况本身就不具有典型性，是一种社会过渡的变态。拜占庭本身原来也没有什么马尔克制度，公元8世纪时斯拉夫移民把农业公社引进了这个国家，才使拜占庭社会增加了这一新的外来的制度。至于像印度等东方国家，普遍流行公社制度，则是由于特殊的地理环境和土地国有制引起的。如果不是出于农业灌溉的需要也许它早已失去了生命力。我国封建社会形成和确立的时候，既没有落后民族的外来征服，又不处于沙漠地带急需兴修大型灌溉工程，在地主土地所有制的基础上，私有制得到了最充分的发展。所以封建社会中不但没有保留什么农村公社的残余，反而是在公社制（井田制）彻底瓦解的条件下建立了封建的生产关系。因此，尽管像我国这样的情况并不多见，但我觉得这种社会制度变革时的一元性却可以说明不保留公社残余也许更具有典型性。

当我们否定西欧封建社会的绝对典型性时，也不能把拜占庭和中国的封建社会看成绝对的典型。譬如我国出现的土地买卖现象就是在世界史上绝无仅有的，很不典型，我们只能把它看作中国封建社会的特点，决不能说成是普遍的规律。

盲目地把西欧封建社会看成绝对的典型和标准的样板，在研究中国封建社会的历史时就容易产生如下两种倾向：或者是不承认西欧封建社会和中国封建社会各具特点，于是就把西欧封建制当作一个绝对的模式，硬把中国封建社会说得和它一模一样，如把唐、宋的户等制说成是西方类型的财产等级制，把秦、汉以后的封王、封国制说成是西方类型的土地所有制的等级结构，把聚族而居和义仓、社仓说成是公社制度……这

---

① 《马克思恩格斯全集》第19卷，人民出版社1963年版，第357页。

样的牵强比附总不免使人有削足适履的感觉；或者是看到和承认中国封建社会同西欧封建社会之间确有显著的区别，然后就忽略二者间本质相同的一面，放大这种非本质的区别，从而从根本上否定两千年的中国社会是封建社会，甚至把它说成是一种独特的什么生产方式。应当说，看不到区别或夸大区别都是欠妥的。

不恰当地把西欧封建社会当作一切方面的绝对典型，还能影响古代史分期问题的研究。譬如民族征服、分裂割据、工商业萎缩、城市衰落……这些情况是西欧封建社会形成时期的特点，并不是各国历史发展必须遵循的规律。但由于把西欧看成绝对的典型，就只能把"永嘉之乱"前后当作由奴隶社会向封建社会过渡的阶段了。如果我们把目光转向拜占庭和其他东方国家，我相信结论就不同了。实际上，秦汉社会同拜占庭封建社会在很多方面是非常相似的，我们不应当把注意力全部集中到西欧。

由此可见，为了进一步深入地研究中国封建社会的经济结构和古代史分期问题，首先要彻底肃清西欧中心论的影响，不再把欧洲封建社会当作绝对的典型；其次要探讨全世界范围内封建制产生、发展、衰亡的共同规律，探讨这些规律在各民族、各国的特殊表现形式，严格地把二者加以区别。不在理论上解决这些问题，开阔我们的眼界，就往往把树木当作森林，研究工作就难免具有很大的局限性。解放以来，古代史分期是史学界的一个热门课题，众说纷纭，莫衷一是，不少学者认为问题难于解决的主要原因是材料不足，因为周、秦、两汉时期的记载非常有限。我觉得史料不足确实是一个客观存在的不利条件，但却不是问题不易解决的主要原因，关键仍然在于理论上没有解决从奴隶社会向封建社会发展的共同规律究竟是什么的问题。记得解放后有不少从事民族调查的同志，在一些少数民族中生活、调查过一年甚至更多的时间，收集的材料可以说是绝对够用了，但大家坐下来研究、分析这些材料后，情况仍然是有人认为某一民族是奴隶社会，有人认为是封建社会。分歧产生的原因就完全在于理论上的不足了。研究今天的民族现状是如此，研究古代的社会形态何尝不是如此。

马克思和恩格斯在不少的经典著作中确实有很多地方谈到奴隶制向

封建制的过渡问题，也经常谈到欧洲的封建社会；我们在研究中国历史时也不断引用这些经典著作中的话，但引用不当就容易产生副作用。尽人皆知，经典著作中的语录大致有几种情况：有的是具有普遍意义的结论，放之四海而皆准。对这一部分论点当然可以当作理论加以广泛使用。有的是就某一具体史实所作的理论性概括，这样的结论就不能任意往别处硬套。因为世界上两件完全相同的事并不多见，张冠李戴往往容易不合适，移植结论是很危险的。但马克思、恩格斯分析问题、得出结论的方法却可以对我们有很大的启示，从中能够学到马克思主义的立场、观点和方法。有的是单纯描述西方某些国家的历史过程和社会现象，在理论上丝毫不具有普遍的指导意义。如果把这些描述也当作结论加以运用和移植，那就更是大错特错了。由于马克思和恩格斯对西方的历史研究得最多，在经典著作中经常谈到那里的情况，而我们有时却不自觉地把一些具体结论和没有理论指导意义的单纯描述当作理论或规律往中国古代社会移植和照搬，这种理论运用上的缺点就给西欧中心论的传播提供了市场。为了克服这种缺点，第一是要端正学习经典著作的态度和方法，即在学习立场、观点、方法上多下功夫，对移植结论提高警惕性；第二是要广泛研究各国、各民族的古代、中世纪史，不再把目光倾注在西方的古代社会和封建社会上。在这一方面，我还只是一个小学生，处于学步阶段，提出这些看法未见得允当，仅供大家参考，愿共勉！

（原载《河北学刊》1983年第1期）

略谈中国古代的国家体制
——统一、集权、专制

解放以后,史学界一向认为,中央集权比分裂割据有利于社会进步、经济发展,对此很少有异议。近年来,由于展开中西比较研究,有人感到,西欧封建社会实行分封割据的制度反而较早地进入资本主义社会;我国封建社会自战国、秦汉以来长期实行统一集权制,却始终未能进入资本主义社会,以"长期停滞"显示了自己的特色,因而怀疑统一集权是否起积极作用。此外,对战国以来两千余年实行中央集权基础之上的君主专制亦多持否定态度。我认为这两个问题有密切的关系,应当以历史主义的态度实事求是地进行评论。在这篇短文里不可能根本解决这样的大问题,只能略抒浅见,就教于大家。

这里只讨论封建社会的政体问题,不拟涉及国体问题;中央集权、君主专制在镇压劳动人民方面的职能和作用等,一概从略。

首先要进行"正名"。所谓"统一",是相对于分裂而言的,系指国家能否作为一个整体运转。所谓"集权",是指中央集权而言,主要讲的是中央同地方的关系,其相对的概念应是地方分权或地方割据。所谓"专制",是指君主专制而言,其相对的概念是民主。三者间既有联系,又有区别。譬如西周时期虽未实行中央集权制,但"溥天之下,莫非王土;率土之滨,莫非王臣",国家却是统一的。春秋时期霸主"尊王",唐朝后期藩镇林立,呈地方割据状态,但国家尚未分裂,只有战国和五代十国时期,才能说国家分裂了。三者间的联系是:统一是集权的前提,中央集权有利于巩固统一;集权与君主专制往往是孪生兄弟。法国的路易十四是在全国统一、中央集权体制已经建立的条件下才得以贯彻专制原则的。我国从秦代开始的政治史也生动地说明了这一点，秦始皇只有"平定天下"，实行"海内为郡县，法令由一统"以后，才有资格称"皇帝"，而在皇帝专制下"天下之事，无大小，皆决于上"①。

以下分别就统一、集权、专制进行分析，以见其利弊。

首先，统一是应当加以肯定的。没有秦汉以来统一国家的发展，我们祖国就不会拥有今天的辽阔疆域。讲统一有利于进行爱国主义教育，也有利于今人努力维护祖国的统一。认为分裂时期社会更有条件发展的同志，往往举出魏晋南北朝时期的社会进步以为证据，孰不知中国历史上的几个鼎盛时期汉、唐、明、清，都是在国家统一的前提下取得更加辉煌的成就的。只看到建安年间比东汉后期进步，看不到秦皇、汉武阶段的大踏步前进，是以偏概全的片面之见。

对中央集权制应当一分为二地加以对待。从积极方面看，中央集权有利于巩固国家统一，有利于我国形成多民族国家，也有利于捍卫民族独立。斯大林指出："如果不能摆脱封建分散和诸侯混乱的状态，世界上任何一个国家都不可能指望保持自己的独立和真正发展经济和文化。只有联合为统一集中的国家，才能指望有可能真正发展经济和文化，有可能确立自己的独立。"② 这里把"统一"和"集中"联系起来谈，是很有道理的；而且对统一的中央集权国家的作用和评价亦比较中肯。揆诸中国史实，也确实如此。万里长城和大运河都是在全国统一、中央集权的时代建成的；唐代的水利工程中有百分之七十兴修于前期，后期藩镇割据，就不遑讲究灌溉了。

宋代惩唐末五季藩帅之跋扈，大力加强中央集权，直至贯彻"虚外守内"的原则，结果造成无力抵抗契丹、女真及党项的进攻，徽、钦北掳，好像中央集权反而不利于捍卫民族独立，这是否与斯大林的论断相反呢？我觉得宋代的"虚外守内"作为一种政策，并不是中央集权制本身的必然产物。这种政策有过分集权的倾向，抹煞了地方的积极性，因而自食了"本末俱弱"的恶果。因此，集权有一个是否适度的问题，在

---

① 《史记·秦始皇本纪》。
② 《斯大林文选》，人民出版社1962年版，第503页。

适度集权的情况下，权力在中央、地方间配置得当，结构合理，就会收"内外相制，轻重相权"的效果；如果集权过度，就会束缚地方的手脚，使后者难于充分发挥作用。

封建时代的中央集权制必然伴随着官僚政治和军事方面的职业兵制，官禄、兵饷的大量开支，浪掷了社会财富，不利于社会分工的发展，加重了人民的负担。官僚政治本身必然产生官僚主义，前者是后者的基础。官僚政治的基本特点是自上而下委任各级官吏，与自下而上的选举制完全不同。因此，官吏只对上负责，他们阿谀媚上，欺骗上级，玩忽职守，压制人民，是必定会出现的普遍现象。皇帝君临全国，不可能以一人而洞察百官，上级官僚少于下级官吏，所以最明察秋毫的上级官员、再完美的监察制度，也难于保证吏治的清明。只有官吏感到来自下面的"十目所视、十手所指"的强大压力，才肯于兢兢业业地忠于职守，孜孜为政。

自古以来，我国就是一个广土众民的大国，在这样辽阔的疆域中，缺乏必要的有效传递信息的手段，而又实行官僚政治，下情不能上达和上下阻隔，就在所难免了。无怪乎百姓悲叹"天高皇帝远"。在这种条件下，地方欺骗中央的事就很容易发生。早在西汉，宣帝就承认："上计簿，具文而已，务为欺谩，以避其课"①。长安的中枢机构根据不真实的信息进行决策，其能否正确就可想而知了。所以君主的理想是中央对地方如"身之使臂，臂之使指"；地方对上级却是县骗郡，州骗中枢，皇帝成为最大的受骗者。这是一个极大的讽刺。只有在民主政治的基础上，在具有先进信息传播手段的条件下，统一和集权才能在一个领土辽阔的国家充分取得积极的功效。

官僚政治下，除皇帝以外，一般官职并非终身职，也基本上不能世袭，官吏的任免、迁转变动不居。这就存在一个如何选拔官员的问题。对做了官的人来说，也存在一个如何设法久安其位甚至取得上级信任以图擢升的问题。在没有民主选举的条件下，必然出现种种弊端：南朝梁、陈时期对"甲族登仕""后门试吏"都有年龄限制，但现实生活中却出现

---

① 《汉书·宣帝纪》。

了"增年矫貌"的年龄浮动现象。九品中正制实行的时期中,"婚"与"宦"密切结合,崔、卢、李、郑、王、顾、陆、朱、张等望族实际是通过联姻,在"宦"途上结下了血缘的关系网,以特权谋私。隋唐时期科举制取代九品官人法,打破了士族的关系网,但士子与主考官相勾结,又通过"座主""门生""同年"等人际关系重建了新的关系网。官场的腐朽作风也渗透到科场中来,弄虚作假大为流行。北宋发展科举制,用"糊名""誊录"防止考试舞弊,但又出现了考试中的"传义""换卷""易号""卷子外出""誊录灭裂"等"举人之弊"。真是道高一尺,魔高一丈。

官僚政治的另一个缺点是凭年资叙进。北魏崔亮行"停年格"首开其端,唐代有循资之制,宋代则行"磨勘"。这种制度造就了一批又一批的庸碌之辈,他们凭熬年头晋升,只能成为平庸而保守的官员,毫无进取精神。

职业官僚有一种通行的职业病,就是拉帮结派,展开无原则的权力之争,很少能和衷共济,协力同心,顾全大局,大概越是皇帝昏聩、政治混浊的时代,这种斗争就越尖锐、复杂。这是政治生活中的一种严重"内耗",卷入这种斗争的官僚莫不利令智昏,根本不考虑如何治理好天下。

最后谈谈君主专制的利弊。

在资本主义社会的代议制以前,封建社会的最高决策权只能归于君主,但在封建割据和地方分权的地方和时期,君主手中的权力不可能太大,而在实行中央集权的国家和时期,君主就会拥有绝对权力,从而形成君主专制。既然君主专制同中央集权制孪生在一起,而我们已经肯定中央集权制具有积极的一面,那么把封建主义时代的君主专制全面加以否定,就不免显得有扞格难通之处。

在人类历史上,国家的最高政治决策,曾经采用过三种方式:一种是代议制下的票决制,一种是决策集团的协商制,一种是君主个人拍板制。其中以第一种形式最为进步;第二种形式的特点是协商而必须取得一致意见,实际上等于一票否决,采取这种形式往往流于议而不决,决而难行,效率最差;与第二种方式相比,第三种方式具有果断、迅速的优点，决策不拖拉，比较有效率，但与第一种方式相比，则有君主易犯主观、武断和片面等错误的缺点。在君主专制的条件下，皇帝个人所起的作用特别大，所以明君隋文帝在位，天下大治；暴君隋炀帝登场，顿时天下大乱。而且同一个皇帝统治时期，随着他个人的喜怒变化，政策就会相应改变，政治生活往往反常，正所谓"一人打喷嚏，全国就要感冒"。国家的不稳定和政策的变幻莫测，是必然的后果。中央集权制的行政效率往往较高，所以明君在位，好的政策贯彻起来相当有效，是其优点；一旦昏君登极，坏的政策也能很快从中央贯彻到基层，产生的消极作用也很大，是其缺点。长期实行君主专制和中央高度集权的国家，英雄史观特别有市场，重人治、轻法治的思想特别流行，社会政治极不稳定。

这种消极作用还往往表现为政治制度经常遭到破坏，法制往往不能很好地坚持。

历代宰相制度的一再被破坏，可以有力地说明前一点。秦汉时期本有丞相，御史大夫以贰之，但汉武帝因"游宴后庭"，遂逐渐以尚书掌机枢，并置中书谒者，前者原属掌皇帝"私奉养"的少府，后者最初由宦官充任，二者均"日近天颜"，所以能权势日重，侵宰辅之权，终于造成"事归台阁"的局面。隋唐时期宰相制度进一步完善，三省长官议政于政事堂，并置同中书门下三品，有时宰相多达十几人，但后来翰林学士以天子私人秘书的身份而选用益重，礼遇日亲，以至号为"内相"。"安史之乱"以后，军国多务，深谋密旨，"皆从中出"，"内相"的地位更加突出。此外，还出现了由宦官充任的枢密使，宰相制度至此进一步遭到破坏。明朝为了加强君主专制，胡惟庸案以后甚至连相职也从根本上被取消了。但不久，殿阁大学士由于侍奉皇帝左右，备顾问，最后取得了宰辅的权位。清承明制，最初仍以殿阁大学士为相职，但从雍正开始，另设军机处，以亲重之人任军机大臣，由于接近皇帝，遂分宰辅之权。从上述事例可以看出，在君主专制下，皇权是一切官员职权的源头，什么人接近"天颜"，什么人就可以取得凌驾于宰相之上的权力，这是国家政治体制、政府组织原则不断被破坏的总根源。

在君主专制下，皇帝的诏令就是法权的渊源，甚至皇帝所说的话也具有法律的效力。人治高于法治，必然造成法制不能很好坚持的恶果。

所以古代法制经常被破坏,"法之不行也,自上犯之"是传诵千年的口头禅。其中的奥妙,早在汉代就被人们看透了。《汉书·杜周传》云:"周为廷尉……而善候司。上所欲挤者,因而陷之;上所欲释,久系待问而微见其冤状。客有谓周曰:'君为天下决平,不循三尺法,专以人主意指为狱,狱者固如是乎?'周曰:'三尺安出哉?前主所是著为律,后主所是疏为令,当时为是,何古之法乎?'"君权大于法,无怪乎法制就根本无从谈起了。皇帝因个人喜怒无常而生杀任刑,是古代司空见惯的事。

除破坏制度、破坏法制以外,君主专制还存在以下几个致命的缺点。第一,军政大权越是集中于皇帝一身,越容易大权旁落。汉、唐、明三代的例子最为引人注目。或则外戚、宦官轮流执政,或则阉寺弑君、立君,皇帝有时甚至落到"受制于家奴"的可悲境地。第二,佞幸不断,浮云蔽日。"口含天宪"的人要想尽掩天下耳目,比较困难,但要蒙蔽一个人则相当容易。所以受骗上当的总是皇帝自己。"一手遮天""欺世盗名"是佞幸惯用的伎俩。因为他们以皇权为保护伞,可以狐假虎威,横行天下而无阻。所以尽管其罪恶昭彰,为万民所共睹,国人皆曰"可杀",百官和民众却奈何他们不得。第三,皇帝集大权于一身,官僚政治又总伴随着派系间的权力之争,而宫闱事秘,所以政治斗争不能像民主政治下那样以合法、正当的手段,正大光明地进行。于是大多以阴谋诡计为手段,围绕着皇帝身边施展,政治生活呈现阴森的景象,极不正常。第四,皇位传袭虽有嫡长子继承制,但太子不能保证必贤必明,夺嫡换嗣的事经常发生。皇帝为选择接班人伤透了脑筋,宫廷政变却一再发生,"苦跌打"于是成为中国历史上的家常便饭。最后,君主专制下必然形成家国一体、"宫府一体",皇帝往往划不清家事同国事、天下事的界限,后妃干政和外戚问政不断出现,严重影响国家政权的正常运转。

综上所述,在封建主义时代,国家的统一是有利无弊;中央集权有利有弊,总的说来是利多弊少,但权力在中央同地方间必须配置得当;至于君主专制,则可以说是弊大于利。

(原载《山东社会科学》1988年第1期)

"让步政策"是客观存在的

科学无禁区。在科学的春天,"让步政策"论这个禁区终于被突破了。我在这里谈几点粗浅的看法,请大家批评指正。

胜利了的地主阶级能否对失败了的农民阶级让步

肯定有"让步政策"的史学家,一致认为"让步政策"主要推行于大规模的农民起义和农民战争之后。于是,就引起了这样一个问题:地主阶级既然是阶级大搏斗中彻底取得了全胜的阶级,它肯于对斗争失败了的农民阶级让步吗?

我认为胜利者对失败者让步是完全可能的。恩格斯在谈到英国工人为争取"人民宪章"而斗争的历史时说:"它失败了,但是斗争给胜利了的资产阶级留下很深刻的印象,所以从那时起,它就甘愿以不断向工人让步为代价来换取比较长期的休战。"① 列宁也肯定:"西欧的一些国家,而且是一些最老的国家,因获得胜利而能够利用胜利向本国被压迫阶级作一些不大的让步。"② 可见把"胜利"同"让步"完全对立起来是错误的,"胜利"不但不排斥"让步",前者有时还是统治者赖以进行"让步"的条件之一。

对于农民起义的结局,也要一分为二地进行分析,不应当简单化地

---

① 《马克思恩格斯全集》第19卷,人民出版社1963年版,第284页。
② 《列宁全集》第33卷,人民出版社1957年版,第452页。

归结为"失败"二字。毛泽东在分析中国历史上的农民战争时,一方面承认其失败,指出"总是在革命中和革命后被地主和贵族利用了去,当作他们改朝换代的工具";一方面又肯定,"多数朝代的更换,都是由于农民起义的力量才能得到成功的"①。这里所说的"失败",是就农民起义不能推翻封建社会而言的;所说的"成功",是就推翻旧的封建王朝而言的。如果只看到"失败"的一面,看不到"成功"的一面,就必然会忽略农民起义对地主阶级的震慑,而恰恰是这种农民战争的余威使新王朝的皇帝心有余悸,从而能够更有效地推行"让步政策"。在中国专制主义皇权制盛行的条件下,皇帝都有"家天下"的思想,他们对革代易姓特别敏感,决不可能只看到本阶级胜利的一面,而对前朝皇族的"破家亡国"等闲视之。新建王朝的统治者尽管是阶级大搏斗后的胜利者,也是群雄逐鹿中的胜利者,但却必然会为自己的"长治久安"而"居安思危",所以他们"利用""胜利"对农民进行"让步"以换取"比较长期的休战",是合情合理的,并不是什么不可思议的事。唐太宗目睹隋末农民起义推翻杨氏政权的事实,所以战战兢兢地说:"天子者,有道则人推而为主,无道则人弃而不用,诚可畏也!"②

当然,我认为在阶级斗争中胜利了的统治阶级会对失败了的被统治阶级让步,并不是说任何胜利者都会对失败者让步。恩格斯在比较英、法、德三国的资产阶级时指出:德国的资产阶级"又愚蠢又胆怯",法国的资产阶级"最自私、最贪图享乐","它只顾眼前,不管将来",这两国的资产阶级都不对工人让步,而只有英国的资产阶级"在自己大凯旋时期经常向工人做让步"。③可见对待这一问题是需要具体事物具体分析的。翦伯赞同志谈到中国历史上的"让步政策"时说:"让不让,让多少,这要决定于阶级对抗的形势,决定于农民战争带来的阶级力量的对比的变化"④。这是合乎辩证法的。大致农民起义越是能在推翻腐朽王朝中取得较大的"成功","让步政策"的推行就越是有效,所谓"文景之治"

---

① 毛泽东:《中国革命和中国共产党》,人民出版社1952年版,第6、3页。
② 《贞观政要·政体》。
③ 《马克思恩格斯全集》第21卷,人民出版社1965年版,第439页。
④ 《光明日报》1961年12月22日。

"贞观之治"就是明显的例子；如果农民起义只能在推翻旧王朝方面起间接的作用，"让步政策"的推行就会略逊一筹，黄巾起义、黄巢起义以后的情况就是如此。

从陈胜、吴广起义开始，到清代的太平天国，大小数百次的农民起义和农民战争，规模之大，"是世界历史上所仅见的"，[①] 一顶顶封建皇冠相继落地，在世界历史上也是绝无仅有的。因此，"让步政策"在中国历史上反复出现，也就是完全可以理解和合乎历史发展规律的了。

怎样理解"轻徭薄赋"

农民战争以后，地主政权向农民所征的赋税和徭役，就其绝对数量而言，比前朝有所减轻，对于这一点，恐怕是没有异议的。容易发生争论的是：农民战争前后相比，剥削程度是否也减轻了呢？有的同志认为：在农民战争时期，统治者采取杀光、抢光、烧光的政策，经过这样残酷的阶级大搏斗之后，新王朝建立之初，"民无盖藏"，地主政权从农民那里拿不到更多的东西，所以只能实行"轻徭薄赋"政策，而所谓"轻徭薄赋"就是当时条件下最大限度的剥削。既然农民战争以前和以后都是最大限度的剥削，就剥削程度而言，也就无所谓赋"薄"徭"轻"了。

我觉得，农民战争以后，由于统治者的烧杀劫掠，劳动人民确实是更加贫困了，新王朝对农民阶级确实也进行了残酷的剥削，但就剥削程度而言，也还是有所"轻""薄"。实际上，在农民战争的前夕，地主阶级对农民阶级的剥削是没有任何限度的，不但占取了全部的剩余劳动，而且掠占了必要劳动的相当部分，正是这一情况，才使农民再也无法照旧生活下去了，最后发动起义。秦朝末年横征暴敛的结果，"孤寡老弱不能相养，道死者相望"[②]。绿林、赤眉起义之前，劳动人民"有七死而无一生"[③]。隋炀

---

① 毛泽东：《中国革命和中国共产党》，人民出版社1952年版，第6页。
② 《汉书·主父偃传》。
③ 《汉书·鲍宣传》。

帝曾对农民"逆折十年之租"①。这些例子足以说明，昏庸腐朽的统治者是无法无天，对农民阶级的压榨早已超过了最大的限度，达到了"敲骨吸髓"的程度。而在农民战争之后，尽管剥削也还是相当残酷的，如唐太宗时期，有的农民为了逃避徭役而自残手足，称之为"福手""福足"②，有的甚至"卖子以接衣食"③；但是，就总的情况而言，这些情况的普遍化的程度是远不能与农民战争以前相比的。"文景之治""贞观之治"时期"家给人足""牛马布野"的记载，虽然不免有溢美夸大之处，但对秦末、隋末却从来无人作如是描写，这一点也足以说明，农民起义以前和以后，剥削的程度和阶级矛盾尖锐化的程度毕竟有明显的差别。

如果把汉初、唐初的"轻徭薄赋"完全归之于"民无盖藏"，这岂不等于说：秦二世、隋炀帝对农民的剥削程度并不比汉高祖、唐太宗时期重，赋役负担的绝对数量之所以超过继起的王朝，是由于大起义之前劳动人民尚有"盖藏"。我觉得这种论点之所以不妥当，不仅因为它与历史的实际情况不符合，而且因为它既贬低了"文景之治"和"贞观之治"的进步性，又为最腐朽、最反动的秦、隋统治者减轻了罪责。

荀悦曾说过："今汉民或百一而税，可谓鲜矣。然豪强富人占田逾侈，输其赋太半，官收百一之税，民输太半之赋，官家之惠优于三代，豪强之暴酷于亡秦，是上惠不通，威福分于豪强也。"④ 有的同志据此断言，"轻徭薄赋"政策"适足以资豪强"，只对地主有利，对农民毫无好处。我觉得这也是一种片面的看法。就国家、地主、佃农三者关系而言，情况确实是如此，但每经过一次大规模的农民战争，地主土地所有制都遭到严重打击和削弱，大起义以后自耕农必然在一定程度上有显著增加，西汉初年就曾一度"未有并兼之害"⑤，对于这一部分农民来说，能够得到"轻徭薄赋"的实惠是理所当然的。因此，从整个农民阶级进行分析，就不宜于片面地否定"轻徭薄赋"的存在。

---

① 《旧唐书·李密传》。
② 《资治通鉴》卷196。
③ 《资治通鉴》卷192。
④ 《汉纪》卷8。
⑤ 《汉书·食货志》。

农民起义能够通过"让步政策"体现其历史发展的动力作用

有的同志认为,如果肯定存在"让步政策",并且承认其对历史发展的进步作用,就是犯了"英雄和奴隶们共同创造历史"的英雄史观的错误,就是犯了"双动力论"的错误。这样的看法也是很值得商榷的。

诚然,如果有人认为推行"让步政策"的统治者也能对历史发展起动力作用,那确实就是犯了"双动力论"和"共同创造论"的错误。但是,"让步政策"不能起动力作用,并不等于它对历史发展也不能起促进作用。在我国封建社会中,农民和手工业者是创造历史的真正动力,这并不排斥执行进步政策的杰出人物也能对历史发展起一定的作用。把杰出人物的作用、"让步政策"的作用同农民起义的动力作用完全对立起来,是不正确的。我们应当全面地估价农民起义的作用和"让步政策"的作用。

农民起义和农民战争的动力作用,还体现于对封建统治给予沉重的"打击"方面。如果新建的王朝和已推翻的旧王朝执行的政策没有任何差别,"轻徭薄赋"和横征暴敛的作用完全相同,那么,农民起义对封建统治的"打击"还有什么现实意义呢?恩格斯曾指出,"国家权力对于经济发展"可以起不同的"反作用"。有的情况是,"它可以沿着同一方向起作用,在这种情况下就会发展得比较快";"它可以沿着相反方向起作用",在这种情况下,不但经济发展遭到阻碍,而且国家权力本身"都要遭到崩溃"。[①] 我国历史上农民起义前后地主政权所推行的政策对经济发展所起的反作用,就有上述的明显差别。

封建社会的农民不仅是劳动者,而且是个体经济的经营者,他们所占有的必要劳动不仅包括维持农民全家生活的消费品,而且也包括维持再生产所需要的部分生产资料。因此,"轻徭薄赋"不仅使农民有可能改

---

① 《马克思恩格斯全集》第37卷,人民出版社1971年版,第487页。

善生活，而且有可能提高农民生产垫支能力，即有可能进行扩大再生产。农民起义打击封建统治以后之所以能够推动生产发展，原因之一就是剥削量和剥削程度的有所减轻。对"轻徭薄赋"的进步作用，必须给以一定的肯定。

在谈到对抗性的阶级社会时，恩格斯确实说过："对一些人是好事的，对另一些人必然是坏事。"① "轻徭薄赋"既然对地主阶级有利，又说它有利于农民改善生活、发展生产，这是否违反了恩格斯的上述理论，犯了阶级调和论的错误呢？答复仍然是否定的。理由是：恩格斯所说的是敌对阶级之间根本的阶级利益的绝对冲突，"让步政策"能够使统治者"长治久安"，符合地主阶级的根本利益，却不符合农民阶级的根本利益，因为农民所要求的不是剥削的减轻，而是废除封建剥削本身。唐太宗见其太子"临食将饭"，于是对他说："凡稼穑艰难，皆出人力，不夺其时，常有此饭。"见太子乘马，于是又对他说："不尽其力，则可以常有马也。"② 李世民很自觉，他所以对农民"不夺农时""不尽其力"，正是为了地主阶级能由此而经常剥削农民，经常把农民当牛马使用，这完全符合地主阶级的利益；但这种"让步政策"与农民阶级的根本利益则是背道而驰的。因此，就两个敌对阶级的根本利益而言，"让步政策"并不能起调和阶级矛盾的作用。承认"轻徭薄赋"能够在一定程度上改善农民的生活，只是承认"让步政策"能够缓和阶级矛盾，而农民仍然处于被剥削、被奴役的情况下，他们的生活略事改善，并非农民阶级的根本利益所在。"缓和"同"调和"完全是两个不同的概念，把二者等同起来是错误的。

"让步政策"是地主阶级的阶级政策，甚至可以说是地主阶级对农民阶级进行阶级斗争的一种特殊方式，它不能在任何程度上代表农民阶级的利益，农民从"让步政策"中所得到的一点微末之利实际上是一种诱饵。既然如此，为什么我们还要肯定"让步政策"的进步性呢？主要原因是：第一，当时封建生产关系还能容纳生产力的发展，或者说生产力

---

① 《马克思恩格斯选集》第4卷，人民出版社1972年版，第173页。
② 《贞观政要·教戒太子诸王》。

只能在封建生产关系的范围内求得发展，所以，我们不能因为"让步政策"的封建性质就否定它所能起的作用。如果到封建制行将最终崩溃的前夕还推行这一政策，那它就不再具有进步性，变成完全反动的了。第二，衡量一种政策是否具有进步性，不取决于它是否代表地主阶级的利益，而是看它能否促进社会生产，不应当把阶级性和进步性完全对立起来。第三，农民阶级虽然要求彻底摆脱封建剥削和压迫，但这种要求在当时还完全没有实现的可能，所以不能因为"让步政策"不符合农民阶级的根本利益就否定其进步作用。

我之所以肯定"让步政策"的积极面，还由于这是农民起义的成果之一，是农民阶级所占领的斗争阵地的扩大，这不是美化地主阶级，而是充分肯定农民的阶级斗争。另一方面，我们不但要指出"让步政策"的阶级性，而且要指出"文景之治""贞观之治"时期农民生活改善的不足，以及"让步政策"推行的暂时性，借以说明彻底推翻封建制的必要性。忽略了此点，片面地歌颂"让步政策"的作用，就容易流于改良主义。

最后须要说明一点，"让步政策"虽然是农民起义动力作用的重要体现，却不是其唯一重要的体现，农民起义在调整土地配置状况、改变生产关系、减轻人身依附等许多方面都能体现其动力作用，这些方面有的与"让步政策"有关，有的则与之毫无关系。所以，片面地夸大"让步政策"的作用，甚至说"唯有透过""让步政策"才能看到农民起义的作用，显然也是一偏之见。

（原载《光明日报》1979年1月16日）

关于唐代韩柳之争的几个问题

在"四人帮"大搞"评法批儒"的时候,评论唐代的韩柳之争,也成了一时的热门。梁效、罗思鼎以及唐晓文之流,按照其主子划定的模式,拼命削韩柳斗争之足去适儒法斗争之履。由于他们独霸论坛,控制舆论,不少论者深受影响,随声附和。如今,随着"四人帮"的垮台,长期积压心中的看法获得了一吐为快的良机。我写这篇文章,目的就在于围绕韩柳之争的几个问题,批判"四人帮"散布的谬论以及在其影响下出现的若干错误观点,澄清一些被搞乱的问题和被歪曲了的史实,还韩柳之争以历史的本来面目。

一 韩柳之争是分裂割据路线同统一集权路线的斗争吗?

当时有过一个论调:法家执行统一路线,儒家执行分裂路线。不少论者,据此推论说,柳宗元是法家,"二王八司马"贯彻维护统一集权的路线;韩愈是儒家,攻击"永贞革新",鼓吹分裂路线。从表面上看,这种提法似乎也有些道理,二王刘柳集团的改革确曾遭到西川节度使韦皋、河东节度使严绶和荆南节度使裴均的抵制,并且是在三大藩帅同宦官俱文珍等人的联合反对下宣告失败的,这不是证明他们受到割据势力的反对吗?韩愈在所写的《顺宗实录》和其他诗文中,对改革派大加诋毁,并且肉麻地吹捧俱文珍,这岂不是说明他公然站在韦、严、裴等割据势力一边吗?应当怎样分析这个问题呢?只有以马克思主义为武器,具体地分析史实,才能透视出问题的实质。"如果事物的表现形式和事物的本质会直接合而为一,一切科学就都成为多余的了。"①

"二王八司马"确实反对分裂割据,主张统一集权,但他们并没有把打击藩镇当作政治革新的主攻方向,唐顺宗和势单力薄的几个改革派人物也不敢自信有足够的力量来解决藩镇割据这个积重难返的问题。改革派与三大藩帅的斗争是由韦皋、刘辟首先发难,威胁王叔文,要求统领三川而引起的,各项革新措施并没有触犯藩镇的基本利益。后来韦、严、裴出面逼顺宗禅位,也完全是他们出于主动。特别值得注意的是,"永贞革新"时期,亲党胶固、父死子继、盘根错节的河北三镇对改革从未置喙,一直保持沉默,而西川、荆南和河东在全国林立的藩镇中并不是最重要的强藩巨镇。

俱文珍、刘光琦、薛盈珍等宦官发动宫廷政变,逼迫顺宗禅位,拥立唐宪宗李纯,而宪宗恰恰是唐朝后期大力镇压藩镇的著名皇帝。他即位之初,就西斩杨惠琳,南平刘辟,东定淄青,迫使武宁帅张愔归命,因而被封建史臣誉为"剪除乱阶,诛除群盗",促使"唐室中兴"的英主。② 如果改革派主要以打击藩镇为己任,其政敌所拥立的皇帝却又大刀阔斧地横扫群藩,革新派同反对派的斗争还有什么意义呢?可见是否打击藩镇势力,并不是双方斗争的焦点。

现在再回过头看看韩愈是否真正鼓吹过分裂割据路线。认为韩愈反对统一集权的论者,曾经提出过一系列论据,但都是站不住脚的。

论据之一,是说韩愈说过:夏、商、周都实行分封制,各诸侯间虽然互相攻战,但各朝都还能继传数十世而不败亡;秦统一天下后废除了分封制,所以纲纪大坏,二世而亡。据此得出结论说:韩愈鼓吹分封制,反对郡县制,就是为当时的藩镇割据制造理论根据。事实果真是这样吗?还是让韩愈亲自出面辩论吧。韩愈这段议论的原文是:

> 夏、殷、周之衰也,诸侯作而战伐日行矣,传数十王而天下不倾者,纪纲存焉耳;秦之王天下也,无分势于诸侯,聚兵而焚之,

---

① 《马克思恩格斯全集》第 25 卷,人民出版社 1974 年版,第 923 页。
② 《旧唐书》卷 15《宪宗纪》。

传二世而天下倾者，纪纲亡焉耳。是故……四海虽无事，不足矜也，纪纲而已矣。①

这里强调的是"纪纲"的重要性，而不是分封制的存在与否。韩愈用"诸侯作而战伐日行"描写夏、殷、周之"衰"，把秦朝"无分势于诸侯"说成是"四海无事"，正说明他并不认为分封制比郡县制有什么优越性，也没有把分封制当作"纪纲"本身。用这段史料证明韩愈鼓吹分裂路线，纯属望文生义。

论据之二，是说韩愈把藩镇看成保卫中央的屏障，并把藩镇比做防盗的垣墙，主张加强藩镇以卫护王室。这段议论的原文是：

> 今人有……宅于都者，知穿窬之为盗，则必峻其垣墙，而内固扃镝以防之，此野人鄙夫之所及，非有过人之智而后能也。今之通都大邑介于屈强之间，而不知为之备，噫，亦惑矣！②

所谓"屈强"，即指据地自雄的藩镇而言。所谓"通都大邑"，是指介于成德、淄青等强藩巨镇之间的蔡州或类似的地方。"峻其垣墙"非但不是说加强藩镇割据，恰恰是为了对付可能发动叛乱的藩帅。韩愈认为，"备之"的关键"在得人"，就是要中央任命可信赖、倚重的大臣坐镇蔡州一类的"通都大邑"，一则防止成德、淄青的叛乱，一则防止这些"通都大邑"变成新的叛乱策源地。可见以此来证明韩愈主张分裂，完全歪曲了这段史料的原意。

论据之三，是说韩愈主张"以藩制藩"，即利用一些藩镇的兵力去镇压另一些叛乱的藩镇，是维护藩镇割据。这种说法并不妥当。唐代自朱泚之乱以后，"自国门之外，皆方镇矣"③。在此末强本弱的形势下，单纯依靠中央所掌握的兵力无力镇压"素相联衡"④的藩镇，统治者只能采取

---

① 《韩昌黎集》卷11《杂说四首》。
② 《韩昌黎集》卷12《守戒》。
③ 《唐语林》卷8。
④ 《旧唐书》卷141《田弘正附布传》。

"以藩制藩"的办法。"永贞革新"刚刚失败，四川刘辟自为留后，发动叛乱，柳宗元也曾赞扬过讨伐刘辟的山南节度使严励。① 不仅如此，柳宗元还说：

> 谈者谓大梁（指宣武军）多悍将劲卒，亟就滑乱而未尝底宁。控制之术，难乎中道。盖以将骄卒暴则近忧且至，非所以和众而乂民也；将诛卒削则外虞实生，非所以扞城而固圉也。是宜慰荐煦谕，纳为腹心，然后感怀之道备。②

请问，这和韩愈《守戒》一文中的论点以及"以藩制藩"的策略有什么两样？难道能因此说柳宗元也鼓吹分裂割据吗？

论据之四，是说韩愈赞成传子制，为节度使的父死子袭制造理论根据。韩愈在《对禹问》一文中确曾对尧、舜传贤和禹传子的问题发表过赞成传子的意见，肯定其优越性在于继承者"不争"，"虽不得贤，犹可守法"③。但这里议论的是君位继承问题，与唐代藩帅的子袭父职毫无瓜葛。实际上，韩愈对唐朝后期的这一弊政还是深恶痛绝的，他曾说：

> 自天宝之后，政治少懈，文致未优，武剋不刚，孽臣奸隶，蠹居棋处，摇毒自防，外顺内悖，父死子代，以祖以孙，如古诸侯自擅其地，不贡不朝，六七十年。④

这段议论说明，韩愈不但反对藩帅的"父死子代"，而且不赞成把"古诸侯自擅其地"的制度移植到唐代。韩愈对节度使"摇毒自防，外顺内悖"的斥责恰恰证明他主张加强统一集权。

论据之五，是说韩愈吹捧过节度使董晋、张建封、贾耽和韩弘等人。关于此点，必须运用列宁"具体地分析具体的情况"的方法进行细致的

---

① 《柳河东集》卷20《剑门铭序》。
② 《柳河东集》卷22《送杨凝郎中使还汴宋诗后序》。
③ 《韩昌黎集》卷11。
④ 《韩昌黎集》卷39《潮州刺史谢上表》。

剖析。唐朝绝大部分节度使、观察使都是割据势力，但确有一些任过藩帅的人始终效忠于李氏朝廷，中央同他们的关系如身之使臂，臂之使指。大体上，这种节度使可分两类：一类是武将，如郭子仪、马燧和浑瑊等人，尽管他们都一度有过藩帅的头衔，却始终不失为皇室的爪牙之寄。另一类是由朝廷委派的心腹儒臣。唐德宗曾"志欲扫清河朔，不使藩镇承袭，将悉以文臣代武臣"①。李吉甫、杜黄裳等人就是儒臣任藩帅，加强中央集权的得力人物。

韩愈所吹捧的节度使属于哪一种类型呢？董晋以"明经及第"，久任京职，做宣武节度使后，朝廷虑其"柔懦"，曾派人辅助。②他在汴州"未尝言兵"，以"志于教化"相标榜。③贾耽以两经登第，曾"以温克长者致位丞相"④。这两个人都是李吉甫、杜黄裳类型的儒臣。李泌深感徐州是江淮漕运的咽喉要地，惟恐邻道李纳一旦有异图，"窃据徐州，是失江淮也，国运何从而致"⑤，在他的建议下，德宗才"思择重臣"以镇其地，决定派张建封任徐泗濠节度使。此人"素与马燧友善"，在徐州"礼贤下士"，天下名士游其门者，"其往如归"⑥。韩愈就是他幕下的名士之一。可见张建封虽属武将，仍然是郭子仪、马燧类型者。在董、贾、张统治的地方，决不可能像据地自雄的藩镇那样，"实如蛮貊异域"⑦。由此可见，韩愈吹捧藩帅，歌颂节度使，并非鼓吹分裂。柳宗元说过："今天下外多贤连帅方伯"⑧，难道能因此断言，柳宗元也是分裂路线的鼓吹者吗？

综上所述，打击藩镇并不是"二王八司马"的主攻方向。韩愈不但不支持藩镇割据，而且一贯主张加强中央集权，在镇压淮西节度使吴元济的时候，他不顾"朝臣多言罢兵"⑨，与裴度站在一起，力排众议，坚

---

① 《资治通鉴》卷227建中三年二月。
② 《旧唐书》卷145《董晋传》。
③ 《韩昌黎集》卷37《赠太傅董公行状》。
④ 《旧唐书》卷138《贾耽传末史臣曰》。
⑤ 《资治通鉴》卷233贞元四年十一月。
⑥ 《旧唐书》卷140《张建封传》。
⑦ 《资治通鉴》卷225大历十二年十二月。
⑧ 《柳河东集》卷25《送易师杨君序》。
⑨ 《旧唐书》卷170《裴度传》。

决主张讨伐到底。因此,分裂路线与统一路线之争根本不是韩柳之争的政治内容。

二 韩柳之争是任人唯亲同任人唯贤的路线之争吗?

几年来流行着一种所谓区分儒法"组织路线"的说法:法家任人唯贤,儒家任人唯亲。一些人便据此推论道:柳宗元是法家,主张任人唯贤;韩愈是儒家,主张任人唯亲。这种论点也是站不住脚的。

首先应当指出,把任人唯亲与任人唯贤当作划分儒家和法家的标准,从原则上讲,是完全错误的;从事实上讲,是毫无根据的。

孔丘主张"贵贵亲亲",那是就宗法制和世卿世禄制而言的。秦汉以后,在实行察举制和科举制的前提下,很少有人主张取士不问贤愚,荐举只选亲故。只有九品中正制实行的时期,"贵贵亲亲"的原则才短暂地重现过。在大多数时候,儒家原则上也是主张任人唯贤的。汉代的大儒董仲舒强调皇帝要"引贤自近,以备股肱"[①]。宋代的大儒朱熹认为,"任贤"是"修政"的大事。[②] 他反对皇帝"惟徇私情之厚薄"而使"贤者"遭到"斥逐"[③]。当然,不论是儒家还是法家,在实践上都免不了有任人唯亲的倾向,我们这里讲的"任人唯贤",是就口头上所讲的原则而言。

需要特别指出的是,真正的法家虽然并不反对"任贤使能",但在原则上,他们着意强调的却不是任人唯贤,而是举人唯才。法家不寄希望于臣下的忠、贤,而是主张君主以赏罚驭下,所以才特别强调君主要运用"势"和"术"。韩非认为,"人主有二患",其一就是"任贤",如果国君提倡"任贤","臣将乘于贤以劫其君",所以"人主好贤则群臣饰行以要君欲,则是群臣之情不效(明显);群臣之情不效则人主无以异(识别)其臣矣"[④],在他看来,"好贤"是国君受臣下蒙骗的根源,因此

---

① 《春秋繁露・天地之行》。
② 《朱文公集》卷11《壬午应诏封事》。
③ 《朱文公集》卷11《戊申封事》。
④ 《韩非子・二柄》。

韩非的用人原则是："计功而行赏，程能而授事"①；"上法而不上贤"②。汉末的曹操下令荐举"不仁不孝而有治国用兵之术"的人③，正是从法家举人唯才、任官尚能的原则出发的。这一点也恰恰是历代儒家攻击曹操的口实之一。

说韩愈主张任人唯亲路线的根据是什么呢？仍然是《对禹问》中的一段话：

> 或问曰："尧、舜传诸贤，禹传诸子，信乎？"曰："然。"……曰："……传之人则争，未前定也；传之子则不争，前定也。前定虽不当贤，犹可以守法；不前定而不遇贤则争且乱。"

韩愈在这里根本不是讲君主的用人路线，而是讲君位继承问题。根据这段议论断言韩愈主张任人唯亲，真是文不对题，张冠李戴。不过，在君位继承问题上，韩愈倒确实是传位唯亲论者，不是传位唯贤论者。而恰恰在这个问题上，儒法两家颇有意见一致之处。天字第一号的法家皇帝秦始皇就希望他的皇位能子孙相承，"二世、三世，传之无穷"。大儒家韩愈和大法家秦始皇想不到在这个问题上成了相知！

总之，任人唯亲与任人唯贤根本不是划分儒家和法家的尺度。至于说韩愈同柳宗元之间存在着什么两条用人路线之争，则纯属子虚乌有，完全是编造出来的。

三 "永贞革新"中的韩柳之争是改革与反改革的斗争吗？

包括"文化大革命"前的一些论者，都把"二王八司马"同韩愈之间的斗争说成是改革与反改革的斗争，也就是两条政治路线的斗争。从

---

① 《韩非子·八说》。
② 《韩非子·忠孝》。
③ 《三国志》《魏志·武帝纪》。

现象上看，确实有点像。韩愈大肆吹捧反对"永贞革新"的俱文珍，对改革派王叔文、韦执谊等人恨入骨髓，百般诋毁。如果深入分析这些事实，就会发现，其中还有未发之隐，真实情况并不如想象的那样简单。

为了深入研究，需要提出如下几个问题：首先，北宋王安石变法时期，朝野名臣围绕着各项新法展开了激烈的辩论；唐代"永贞革新"时期却从未发现内外大臣就各项改革措施分成党派，展开争论。这是为什么？其次，"永贞革新"失败之后，由反对改革的俱文珍等人拥立的唐宪宗，接受李绛、白居易等人的建议，于元和四年下令：降系囚，蠲租税，出宫人，绝进奉，禁掠卖良人为奴婢①。这些措施与"二王八司马"的改革大体上类似，但政令实行顺利，没有引起反改革的轩然大波，而"永贞革新"却斗争剧烈，顺宗甚至不明不白地遭了毒手，改革昙花一现，转瞬即逝。这又是为什么？第三，韩愈对改革派的某些人恶言相诋，毫不容情，但在他所撰写的《顺宗实录》中，对大多数改革措施却颇为赞赏。这又是为什么？

要回答这些问题，必须弄清当时两种势力斗争的政治实质。这场斗争实际上是宦官当权派与反宦官当权派的斗争。不仅罢宫市、罢五坊小儿、停十九名宦官的俸钱和夺禁军兵权是直接损害宦官集团的切身利益的，甚至罢例外进奉和盐铁使月进钱也间接触动了宦官的利益。唐代中央的国库称左藏库，由国家官吏掌握；皇帝的私藏称大盈内库，由宦官掌管。一般进奉的"羡余"大多进入大盈内库，宦官得以上下其手，损公肥己。此外，唐朝后期大多数盐铁使、转运使都勾结宦官，用贡奉达到"牢其权宠"的目的，进奉"羡余"等于是对皇帝和中央巨珰的公开行贿。因此，王叔文等罢进奉、月进钱，撤换盐铁使，是对当轴巨珰在经济上的威胁。

即如改革派同藩帅韦皋、裴均和严绶等人的矛盾，也是由宦官的插手酿成的。《旧唐书·宦官传序》称："自贞元之后，威权日炽，兰锜将臣，率皆子蓄，藩方戎帅，必以贿成。"很多地位不十分巩固的南方藩帅与宦官之间有政治、经济上的暧昧关系。因此，当改革派打击宦官的时

---

① 《资治通鉴》卷237元和四年三月。

候,宦官就必然策动藩帅,双方联合起来进行斗争。卞孝萱与章士钊发前人之所未发,指出河东节度使严绶和荆南节度使裴均都是由宦官背后操纵授意才公然出面,协同韦皋,配合俱文珍等人在中央的密谋,逼顺宗禅位的①。可见改革派同韦、裴、严的斗争,在实质上仍是同宦官的斗争。

明乎此,就不难回答上面提出的前两个问题了。首先,"永贞革新"和王安石变法虽然都是改革,其深度和广度却不能同日而语。王安石变法尽管也革除弊政,更重要的是变革法度,所以有革有兴;"永贞改革"则是单纯地革除一些弊政,基本上是有破无立。这就决定了熙宁新法能够引起大的论战,"永贞革新"中很少有人为声誉扫地的弊政辩护。其次,王安石变法牵涉地主阶级中两个阶层的利益,大多数达官显宦不可能不卷入新旧党争的旋涡;"永贞革新"只触动少数宦官的利益,而弄权的巨阉又有不可一世的权势,所以很多人不愿卷入这场斗争。再次,宪宗元和四年的一系列改革措施因为没有触犯宦官的利益,执行改革的人无须剥夺宦官的军权和政权,所以能够顺利地实现,而没有引起剧烈的斗争。

通过上述的分析,可以做出这样的结论:"永贞革新"中占支配地位的是对宦官当权派进行夺权与反夺权的斗争,改革法度的色彩非常淡薄。这是韩愈所以赞成"永贞革新"大多数改革措施的客观原因。

现在再回头看韩愈反对改革派的原因。此人在"永贞革新"前后始终站在俱文珍一边,但他并非一贯拥护宦官。元和初年,韩愈任都官员外郎分司东都时,就"日与宦者为敌,相伺候罪过,恶言詈辞,狼籍公牒"②。既然如此,他为什么与俱文珍沆瀣一气反对改革派呢?这要从他的经历与当时的人事关系等方面加以说明。德宗贞元中,董晋任宣武节度使时,俱文珍是监军,韩愈是观察推官,二人朝夕共事,结下了友情。俱文珍赴京师的前夕,韩愈作《送汴州监军俱文珍序并诗》,用"冲天鹏翅阔,报国剑铓寒"③的诗句对他纵情讴歌,为自己将来的仕途预布一个有利的棋子。贞元末,韩愈上疏忤旨,由监察御史贬为山阳令。德宗死,

---

① 《柳文指要》下《通要之部》卷2《永贞一瞥·二恨潜通史迹》。
② 《韩昌黎集》卷15《上郑尚书相公启》。
③ 《韩昌黎外集》卷3。

顺宗即位，大赦全国，他很希望乘此机会利用俱文珍的关系再到京师飞黄腾达一番。不料此时王伾、王叔文、韦执谊等袍笏登场，与俱文珍展开了激烈的权力之争。韩愈同柳宗元、刘禹锡本是好友，"同官尽才俊，偏善柳与刘"，但由于柳、刘与王伾、王叔文等搞在一起，所以韩愈对挚友也产生了怀疑，"或虑言语泄，传之落冤仇"。他遇大赦时"私心喜还忧"，喜的是可能重返长安，惧的是俱文珍同王叔文等的斗争可能挡住自己的归路。最后"果然又羁縶，不得归锄耰"。① 韩愈赴京腾显的梦想，一时被王叔文等人掀起的政治风浪冲得云消雾散。作为官迷的韩愈，站在俱文珍一边咒骂改革派就不足为奇了。他在《顺宗实录》中指责王叔文"日引其党，屏人窃窃私语，谋夺宦者兵，以制四海之命"；又说王叔文自任度支盐铁副使是为了"厚结诸用事人"，"以固其权"。韩愈对改革派的攻击集中在一个"权"字上，"小人乘时偷国柄"② 一句诗是最概括的说明。

在"二王八司马"中，王叔文、王伾和韦执谊是夺权的中坚和先锋，其他人只扮演配角，所以韩愈对改革派的攻击也集中在这三人身上。不但《顺宗实录》可以反映此点，《忆昨行和张十一》一诗反映得更为明显："忽有飞诏从天来。伾、文未揣崖州炽，虽得赦宥恒愁猜。近者三奸悉破碎……眼中了了见乡国，知有归日眉方开……君当先行我待满。"③ "伾"指王伾，"文"指王叔文，"崖州"指韦执谊，三人合称"三奸"。只要这三人柄政，韩愈就"虽得赦宥"也回京无术。"三奸破碎"扫清了晋升之路，于是他笑逐颜开，计日待归。韩愈的心迹在这首诗中暴露得一目无余。

在韩愈的心目中，他同王叔文等人的矛盾是由改革派与俱文珍等宦官争夺权力引起的，并不在于改革措施本身，因此，他不反对改革而反对改革派的首领，不赞成由宦官腐化引起的弊政却拥护宦官当权派。韩愈同改革派的斗争，完全是拥护还是反对宦官当权派的斗争，根本不是改革与反改革之争。

---

① 《韩昌黎集》卷1《赴江陵途中寄赠王二十补阙李十一拾遗李二十六员外翰林三学士》。
② 《韩昌黎集》卷3《永贞行》。
③ 《韩昌黎集》卷3。

四 韩柳之争是儒法斗争吗?

自从"儒法斗争"的"讲话"之后,不少论者便以韩为儒,以柳为法,把韩柳斗争纳入了儒法斗争的轨道。韩柳之间存在矛盾,韩愈是历史上的著名大儒,这些都是毫无疑义的。现在的问题是:柳宗元是不是法家?我想专就这个问题谈谈自己的看法。

柳宗元确实具有一些法家思想,但在"儒法斗争史"的放大镜下,这一点被成倍地夸大了。为了弄清问题,现在要先做还原的工作。有的论者根据柳宗元"圣人之道,不益于世用"这句话证明他反儒。此语见于《寄杨京兆凭书》,前后文联系起来读,其原意是:"荐举之道"有三难,即"知之难,言之难,听信之难"。在谈到"知之难"时,他特别指出,有的人是"有之而耻言之者",有的是"无之而工言之者",有的是"无之而不言似有之者",只有一种人是"有之而乐言之者"。这样,很多坏人和庸才就被荐举上来了,接下去才是"圣人之道,不益于世用,凡以此也"。① 显然,这不是说"圣人之道"没有用,而是说荐举不当,不能使"圣人之道""益于世用"。柳宗元在《谤誉》中有一句话:"谓我仲尼,吾又安取荣焉"。有的论者据此断言,柳宗元不以被誉孔丘为荣,说明他是不尊儒的。查这句话的前后文是:

> 如有谤誉乎人者,吾必征其所自,未以其言之多而举且信之也,其有及乎我者,未敢以其言之多而荣且惧也。苟不知我而谓我盗跖,吾又安取惧焉?苟不知我而谓我仲尼,吾又安取荣焉?②

这里说的是"谤誉"有无客观事实做根据,如果不了解一个人而毫无道理地把他捧为"孔圣人",那就没有什么光荣可言。这段议论一点反儒非

---

① 《柳河东集》卷30。
② 《柳河东集》卷20。

孔的意思也没有。柳宗元在《天爵论》中有一句话："使仲尼之志之明可得而夺，则庸夫矣；授之于庸夫，则仲尼矣。"有的论者据以说柳宗元否定了孔丘"唯上智与下愚不移"的谬论，甚至是否定了孔丘至高无上的地位。原文的大意是：先儒把"仁义忠信"说成是"天爵"，"未之尽也"，更重要的是天赋给圣贤以"志"和"明"。因为有"志"，才有恒心；因为有"明"，才能"先觉""独见"。"圣贤之异愚也，职此而已。使仲尼之志之明可得而夺，则庸夫矣；授之于庸夫，则仲尼矣。"最后的结论是："道德与正常，存乎人者也；克明而有恒，受于天者也。"① 这里明明是在宣扬天才论，"使仲尼之志之明可得而夺"及"授之庸夫"说的是反话，正面强调的则是其"受于天者"不可"夺"、不能"授"，怎能据此说柳宗元否定了"上智与下愚不移"和孔丘的圣人地位呢？

说柳宗元尊崇法家的一部分根据也是很成问题的。这种根据之一，是他说申商刑名"皆有以佐世"。按原文如下：

> 太史公尝言："世之学孔氏者则黜老子，学老子者则黜孔氏。道不同不相为谋。"余观《老子》亦孔氏之异流也，不得以相抗；又况杨、墨、申、商、刑、名、纵横之说其迭相訾毁抵牾而不合者可胜言耶！然皆有以佐世……今有河南元生者……悉取向之所以异者，通而同之，搜择融液，与道大适，咸伸其所长而黜其奇斜，要之与孔子同道，皆有以会其趣。②

柳宗元把"申、商、刑、名"都说成和道家一样，是"孔氏之异流"，"与孔子同道"，不能看作与儒家"相抗"。这样，儒家就成了百家之源，是派生其他学派的学派。这究竟是歌颂儒家还是歌颂法家呢？柳宗元不但为儒家大唱赞歌，而且还有明显的贬抑法家的话。他在批评韩愈排佛时说："退之好儒未能过扬子，扬子之书于庄、墨、申、韩皆有取焉。浮图者反不及庄、墨、申、韩之怪僻险贼耶？"③ 把申、韩说成"怪

---

① 《柳河东集》卷3。
② 《柳河东集》卷25《送元十八山人南游序》。
③ 《柳河东集》卷25《送僧浩初序》。

僻险贼"，恐怕不是"尊"的表现吧！他在《咏荆轲》一诗中一方面对荆轲寄予深切的同情和惋惜，一方面却诅咒"秦皇本诈力"①。可惜这些材料都被某些论者回避了。正确的说法应当是：柳宗元具有某些法家思想，但并不尊崇法家。

不能认为多少具有一点法家思想的人就是法家。韩愈在镇压淮西节度使吴元济时上疏称："兵之胜负，实在赏罚。赏厚可令廉士动心，罚重可令凶人丧魄，然可集事，不可爱惜所费，惮于行刑。"② 这是典型的韩非式的语言。此外，他在《进士策问》还设问：

> 当周之衰，管夷吾以其君霸，九合诸侯，一匡天下，戎狄以微，京师以尊，四海之内无不受其赐者……秦用商君之法，人以富，国以强，诸侯不敢抗，及七君而天下为秦。使天下为秦者，商君也。而后代之称道者，咸羞言管、商氏，何哉？庸非求其名而不责其实欤？③

如果根据片言只字可以定儒法，韩愈岂不也成了法家？

我认为在柳宗元思想中儒家倾向是主要的。理由如下：

第一，古人所说的"道"，在政治上是指最高原则而言。柳宗元所标榜的"道"是什么货色呢？有的论者认为古文运动中韩愈所说的"文以载道"，是载儒家之"道"，柳宗元所说的"文以明道"，是明法家之"道"。事实果真是这样吗？还是请柳宗元本人来回答吧。他在《答韦中立论师道书》中说：

> 始吾幼且少，为文章，以辞为工。及长，乃知文者以明道……凡吾所陈，皆自谓近道……本之《书》以求其质，本之《诗》以求其恒，本之《礼》以求其宜，本之《春秋》以求其断，本之《易》以求其动。此吾所以取道之原也。④

---

① 《柳河东集》卷43。
② 《韩昌黎集》卷40《论淮西事宜状》。
③ 《韩昌黎集》卷14。
④ 《柳河东集》卷34。

在《时令论下》中他又说："圣人之为教，立中道以示于后，曰仁、曰义、曰礼、曰智、曰信，谓之五常。"① 在《四维论》中也说："圣人之所以立天下，曰仁义。仁主恩，义主断，恩者亲之，断者宜之，而理道毕矣。蹈之斯为道……"② 事实雄辩地说明，柳宗元所明之"道"，是十足的儒家之"道"。对"永贞革新"，他认为是"本期济仁义"③"以兴尧、舜、孔子之道"④，即实践儒家路线，而不是实践法家路线。

第二，当法家的"法治"同儒家的仁义发生尖锐矛盾时，柳宗元旗帜鲜明地站在儒家一边。武则天执政时发生过这样一件事：徐元庆的父亲被县吏无故杀害，他于是"手刃父仇，束身归罪"。对这个案件怎样处理呢？陈子昂主张："诛之而旌其闾，且请编之于令，永为国典。"柳宗元对此大加非难，认为：

> 盖圣人之制，穷理以定赏罚，本情以正褒贬……且夫不忘仇，孝也；不爱死，义也。元庆能不越于礼，服孝死义，是必达理而闻道者也。夫达理闻道之人岂其以王法为敌仇者哉？议者反以为戮，黩刑坏礼，其不可以为典明矣。⑤

柳宗元在这里也谈赏罚，但不是法家的赏功罚罪，而是儒家的赏仁奖义。甚至他强调要使法治服从于仁义。

第三，孟、荀以来，儒法两家一贯存在义利之争，儒家尚义，法家尚利。柳宗元就春秋时的秦晋之争借题发挥，斥责秦穆公"违义从利也甚矣，霸之不能也以是夫"⑥。可见在义利之争的问题上，他也是尚儒不尚法的。

第四，柳宗元处处以孔丘、颜渊等为做人的典范。他在道州、柳州的文宣王庙亲自为孔丘立碑，歌颂备至，固不待言。柳宗元在称赞独孤

---

① 《柳河东集》卷3。
② 《柳河东集》卷3。
③ 《柳河东集》卷43《哭连州凌员外司马》。
④ 《柳河东集》卷30《寄许京兆孟容书》。
⑤ 《柳河东集》卷4《驳复仇议》。
⑥ 《柳河东集》卷45《非国语下·获晋侯》。

申叔时还说:"昔孔子之世有颜回者,能得于孔子,后之仰其贤者,譬之如日月而莫有议者焉。呜呼,独孤君之明且仁,如遭孔子,是有两颜氏也!"① 对儒家人物尊崇到这种地步,可谓至矣! 不仅如此,别人也是这样称赞柳宗元的,刘禹锡就说:"孔子四科(指德行、言语、政事、文学),罕能相备,惟公特立秀出,几于全器。"② 这就是说,按儒家的做人标准来衡量,柳宗元简直成了完人。

最后,在柳宗元的全部著作中,少如凤毛麟角的几句法家语言,如果与连篇累牍的儒家语言相比,如小巫之见大巫,就更不待言了。

综上所述,柳宗元的思想尽管杂糅儒法,但占统治地位的还是儒家思想,法家思想不但不占支配地位,而且微不足道。因此,韩柳之争根本不是什么儒法之争。

五 韩柳在哲学上的论争是儒法斗争的反映吗?

还是根据江青立的标准,有的论者推论说:"韩愈是儒家,所以鼓吹唯心主义;柳宗元是法家,必然宣传唯物主义。"韩愈作为大儒,鼓吹唯心主义是确实的。须要提出疑议的是,柳宗元的唯物主义思想是否法家政治路线在意识形态上的反映,因为法家有不少人是唯物主义者,但唯物主义者未必就是法家。

柳宗元是我国哲学史上杰出的唯物主义者,但他并不认为唯物主义思想同儒学有什么矛盾。如他曾说:"吾尝言,圣人之道,不穷异以为神,不引天以为高,故孔子不语怪与神。"③ 即令大力宣传唯物主义时,他也是在儒家的旗帜下进行的。

柳宗元宣传唯物主义的政治目的很值得注意。他在《贞符》这篇名著中痛斥董仲舒的天人感应说,指出"其言类淫巫瞽史,诳乱后代,不足以知圣人立极之本"。接着,以孔丘称赞尧、舜、禹、汤等人的"克明

---

① 《柳河东集》卷11《校书郎独孤君墓碣》。
② 《刘梦得外集》卷10《为鄂州李大夫祭柳员外文》。
③ 《柳河东集》卷44《非国语上·料民》。

俊德""克宽克仁"为例，得出结论说："惟兹德实受命之符。"他还以唐朝的历史证明："受命不于天，于其人；休符不于祥，于其仁。惟人之仁，匪祥于天。"① 他认为大臣谏君不应当用灾异相威胁，应当"以道不以诬，务明其君，非务愚其君也"。② 为什么统治者会产生迷信天命鬼神的思想呢？柳宗元的解释是："力足者取乎人，力不足者取乎神。所谓足，足乎道之谓也。"③ 在政治上与他同属一派的吕温也说："立臣之本，委质定分，为仁不卜，临义不问，无天无神，唯道是信"，"兴亡理乱，在德非运"。④ 这些议论综合起来，无非是说：皇帝能否得天下，治理好天下，不取决于天命神意，而取决于能否行儒家之道。宣扬天人感应的迷信思想，不但无补于长治久安，而且不利于行"仁政"。因此，柳宗元宣传唯物主义，不但不是什么尊法反儒，而且是为了更好地宣传、贯彻儒家的政治原则。

柳宗元作为唯物主义者，为什么又信佛呢？这同他在政治上的软弱性有密切的关系。柳宗元自称"自幼好佛"，但真正精通佛学是在贬谪永州之后。⑤ 他在不少作品中对"永贞革新"进行回顾和检讨，总结其政治上碰壁时一再自责"年少好事，进而不能止"⑥。由此得出做人的教训是"方其中，圆其外"⑦，也就是不要过于孟浪，而要圆滑一些。把这种认识上升到理论，就是"纯柔纯弱兮，必削必薄；纯刚纯强兮，必丧必亡"⑧。于是最后回到儒家的"中庸之道"，强调"谨守而中兮，与时偕行"。⑨ 顺着这条路走下去，柳宗元思想上就出现了妥协、调和的倾向，所以唯物主义与佛教可以在意识中和平共存，儒家思想可以和百家、佛学相通。

柳宗元的信佛和尊儒是方向完全一致的。他在政治上的调和、中庸倾向，反映到思想上，就是在各家各派间大和稀泥，其中也包括在儒佛

---

① 《柳河东集》卷1。
② 《柳河东集》卷44《非国语上·料民》。
③ 《柳河东集》卷44《非国语上·神降于莘》。
④ 《吕和叔文集》卷8《古东周城铭》。
⑤ 《柳河东集》卷25《送巽上人赴中丞叔父召序》，卷28《永州兴龙寺西轩记》。
⑥ 《柳河东集》卷30《与裴埙书》。
⑦ 《柳河东集》卷33《与杨诲之书》，卷16《说车赠杨诲之》。
⑧ 《柳河东集》卷2《佩韦赋》。
⑨ 《柳河东集》卷2《惩咎赋》。

之间和稀泥。柳宗元驳斥韩愈排佛时说："浮图诚有不可斥者，往往与《易》、《论语》合"，而"不与孔子异道"。① 所以他大加表彰"统合儒释"的人。②

如果说，在宇宙观方面，柳宗元是唯物主义者，那么在方法论方面，他恰恰是一个强调斗争不足，强调调和有余的形而上学论者。方法论上这一致命弱点，正是从宇宙观上的缺陷派生出来的。

韩愈排佛，但不是从宇宙观的高度反对佛教的唯心主义，而是认为佛教"不知君臣之义、父子之情"③ 违背了儒家所强调的忠孝，并且使"道统"中断，不能断而复续。韩愈不仅排佛，而且反对战国以来儒家以外的一切学派，认为"道于杨、墨、老、庄、佛之学而欲之圣人之道，犹航断港绝潢以望至于海也"④。只是由于佛教在唐代的地位远非杨、墨、老、庄、申、韩可比，他才把主要矛头指向佛教。

韩愈排佛，是为了突出儒家的"道统"，用儒学净化人们的思想；柳宗元佞佛，"统合儒释"，无非是把佛学看得与百家相同，均"与孔子道同"，最后都要汇合于儒学的大海。

通过上述的论述，我替韩愈抹掉了一些莫须有的罪名，揭示了柳宗元一些尊儒贬法的思想，摘去了人为地给他戴上的法家帽子。但须要说明，我并不想在总的方面给韩愈翻案，也无意于贬低柳宗元的历史地位。对韩、柳二人进行历史唯物主义的考察，我认为轩柳轻韩是正确的。但扬柳要扬其所当扬，抑韩要抑其所当抑。如果按照"四人帮"的指挥棒转，用唯心主义和形而上学的观点，歪曲事实的手法扬柳抑韩，就必然要使真理变成谬误。

（原载《历史研究》1977 年第 4 期）

---

① 《柳河东集》卷 25《送僧浩初序》。
② 《柳河东集》卷 25《送文畅上人登五台遂游河朔序》。
③ 《韩昌黎集》卷 39《论佛骨表》。
④ 《韩昌黎集》卷 20《送王秀才序》。

几件新疆出土文书中反映的
十六国时期租佃契约关系

至目前为止,国内外已经发表的出土文书中的租佃契约,最早者为高昌延昌二十四年(584)前后的三件租田契。①延昌二十四年相当于隋朝的开皇四年。隋唐以前的租佃契约,尚付阙如。因此,魏晋南北朝时期的主佃关系是否也存在契约形式,过去很难加以确证。现在我们整理的一百多件吐鲁番地区出土的十六国文书中有 7 件契券,其中恰恰也没有租佃契约。幸运的是,新疆阿斯塔那墓地第 62 号墓于 1966 年出土的两件"翟彊辞为共治葡萄园事"可以从侧面回答这个问题。所以,这两件文书具有特殊价值,应当给予重视。现特就此加以分析。

6TAM62:6/4"翟彊辞为共治葡萄园事一"(以下简称"翟彊辞一")的释文是:

1 ……(……表示原文缺,下同)秋当与□……

2 □残少多,用了外责(债)……

3 今年风虫,蒲(葡)陶(萄)三分枯花。□□

4 □彊家理贫穷,每调陪(赔)□

5 与 绩 辞索,诉诣曹久绩投了□

6 ……与其各解。绩作高□□,身 知剪……

7 ……获曹符下,累次下积

8 ……欲行被剌。彊共积有要

---

① 《文物》1962 年第 7、8 期。

9 ……要从大例，惟有残少

10 ……东垂麦际，为贼所□

11 ……□保察督□

12 ……分处。谨辞。

文书中的某些字因字迹不清，难于辨认，亦无法模写，均用"□"表示，下同。66TAM62：6/1"翟彊辞为共治葡萄园事二"（以下简称"翟彊辞二"）的释文是：

（前缺）

1 □□乏，外有责（债）负。……

2 □绩蒲（葡）陶（萄）六亩，与共分治。……

3 为埋。去春为出责棵……

4 潢（粪）十车□秋当……

5 望残少多，用俟结要。若……贼要……

6 贫民不……□年多

7 一枯花……□□有……

8 为分处……水火……吞

9 教付曹。……

10 辞。

与这两件"翟彊辞"同墓出土的文书有"缘禾五年随葬衣物疏"（66TAM62：5），据此推知"翟彊辞"的年代不会晚于缘禾五年。在史籍中从未见有缘禾年号的记载，但酒泉所出白双氏造经石塔上题有"凉故大且渠缘禾三年岁次甲戌七月上旬"[①]，按北凉并无缘禾年号，而以干支相推，北魏太武帝延和三年亦为甲戌，可见"缘禾"三年实即"延和"三年，为公元434年，按北魏延和只有3年，公元435年即改元太延，可能高昌地区在改元后仍沿用延和年号。据此，则"翟彊辞"的年代不会

---

① 参见《文物参考资料》1956年第7期。

晚于太延二年，即公元436年。

据同墓出土的其他文书知"彊"是人名，姓翟。"积"与"绩"系指一人，姓氏不详，无从查考。这两件文书虽然都不是契约，但其中一再提到"要"，如"彊共积有要"，"要从大例"及"结要"等。《论语·宪问》："久要不忘平生之言。"何晏集解引孔安国曰："久要，旧约也。"《国语·鲁语下》："夫盟，信之要也。"韦昭注："要，犹结也。"《史记·苏秦列传》："要约曰：秦攻楚，齐、魏各出锐师以佐之。"可见"要"字有相约、盟约、缔约之义，文书中以"要"代"约"，即由此引申为契约。这两件"翟彊辞"说明，翟彊与积之间确实订有"共分治"葡萄园的契约，而且这种契约关系在当时当地有"大例"可循，已经比较通行。

由于文书严重残缺，仅凭这两件"翟彊辞"还弄不清契约的全部内容，须要借助于一些同墓出土的其他文书，以明确翟彊的身份地位。66TAM62∶2/6"翟彊辞为负麦被拽牛事"的释文是：

（前缺）

1 □春从人……奴，奴佛流
2 □二斛，夏……偿麦三斛，
3 □夏麦……□□恶，已偿
4 麦一斛〔五斗〕，残负麦一斛五斗，比
5 尔当方宜索偿。彊是贫
6 □，外□□牛一头载致。流拽牛
7 □去，经四日，足额。愿赐教付曹，
8 □流以牛见还，比尔当举便
9 偿流。谨辞以闻。

这件文书尽管残缺不全，从中仍可看出，翟彊确因家境贫穷，曾于春季向别人举麦二斛，可能本息共计，到夏季当偿麦三斛，半年利息一斛，全年二斛，亦合乎"倍称之息"的传统惯例。由于债务人无力一次偿清，所以已偿麦一斛五斗，尚欠一斛五斗。在索偿余债时，大致因为翟彊不能全部偿息还本，故被索债人佛（？）流拽去耕牛，使用四天，才算补偿"足额",最后"以牛见还"。"翟彊辞一"说翟彊"家理贫穷"。"翟彊辞二"说"□□乏,外有债负", "乏"字前的两字也很可能是"理贫"二字。结合"翟彊辞为负麦被拙牛事",几件文书都说明翟彊的经济地位不高,家境比较贫困。

另外还有三件文书可以说明翟彊的政治身份。

66TAM62:6/3(b)"翟彊辞为征行逋亡事"的释文是:

(前缺)

1 ……得……翟彊……
2 ……廿□当征行其□……受鲁得等五人□□
3 ……令,逋不往,还即白逋。……往
4 ……竟,受囹狐国□
5 ……引彊囚云;共彊知………
6 ……乞赐教,付曹召彊,并枉□□检校,
7 ……□不受枉。谨辞。

66TAM62:6/5"翟彊辞为受赇事"的释文是:

(前缺)

1 ……受兵鲁得……
2 令狐国、王朴子等五人赇物,放住残……
3 □逋,彊即上辞,蒙教付曹检校。欻叠……亡还
4 囚恤。彊白:子等九人,逋不从征,各□……欻用□塞赇罪。
5 鞭二百。韩□一人欻,勒彊省冀表逋囚……
6 塞赇罪。彊即白以诺书付曹,摄兵行□……

66TAM62:6/3(a)"翟彊残启"的释文是:

(前缺)

1 □为欻见言云:彊共欻□……兵赇物□

2 不见申理。闻彊在狱,遁☒……见在可校

3 彊□并利,横见搏引,曹……

4 □□赐教付曹,明为……

5 ……启

文书中已经涂抹的废字,一概用"☒"表示。"塞赇罪"亦属自行涂抹的废字,但因仍有参考价值,故照录原文,每字加圈表示原系废字。综合上述三件文书可以大致看出,鲁得、令狐国与王朴子等人是应当"征行"的士卒,他们"遁不从征",并对官吏行贿,翟彊被控接受其贿赂,因而一度下狱。据此推知,翟彊的职务大致是军事部门中的一个低级胥吏,没有什么显赫的政治地位。

综合翟彊的经济地位和政治身份考察,翟彊虽为小吏,但可以肯定已经走向破产,负债累累,终于沦为劳动者,因而不得不与别人"共分治"葡萄园6亩。这6亩葡萄园分属两人所有而又恰好集中在一处的可能性较小。从翟彊的家境贫穷及"翟彊辞"二所说"□绩蒲陶六亩,与共分治"之语,可以推知,土地属绩所有,翟彊实际处于佃耕人的地位。

既云"共分治"葡萄园,绩的身份有两种可能:或者是,绩为葡萄园的出租者,但也提供一些生产资料,如肥料、工具之类,本人却不参加劳动;或者是,他自己也参加部分劳动,即以土地所有者和劳动者的双重身份与翟彊共分产品。如属第一种情况,绩与翟彊间的契约关系就是纯粹的地主与佃农间的租佃关系;如属第二种情况,则二人间既有主佃关系,也有劳动者间的合作关系。不论在哪一种情况下,绩都是土地所有者和地租占有者,所以剥削关系的存在是确凿无疑的。

唐代的租田契中常有"若风破水旱,随大匕(化)例"的习惯用语[①],"翟彊辞"一中也有"要从大例"的记录,两件辞中均提到"枯花",其中一件还有"今年风虫"一语,说明翟彊与绩由于当年遭到风灾、虫灾,葡萄枯花减产,双方在分配问题上发生了争执,才申辞官司,

---

① 参见《文物》1960年第6期所刊《贞观十七年正月三日赵怀满租田契》图版及大谷文书2828号《显庆四年张君行租田契》等。类似的文书还很多,不列举。

请求"分处"。这反映租佃契约得到官府的正式认可,在法律上具有效力,缔约双方可以根据契约规定的权利和义务进行诉讼。此一现象也是契约关系普遍到一定程度才会出现的。

我们还发现了租赁其他生产资料的契券,如:

63TAM1:16"西凉建初十四年(418)严福愿赁蚕桑券的"释文是:

1 建初十四年二月廿八日,严福愿从阚
2 敛得赁叁薄蚕桑,贾(价)交与毯
　　　　(后缺)

建初是西凉李暠的年号,无十四年,李歆于十三年二月已改元嘉兴。大概高昌一带在改元后仍继续沿用此一年号,故文书中出现了建初十四年的纪年。实际上,建初十四年即西凉嘉兴二年,公元418年。可见这件文书反映的是西凉末年的事。文书中提到"叁薄蚕桑",《史记·绛侯周勃世家》:"勃以织薄曲为生。"《索隐》:"谓勃本以织蚕薄为生业也。"是薄即蚕箔,为一种养蚕工具。这件文书虽然不是土地租佃契券,但"赁叁薄蚕桑"毕竟是租赁生产资料。这种生产资料在生产中的重要性远不及土地,其租赁尚须订立契券,则土地租佃须订立契券就更不待言了。建初十四年早于缘禾三年十六年,将来很可能发现比"翟䍚辞"更早的租田契。

过去史学界普遍认为,汉代开始早已存在"或耕豪民之田,见税什五"及"分田劫假"的租佃制,但只有到隋唐时期出现大量假田契以后,地主对佃农的超经济强制才趋向缓和,而魏晋南北朝一般都当作超经济强制特别严重的历史时期。根据上述几件文书可以肯定,对魏晋南北朝时期的这种估计不能太绝对化了,因为当时确实已经存在租佃土地的契约关系,超经济强制逐渐缓和的趋势,在东晋南北朝时已经开始了,只是到隋唐以后就更加发展和明显了。

一般说来,雇农的人身依附程度比佃农还要差,而雇农在战国、秦、汉时早已存在了,现在我们又发现了十六国时期农业上雇工耕作的文书。

66TAM594/1(b)"北凉玄始十二年(423)翟定辞为雇人耕床事"

的释文是：

1　玄始十二年□〔月〕廿二日，翟定辞：昨廿一日
2　顾（雇）王里安儿、坚彊耕床到申时，得
3　大绢□疋（?）。……今为□与□安、坚二口……
4　……等□可……
5　……状如前。

（后缺）

王里是里名。"床"即"穄"字的异体，穄是粟的一种，在古代新疆一带广为种植，是当地主要农作物之一。雇工耕床说明这种生产关系已采用于主要作物的耕作上。这件文书反映，十六国时期当地不但使用雇工，而且还使用短工耕作。一般说来，短工、忙工比长工在人身上更独立一些。东汉末年以后，"钱货不行"，自然经济特别严重。目前我们整理的100多件十六国文书中，除个别"随葬衣物疏"偶然记录"铜钱"数枚、金银若干外，很少涉及货币，一般买卖、举债均以毯支付。从魏晋到隋唐，绢帛经常与钱币相辅而行，局部地起着交换手段和支付手段的作用。因此，雇人耕床以绢酬值，就是以通行的交换手段、支付手段购买劳动力，在当时是一种典型的雇佣关系。显然，地主对这种"耕床到申时"的短工所施加的超经济强制，比地主根据契券对佃农所施加的超经济强制更逊一筹。

须要特别提出的是，封建社会的契约关系与资本主义社会的契约关系不能同日而语，前者始终意味着依附农民在人身上的某种不自由，而后者则是劳动者在人身上完全自由的人与人之间的关系。正如马克思在《资本论》中所说："在直接劳动者仍然是他自己生活资料生产上必要的生产资料和劳动条件的'所有者'的一切形式内，财产关系必然同时表现为直接的统治和从属的关系，因而直接生产者是作为不自由的人出现的；这种不自由，可以从实行徭役劳动的农奴制减轻到单纯的代役租。"[1]

---

[1]　《马克思恩格斯全集》第25卷，人民出版社1974年版，第890页。

封建社会的租佃契约正是地主限制佃农自由、规定农民必须交纳地租的保证。因此，根据上述几件文书的分析，既不能把魏晋南北朝的超经济强制估计得太过分了，也不能把契约形式的租佃关系看得太自由了。

（原载《文物》1978 年第 6 期）

历史研究法刍议

近十年来,随着我国对外开放政策的实行和西方科技的引进,资本主义世界的学术思想、文化艺术像海风一样,一阵又一阵地从意识形态的窗口不断袭来,甚至使人感到强劲有力、势不可挡,不能不认真加以对待。其中重要的思潮之一,就是关于社会科学采用新的研究方法的议论。史学界由于这种思潮同史学危机的喧嚣结合在一起,议论就显得尤为热烈。认为不采用新方法,历史科学就找不到出路难以做出贡献者有之;认为传统研究方法已是穷途末路,不能再沿着老路走下去者有之;主张只有采用自然科学的三论(控制论、系统论、信息论)才能克服史学危机者有之。此外,"文化大革命"前的"以论带史""论史结合""论从史出"三个口号的争执,也偶尔旧话重提,似乎孰是孰非的问题至今仍然没有从思想上得到解决。"工欲善其事,必先利其器";"磨刀不误砍柴工"。看来先在方法论上花点笔墨是值得的。个人对"三论"和"新三论"(耗散结构论、协调理论、突变论)完全是门外汉,可谓一窍不通,本来没有发言权。但作为史学工作者,又不能不关心这些思潮和议论,而且也有选择地接触了几本运用新方法研究历史的论著,所以形成了一些粗浅的看法,感到不吐不快。这就是决定写这篇短文的来由。

于此,不打算对各种方法进行评价,因为不懂就不宜妄加评论。兹拟主要就各种方法论之间的关系及应当对新旧方法所采取的态度,略抒己见,就正于大家。

一 运用马克思主义理论研究历史同继承乾嘉考据遗风之间的关系问题

"以论带史""论从史出""论史结合"的口号争执，长期得不到解决，实质上就是由于对这里要讨论的问题没有从根本上加以解决，即不知道如何处理这两种治史方法之间的关系。个别热衷于考证的史学工作者，觉得运用理论研究历史，既冒风险，结论又不可靠，只有考证史书、史实取得的成果，才是经得起时间考验的传世之作；有志于运用马列主义研究历史的人，有一部分把考据目之为"烦琐考证"，认为其成果有史无论，价值不高；还有的人甚至认为走乾嘉老路，有碍于运用历史唯物主义，是资产阶级学术研究方法的反映。在这种情况下，三个口号之争，在某种程度上带上了政治色彩。

我觉得这种争执实际上是一个误会，处理好两种治史方法间的关系即可顿时冰释。仔细回味过去的争执，实质上是一个历史学与史料学之间的关系问题。所谓"历史学"，是指研究人类社会的发展及其规律的学科，没有理论指导自然是不行的。理论当然各种各样，汤因比的文化形态说、挑战应战说是理论；陈寅恪先生的种族文化论是理论；马克思列宁主义更是指导研究历史的观点、立场、方法的重要理论。在我们社会主义国家中，主要指的是辩证唯物主义和历史唯物主义的理论，这是不言而喻的。所谓乾嘉学派的治史，无非是考证史籍的真伪及其记载是否属实，考证旧典的作者、成书年代及撰写背景，实际上就是考订旧史料，并认定其可信程度和史料价值。对史实的考证，或者是发现了记载的曲笔和失实，或者是发现了记载的彼此抵牾，也仍然是对史料的订正。尽人皆知，史料学是历史学的辅助学科，没有史料学做资料基础，历史学是无法进行研究的，因为运用马列主义研究历史，也不允许用伪书，搞错史籍的作者和成书的时代。一旦明确了此点，我们就会看到，历史学和史料学的关系，运用辩证唯物主义、历史唯物主义的理论研究历史和继承乾嘉遗风考订史料的关系，是相辅相成的，并不是相反相成的，以往把二者对立起来的态度,完全错误。

既然史料学是历史学的一门辅助学科,二者的地位就不可能完全相同。毋庸讳言,历史学是史学的主干,史料学是枝叶,因此,既不能因为要运用理论研究历史,就取消、反对考证,也不能以主要的人力去搞史料学而削弱历史学的研究。

期待史料学家把所有的史料都考证清楚,是不切实际的幻想;无论他们做出了多么辉煌的成就,取得了多少研究成果,历史学家总会发现史料记载中尚有未经考订清楚的地方,所以尽管史料学与历史学之间有分工,彼此属于两个学科,但历史学家总难免多少要做点史料考证工作,必须一身而二任焉。那种不考订记载、随意引用史料的学风是不可取的。因此,考证也是历史学家的基本功之一。

三个口号的争执,还由概念混淆引起。"以论带史"所讲的"论",是指马克思主义的基本理论;所讲的"史",是历史研究,即在正确的理论指导下研究历史。"论从史出"所讲的"论",并不是马克思主义的基本理论,而是指历史学家所作出的结论;所讲的"史",是指史料和对史料的分析、研究,自然在研究中也离不开运用理论。如果对上述两个口号作如是理解,那么"论史结合"同它们也就没有什么本质的区别。过去围绕着三个口号之所以产生争执,与极左思潮有一定的关系。戴上"左"视镜看"以论带史",就幻化成了"以论代史",一字之差变成了发空论、放空炮。正是针对着这种"左"的误解,才提出了"论从史出"和"论史结合"。如果我们从根本上能够正确地摆正论和史的关系,就没有必要再去纠缠这些旧口号的争执了。

二 运用"三论""新三论"等新方法研究历史同运用传统方法研究历史的关系问题

这里所说的"传统方法",是指运用马克思主义理论研究历史和乾嘉以来的考订史料;这里所说的"新方法",亦泛指引进其他自然科学的研究方法。新、旧方法之间的关系应当是怎样的呢?必须正确对待和处理这个问题。

首先，谈谈新方法与史料考订间的关系问题。不论运用什么神奇的方法，治史而不大量搜集史料也是不行的。对搜集来的史料不辨真伪、不知道史籍编纂年代地胡乱引用也是行不通的，甚至可以说态度不够严肃。主要依靠转引第二手、第三手材料，甚至利用外国的通俗读物，那就更谈不上是研究历史了。这样做出来的结论即使完全正确，也不会让人相信和确认。因此，运用自然科学方法研究历史可以提倡，历史学却仍然离不开史料学这一辅助学科，正如研究历史离不开考古学一样。历史学是一门科学，科学上所作出的结论需要论证，只论不证就难以得出科学的结论。运用马列主义研究历史需要根据史料进行科学的论证，运用自然科学方法研究历史也不能发空论、放空炮。对于运用新方法的史学工作者来说，考证同样是重要的基本功之一，不能不具备这种能力。

考订史料作为传统的古老治史工作，是否已经走到穷途末路，甚至因新方法的出现而很快就要被排挤、被淘汰了呢？是否已经没有出路了呢？答复是否定的。只要有历史科学存在，考证工作就有生存的土壤，就具有生命力，这是由于利用伪书和错误记载不可能认识历史的真实面貌，至于发现历史发展规律就更无从谈起了。中外史籍汗牛充栋，大量历史档案尚未得到整理和公布，史料学大显身手的用武之地非常广阔。现在对它提出的挑战，不是有无出路、能否存在下去的问题，而是如何使它向纵深发展、进一步提高水平及怎样在这一领域也运用现代化手段的问题。

其次，谈谈研究历史运用新方法同运用马克思主义理论之间的关系问题。是否现在不用"三论""新三论"和模糊数学等方法，仍然运用辩证唯物主义和历史唯物主义理论研究历史，史学就无法克服危机而得不到拯救呢？完全不是这样。解放以来运用理论研究历史已经取得了显著成绩，硕果累累，但也存在若干问题，如"左"的倾向和思潮不时进行干扰，教条主义经常作怪，寻章摘句地引用经典著作有余而运用立场、观点、方法不足，等等。个人认为，过去不是马克思主义理论已经用得过多，或已经用尽的问题，而是运用得不够成熟，水平还需要进一步提高的问题。如果我们能在这方面继续努力，取得新的重大突破是完全可以预期的。既然如此，是否对采用新方法研究历史就应当采取否定态度或者就认为完全是非马克思主义的呢？显然不能这样简单粗暴地处理问题。应当承认，现代西方学术思想和方法论的新发展，其中既有必须加以否定的资产阶级唯心主义的东西，但也必然会存在符合唯物主义精神的"合理内核"。对于后者不但要加以利用，而且要把它吸收到马克思主义理论体系中来，使辩证唯物主义和历史唯物主义更加丰富和完善。因此，这两种方法论之间的关系应该是：新方法不能取代马克思主义的方法，马克思主义者也不应对新方法采取全面肯定或全部否定的态度。对我们来说，仍旧存在一个继续进行"扬弃"的任务。

就体系而言，马克思主义无疑是目前世界上最完整、最有权威性的理论体系，无论西方学术界创造出了多少"合理内核"，还没有一个可以与马克思主义相比的理论体系，更不用说有资格来代替这个体系了。因此，辩证唯物主义的理论体系并没有过时，而且仍旧处于方兴未艾的阶段。现在的问题是这个体系需要发展和丰富，而不应当固步自封。如果抱着这样的态度继续运用唯物主义理论，并有选择地吸取、采用新方法中的合理因素，历史科学肯定会有大的飞跃。由此看来，根本不存在运用马克思主义理论能否取得新突破的问题。

站在马克思主义的立场上对待这些新方法，就要采取分析的态度，既不能简单地使用"拿来主义"的做法，也不应不分青红皂白地来一个盲目拒绝，试举一例加以说明。系统论把社会形态看作一个系统，它下面又分三个子系统：经济、政治、意识形态，并且强调从三个子系统之间的相互制约、相互作用来进行研究。这样的方法显然有可取之处，因为马克思主义虽然讲了基础同上层建筑之间的关系和相互作用，对三个子系统间的相互作用却没有做全面的、进一步的深入分析，或者说尽管讲过一些却显得过于简单和粗糙，如果把系统论、控制论这一部分吸收进来，适足以发展历史唯物主义。但如果认为只能从三个子系统的相互关系分析一个社会形态，不必区别经济、政治、意识形态中哪一个子系统是第一性的，最终起决定的作用，那就不妥当了。对于这一部分二元论的成分，我们只能加以拒绝和扬弃。

我国正在进行有中国特色的社会主义现代化建设，在历史科学领域也应当建立有中国特色的现代史学,所谓"特色"包括两个内容:一是社会主义性质的史学,即以马克思主义理论为指导的史学;二是具有民族的特色。因此,在引进西方的"合理内核"时,不能冲淡和丢弃我们的特色;在强调保持和维护我们的特色时,也不能抱残守缺,拒绝吸收、采用资本主义世界的新方法中的合理因素。

三　运用新方法研究历史的出路何在?

每一个新生事物的诞生,都需要为它大喊大叫,大造舆论,这无疑是正确的。引进西方自然科学的方法研究历史,无疑是刚刚开始不久的新生事物,我国中青年史学工作者为此大声疾呼,为开拓新的领域大造舆论,自然也很必要。但新方法要想证明自己的功能,争得生存、发展的权利,最重要的莫过于下苦功夫,用大力气扎扎实实地解决几个实际问题。如果在这方面不能有大的突破,舆论终归是舆论,呼喊的时间久了,反而会引起人们的厌倦,所以真正的出路在于出货真价实的成果。

随手翻阅了几本运用新方法撰写的册子,觉得其中虽有少数确有价值,提出了不少新问题,发人深思,但大多数是急就章。恩格斯曾经指出:"即使只是在一个单独的历史实例上发展唯物主义的观点,也是一项要求多年冷静钻研的科学工作,因为很明显,在这里只说空话是无济于事的,只有靠大量的、批判地审查过的、充分地掌握了的历史资料,才能解决这样的任务。"[①] 发展唯物主义观点是这样,运用新方法研究历史也是这样。我们希望有志于这种研究的史学工作者有更多的人安下心来坐冷板凳,扎扎实实地解决几个具体的问题。

运用新方法和使用新名词、新概念是两回事。根据已经习惯了的马克思主义理论和概念,我们说奴隶社会是一种生产方式或社会形态,它由经济基础、政治、意识形态组成;控制论、系统论把奴隶社会称作一个系统,说它是由经济子系统、政治子系统、意识形态子系统组成的。

---

① 《马克思恩格斯选集》第2卷,人民出版社1972年版,第118页。

这里不同的只是名词、概念有区别，后一种说法并不等于运用新方法解决了问题。我们说资本主义社会的垄断资本家有时剥削特别残酷，政治上也存在腐朽势力，经济危机引起阶级斗争剧烈；控制论和系统论把这些阶层和腐朽势力称作无组织力量，把剧烈的阶级斗争和深刻的危机称作震荡，也仍然是新瓶装旧酒，因为除了名词不同以外，所说的都是同一种现象。把史料叫作信息，与运用信息论也毫无瓜葛。运用新方法，是指解决前人所未解决的问题而言，不是指使用新概念、新名词去说明人们早已了解的事物和道理。总之，新瓶必须装新酒才算解决问题。

为了证明新方法的有效，应该在以下三个方面做出成绩。

第一，解决运用传统的方法所不能解决的问题，这是发挥新方法威力的最有效的途径。如果用数学打个比喻，代数比算术之所以提高一步，最主要的是因为前者能解决单纯运用加、减、乘、除所不能解决的难题。控制论、系统论应用到经济管理上之所以有效，是因为产生了扭亏为盈的结果。在历史研究中，如果运用新方法同运用传统方法解决的是相同的问题或同一水平的问题，那么它的意义就大为减色了。

第二，假如运用新方法同运用传统方法只能解决相同的问题或同一水平的问题，但新方法使用起来更简便，那也说明它是具有生命力的。这正如有一些算术上的难题，虽然也能运用加、减、乘、除的式子演算出结果来，但运用代数的方法几步就能推导出得数。因此，运用新方法研究历史，不应使简单的问题复杂化，而是应当朝着使复杂的研究过程简便化的方向迈进。如果使用传统的方法，引几条史料写一两千字就能解决问题，而运用新方法要通过五千字的数学公式推演才能得出同样的结论，那就显得是画蛇添足了。

第三，运用传统的方法和运用新方法虽然都得出了同样的结论，但使用后一种方法所得的结论更加准确，那也证明新方法具有实用价值。在这种情况下，即令研究过程不是简便化而是复杂化了，也不能说它是画蛇添足，因为两种方法所得到的结论价值不同、水平不同。

像我这样年龄的史学工作者，恐怕已经没有多少时间和精力去钻研自然科学的研究方法了，大多数人只能使用传统的理论和方法沿着老路走下去。富于春秋的青年史学工作者来日方长，又有开拓精神，经过多年的艰苦努力，一定会在引进自然科学方法研究历史的领域取得重大成果。须要特别指出的是，即令到了那时，传统的研究方法也仍然有用武之地，决不会被淘汰，因为考据学毕竟为史料学奠定了基础，辩证唯物主义和历史唯物主义毕竟为历史研究奠定了理论基础，更何况新方法只是丰富和发展马克思主义的方法论，并不是取而代之。这正如代数产生以后，加、减、乘、除仍旧是数学的基础，如果把这几种数与数之间的基本关系抽掉，不但代数方程式无法成立，整个数学大厦就必然彻底倒塌，从根本上消失。

四 放开眼界引进新方法和研究新课题

最近一个时期，在研究方法的引进问题上，史学界的兴奋点好像集中在自然科学的研究方法上，尤其突出的是控制论和系统论。实际上，各个学科都有各个学科的特点，各种方法也各有其自身的特点，同时也存在彼此之间的共性，我们应当同中求异、异中求同。史学方法论与其他学科的方法论，既有相同处，也有相异处；看不到前者就会拒绝引进各种有用的方法，看不到后者就会否定了史学方法论的特点。

但是各种学科的研究方法之间，共同点和相异点是有多少之别的，有的学科的方法，史学研究利用起来就比较方便和有效，有的学科的方法利用起来就不那么方便或效果较差。比如就"三论"而言，用于研究奴隶社会史和封建社会史，系统论和控制论利用起来就比信息论方便和有效，所以尽管近来运用"三论"的呼声很高，用信息论研究历史的成果却寥若晨星。如果说各种学科的方法论之间的共同点是一个血缘纽带，它使彼此之间结成了亲戚关系，因而互相可以交往（即渗透），那么这种关系是有亲疏之分的。就史学研究方法而言，它既有近亲，也有远亲。按照情况，应当是近亲之间的交往和渗透较多，远亲之间的交往和渗透较稀疏。毋庸讳言，史学研究引进血缘关系较近的相邻学科的方法，使用起来要更加方便和有效。据此，引进的目光应该首先投向人文科学和社会科学的领域。

关于此点，兹举社会学为例，略事说明。社会学的研究方法分三个层次：方法论、基本方法、研究程序和技术。最高层次的方法论可借鉴和利用的东西不多，因为我们的社会学和史学的方法论都是辩证唯物主义和历史唯物主义。但基本方法这个层次中，就有很多可利用的方法，如比较法、个案法、区位法、科际研究法等，实际上系统工程法也是属于这个范畴。研究程序和技术中有不少方法是研究古代历史所难于应用的，因为历史上的社会形态已不存在，无法进行实地的调查和访问，但这方面也不是毫无可借鉴之处。比如搜集史料就等于是调查过去的社会，这些史料记载不全面、不完备，不能与现实社会的调查资料相比，但即令社会学也很难获得有关现存社会的全面、完备的资料，所以它采取抽样调查法以资弥补。那么古代的某些史料是否可作为抽样调查的资料加以利用呢？不能完全排除这种可能性。

借鉴社会学，不仅可以引进它的某些研究方法，而且能够开拓史学工作者的眼界，扩大研究范围，增加研究课题。比如社会学研究的内容中有社会生活（包括工作、娱乐、休息、交际等）、家庭和家庭关系、人口结构、人的社会化、行为模式和角色、犯罪、社会控制……这些现象和问题在历史上大多数社会中都存在，但以往的史学研究却过问不够。兹举家庭关系为例略加说明，商鞅变法时规定民有二男以上不分居者倍其赋，鼓励分户析产；魏晋南北朝时风行聚族而居的习尚；隋唐以后这种习尚大为削弱，法律却禁止子女与父母别籍异财；宋以后则舆论谴责寡妇再醮。这样的家庭关系和家庭生活的演变究竟意味着什么呢？变化的原因是什么呢？对社会发展有什么作用和影响呢？史学工作者以往显然没有很好地回答。

马克思有一句名言："人体解剖对于猴体解剖是一把钥匙。"① 社会学是解剖现存社会这一机体的手术刀，史学工作者应当拿起这把现代化的刀解剖以往的历史社会机体。社会学的基本方法中包括有历史法，它早已利用猴体资料为研究人体服务，正如今天的医学科学家为给人类治疗先在兔、鼠身上做试验一样。西方不但产生了历史社会学，而且出现了

---

① 《政治经济学批判导言》，人民出版社1976年版，第215页。

社会历史学，社会学和历史学已经互相结合、渗透，携手共进了。我们也应该走这条路。

举一可反三。明乎此，为了史学研究引进方法和开辟新的研究领域，社会心理学、人口地理学、民俗学、民族学、人类学以及决策理论、组织理论等，都是史学工作者可以留心的领域。可借鉴的学科之多，不胜枚举，恐怕在数量上大大超过了自然科学。因此，把系统论、控制论等方法引进史学领域是必要的，但目光也不必完全集中在"三论"和"新三论"上，在人文科学和社会科学的领域中，天地更加广阔。

在注意、致力于引进其他学科的研究方法时，不可忽视的一点是史学研究毕竟还有它自身的特点，具有一些特殊的研究方法，而这些方法是任何其他方法所不能代替的，所以既不能忽略和否定史学研究的特殊方法，也不能使这些固有的方法同引进的新方法隔离起来，正确的办法是使二者相互结合，因为史学方法论需要有自己的完整体系。

（原载《河北学刊》1986年第4期）

漫谈治学

我曾经宣布，70岁以前，不再写治学经验之类的文章。这是由于考虑到，我个人在治学方面确实缺陷很多，基本功不硬，成果也为数有限，谈不上有什么成功的经验；至于教训却不少，但谈出来不登大雅之堂，难免贻笑大方。最近我院举行治学经验交流会，领导上嘱我重点发言，只得勉为其难，拉拉杂杂谈一些零零碎碎的意见，供大家参考。

首先谈谈学习和运用马克思列宁主义理论的问题。关于这个题目，我不想过多地从原则上进行阐发，因为这些道理尽人皆知，已经是老生常谈了，在这里我想针对目前部分中青年社会科学工作者在西方各种思潮冲击下对马克思主义产生动摇这一情况谈谈个人的想法。我们老一辈的学术工作者大都经历了一个类似的过程：在旧社会首先接触和接受过封建的、资产阶级的各种各样的学术思想和观点，最后才接触马克思主义的理论，经过自己进行比较和判断，觉得辩证唯物主义和历史唯物主义比各种学派都高明，然后决定学习和选择、运用马克思列宁主义，以指导自己的学术工作。我个人就是在新中国成立前读了翦伯赞同志的《历史哲学教程》之后才决定以历史研究为专业的。新中国成立以后，生在新社会、长在红旗下的这代人，从小学到大学始终在学习马克思列宁主义，攻读硕士和博士学位的人还要再次学习哲学、政治经济学、国际共运史和党史这几门理论课，除此之外，他们什么其他的学派和理论都没有听说过，所以现在实行开放政策，一旦有机会接触西方的各种观点和思潮，就觉得什么都新鲜，对什么都感兴趣。读了马克斯·韦伯的书觉得他了不起；看了弗洛伊德和皮亚杰的著作觉得对他们非常敬佩；稍事钻研萨特的论著就觉得他的理论和观点很有道理……这一代人生长的条件和他们目前所遇到的环境，是产生这种倾向的客观前提，这种倾向和情绪的出现合乎情理，对之应当有所谅解。现在摆在我们面前的迫切任务是如何对中青年社会科学工作者进行引导的问题。

如果用过去"大批判"的方法对西方的资产阶级学术思想进行简单的批判，很容易在中青年中引起逆反心理，"又是这一套"，未必能够奏效。我觉得这方面似乎可以采取以下几种方式进行引导：首先，因势利导，使他们既读西方权威学派代表人的论著，也要读西方反对这些权威学者的学派的论著，借此可以知道，对西方任何人的著作都不应盲从，大权威在西方资产阶级学者中也有自己的对立面。我们应当通过自己的独立思考，判断什么观点是正确的，什么观点是错误的，然后回过头来看看马克思列宁主义的理论究竟应当占什么地位。用句形象的话说，就是先把西方各种流派、思潮、观点的水在人们的思想中搅浑，然后再用马列主义去进行澄清。其次，教条主义和极左思潮这几十年来在某种程度上败坏了马列主义的名声，思想僵化的现象长期存在，因而倒了一部分同志的胃口。因此，为了克服这一缺点，应当大力发展马列主义，使我们的理论研究生气勃勃，引人入胜。在创造性地发展理论的过程中，尤其要注意吸收西方学者学术成果中的那些"合理的内核"；否则，盲目地批判和拒绝，不会产生说服力。在这方面，马克思和恩格斯是杰出的榜样，今天的理论工作者仍然要向二位导师学习，继承他们的这一传统。最后，资产阶级学者对待马列主义的态度，也并不完全一样，其中有一些学派和学者也能在某种程度上接受部分辩证唯物主义和历史唯物主义的观点，也肯于运用某些马克思主义的个别理论和方法研究历史和当代的某些问题，个别学者也能对马列主义某些理论做出相对公允的评价。对上述种种情况也应着意介绍。

为了坚持马克思列宁主义，需要对几十年来的学术研究和社会实践进行反思，努力划清马克思主义同教条主义的界限，划清社会主义同极左思想的界限。毋庸置疑，我们今天在进行改革和建设现代化的过程中发现了不少问题和缺点，如果一切完美也就不存在进行改革的必要了。如何认识这些问题和缺点，是一个关键问题。假如把它们的产生简单化地归之于马克思主义和社会主义，那就必然要产生动摇，甚至怀疑马列主义的正确性和社会主义的优越性。实际上，我们遇到了缺陷和问题，恰恰是由于违背或不符合马列主义基本理论和社会主义原则而产生的。按工龄取酬、吃大锅饭、铁饭碗等，根本不符合按劳分配的社会主义原则；价格倒挂违背了价值规律在社会主义起作用的原则；冻结工资不符合社会主义最大限度地保证社会不断增长的物质、文化需要的基本经济规律；终身制和不正之风与马克思、恩格斯强调的"巴黎公社原则"背道而驰；"文化大革命"时期的"评法批儒"与马列主义风马牛不相及；个人迷信同历史唯物主义中个人与人民群众在历史上的地位和作用的理论格格不入……因此，我们所遇到的缺点和错误，并不是从马列主义和社会主义中必然派生的东西，恰恰是由于不符合或违背了马列主义理论和社会主义原则而产生的。在研究理论和社会实践时，我们不能对辩证唯物主义和历史唯物主义以及社会主义产生动摇，反而要强调运用马列主义理论，坚持社会主义原则，以克服理论上、实践中已经产生和正在出现的缺点和错误。

　　下面想谈谈学术价值问题。在各地、各单位、各院校评定职称中，从人们的议论中往往可以听到一些糊涂观念，譬如有的地方和院校规定，3000字以上的文章才算成果，不足3000字的一律不算；有的单位规定，只有出版过书的人才能提职为正教授和正研究员，论文只能作为提副教授和副研究员的依据，不论是书和文章，在评估其价值时往往过多地考虑其篇幅的大小，有时还看是由哪一级的刊物和出版社发表和出版的。这些糊涂观念的产生，都是由于不了解什么是学术价值。我个人感到，科研成果有无学术价值，取决于是否在科学上迈了步，其价值大小取决于步子迈得大还是小，解决的难度有多大。怎样的成果就算是迈了步呢？凡是提出前人所没有提出的问题，或者解决了以往从未解决的问题，就算是在科学上有价值；凡是做不到这一点的，就很难说是在科学上迈了步，也就谈不上有什么学术价值。一篇几千字的短文如果确实解决了一个或两个过去无人认辨的甲骨文字，那它就有价值；一本洋洋数十万字的书，其中毫无新见解，所有的结论性论断都是从别人的论著中拼凑来的，那么它在科学上就没有什么价值。有价值的论著发表在哪一级的刊物上、由哪一级出版单位出版，都有价值；在科学上没有前进一步的论著，不论篇幅有多大，发表在什么地方，都没有学术价值。所以，有时候一篇文章的学术价值可以超过一本书。我讲这个问题是为了使大家在选题和研究时头脑保持清醒，千万别干人云亦云的事，别在写作时干凑篇幅的傻事。

写什么样的文章和书能够取得较大的影响呢？这也是一个牵涉如何选题的问题，即劲往何处使的问题。关于此点，人们可以从很多角度谈论，我个人考虑得很不全面，主要体会有两点：题目本身越具有重要性，成果的影响就越大。题目的重要性有双重含义：或者是对现实生活有重要意义，或者是对学科本身的发展有重要性。这样的成果能够推动人们的实践，推动改革和现代化进程，当然影响就会显得大；能够推动整个学科前进，开拓一系列新的研究领域，由于在学科发展上具有战略意义，自然会产生大的影响。另一点是，有的题目并不十分重要，但由于解决它的难度特别大，或者文章的质量特别高，这样的成果在同行内部也能够引起巨大的反响。

从事研究工作，应当处理好以下几个辩证关系。

首先是读书与研究的关系。我在大学毕业后分配到中专教书，业余搞研究，急于出成果以改变工作条件，从而读书不够。其结果是不利于自己的培养，所以根不深，叶不茂，打一枪换一个地方，流于打游击，不能进行阵地战。后来发现这样干是欲速而不达，才回过头来补课。也有一些老学者是"述而不作"，一生"皓首穷经"，读破万卷书，却很少发表论著，死后把满腹经纶都带走了，没有给后人留下什么东西，这同样是一种偏颇。正确的途径应当是以读书为基础，同时思考问题、研究课题，把读书与研究结合起来，使二者互相促进。青年人开始搞研究，现在又迫于提职的压力，容易走上重研究、轻读书的错误道路，值得警惕。

其次，在读书中要辩证地处理好系统读书与搜集资料的关系。我在开始搞隋唐史时，也读《隋书》、两《唐书》和《资治通鉴》，但因急于出成果，过多地着意于搜集史料，所以读书不够系统，不够仔细，这同样导致根不深而叶不茂的后果，不可能打好基础。反之，如果只系统读书而不搜集资料，那也是不妥当的，因为只输入不输出，就不会出成果，作不出贡献。正确的做法是既系统读书，又搜集资料，以使两方面相互促进。青年学术工作者应当首先警惕的，自然是重搜集资料、轻系统读书的倾向。

最后，要处理好研究成果在质量和数量方面的辩证关系。目前容易出现的是重数量、轻质量的倾向，也就是出手太快，追求多发表、多出版的倾向。这样做，不可能写出高质量、高水平的论著。我常对自己的研究生说：梅兰芳每周只登一次台，天桥的演员每天晚上都演出，但票价悬殊数倍。做学问也和演戏一样，切忌一个"滥"字，不值钱的文章发表得越多，越有损于一个人的声誉。我们对待退稿应当有一个正确的态度。一般人总觉得退稿是一件不愉快的事，其实，如果文章是由于质量太差被编辑部退了回来，应该对编辑同志持感谢的态度，因为这对作者来说无异于是一种保护。有的学者过分强调成果的质量，以至于一篇文章写好，要放在抽屉里让它躺上很多年，反复推敲、修改，才肯于发表。这种严肃认真的态度令人敬佩，值得提倡和学习；但由于慎重过度，影响一生的成果总量，也不免有所失。正确的做法应当是，强调质量时不忽视数量，保持一定数量中不忽视质量。这样做，效益最大。

以下谈谈学术研究工作者在自我培养中需要注意的几个问题。

自我规划问题。搞研究工作是终生的事，所以对自己的一生应当有一个全面的规划。我年轻时没有这样的考虑，是盲目地走过来的。回顾以往的历程，不免有遗憾之处。从事社会科学研究工作，要从大学或研究生一毕业起就着手，如果毕业后先搞教学过关，经过五六年后再回过头来读书搞研究，弯路就未免走得太大了。从30岁左右到四十八九岁，是一个人的最佳年龄期，这个时期精力充沛，思想活跃，一生中最重大的项目应该在这一时期完成。一开始，不妨搞一些窄的课题，便于深入、搞细；接着就要选择一些具有战略性的大项目，用10年左右的时间进行突破。50岁以后要根据自己的身体条件选题，如果身体好、精力足，还可再攻一两个大课题。60几岁以后就不宜再贪大项目了，应写一些力所能及的中小型论著，并回顾一生治学成果，进行总结。所以从30岁左右到60岁以前，是一个人一生中最能出成果的时期。在这段时间中，50岁左右是定型的关键时刻，能够成才的人，这时已经取得了一定的成果。

50岁达到的水平，很可能也就是一生所能达到的最高水平。此后成果的数量可以增加，但水平只能略有提高，再想有突破性的发展很不容易。由此可见，从40岁左右到60岁左右，一定要从战略的高度考虑选题问题，尽量把钢使在刀刃上，不能在一些不重要的项目上浪掷一生中最好的年华。

在研究中，一定要在选定的课题上下大力气，也就是下笨功夫，切不可有取巧的念头。回顾我自己已经发表过的论著，哪本书、哪篇文章在搜集史料、酝酿看法、执笔撰写中用力最大，使用的办法最笨，现在读起来仍稍感满意；哪本书、哪篇文章在研究过程中取了巧，偷了懒，现在重读时就不免摇头，深感遗憾。选一个重大的课题花几年、十几年攻关，这样的机会在一生中并不很多，所以一定要抓住时机呕心沥血地搞一下。如果在这样的课题上取了巧，偷了懒，那就无异于糟蹋了一个价值连城的题目，使一次终生罕遇的良机失之交臂，并且最后会在自己的回忆中成为憾事。

做学问还贵有自知之明，即能够冷静地看到自己的长处和短处，对于自己的优点和缺点应采取扬长避短和扬长补短的态度。如果做不到此点，反而做了弃长就短的事，那就必然事倍功半。每一个学术工作者都会有所长，也有所短，全材是很少见的，甚至是不存在的。我所熟识的史学工作者中，有的人长于校勘、考证，不长于理论，他却偏偏用绝大部分精力和时间撰写论文，结果是成果平平，对社会贡献不大。如果他一生主要从事古籍整理工作，情况就大不一样了。知道自己的短处和欠缺后，首先应当进行补课，这是上策。但并不是人人都能做到这一点，譬如我自己，在经学和小学上就是门外汉，但已年过60岁，来不及补课了，所以在选题时就只能避开与这两方面有密切关系的课题。这样做不失为中策。如果我一定要弃长就短，研究隋唐五代的经学史，那就只能说是下策了。在学术上做到有自知之明，努力扬长避短，本来并不很难，由于我确实发现有的人做了弃长就短的傻事，并且因此吃了大亏，所以特意在这里讲几句，提醒一下。

各省的社会科学院大多建立得较晚，组建时研究人员来自各个方面，其中相当一部分人是调来以后才开始从事研究工作的。由于"半路出家",就必然带来一个先天的缺陷——基本功不过硬。各门学科都有自己的基本功,譬如研究中国历史、中国文学史、中国哲学史的,如果对目录学一窍不通,那就很难入门,很难进行工作。因为这个问题在某种程度上带有普遍性,所以在讲扬长补短的问题时有必要在这里特别强调一下。

从事社会科学研究,要尽量扩大自己的知识面,关心相邻学科的进展。无论是自然科学还是社会科学,其发展过程都是辩证的:一方面是学科越分越细,学科的门类越来越多;另一方面是学科与学科之间的联系越来越多,越来越密切,随之产生了很多跨学科的新兴学科。目前国外这种跨学科的新学科如雨后春笋,日益增加。所以我们不仅要注意本学科的发展趋势和动态,还应涉猎一些其他学科的论著。我是研究历史的,有时也读一些社会学、社会心理学、文化人类学、民俗学、民族学……一类的书籍。这样做的好处是,既可以扩大眼界,扩大选题范围,也可以在研究方法上受到启示。我院有文学所、哲学所、经济所……,这些方面就已经出现了文艺社会学、城市社会学、农业社会学、就业社会学,史学领域也有历史社会学和社会历史学,等等。社会学的个案方法、抽样方法等对各门学科都有用。此外,研究中国文学史的同志同时也研究中国哲学史,研究历史的同志同时也研究中国文学史、中国思想史,是会带来很大好处的。博与约相结合、宏观与微观相结合,可能使你进入一个新的境界。

有的同志特别希望我讲一下治学与为人的问题。对此,没有全面的考虑,只想讲两点:第一,科学研究是追求真理的事业,学术工作者必须满腔热情地求是非,才能对科学有所贡献。如果为人私心较重,研究问题掺杂了一些不纯的动机,写出来的东西就容易不正确,经不起时间的考验。我们写一篇文章,著一本书,其中的某些结论不可能全是绝对真理,相对真理的成分很大,但主观上却应该抱有这样的目的:尽量使这些结论在今天看起来正确,将来仍旧被看作正确。为此,就必须做到不曲笔阿时,不趋炎附势,不随风倒,不作违心之论。政治上的风派,在进行科学研究时,必然也是理论上的风派,他们的悲剧在其成果只不过是过眼烟云而已,很快就会变成明日黄花。诚实和正直,是社会科学工作者必备的品格。第二，现在有些人对职业道德重视不够，剽窃的现象在一定程度上是存在的。马克思在《资本论》中有大量的脚注，一一说明自己的一些看法前人已经说过，确实是我们的楷模。剽窃别人的成果就等于是学术上的扒手，千万不能当这种角色。

我说的话可能有些刺耳，但我的出发点是好的，善意的。

俗语说："路是人走出来的。"每个人做学问，也都是自己走出一条路来，所以各有各的特点。文学家、艺术家在创作中要显示自己的风格，从事社会科学研究的人，也应在学术上有自己的风格。学术研究的共同规律是存在的，但不能忽视，每一个人还要靠自己迈脚才能走出自己的路来。因此，大家对我讲的内容，要根据自己的条件、特点进行取舍。

（原载《河北学刊》1987年第6期）

瞻前顾后　左顾右盼

按照辩证法的要求，不能隔断事物的发展，看不到变化，静止地看问题；不能孤立地看待事物，应当看到各事物彼此之间的联系。遵循前一个原则，研究历史就应当瞻前顾后；遵循后一个原则，研究历史就应当左顾右盼。

中国是世界上文明古国之一，历史特别悠久，但由此就产生了一个困难，任何个人都无法研究中国历史的全过程，为了对各个历史时期进行深入细致的钻研，遂产生了断代史的研究。应当承认，这种学科的兴起是完全必要的。正史除《史记》以外，其他各史都是断代史。今天的史学家，也有很多人是断代史专门家。对历史进行断代研究，不免产生如下副作用，即前不见古人，后不见来者，实际上就是隔断了历史发展的脉络。这个问题，大家是注意到了，但由于各人自行确定专业，无统一的人才培养安排，实际上产生了漏洞。如：打通研究魏晋南北朝史和隋唐史的史学家不少，打通研究隋唐五代史和宋史的学者就犹如凤毛麟角，而日本学者恰恰注意到唐后期到北宋发生的社会变化，出现了一些打通唐宋进行研究的史学家。又如打通研究宋、辽、金史的史学家不少，但打通研究宋、元、明前期史的史学家就不多。过去研究中国近代史的史学家，对满族史及清初的历史也有忽略的现象，这些年由于清史专业的勃兴，这一缺陷基本上得到了克服。为了解决上述问题，搞断代史的史学工作者自然应当上挂下联，尽量扩大自己研究的领域，然而一个人的精力毕竟有限，很难做到尽善尽美。因此我想提出一个建议：有志于填补空白的同志，不妨突破过去的朝代界限，专门研究两个大断代交替的历史，如：以东汉、两晋和十六国为一个领域，或以从"安史之乱"

到北宋灭亡为一个领域，或以南宋、元、明前期为一个领域。用分工协作的办法进一步做到瞻前顾后，有可能在某些一向为人所忽略的重大问题上有所突破。

所谓"左顾右盼"，包括两方面的含义：不能孤立地研究历史，要把中国史放在世界史这个大背景下进行研究；不能只搞社会史、政治史，也要注意研究有关的其他学科，如哲学史、文学史、美术史……

最近几年，比较研究作为一门新兴的学科异军突起，已经有不少同志从事中外历史对比研究，这是一个十分可喜的现象。但这中间还有一些值得注意的问题，如研究中国封建社会的史学家，多注意同西欧封建社会进行比较，而往往忽略同拜占庭、印度、日本、朝鲜等其他国家封建社会的比较。本人就有这方面的缺陷。这种比较研究进行得越广泛，史学工作者的视野越开阔，研究就越深入，尤其重要的是有利于发现全世界封建社会发展的共同规律，以及各民族、各国的特点。不很好地区别二者，就很容易把某一民族、某一国、某一地区的社会当作典型的模式，把他们的特点也当成共同规律。古代史分期问题之所以难于解决，重要原因之一就是基本上不了解从奴隶社会向封建社会过渡的共同规律是什么。这个问题不解决，不但单纯套用西罗马的模式无济于事，而且对新中国成立初期各少数民族的社会性质也难于辨认。

"左顾右盼"还指进行跨学科研究。这些年来，研究思想史、文学史的学者很少有人同时研究社会史、政治史，于是有些结论就成了无源之水，无本之木。如新中国成立初期西周封建论在史学界盛行，某些思想史的论著就说孔子是代表封建领主的思想家；50年代末期将春秋、战国之际作为奴隶制、封建制划分界标的说法日益流行，于是思想史的论著中孔子又成了奴隶主的代言人。思想史学者不亲自动手研究社会经济史，最终会影响思想史本身。假如研究社会史、政治史的学者也能留意研究各个历史时期思想、文学、史学、科技的发展变化及其相互之间的关系，对研究社会经济和政治斗争也是十分有利的。

"瞻前顾后"与"左顾右盼"，都要求扩大学术工作者的视野。为了做到此点，除了史学家注意这个问题以外，我建议多召开一些跨学科、跨专业的学术会议，也可在某种专业会议召开的时候邀请一些相邻学科、专业的学者参加；各有关专业的学会，研究会的信息、资料要互相交流。一定要改变各学术团体彼此间老死不相往来的风气。

（原载《光明日报》1985年1月23日）

读《汪篯隋唐史论稿》兼论隋唐史研究

《汪篯隋唐史论稿》（以下简称《论稿》）的问世，确实是史坛上的一件值得庆幸的喜事，其所以特别值得庆幸，理由有二：其一，个人久闻汪篯同志治隋唐史有年，成果不少，然而已发表者屈指可数，难解急切求读之情。这次《论稿》出版，虽犹不能满足欲睹汪篯同志成果全貌的宿愿，但总可以看到其中的大部分了。其二，汪篯同志去世后，热心隋唐史的史学工作者广搜汪篯同志的遗稿，编缀成集，不仅为飨读者，亦为纪念死者的最有意义之举。我是在兴奋与沉痛相交织的心情下一口气读完这部著作的。

《论稿》是汪篯同志一生学术生涯的总结，是作者在治学中所走过的学术道路的见证，读后不仅为其中的精辟论证所吸引，而且为汪篯同志逐步走向革命的进取精神所感动。对《论稿》不敢妄加评论，在这里只写一点杂感性质的东西，略事介绍，亦借以表达个人对作者的缅怀之情。

新中国成立前，汪篯同志在陈寅恪先生门下专攻隋唐史多年，毋庸讳言，《论稿》中的很多文章是受陈先生的学术观点、治学方法的影响而写成的，师徒相承之迹，跃然纸上。譬如陈先生的重要论点之一，是西魏、北周、隋、唐诸朝的上层统治集团例行所谓"关陇本位政策"，很多复杂的政治斗争均与此有关。《论稿》承其余绪，并加以发挥，在《唐太宗之拔擢山东微族与各集团人士之并进》《唐太宗树立新门阀的意图》《唐高宗王武二后废立之争》《唐室之克定关中》诸文中都明显而系统地贯穿着这一重要论点。再如陈寅恪先生在《唐代政治史述论稿》（以下简称《述论稿》）的下篇《外族盛衰之连环性及外患与内政之关系》中达到了朴素辩证法的高度，力求从事物的相互联系、因果关系中探求历史发展的规律，而汪籛同志在《李密之失败与其内部组织之关系》《西凉李轨之兴亡》《宇文化及之杀炀帝及其失败》等文中亦一再谈"连环性""连锁性"问题，一望而知是在《述论稿》的启发下使用了相同的研究方法。陈寅恪先生过人的优点之一，是观察问题目光敏锐，往往能从常人所忽略的细微之处发现能说明重大现象的契机，这样写成的文章异常引人入胜，如《论唐高祖称臣于突厥事》一文（见《寒柳堂集》）就是如此。汪籛同志确实也具有同样的优点，他在《西凉李轨之兴亡》一文中，首先揭示李轨起事时凉州之汉胡共同举兵以抗薛秦；接着指出最后执李轨之安氏兄弟系昭武九姓之裔，代表商胡利益；最终得出结论，李轨旨在割据河西，安修仁、安兴贵则渴望唐朝统一以通商业孔道，故两种势力发生冲突，宜其西凉之亡。经过这样的论证，确有发人所未发之处。对照《论唐高祖称臣于突厥事》与《西凉李轨之兴亡》一读，确实感到二文前后辉映，有异曲同工之妙。最后，陈寅恪先生治学谨严，每条史料都经过核校诸书方始引用，无一字一句苟且，此点素为后学所景仰。汪籛同志在这方面也继承了陈先生的学风，所用史料无不细加考校，从无信手拈来、滥事引用之处。这种严肃的治学态度，对于今天的中青年史学工作者来说，无疑也是应当继续承袭的。总之，名师出高徒，读了《论稿》之后，确实感到汪籛同志不愧为陈门高足。

也应当看到，陈寅恪先生的某些欠缺或不足之处，在汪著《论稿》中也有所反映。陈先生看问题敏锐是其所长，但做得过了头就易于走向牵强附会，如他硬把陶潜《桃花源记》所描写的离奇故事说成是实有的坞堡组织，就难以令人信服。种族（即民族）和文化在魏晋至隋唐时期确实是一个重要的社会因素，但陈先生把二者说成是最主要的甚至是唯一的决定历史发展的关键，就未见允当。汪籛同志把隋唐之际宫闱中的大大小小的所有斗争及其他一些重要历史事变都同"关陇本位政策"联系起来，就是受陈先生的影响而走向绝对化的反映。历史上的一些政争有不少是无谓的尔虞我诈之争，有些事件甚至具有很大的偶然性，用一个原则或原理解释一切，就未免有走极端之嫌。再如战马在古代战争中无疑是影响胜负的重要因素之一，但汪籛同志在《唐初之骑兵》一文中通过对各个战例的分析，最后好像给读者造成了这样的印象：有马则胜，无马则败；骑多则胜，骑少则败。实际上，决定敌我双方此胜彼败的条件很多，这个问题很复杂，决不单纯取决于骑兵的有无或多少，甚至也不仅取决于经济力、军力的对比，各方的政治形势和情况也能产生很大的影响。如薛秦之亡，就与薛氏父子嗜杀成性、刻薄寡恩、统治残暴有关，而恰恰这一点在《论稿》诸文中被忽略了。在师生关系上，学生能做到就其师之长，弃其师之短，是很不容易的。因此，汪篯同志在陈先生的影响下产生某些类似的欠缺，亦非常近乎情理。指出上述缺陷，旨在有利于摆正今天的师承关系，原无意于苛求汪篯同志。

《论稿》是著者毕生治隋唐史的心血结晶，也清楚地反映了汪篯同志在学术上所走过的曲折道路。陈、汪二位先生都亲历了从半封建半殖民地旧中国到中华人民共和国的建立与成长的历程，但他们的学术道路却判然有别，主要区别在于：陈先生在政治上热爱祖国，坚持留在大陆而不去国弃土，但在治学上，新中国成立后却没有发生什么明显的变化，文风一仍故我；汪篯同志却有所不同，他没有在导师的老圈子里故步自封，而是力求突破原来的藩篱，自觉学习辩证唯物主义和历史唯物主义，从而走向了一个新天地。这正是汪篯同志的难能可贵之处。

陈寅恪先生精于考证是素为大家所称道的，但不足之处是不择巨细，往往为考辨一些无足轻重的历史琐事而劳心费力。汪篯同志继承了陈先生严考谨辨的学风，但在新中国成立后所写的一些考证文章中却明显地反映出，他在选题上是有过慎重考虑的，即首先研究那些具有重大社会意义的历史资料，而不肯在无谓而烦琐的问题上浪掷精力。如对隋代户口数增长的考证、隋唐时期田亩数及实际垦田数的考证，就是与他学习了马克思主义以后重视社会经济的发展分不开的。《隋唐时期丝产地之分布》一文虽然写竟于新中国成立以前，恐怕也与他"在解放前曾参加过我党领导的进步的革命运动"（《论稿后记》）有密切的关系。

至于《唐太宗"贞观之治"与隋末农民战争的关系》《关于隋末农民大起义的发源地问题》《唐太宗》《武则天》诸文，已经非常重视阶级斗争及其作用，一望而知是在历史唯物主义的指导下写成的。《论稿》的"附录"中还特别选入了一篇题为《关于农民的阶级斗争在封建社会中的历史作用问题》的文章，更能集中地说明作者的兴奋点已经从统治集团的内争转移到阶级斗争方面来了。甚至像"玄武门之变"这样一些纯属统治阶级内部斗争的史实，《论稿》也能运用阶级观点指出："地主阶级的剥削本性和剥削阶级的政治制度决定着他们要争权夺利，从而也就决定着他们必然要尔虞我诈，以致互相残杀。"（页91）尤其值得提出的是，汪籛同志运用马克思主义理论研究历史，没有流于庸俗的贴标签方式，而是努力做到具体事物具体分析。譬如他在探讨隋末农民起义与"贞观之治"的关系时，一再强调这次起义不是爆发于一个衰朽的时代，恰恰是爆发于一个"号称富强的时期"，隋朝"由全盛而骤告覆亡"，对唐太宗来说是教训太深刻了。再如分析隋末农民起义的发源地时，也是具体研究了这些地区的具体情况，而不是泛泛地罗列一些剥削、压迫的史料就算了事。正因为如此，所以《论稿》中的某几篇文章不但运用了马克思主义的基本理论，而且论史结合得比较好。

旧的历史学家大致有两种情况：一部分人专门埋头于考证校勘，不肯从总体上考虑历史发展的全貌和规律，可以说是只见树木，不见森林；另一部分人好做空泛的议论，却又缺乏具体深入的探讨，可以说是不见树木，只见森林，而且他们所看到的森林也是被歪曲了的形象。在这方面，陈寅恪先生是超迈古人的，他不但细致入微地考辨史料和史实，而且由小见大，力求探讨魏晋到隋唐的历史发展的全局性问题，无怪乎新中国成立前读了陈先生的著作，尤其是《唐代政治史述论稿》及《隋唐制度渊源略论稿》的人，无不惊呼大开了眼界，有茅塞顿开之感。遗憾的是，陈先生虽然力求从总体上说明中国中古史的发展规律，但由于不是在正确的理论指导下进行研究，所以看不到生产力的发展、阶级斗争的进行、基础与上层建筑的制约等是历史发展的决定性因素，也看不到劳动人民是历史的主人翁，而片面地把"种族"与"文化"错看成了最主要的因素。在这一点上，汪籛同志由于接受了马克思主义的革命理论，所以在新中国成立后所写的几篇文章中，既进行过史实、史料的考订，又力求从经济发展、阶级斗争的高度分析隋唐之际的历史，可以说是既继承了陈先生的长处，又在陈先生的基础上大大前进了一步。回顾新中国成立以来我国发表过的隋唐史论文，其中少数也存在两种偏向：重视运用马列主义研究历史的某些史学家往往忽视具体史料、史实的考证，文章显得不够扎实；热衷于考证的某些史学家往往忽略从理论上加以概括，文章写得功力虽深，却缺乏高度。如果我们能够像陈寅恪先生那样，既见树木，又见森林，而且在马克思主义阳光的照耀下不歪曲森林的形象，而能恢复其本来的面目，则在隋唐史的研究方面有新的突破，使这项工作攀登到一个新的高峰，是可计日而待的。

《论稿》的绝大部分篇幅集中在隋末和唐初的几个问题上，开天之际稍有涉及，至于唐朝后期和五代十国的历史，就很少论列了，不能不说这是该书的美中不足之处。就这一历史时期而言，从"安史之乱"到五代十国是中国封建社会由前期向后期发展的重要转折阶段，在这二百年中社会经济、财政制度、阶级关系以及哲学、文学等方面都在发生剧烈的变化，农民起义"均贫富"的新口号也在这一时期初露端倪。新中国成立以来，在隋唐史的研究中，不独汪篯同志一人，大部分史学工作者的研究成果都集中在隋朝和唐朝前期。如关于隋末农民起义、均田制、租庸调制、府兵制、唐太宗、武则天的文章比较多；而唐代后期，除关于两税法、黄巢起义和党争等少数问题发表过相当数量的文章外，对其他很多重大问题就很少有人问津了。可见这不仅是《论稿》的一个缺陷，也是整个隋唐五代史领域中的短线。有志于治隋唐五代史的史学工作者，我建议不妨在这方面大显一下身手，在这二百年的史学阵地上是可以大有作为的。

此外，《论稿》的大部分文章集中讨论政治斗争，包括阶级斗争和统治集团中的内争，而对很多重要制度、历史事件和历史人物的研究尚付阙如。在经济史方面，除从生产力发展的角度考证户数、田亩数及丝产地的分布外，也没有对生产关系多所探讨。这是该书的缺陷，也是目前隋唐史领域中的通病。回顾新中国成立以来的研究成果，大多集中在少数几个问题上，在面上没有展开。诸如隋唐时期的官制、行政地理、漕运、盐铁业、手工业和商业等方面，我们的成果还显得远远不足。至于对敦煌、吐鲁番发现的各种资料的研究，则不免落在其他国家敦煌学研究的后面。因此，我们不仅从纵的方面看存在短线，从横的方面看短线更多。针对上述情况，必须奋起努力，从纵横两方面都进行补课。

汪篯同志不肯故步自封而坚决走革命的学术道路，这种进取精神值得后人景仰和学习;《论稿》的优点和长处,很值得我们借鉴和参考,从中可以得到有益的启迪;汪著的一些不足之处在所难免,我们认真对待也能对自己有所裨益。相信《论稿》的面世必能使我国隋唐史的研究更前进一步。

(原载《读书》1982年第2期)

《中国农民战争史》(隋唐五代十国卷)读后

近年来,农民战争史的研究处于低谷。我个人觉得,以往把过多的人力长时期地投入这个领域是欠妥的,因为这使我们忽视了许多其他方面的重要问题;但是,走到另一个极端,以至于这方面的课题鲜有问津者,同样也是不妥当的。无论如何,农民起义、农民战争作为历史上的重要事件,还是应当给予足够重视的。李斌城主编的《中国农民战争史》(隋唐五代十国卷)现在由人民出版社正式出版了,这是一件十分令人欣慰的事。

这部 24 万余字的专著,具有一些明显的特色和优点。

首先,新中国成立以来,分别研究隋末、唐末两次大规模农民战争的书已经出版了几种,但对隋唐五代十国数百年间农民起义、农民战争进行全面、综合研究的著作,在该书出版以前尚付阙如。因此,这部专著的问世具有填补空白的意义。像隋代开皇年间的农民起义,唐初武德、贞观年间的农民起义,盛唐开元、天宝年间的农民起义,五代十国时期的列朝、列国农民起义,过去都少有论及者,而该书对这些一向为人所忽略的小规模起义都做了比较精详的介绍与描述。这一点是相当难能可贵的。

作者之所以能够做到此点,主要由于在史料的搜集方面下了大力气。该书对所引用的史料还进行了审慎、详细的考订,这显示了作者的功力。因为该书的叙述、立论是建立在比较可靠的史料基础上,所以读起来颇有充实之感,结论多能令人信服。

其次,由于全面观察了近四个世纪的历史,具体分析了每次农民起义、农民战争的情况,这就使作者有资格对这一历史阶段的农民战争进行系统的、全面的综合和分析，从中总结出一些重要的、具有时代特色的规律。毫无疑问，这方面的论断和结论是该书的精华所在。第一章"绪论"开宗明义地把这些精彩的部分呈现在读者面前。如说隋末农民起义是"隋炀帝的暴政在短期内逼出的"，起义比较"仓促"，多在"本乡本土分散活动"，即加上三大支义军"内部存在不少问题"，所以未能形成"统一的全国性农民起义大军"。但唐末农民战争则与此不同，它是"有唐一代政治、经济和社会矛盾长期发展的结果""在群众基础、思想舆论和组织工作等方面，都比隋末农民大起义有较充分的酝酿和准备"。所以发难后就有"为实现推翻唐王朝的既定目标"，而且这支大军长期坚持战斗，流动作战，取得了不少辉煌的战果。作者进一步指出，"从中国古代历史上第一次农民大起义起，直至魏晋南北朝时期，历代农民战争都基本上没有采用过这一作战方式"。接着分析了流动作战方式产生的具体条件和原因（页5、7）。对唐代中期的农民起义，五代十国的农民起义，书中特别强调了其地域性特点。以上这些分析都相当中肯，不能不说是比以往的研究前进了一步。

再次，该书对近四个世纪的农民起义进行分阶段介绍，如把唐朝划分为前期、中期和后期，作者结合各个历史阶段的社会、政治特点谈各阶段农民起义的特点，大大加强了它的科学性，提高了学术水平。譬如把唐前期农民起义规模不大归之于它们"是在唐王朝从建立到不断巩固、发展和兴盛的历史背景下展开的"（页144），把唐中期农民起义的特点总结为"主要集中在江淮以南，北方较少"（页149）和"少数民族起义占有重要地位"（页156）等，都是很有见地的。

最后，隋末、唐末两次农民战争是以往史学工作者集中探讨的热门课题，在长期的研究中自然出现了很多争论问题，如李密是不是农民起义的领袖；刘黑闼起兵和辅公祏起兵是否仍然具有农民起义的性质，是否因其阻碍统一而应被否定；黄巢、王仙芝是否确曾有过"乞降"活动，等等。该书涉及这些问题时没有采取回避态度，而是旗帜鲜明地一一表明了作者的观点，这样做是完全必要和正确的。如对李密的评价是："李密虽犯有谋害翟让等严重错误，但他在瓦岗军的发展、壮大的光辉业绩中是有很大贡献的，对他不宜全盘否定。"（页80）对刘黑闼起兵的评论

《中国农民战争史》(隋唐五代十国卷)读后

是："（起兵）是河北起义军和广大农民群众反抗唐王朝残酷镇压的正义斗争，是河北起义军继承窦建德未竟大业的继续和发展，给新上台的唐统治者①以沉重一击，对唐初政治有一定影响。尽管当时隋末农民大起义已趋尾声，李渊父子已基本上统一了全国，整个政治形势已由长期乱世开始转入人心思定的时期，广大农民希望重建家园、过安宁生活，刘黑闼起兵难以掀起重大的波澜并长期坚持下去；但这种不屈服于封建统治者淫②威的反抗精神则是可贵的，自不应为肯定李渊父子统一中国而视刘黑闼起兵为统一战争的障碍。"（页100）这样的分析和评论，既有坚实的史料、史实依据，又相当公允，克服了以往争论中的某些偏颇倾向。类似的地方书中还有很多，限于篇幅，就不再一一胪列了。

新中国成立以后，已经发表的有关论文和已经出版的有关著作确实为该书的撰写提供了某些理论上的前提，使作者得以对某些问题做深入的探讨；但不可否认，这部著作除了吸收过去已有的成果外，也进行了许多新的探索，做出了新的贡献。它绝对不仅仅是一部集以往研究大成的著作，而是在这个领域内又大大向前跨了一步的专著。关于隋唐两代的农民起义，过去虽然已经出版了几种史料汇编性质的书，但作者却没有仅仅限于利用已经编成的史料书，而是自己又广泛阅读史籍，在史料上有不少新的发展。尤其是关于时代背景和起义作用的部分所用的史料，根本无现成的资料汇编一类的书可资利用，这就更加反映了作者勤于读史、敏于搜求的治学精神。此点是非常值得提倡和学习的。

初读之后，也感到这部专著不无值得商榷之处。

首先，农民起义与兵变似乎应当严格区别。在该书第198页讲到庞勋起义时，作者承认桂州戍卒返宿州后由于当地农民广泛参加斗争，"桂州戍卒兵变开始向农民起义转化"，即并不把兵变简单地看成农民起义，但在其他部分却把不少兵变当作起义，譬如"泾师之乱"也作为起义加以介绍。什么样的兵变是农民起义，什么样的兵变不具有农民起义的性质，关于这个问题似乎应该专门探讨一下，在原则上加以界定。否则，使人

---

① "者"原脱。——编者注
② "淫"原作"滛"。——编者注

有概念模糊之感。唐朝后期"兵强则逐帅"的事件经常发生，如果笼统地都看作起义，恐不妥当。

与上述问题相似的是，书中把很多史籍中的"盗贼"也笼统地当作农民起义，如引《旧唐书·李揆传》的记载"京师多盗贼，有通衢杀人置沟中者"（页155）作为城市中农民起义的记载，次页还引了《旧唐书·李揆传》"京师多盗"的记载，类似的情况还有几处。我们知道，史籍中所谓"盗贼"，既有起义农民，也确实包括一些杀人越货、穿窬偷窃的土匪和强盗，应当运用阶级观点根据具体情节加以分析，似不宜把"盗贼"一律看作农民起义来对待。

其次，在谈到农民战争和农民起义的作用时，作者把很多社会变动、政治变化、经济关系的演变都归诸阶级斗争的作用。个人感到，在历史发展中，很多变化和进步是阶级斗争推动下取得的，但也确有不少是生产力发展的结果，还有些政治变化和政策则是统治阶级总结统治经验而促成的。一律归之于农民起义的作用，未见得合适。譬如该书把唐太宗原打算实行"世袭刺史"制，后因受到长孙无忌等很多大臣的抵制而未果一事也同隋末农民起义的作用相联系，就显得有些牵强，因为二者间确实很难发现有内在的有机联系。

以上两点属于百家争鸣的范畴，尚不能肯定就是这部专著的缺点，大有商讨的余地。

金无足赤，书无完书。这部书也还有一些值得改进和提高的地方，于此不揣冒昧地提出来，供再版时作者修改参考。

首先，从背景部分和起义作用部分看，该书对农民的经济、政治地位的分析还可以再深入一步。研究农民起义和农民的阶级斗争，必须首先研究农民阶级本身，为此，需要对社会经济、政治状况进行深入的研究，只有把农民起义放在这样一个大的背景下分析，才能得出一些科学的结论。作者无疑在这方面是进行了努力的，但这样做的工程是太大了，非短期可以为功，只有寄希望于治经济史、治政治史、治文化史的史学工作者与治农民战争史的史学工作者协力合作，才能解决问题。

其次，在体例上，这部专著置专章讲"隋唐五代十国农民战争的作用"，确实有其独到之处，因为通常的写法是每次农民战争之后紧接着叙述这次起义的作用。就一个历史时期整体地谈这个问题,有其优越之处。但也应当看到,有一些起义的作用却只能具体地体现在起义后的某一段时期,很难归入整体介绍中的某些共同条目,所以分开讲作用也具有它的必要性和优越性。譬如该书虽然以第七章集中谈起义作用,却在第六章"五代十国农民战争"中也在最后以两个自然段的篇幅专谈这几十年间起义的作用。这就不免显得自乱其例。总之,关于这个问题,究竟怎样处理,还值得研究,似乎每次大起义后谈谈其具体作用,对这几百年间农民起义进行总结归纳,都是必要的,但分工要合适。

最后,我虽然读得不够仔细,但还是发现了一些笔误或排印、校对方面的疏漏,由于太琐细,不能一一列举。希望该书再版时能够在这方面有所纠正。

(原载《中国史研究动态》1989年第9期)

回顾在清华大学历史系学习生活片断

1949年9月,我在接到清华大学历史系的录取通知书后,紧接着又收到一封热情洋溢的欢迎信,信末署名"王永兴",当时我估计是学生会的干部,竟没有想到是我的老师。月底,我乘京沪线列车从上海北上。在首都迎接中华人民共和国成立的一片欢腾气氛中,一辆三轮车把我拉过了有那桐书写"清华园"三字的二校门。以后,在这所全国驰名的最高学府中,幸福地度过了三个春秋。回顾这一段学生时代的学习和生活,有很多终生难忘的经历,介绍其中的点滴片断,或许对今天的高校历史系工作能有所裨益。

吴晗先生担任历史系的系主任,当时他是北京市的副市长,每天乘车到市内办公,但在百忙之中,仍然要在校内讲点政治课,有时也在历史系的某些重要场合中露露面。新中国成立初期,全校一起上政治课,因而名之曰"大课"。记得吴晗师曾在"大课"上讲过辩证唯物主义,当讲到客观事物都是发展、变化的这一规律时,他风趣地说:"蒋介石自称'以不变应万变',现在顽固不化的蒋帮终于被'万变'的形势淘汰了,这就是他们'以不变应万变'的必然下场。"吴晗先生讲课一贯善于联系现实政治,新中国成立前他把大学讲台当作痛斥国民党反动派的战场,新中国成立后仍然如此,其政治立场之鲜明,于此可见一斑。轰轰烈烈的抗美援朝运动开始以后,从旧社会过来的知识分子不免稍有一些惊恐的情绪,深怕战火又烧到刚刚太平了的祖国大陆,这时吴先生在历史系的一次全系师生会议上语重心长地对大家说:"现在工人、农民都投入了火热的斗争,志愿军已经跨过鸭绿江奔赴前线,浴血奋战,就看我们这些知识分子能不能跟上形势的发展了……"一席铿锵有力的话鼓动得大家心潮澎湃，全系马上就动了起来。当时《光明日报》的史学专刊是由科学院近代史所、北京大学历史系和清华历史系三个单位轮流编辑的，记得吴晗先生讲话后不久，清华大学历史系的教师就在该报上连续发表了大量配合抗美援朝运动的历史文章，这件事在当时史学界是颇为引人注目的。

清华历史系的全体教师，有教授、副教授八九人，讲师二人，助教二人。吴晗先生及其夫人袁震不在系里开课，按照当时清华的规定，助教也不开课，所以能开课的教师不过十人，他们不但要开本系的基础课和大量的选修课，而且还要为外系（如政治系）开中国通史课。有的时候一位教师同时就开两门课。几乎每人每学期都有课，很少有人能享受一学期不开课的清闲。尤其值得一提的是，系里的教授绝大多数都能开出三四门以上的课程。譬如雷海宗先生，不但能开世界通史、中世纪史、国别史（如美国史），而且还开过中国通史，记得他当时还培养一名战国史专业的研究生。新中国成立初我们的中国通史课共讲授二年，按照各位教授的专长分段任课；除此之外，其余各门课根本没有接力讲授的情况，都是由一位教师贯彻始终。教学任务尽管这样繁重，教师们却没有因此而放松科研工作，大家都是一面讲课，一面撰写论文，两条腿走路。平心而论，就凭这为数不多的十位教师，把系里的各项工作搞得生龙活虎，有声有色，清华历史系称得起是"两个中心"，当之无愧。

清华大学的前身是留美预备学校，一贯具有重视外语的优良传统。陈寅恪先生掌握了十几种外国语言，早已在史学界传为美谈，遗憾的是笔者入学之前，陈先生已离京南下，因而未能亲聆这位大师的教诲。但留在清华园的历史系教师，绝大部分都能精通三四种外语。他们中有些人不但能说能听，而且还能用外文撰写学术论文，听说有的文章文笔流畅，外国学者看了也深表首肯。记得雷海宗先生在课堂上很少有中文板书，给学生指定的世界史参考书全部是英文的。自顾我们这一代人，在这方面就自愧不如了，除了个别同学会三四门外语外，大部分同学只会一两门，而且只限于利用字典读专业书。至于用外文写文章，恐怕连一个人也做不到。看起来在这一方面，大有一代不如一代的趋势，今后历史系的大学生和研究生，必须急起直追，才有可能挽狂澜于既倒，扭转这种局面。

新中国诞生的那年,也就是我考入清华历史系二年级的时候,系中教授、副教授年过60者犹如凤毛麟角,绝大多数都是四五十岁的中年人,其中如周一良先生只有30多岁,已经是闻名中外的学者了。目前我国史学家70岁左右者不少,50岁左右者也有,唯独60—70岁的人少见,这一代空白恐怕与八年抗战有关;而50岁以下几乎完全是空白,我们只能被迫吞下"文化大革命"造成的这个恶果。回顾清华历史系当年教师队伍的年龄构成,急需培养人才的紧迫感不免油然而生。

从上面的介绍可以清楚地看到,新中国成立初期的清华历史系,师资队伍的特点和优点是少而精。所谓少是就数量而言,所谓精是指精干和素质而言。不但教师队伍精干,就是行政人员也很精简,记得当时中文系与历史系只合用一名系务员而已。

在学习上,清华历史系教师非常慎重,不轻易给学生发讲义,在既无成书又无讲义的条件下,我们上课拼命记笔记的情况是存在的,但不存在教师念讲稿,下课学生对笔记、背笔记的现象。考试前是要大背一阵笔记的,但那也只是临时应付一下,平日大家是不大理会笔记的。一般说来,我们每周上课10节左右,至多12节,课余时间很多,几乎全部消磨在图书馆的阅览室里。四年级的学生因为要撰写毕业论文,可以进书库阅读资料,在书库看书,窗明几净,鸦雀无声,确实是一种享受。架上的书自取自放,其中不少是善本、抄本,但不仅没有丢失现象,而且乱取乱放的情况也很少发生,同学们既很爱惜这个大理石墙壁、软木地板的图书馆,也很自爱。我不记得有哪位教授特别为我们讲过大学生的学习方法,很多治学方法都是自己从研读学术论著中领悟出来的。这些好处,显然不是从死啃讲义、死背笔记中能够得到的。在教学过程中,教师固然要注意启发学生的思维,但我觉得对大学生来说,更重要的是要进行自我启发,单纯的"学而不思"是不行的。

说到听课受益,不能不提起王亚南先生的教学。我在清华学习3年,在方法论上得到好处最多的是来源于听王先生所讲的政治经济学课。他不但一章一节按部就班地讲授,而且每讲完一个阶段都要告诉学生马克思为什么这样安排章节顺序,讲清楚马克思主义政治经济学体系建立的方法论。譬如他特意指出：马克思分析资本主义社会，首先从具体劳动和抽象劳动决定商品二重性开始，就是把生产摆在首位的观点和方法；进而用以说明，列宁把生产的垄断置于帝国主义诸特征的首位，也是运用马克思这一观点和方法的表现。同学们在学习政治经济学的过程中，会提出各种各样的奇奇怪怪的问题，有些问题看起来是很难解答的。每隔几周，王亚南先生都要在一个特大的教室中解答这些问题，他不但指出正确的答案是什么，这些问题错误在哪里，而且最后还要指明，提问者所以产生这样的疑问，在思想方法上犯了什么错误。正因为这样的答疑太精彩了，所以每次解答问题时不仅座无虚席，而且连窗台上都坐满了人。各系教师也都非常重视学习马克思列宁主义的基本理论，王亚南先生讲课时，历史系的很多知名教授都去教室和我们同学坐在一起听课。回想起当时师生在一起学习理论，真是热气腾腾，情景难忘。

对王亚南先生的讲课、答疑特别感兴趣，还由于王亚南先生讲课时不断介绍了他研究中国历史的成果，于是我在课余特意读了王先生这一方面的著作《中国官僚政治研究》《近代中国经济原论》，毕业后又读了《中国封建地主经济论纲》，正是在这些著作的启发下，我萌动了研究中国封建社会形态的念头。拙著《中国封建社会形态研究》的前身是七八篇论文，我曾寄给王先生请教，那一年王先生到北京开人民代表大会，住在前门饭店，特意写信约我去拜见他，面谈了整整一个上午。王亚南先生对我的热情鼓励和关怀，那次见面时的情景，至今犹历历在目。

在清华历史系学习的岁月中，另一个重要的学习方法是写读书报告。写毕业论文当然是一个很好的全面锻炼，但那是四年级毕业时才着手的课程，如果到那时才动手练写文章的基本功，已经为时太晚了。当时清华历史系没有写学年论文的安排。在这种情况下，经常写读书报告就显得非常重要了。大致我们每学期都要写一至两篇读书报告，题目往往是自选，教师也帮助学生选题。就一本书或一篇文章谈谈自己的看法可以，就一个专题广泛阅读参考论著后加以综合或分析也可以。记得雷海宗先生曾经让我们写一篇关于宗教改革的读书报告，指定从《大英百科全书》中搜集材料，方法是查阅有关的条目，并按照各条后面指明的参见条名辗转查找有关条目，待共查检30条左右后自行综合撰写。这一类读书报告写得多了，人人都有撰写论文的能力，所以那时的四年级生，没有人因为写毕业论文而发愁和为难。

那时大学讲课，不强调进度和教学计划的完成，这确实是一个缺点，但学生分析问题和解决问题的能力却较强。雷海宗先生教世界史，就没有讲法国资产阶级革命。邵循正先生教中国近代史，只讲到义和团，我就没有学过辛亥革命的历史。据说新中国成立前邵先生讲清史，满族入不了关课程就结束了。但由于经常阅读各门课有关的学术论著，翻检一些基本史籍，尤其是不断写读书报告，所以学生们独立解决问题的能力却相当可观。我大学毕业后在中学任教，当讲到从未学过的法国资产阶级革命和辛亥革命这些章节时，就没有感到有什么困难，觉得找几本参考书和论文综合一下就行。新中国成立前，我在西北大学历史系就学一年，《中国通史》只学到魏晋南北朝。新中国成立后转入清华历史系学习，《中国通史》从宋史讲起。两校的通史课衔接不起来，中间缺了隋唐五代史。大学毕业后分配到中学任教，敢于业余问津这段从来没有在大学学过的断代史，也是由于清华历史系培养了我分析问题和解决问题的能力，在校时学到了一些治学的门径。否则，仅凭个人的力量，是不敢开辟隋唐五代史这块生荒地的。其实，单从课堂上学习，即令听一学期的隋唐史课程，究竟能记多少史实呢？读一遍《通鉴》和两《唐书》所得到的东西，不知比听一门专史课好多少倍。从老师那里学"点金术"，确实比从老师那里索取现成的金子更为重要。

清华历史系的特点之一是学术空气特别浓厚，这一点不仅反映在课堂教学中，尤其表现在课外的其他活动中。新中国成立初期，我们系四个年级，只有学生20人左右，平均每班只有5人，有的班只有1名学生，因而当时师生之间彼此都很熟识，即使对没有给自己讲过课的教师，也并不陌生。那时大多数课程都无教师辅导这一环节，但我们系里实行一种奇特的导师制，即每一学期为每一个班指定一名任课教师为导师，每隔一周同学们在晚饭后到导师家中聊天。谈话的内容可以与课程有关，也可以海阔天空、漫无边际地谈各种学术问题。丁则良先生给我们讲明史时担任我班的导师，曾让我们5位同学到他家里读《明史》中的某些列传，由他纠正我们讲错的地方，并告诉大家如何利用这几条材料。雷海宗先生任我班导师的时候,交谈得更是兴致勃勃,如他曾介绍了欧洲各国的语言分别属于哪种语系,东欧除罗马尼亚属拉丁语系外其余各国均属斯拉夫语系,德国由于南北地形有高低的不同从而德语还有 High German 与 Low German 的区别。有一位同学问起培根,雷先生首先指出有两位学者都名培根,他们分别是:Roger Bacon 和 Francis Bacon,并一一介绍了他们的思想和贡献,滔滔不绝地讲了一个多小时。同学们对雷先生的记忆力佩服得五体投地,觉得他简直是一部活的世界史辞典。这样的交谈每每持续到深夜十一二点,大家肚子饿了。雷师母就为我们煮江米球,同学们吃起来非但香甜可口,而且感到在老师家里做客是多么的温暖。这样的学术聊天虽然有时与课程没有什么密切的关系,同学们的眼界却因此大大地打开了。这对以后大家的治学,有莫大的好处。

历史系学术气氛浓厚,教师们还利用一切活动和场合进一步渲染这种气氛,以利于同学们受到熏陶。有一年利用三天的春假,系里组织全系师生参观北京的古迹、文物,以代替平常的春游。这次活动在我的记忆中留下了永不磨灭的深刻印象。为了使参观更加具有专业性,我们聘请了清华哲学系专攻艺术史的王逊教授和燕京大学的地理学权威侯仁之教授为我们随处讲解。在参观午门展出的出土文物时恰好又遇到了敦煌艺术权威常书鸿先生,记得他向我们介绍"飞天"壁画时说:"中外的古代艺术都有人类飞翔的形象,在西方就是长着翅膀的安琪儿,在中国就是飞天。但西方的天使如把两只翅膀挡起来,就看不出飞的形象,反而像一个人从山巅向下坠跳;只有中国的飞天,飘带随风飞舞,身躯侧卧,飞翔的韵味非常之浓。"记得这次参观以后,比我晚一班的同学殷叙彝还特别把这几句话写在一篇记叙这次活动的短文中,发表在校内的小报上。我因为在清华历史系没有听过隋唐史课,这次参观就成了我个人第一次接触敦煌学的机会。王逊先生讲解故宫建筑艺术的音容笑貌,至今记忆犹新。

清华历史系的各位老师,不仅在那三年中对我教诲不倦,而且在我毕业后仍继续在学术上关怀我的成长,实际上他们是我终生的恩师。1952年暑假,在临近毕业的时候,全系教师一致推荐我去另外一所大学继续学习,但由于某种原因,我却被分配到河北省邢台师范学校当历史教员。自己不甘心在学术上自暴自弃，打算业余搞点研究，却又苦于确定不了方向。正在徘徊犹豫的时候，是孙毓棠先生帮助我选定隋唐史作为研究专业，并且把他有关这个断代的全部藏书送给了我。记得孙先生曾谆谆教导我说："千万不要乱写文章，做研究工作要态度严肃，提不出自己的独到见解宁可不写文章。写一篇文章起码用半年，用一年更好。"在这方面我虽然做得不够好，但这几句话却始终铭记在心中，经常对我发生作用。我把选定研究方向的事写信向周一良师做了汇报，周先生在复信中说看了我的信颇有"空谷足音"之感，大大鼓励了一番，并且在唐史目录学方面进行了启蒙性的指点。毕业以后，我每一次到北京，都要走访孙先生和周先生，不断向他们请教。1958年以后在北京工作了11年，接触的机会就更多了。

现在回顾起来，觉得清华历史系这种亲密无间的师生关系是非常可贵的，值得珍视，它在培养人才方面所起的作用，恐怕比课堂教学还要大好多倍。简单介绍一下这种师生关系，或许对今天也能有一定的参考价值。

清华历史系有独特的学风和优良的传统，清华大学的图书馆拥有完备的文科图书资料，当我回忆三年大学生活中这些令人难忘的往事时，总觉得现在没有一个清华历史系是一大遗憾。

（原载《学林漫录》第7集，中华书局1983年版）

附录　关于"史学危机"的思考
——访胡如雷教授
孔　洁

近年来,史学界流行着"史学危机"的议论,带着这个问题,我们最近走访了胡如雷教授,请他谈谈对"史学危机"的看法。

"史学危机"实际上并不存在

问:最近几年,史学界大谈"史学危机"问题,不少史学工作者发表了各种各样的意见,您对这个问题有什么看法?

答:所谓"史学危机",大概有双重含义:一方面是指史学对目前的改革和"四化"建设没有多大用处;另一方面是指历史研究要在方法论上有新突破,用过去的陈旧方法进行研究,就必然陷于"危机"。

问:那么是否请您首先就史学有无用处的问题谈谈意见?

答:就这一意义而言,我感到根本不存在"史学危机"。史学的实质,可以简单地概括为群体对往事的记忆。原始社会的人都知道有必要进行图腾崇拜和祖先崇拜,只有这样才能使氏族内部产生凝聚力,使这一群体得到有力的维系。封建社会的地主有家谱,望族还讲究谱牒之学,其目的也在于借以维系自己的宗族。世界上没有一个民族、一个国家会忽略本族、本国的历史。历史之所以能够成为爱国主义教育的主要手段之一,是由它自身所具有的实质所决定的。历史科学领域也是一个世界范围内的比赛场地,汉学也是一个全世界学者"竞技"的项目。在这场比赛中,中国的史学工作者和汉学家当仁不让,必须拿下金牌,为祖国争光，为人民争气。历史学的重量决不会比羽毛球和乒乓球轻。

须以战略眼光来评价史学的社会价值

问：现在有人主张把史学分为基础史学和实用史学，是否实用史学用处大，基础史学用处小或无用呢？

答：我不同意这样的分类法和说法。首先，把一门学科划分为基础部分和实用部分，原来是自然科学领域的做法，现在被移植到史学中来，未见得合适。自然科学的基础研究是指理论研究，它是相对于实用研究而存在的。历史科学也有自己的理论研究。尽人皆知，在社会科学领域，往往是理论研究更具有实用价值。譬如历史唯物主义就是马克思和恩格斯从事历史理论研究的成果，它对指导无产阶级革命的作用和用处，可谓大矣哉！与此相反，马克思对某国某次工人罢工的总结，似可比作实用研究，但其用处反而不如理论研究的实用价值大。其次，对基础研究和实用研究的作用，也不应作生硬的、形而上学的划分和理解。爱因斯坦的相对论开始问世的时候，就没有什么实用价值，但现在情况已经发生了变化，其实用性不但已经为人们所承认，而且会随着科技的发展越来越大。摩尔根的《古代社会》出版之初，也看不出有什么实用价值，但后来恩格斯根据此书的材料写成《家庭、私有制和国家的起源》，其实用价值就无法估计了。因此，不应当用狭隘的眼光对待有用无用的问题，必须以高瞻远瞩的战略眼光来评价史学的社会价值。根据这种考虑，个人觉得史学工作者自然应当首先选择那些现实意义较大的课题进行研究；但即令今天看来现实意义还不十分明显的课题，也不应当完全忽略，它们可能在将来产生深远的影响。

问：听您这么一讲，确实明白了一些问题，但为什么这几年传统史学无用的议论这么流行呢？

答：其实，这是个老问题。记得解放初期我在清华大学历史系学习时，一年级入学的新生就有不少人提出"学历史对国家建设有什么用"的问题。国外也有人认为现在历史学处于危机之中。只是目前我国把问题提到了"危机"的程度。这个问题很复杂，我的解释未必全面和中肯，谈出来只是抛砖引玉而已。

首先，人类处在一个新的历史时期，即所谓第三次技术革命的浪潮中。在这种形势下，人们重视物质文明超过精神文明，科技成为人们趋之若鹜的热门领域，是合乎情理的，可以理解的。但是应当看到，这是一种不健康的倾向。连西方的一些有识之士都对人生价值问题提出了疑问：难道人生的目的仅仅是为了经济效益和追求物质享受吗？难道人生的意义仅仅是在时间的跑道上追逐物质利益吗？有一些西方思想家反而把目光投向东方文化，不是没有原因的。汤因比就是具有这种倾向的著名历史学家。可见只注意物质文明而忽略精神文明，是目光短浅的表现。

其次，我国的经济建设，在极"左"路线及"四人帮"的干扰下长期停滞。实行开放政策以来，人们开始睁眼看世界，发现自己远远地落后了，在科学技术和经济上急起直追的心情油然而生，提高物质生活水平的迫切心情油然而生。在这种急迫心情支配下，兴奋点首先集中在物质文明建设方面，也是合情合理的。但由此不免产生这样的幼稚倾向，即重物质文明建设，轻精神文明建设；只承认能直接转化成经济效益、利润和奖金的东西有用，不承认不能立即转化成这几种物质形式的东西有用。史学的社会价值恰恰不是能立竿见影地表现为效益、利润和奖金，因而就遭到了冷遇。

最后，能不能看到史学的社会价值，往往与主体的文化程度、文化素养有密切的关系。第二次世界大战结束后，美国对战败国日本应采取什么策略和方针，最高决策集团曾经听取和采纳了文化人类学家的意见。日本的企业家们，在公司进行重大决策前，往往也要征求历史学家的意见。他们之所以注意文化人类学家和历史学家的意见，显然与其文化水平与文化素养有关。

运用马列主义研究历史不是做得过头了，而是远远地不足

问：请您再从史学方法论的角度谈谈对"史学危机"的看法，可以吗？

答:"危机"论者认为继续用传统研究方法搞历史,就没有出路,必然使史学陷入"危机";必须在方法论上另辟蹊径,才能从"危机"中解救出来。所谓"传统研究方法",无非是指乾嘉以来的考证辨伪方法和运用马列主义的理论和方法。从这个角度看,也根本不存在什么"史学危机"。乾嘉学派所从事的,实际上是史料学工作,这种工作永远需要,只要历史学存在,作为它的辅助学科,史料学就理所当然地拥有生存权。整理、考订古代史籍的工作,目前仍处于方兴未艾的阶段,丝毫看不到这方面出现了什么"危机"。继续运用辩证唯物主义和历史唯物主义理论研究历史,是否就会使史学陷于"危机"中呢?答复显然是否定的。解放以前,运用马列主义研究历史的人为数有限,解放后情况有了明显的改变,但这种工作也只进行了30多年,而且受到"左"的和右的干扰。应当看到,这方面做得不是过头了,而是显得远远地不足。当然,继续在经典著作中寻章摘句,以便在自己的论著中贴标签,继续以搞经学的办法学习和运用马列主义,是会陷入"危机"的。但运用马列主义的立场、观点和方法创造性地进行研究,得出新的科学结论,肯定会受到大家的认可。

问:既然在方法论上也不存在"史学危机",为什么近几年来仍有不少人议论"史学危机"呢?

答:恐怕这也和这些年的时代条件有关。首先,近10年,在各方面都强调改革,由此必然引起人们考虑史学也必须进行改革;既然需要改革,就说明史学的现状有严重问题和缺点,对严重性估计高了,就得出史学陷于"危机"的结论。其次,教条主义、影射史学尽管不符合马列主义,但它却总是打着马列主义的旗号,披着马列主义外衣。看不清现象与本质矛盾的人们很容易误认为教条主义就是马列主义,影射史学也是运用马列主义的产物,于是在思想中大大损害了马列主义的形象。最后,随着我国实行对外开放政策,当科技和经济管理等领域纷纷强调引进西方有用的东西时,部分史学工作者自然也会考虑引进西方某些史学理论和历史研究法。尤其值得注意的是,因跨学科而形成的新学科,在西方如雨后春笋,大量涌现,受其影响,我国有的史学工作者认为史学如不采用自然科学的某些方法,就无法摆脱"危机"。由此可见,"史学危机"议论的出现，不是偶然，有其客观条件。

西方史学的一些"合理内核"可供我们借鉴和吸取

问：如果我对您的议论体会不错，似乎您认为根本就不存在什么"史学危机"。既然如此，是否我们沿着过去的老路子走下去就可以了，不必从国外史学界学习或吸取什么有益的东西？

答：您说得也对也不对。我确实认为客观上并不存在什么真正的"史学危机"，但是另一方面，史学不存在"危机"，并不就等于说，我国的史学界可以对西方的史学成果闭目塞听，可以同过去一样固步自封。西方的史学虽然基本上属于资产阶级史学的范畴，但在发展过程中肯定产生了一些"合理内核"，可供我们借鉴和吸取。像年鉴学派、计量史学等等，就都有值得我们参考的地方。此外，西方的历史哲学著作，虽然指导思想未必正确，但写得颇有深度；我国的史学理论成果，虽然指导思想正确一些，但相形之下显得深度不足。所以了解西方史学界的动态，对我们是有益的。至于用某些自然科学的方法研究历史，个人觉得既不应反对，也不应盲目推崇。新事物处于试探过程中，切不可过早地下结论。同时也要看到，自然科学的方法用来研究历史，毕竟会有很大的局限性。把运用数学方法研究历史说得神乎其神，我就不大相信。

在历史科学领域内努力取得重大突破，是完全应当争取的，也是可能的；但首先要建立在扎扎实实研究的基础上。不大量阅读史书和搜集史料，即使真有什么有用的新理论、新方法，也不可能做出惊人的贡献。不准备下苦功，只想在方法论上作文章，企图在一个早上一举成名，是天真的想法，并不现实。

（原载《史学情报》1988 年第 1 期）

后　记

我一生从事历史研究和教学工作。在科学研究的领域内专攻隋唐五代史，但在教学领域内除了教断代史课外也讲过几遍中国古代史，所以在思考问题时，不限于自己研究的专业，常常会遇到和想到一些历代的问题。因此，有时会搞一些专业以外的课题，如曾写过拙著《中国封建社会形态研究》，可以讥之为"不务正业"。个人兴趣较广，读的书也比较杂，有时也考虑一些马克思主义基本理论问题或哲学问题，从而不免信手写一些这些方面的文章。

我的基本专业是隋唐五代史，晚年打算就这一领域的个人论文编辑出版一部配套论文集。现在自顾已年届66岁，应当给自己做一点总结工作了，因此想把这批非隋唐五代史领域的、不成体系的文章搜集起来，编为一本小册子出版，总计不到20万字。其中只有一篇谈"韩柳之争"的文章属于断代史范围，但它是我为批判"四人帮"而写的文字，而我在将来的隋唐五代史文集中又不愿意收入批判文章，因此就破例编入这本小册子了。

现在呈现在读者面前的这本小小的论文集中，收的文章大多带有理论探讨性质，个人对其中的某些论点也并无把握，有的可能是错误的或片面的，有的还可以对之进行商榷，很难说它们是完全正确的，甚至连基本正确也未必能做到。既然如此，还有什么必要把它们编排在一起出版呢？我幼稚而粗浅的想法是：既然大多数文章带有理论探讨的性质，那么相信出版后可能引起别的学者的注意，甚至促进他们的思路向前发展，从而写出真正解决问题的、质量很高的文章，果尔则拙著起了抛砖引玉的作用。抛此敝砖而引彼美玉出笼，是为初衷，故名之为《抛引集》。果能达到这一目的，起了这样的作用，则我就可聊以自慰了！

这本集子中包括的文章，绝大多数都在报刊上发表过，只有几篇是初次同读者见面。对这几篇文章提出异议和讨论，就更属我的殷切希望了。

这本小册子得以顺利出版，与河北教育出版社的支持和编辑同志的大力协助是分不开的。特于此表示由衷的谢意！

1992 年 1 月 8 日灯下

（《抛引集》，河北教育出版社 1993 年版）

杂文篇

論文集

甲午以前的军需工业

一 军需工业产生的时代背景

第一次鸦片战争以后，资本主义侵略者虽然打开了中国的大门，但中国内部的反动统治者还不知道如何应付这个新的局面，他们对外来的侵略势力还只能抱着疑惧的态度，这种情况直到第二次鸦片战争时才有了根本的转变。英法联军在对我国侵略的意义上，是与第一次鸦片战争并无二致的，但具体的历史条件却有着显著的不同。

随着资本主义势力的侵入，中国的社会经济发生了巨大的变化，中国人民除了在封建剥削与压迫下，痛苦万状外，现在又遭受了资本主义的盘剥与打击，"旧的财政、经济、政治、礼教各种制度，愈成为中国人民的祸害，新的人民的反封建革命运动，在这样时代条件之下是必然要发生的"，所以在道光三十年末，终于爆发了轰轰烈烈的太平天国革命运动。第二次鸦片战争就是在中国国内阶级斗争进行得如火如荼的时候发生的。

在内外战火交织的情况下，中国的反动统治者必须有所抉择，有所取舍，反动的阶级本质决定了他们与资本主义侵略者勾结起来，向人民革命运动进行可耻的联合进攻。最具体的事实莫过于"借洋兵助剿"了。反动头子李鸿章曾经大肆吹嘘洋人的特长，认为"其大炮之精纯，子药之细巧，器械之鲜明，队伍之雄整，实非中国所能及"。国内反动派在与资本主义侵略者勾结的过程中，取得了两点教训：首先是在这个崭新的时代里，要想继续维持其封建统治，必须与外来的侵略势力勾结起来，因为人民的力量是最可怕的；其次，外国人的洋枪洋炮确实有用，他们曾亲眼看到洋人用开花炮弹轰城，用快枪陷阵，前者决定了此后将近百年的反动统治政策——卖国求荣，后者是军需工业产生的直接原因，李鸿章曾说："制器与练兵相为表里，练兵而不得其器则兵为无用，制器而不得其人则器必无成"，最后他认为："中国若不认真取法，终无由以自强。"

最初使用外洋火器时，曾国藩、李鸿章等洋务派领袖均处戎马倥偬之际，无力大规模建树，所以仍以购自外洋为主，但此终非久远之计，所以曾国藩最早主张购成之后，访募覃思之士，智巧之匠，始而演习，继而试造，"不过一二年，火轮船必为中外官民通行之物，可以剿发逆，可以勤远略"。真正的目的我们知道是"剿发逆"，至于"勤远略"实为自欺欺人之谈。

二　同治时期的军需工业

远在1863年，曾国藩驻扎安庆时，即已设局制造各种军火，但当时尚全用汉人，未用洋匠。该局曾试制小轮船一艘，唯"行驶迟钝，不甚得法"。这种小规模的制造局是远远落后于当时战争之需要的，所以随着反动势力在江南的日渐恢复，较大规模的机器制造局遂渐渐出现了。

中国的地主、买办、官僚在太平天国横扫江南的时候，大批地聚集在资本主义侵略者的根据地——上海。因此，内外反动势力的勾结也必然以上海为最早、最密切。李鸿章是上海反动势力的代表人物，对洋人最信任，对西洋武器最羡艳，所以初期的机器军需工业在李鸿章支持与操纵下，首先在上海、南京一带出现是十分自然的。

西洋火器在江南开始应用后，北京的反动当局自然感到用土枪土炮来保卫"神圣"的京畿显然有些愧色了；另一方面，清朝统治者眼看着大官僚——曾、左、李等声势日益浩大，武器日见新颖，绝不容忍在相形见绌的情形下，损坏"天朝"的尊严，所以随着上海、南京之后，天津亦设局制造军火。

在反动统治者的心目中，资本主义侵略者的特长除了"炮利"之外，就是"船坚"，所以在学制一般火器之余，又在马尾专设船政局造船。左宗棠在说明最初设局的意图时指出：在国防上，"自广东、福建而浙江、江南、山东、直隶、盛京以迄东北，大海环其三面，江河以外，万水朝宗"，"自海上用兵以来，泰西各国火轮兵船直达天津。藩篱竟成虚设，星驰飙举，无足当之"；在商业上，"自洋船准载北货，行销各口，北地货价腾贵，江浙大商以海船为业者，往北买货，价本愈增，比及回南，费重行迟，不能减价以敌洋商"，而"滨海之区，四民中商居什之六七，坐此寰阓萧条"，致使财政上"税厘减色"。因此，设局自造，无事之时，可以筹转漕，有事之时，可以筹调发。基于这种需要，所以最初所造之船为兵商二式相杂者。

左宗棠调督陕甘后，其任务是屠杀回族人民，于是他在甘肃亦进行新式的军械制造。工匠多选自宁波及粤闽一带。

这就是同治时期军需工业的地域分布及其创设目的，兹将此一时期所设各厂局列表如下：

名称	创立年代	领导人	基本经费来源
山东机器局	1875年	丁宝桢	地方专办
四川机器局	1877年	丁宝桢	四川土货厘金、四川茶引加票
吉林机器局	1881年	吴大澂	不详
广东制造局	约1885年	张之洞	不详
黄浦船澳	1885年	张之洞	绅商捐款
广东枪弹厂	1886年	张之洞	不详
湖北枪炮厂	1891年	张之洞	绅商捐款、湖北土药税、川盐加抽
汉阳铁厂	1891年	张之洞	铁路经费、湖北粮道拨款、湖北盐道库存、匀拨湖北枪炮厂经费

同治时期军需工业的特点首先是从国内战争过程中，逐渐出现了这一批厂局。太平天国与捻党起义赓续了将近二十年，此外又有贵州的苗民起义，云南与西北的回民起义，尤其是后二者直至70年代方才结束，这就决定了军需工业必然首先服务于维护统治的需要。江南制造局和金陵机器局是最典型的例子；均在战争过程中，随着反动势力的得势，逐渐迁至上海和南京，兰州机器局设立的目的则完全是为了镇压回族人民

起义。同时，这些厂局在镇压人民起义的过程中，也确实起了不小的作用，远在1864年，"华北捷报"在讲到马格里所创办的机器局（当时尚在苏州）时，既已承认，"现在府台所统率的军队，绝大部份的军火是由苏州兵工厂供给的"，再如左宗棠谈到兰州机器局时说："攻克肃州，即得其助，用开花子至一千四百余枚。若非当时设局自制，必致匮乏，不能应手。"

从各厂局中多有洋员参加创办一点，我们也可以看出这些工业的创设目的，资本主义侵略分子是绝不可能为我国的国防服务的，他们所感兴趣的，只是如何帮助反动政府镇压人民起义。马格里所制的大沽炮台之发生爆炸的事实最雄辩地说明了此点。事后马格里曾进行强辩，硬说所采原料不是纯铜而是铸铁，制造条件不够精良。我们认为这一切并不能开脱马格里的罪行，这些不良情况他既然预先知道，造成之炮没有把握，为什么就贸然使用于北方国防要塞的大沽呢？与资本主义侵略者合作巩固国防，不啻为与虎谋皮。

这种客观的战争环境就决定了当时的生产中心是枪炮弹药，所以江南制造局、金陵机器局及天津机器局是发展的重点。江南制造局虽素以修船为长技，但接办之初，"仍以制造枪炮藉充军用为主"。在这一时，马尾船政局无容讳言地是处在次要的地位的。

其次，此时之军需工业尚处萌芽阶段，所以除了从事制造外，又重视了人材的培养、西书的翻译等富有长远意义的工作。江南制造局曾另立学堂，以习翻译，先后延请英国人伟烈亚力、美国人傅兰雅、玛高温三人译出有裨制造各书二十余种。为了培养造船及驾驶人材，马尾船政局亦设有"求是堂"，延致熟习中外语言文字之洋教习，讲授英法两国语言文字、算法、画法等，并另招生学习。

这一时期的军需工业均属初创，规模尚小，一切问题与弱点因而还没有充分暴露出来，经费支绌诚然亦存在，但还不十分严重。光绪以后，这些工业虽然有了进一步的发展，而其封建性与买办性的缺点也就进一步显示出来了。

三 光绪时期的军需工业

为了明了光绪时期军需工业的发展情况，我们必须首先考察一下这一时期的历史特点。

鸦片战争以后，国内反动派曾把《南京条约》称作"万年和约"，他们认为祖国利权的出卖是可以换得与资本主义侵略者和平相处的。不幸的是十余年之后，又发生了英法联军之役。在《北京条约》《天津条约》之后，他们认为在这次战争中，已经基本上和侵略者密切勾结起来了，后者再不会向他们炫兵耀武了。事实上，同治时期，也确实"相安"过十几年。不知自量的国内反动派便大言不惭地自认为是"同治中兴"，但这种局面也只能有十余年的赓续，因为资本主义侵略者可能与反动派妥协，却不能和中国人民妥协，所以到光绪时期，反动派"中兴"的迷梦又被侵略者新的进攻惊醒了。

英国侵略者所造成的马嘉理案虽未酿成武装冲突，但却在1875年签订了可耻的《烟台条约》。五年之后，又发生了中俄伊犁交涉，不但丧失了土地，而且赔款九百万卢布，到1884年，又爆发了《北京条约》以后的首次大规模战争——中法战争，所谓"中兴"与"洋务"受到了第一次考验。直到甲午之战，淮系集团领导下的洋务运动彻底宣告了破产，军需工业也就转成废物了。

这一连串的侵略战争对中国的政治必然发生了一定的影响。割地赔款对反动政府来说，早已成为司空见惯的事了，但他们却不能不考虑觉醒了的中国人民对这种亡国危机是不能坐视的，如果人民把反封建和反帝的斗争结合起来，那不但意味着资本主义国家不能继续进行侵略，同时也意味着清政府到了寿终正寝之时。所以中国的反动派为了继续维持其统治权，就必须保存其在人民中的一定威信，就不得不对资本主义侵略者表示一定程度上的抗拒。这种历史条件决定了这一时期的军需工业不再是全力对内镇压，而开始转变为内外兼顾了。因此，海军的建立成了迫切的任务。

如果以为海军之建立必然促使中国造船业得到大规模的发展，事实证明这种想法是错误的。由于中国没有足够的重工业基础，所以军需工业有如空中楼阁，其发展之困难，可想而知。马尾船政局费时五年，只能成船十余号，对大局无关痛痒，且所需"一切钢铁料件皆由西洋订购，徒加一转运保险之费"。同时，西洋各国所出船炮，日新月异，而中国制造之改进则瞠乎其后，所以李鸿章说："中国造船之银，倍于外洋购船之价，今急欲成军，须在外国定造为省便。"在这种情形下，马尾船政局只能用作修补船只以及制造小型快船以配备购自外洋之铁甲。

普通军械也以同样的理由从自制改为大批购买，北洋方面更是如此。在中法、中日战争前后的档案中，大批购置外洋枪炮的奏章真是连篇累牍。同时，在全国范围内，各省购买外洋军火的风气亦已形成。大量军械的输入必然发生弹药不足的结果。以当时规模最大的江南制造局与天津机器局而言，"所制子弹数非不多，而以之应操则有余，以之备战则尚少"。弹药仰给于外洋实非久远之计，一则价银甚昂，再则如遇战事，列强封海，点滴难来。因此亟应及时设法添制，从而在这一时期中，各厂局的生产由火器而转成了弹药。

这一时期，设置机器局的风气已开，所以除天津、江浙一带外，在其他各省亦不断设局制造。山东是我国海防重地，故丁宝桢曾在该省设立山东机器局，1877年，丁氏移官四川，发现该省各营亦多习用洋枪，遂设四川机器局。随着沙俄资本主义的发展，其向东北侵犯的趋势日益明显，而东北又是满族统治者的老巢，所以在全国军备发展潮流的激荡下，吉林机器局亦应运而生。广东滨海，与外人接触最早，本当早有机器局之树立，唯因距中央太远，所以迟至1874年，才设立了一个小小的机器局。嗣后，因感该局不足供应要需，遂于1875年又建军火厂一所。中法战争后，该二厂局被张之洞合并，改名制造局。此外，张之洞又在广东设立枪弹厂及小型造船之黄埔船澳。张之洞在广东时，除上述各厂局外，又欲建立一枪炮厂，并派人赴德国订购机器，随着张之洞调督湖北，此项购回之机器遂移置湖北。

由于国内军火生产之增加，又由于铁路的兴建，钢铁的需要自然亦相应增加。过去之钢料概系购自外洋，但一遇对外战争，则有停工待料之虞。光绪时期军需工业之另一特殊发展是新式炼钢事业之勃兴。江南制造局、天津机器局均增设炼钢机器，但出产有限，而此一时期炼钢企业之最大者，当推张之洞在湖北创立之汉阳铁厂。

兹将光绪时期新设各厂局列表如下：

名称	创立年代	领导人	华洋管理人员	基本经费来源
安庆军械所	1863年	曾国藩	不详	不详
金陵机器局	1865年	李鸿章	马格里（英）(Sir Halliday Macartney)	不详
江南制造局	1865年	李鸿章	丁日昌	军需项下筹拨江海关洋税
马尾船政局	1866年	左宗棠 沈葆桢	日意格（法）(Prosper Giquel) 德克碑（法）(Paul d, aiguebelle)	闽关洋税、闽省厘金 闽省茶税、闽省洋药票税
天津机器局	1867年	崇厚 李鸿章	不详	海关洋税
兰州机器局	约同治末	左宗棠	赖长	不详

光绪时期的军需工业在生产技术上比同治时期向前发展了一步。除了新兴的炼钢事业外，在火药方面，江南制造局由制造旧式黑色火药改为栗色无烟火药，天津机器局亦购置六角藕饼药机器，其他如四川、广东、湖北各厂局亦均自造洋火药，这一发展是由大批采用新式的后膛枪所促成的。中法战争时，马江之役，法船施放鱼雷，闽省水师则尚无此项制造，深受其害，所以这一时期，马尾船政局、天津机器局均开始制造水雷以为沿海守口之用。在造船方面，马尾船政局有三项重要发展：其一是由于过去制造木胁船所需之弯木来源日少，所以由1876年起，改造铁胁船；其二是过去兵商两用的轮船在马江之役时，发现"兵商两绌"，所以1885年后，该局决定"专造兵轮，永不再造商船"；其三是自同治末，洋匠遣散后，该局由洋人协办改为中国自办。为了进一步向西洋学习制造及驾驶之术，所以"求是堂"派留学生赴英法二国继续深造。此外，各厂局在其他军械的制造方面，亦有一定的进步。

在发展的同时，困难亦随着增加，最主要的是经费之不足。在有关各厂局的记载中,充满了"粥少僧多""寅支卯粮""挹彼注此"的悲惨呼声。最严重的如马尾船政局曾有停办的危险,最后终不得不在为广东协造的情形下,依靠广东的协款苟延残喘。四川机器局亦因恩承等认为"费用较钜,制造未能精良",曾一度停办。各厂局在中央无力支持,经费困难的情形下,只有由地方官吏加紧勒索当地人民,增加各项税收以应要需,张之洞为了办枪炮厂,除了在广东时对绅商"竭力开导",捐款兴办外,在该厂迁湖北后,又在该省"力排众议,详考要隘,添设关卡",结果使土药税增加一倍以上。汉阳铁厂则终因经费不支,最后于1896年改为官督商办了。

虽然军需工业普遍都处于经费支绌的情况下,但各厂局困难的程度却有所不同,这是以各派官僚集团势力之消长为转移的。太平天国失败以后,湘系的势力渐趋衰微,密切与国外侵略者勾结的淮系势力方兴未艾。天津教案以后,李鸿章又在外交上取得了一定声望。所以洋务运动是由以李鸿章为首的淮系官僚领导的,军需工业自然也以北洋者为重心。在淮系控制下的各厂局虽然亦感经费困难,但必要时尚可依靠着政治上的力量筹措为功。而南洋各厂局则只能是一筹莫展了。

四 结束语

英法联军及太平天国以后兴起的新式军需工业是我国半殖民地半封建社会的产物,所以这些工业的本身也必然具有封建性和买办性。

其封建性首先表现在军需工业建立之基本目的是维持反动腐朽的地主政权及其社会秩序。江南制造局、金陵机器局、兰州机器局的建立过程就雄辩地说明了其阶级本质。正因为如此,所以到真正外敌来临时,为了保存实力,反动官僚就反对作战,坚持割地赔款的求和主张。如中法战争时,李鸿章说:"鸿章等前在烟台曾上法铁舰看操,其船坚炮巨,实非南北洋各船所能敌",所以他坚决主张讲和。另一方面,每一次的对外战争却又成为他们进一步扩张势力的机会,因此李鸿章紧接着主张:"中国非筹款大办水师,断难在洋面与西舰争锋。"甲午战争时,中国有大小舰船二十五艘，吨数与日本方面约略相等，但李鸿章唯恐损失实力，不肯作战，所以在他的投降外交下，北洋海军终于作了牺牲品。反动派的逻辑就是：扩充实力，妥协投降；再扩充实力，再妥协投降。军需工业也就在这种规律的支配下，逐步发展起来。

其次，封建性又表现在各项工业发展之不平衡性。这些厂局不是按全国需要，统一计划而建立的；相反地，却是随着各大官僚集团的需要自发地建立起来的。所以各项工业与各个官僚均有一定的封建关系，他们都视自己建立的厂局为一己之私产。如丁宝桢在山东时，山东设厂；移官四川时，四川设厂。张之洞之广东时，广东设局，移督湖北后，各厂局亦随之迁往湖北。

不仅如此，各派官僚集团间又互相排挤，分裂割据，如南北洋分治，湘淮两系之矛盾，这种情况对军需工业之发展均十分不利。丁宝桢曾谋派人出洋，学制军火，在就商于李鸿章时，得到的回答是："稚璜（丁宝桢）视为易事，似由阅历太浅。但恐意气过盛，成见未化，敝处无由会商耳。"中法战争时，福建海军力量有限，张佩纶、何如璋等先后电请南北洋拨船应援，但封建官僚各保实力，不肯拨船。所以张佩纶讥笑南洋大臣曾国荃称："甚矣，曾之膜视闽也！沪仅法船一，华船则六，南洋十五船无可分，欲闽三船敌法耶！"李鸿章的回答是："北洋轮船皆小，本不足敌法之铁舰大兵船"，而他唯一的对策是："不如赔款保和。"马尾船政局在孤立无援的情况下，只有于马江一役，不但厂房被毁，而且帅船俱沉。

军需工业在各派官僚分领，又互相矛盾的情况下，自然消长互异。因此，江南制造局、天津机器局之发展稍顺利，而山东、四川、福建、广东之厂局则不但规模较小，而且难以维持。

再次，封建性又表现在这些工业都是寄生在当时封建社会的财政制度之上的。由于军事工业是完全官营的，所以没有丝毫资本主义的性质。在封建社会中，因为没有足够的蓄积起来的资金，所以它们只有靠海关、厘金等收入作为维持生产的经费，各项收入之多少并无定数，拨解之款时多时少，故其经费时宽时绌，而各厂局之需要则有增无减，所以全部军需工业有一个共同的特点，就是经费失常。

最后，这些厂局成了封建官僚的衙门，贪污腐化，不堪收拾。一般地主拼命钻营，均欲在这些机构中得到一个"肥缺"。1890年，卞宝弟奏报马尾船政局之情形时称："前江西巡抚沈葆桢总理其事，经营创造，极费苦心，用人尤为慎重，虽至亲旧友，不滥收录。以故不利众口，谤议纷腾"，"此后接办船政诸臣，欲思弭谤，不得不稍涉圆融，各路荐书难于拒绝。厂员皆系本地绅衿，尤觉碍于情面。此近年滥收滥委之实在情形也"。事实上，除马尾船政局外，其他各厂局亦大致类此。在这种腐朽的官僚管理下，当然不可能出现欣欣向荣的气象。

军需工业之买办性首先表现在为资本主义侵略者稳定了中国这块巨大市场的社会秩序。太平天国以后，虽然亦不断产生过人民的反帝运动，但大多数均被清政府所镇压，直到义和团运动时，才又一次爆发了大规模的反帝斗争。由1864—1900年，社会之所以比较安定，自然有很多因素，但军需工业所起的一定作用也是不容忽视的。这种相对社会的安定就为资本主义商品之倾销创造了有利的条件。

其次，因为中国当时仍旧停留在封建社会，不但没有足够之资金，亦且没有重工业基础，所以这些工业的建立、管理，从机器的购买上，直至技术人员的招聘上，均不得不依赖资本主义各国，这就使中国不但成了各国一般商品倾销的市场，而且成了各国废钢、旧机器的销售场所。在这种情形下，我国不能建立起真正最新式的工厂，而必然长久地落在资本主义国家的后面。

从以上的分析，我们可以明确地感到，在半封建半殖民地的国家中，在内外反动势力的勾结与压迫下，是永远无国防可言的。这种状况起自李鸿章，迄于蒋介石，基本上是一致的。所谓军需工业或"国防"建设，只不过是镇压人民起义，巩固反动政权的手段而已。只有人民掌握了政权，才有巩固的国防可言，军需工业只有掌握在人民手中，才能健康地发展起来。

本文根据基本材料：
① 《李文忠公全书》
② 《曾文正公全集》

③《左文襄公全集》
④《张文襄公四稿》
⑤《丁文诚公遗书》
⑥《刘忠诚公遗集》
⑦《船政奏议汇编》
⑧《江南制造局记》
⑨《清季外交史料》
⑩ 范文澜：《中国近代史》第一分册。
⑪ The Life of Sir Halliday Macartney
⑫ 容闳：《西学东渐记》

（原载《光明日报》1954年4月29日）

试论秦汉以后我国封建社会经济外的强制

一

斯大林同志在其天才著作《苏联社会主义经济问题》一书中指出："当然，经济外的强制在巩固农奴制地主的经济权力方面起过作用，但封建制度的基础并不是经济外的强制，而是封建土地所有制。"这一经典性的论点不仅为我们指示了封建社会的经济基础是什么，同时也说明了经济外的强制所能发生的历史作用又是什么。在研究秦汉以后我国封建社会经济外的强制之特点时，我们就要按照斯大林的指示，首先对我国这一历史时期的土地所有制的特殊情况进行具体分析。

我国封建社会经春秋、战国的大变革，到秦汉以后，完全进入了另一个历史阶段，毛泽东说："如果说，秦以前的一个时代是诸侯割据称雄的封建国家，那末，自秦始皇统一中国以后，就建立了专制主义的中央集权的封建国家。"[①] 这种变化不仅表现在政权组织的形式上，而且也表现在土地所有制上。秦汉时代，我国已经存在着土地比较自由买卖的现象。土地的买卖使我国的封建剥削出现了佃耕与佣耕的关系。这种情况与中世纪的欧洲是截然不同的。在欧洲，领主土地所有制占支配地位，领地是世袭的财产，不能买卖，而农民则是束缚于土地，只有半独立人格的农奴。斯大林同志给封建生产关系所下的定义是："在封建制度下，生产关系底基础是封建主占有生产资料和不完全占有生产工作者，这生

---

① 《毛泽东选集》第2卷，人民出版社1952年版，第594页。

产工作者便是封建主虽已不能屠杀，但仍可以买卖的农奴。当时除封建所有制外，还存在有农民和手工业者以本身劳动为基础占有生产工具和自己私有经济的个人所有制。"① 领主为了迫使拥有自己的生产工具的农民在领地上工作，就需要有经济外的强制，这种强制与农奴对领主的人格依存是分不开的。所以列宁说："如果地主没有直接支配农民人格的权力，他就不能强迫被分与土地而自行经营的人们来为他做工。因此，必须有'超经济的强制'。"② 领主对依附于他的农奴行使强制的最有力工具是领主自身所具有的行政权与审判权，可见这种经济外的强制与封建社会的上层建筑是密切地联系着的。

在我国，由于土地可以自由买卖，故失去土地的中小地主可以沦为佃农或雇农，发财致富的商人、高利贷者及上升的自耕农民，亦可转化为地主。因此，行政权与审判权就无法归诸固定的个别地主，在这种情形下，秦汉以后，我国遂出现了体现整个地主阶级利益的地主政权。

根据这种特殊情况，我们很容易发生下列的问题：除经济上的强制外，地主如何能强迫具有一定生产工具、自行经营的农民为他工作，提供地租呢？

毛泽东说："这种农民，实际上还是农奴。"③ 这也就是说农民的人格依存及地主阶级对农民的经济外的强制不但存在，而且也在巩固地主的经济权力方面起过作用。我国特殊的封建剥削形式及封建政权结构，使农民的人格依存只在一定程度上表现在对个别地主的关系上，而在最基本的方面却表现在对整个地主阶级，即代表整个地主阶级的地主政权的关系上，因而对农民施以经济外的强制，把农民束缚于封建制度中的主要力量，乃系来自地主政权。

这种特殊的人格依存及经济外的强制主要体现于我国历代的刑法、赋税、徭役及兵役上。

秦汉以后的法律是由地主阶级的意志来规定的。它除了详尽地用法律形式巩固地主政权外，也具体地成为强制农民对国家缴纳赋税，对个

---

① 斯大林：《列宁主义问题》，莫斯科：外国文书籍出版局1949年中文版，第728页。
② 列宁：《俄国资本主义底发展》，解放社1949年版，第161页。
③ 《毛泽东选集》第2卷，人民出版社1952年版，第594页。

别地主提供地租的有力手段。

在赋税上,秦汉以后出现了按丁、户征收的税制,如:汉之口赋、算赋,晋之户调,唐之租庸调。自唐代两税法实行后,据产征税虽占了支配地位,但直至明、清时代,丁役负担也并非被取消了,而只是摊入地亩征收罢了。地主政权之所以能够向所有的农民课敛,主要是由于利用了国家权力,对农民进行了经济外的强制。在课役制度上,农民对地主政权的人格依存最突出地表现于算赋及口赋,汉代 7 岁至 14 岁的毫无劳动能力的儿童亦须纳税,这充分说明农民几乎从一出生起,就已经是属于地主政权的农奴了。

强制性的徭役,各代均有,这也是农民的一项可怕负担。正是由于我国较早地出现了中央集权的地主政权,产生了由这种集中而普遍的经济外的强制所造成的大规模征役,所以也就出现了大规模的协作,于是长城、运河、驰道等伟大工程的建筑就成为可能。马克思曾指出:"在古代世界,在中世纪,在近代殖民地,间或也有极大规模的协作,但都是以直接的支配服从关系,特别是以奴隶关系作为基础。"① 除这些大规模的征发外,平时的一般徭役虽各代名色不同,轻重不等,但其经济外的强制性质却是异常明显的。

农民除为地主政权缴纳赋税,服徭役外,又须服兵役。西汉之平民,在法律上,每人均有当兵的义务,男子成年以后,除服"践更"外,更须充"正卒"。由北魏至隋唐的府兵制均为籍民为兵的强迫兵役制。地主政权对服兵役之农民除用以屯耕、作战外,亦不免其他役使,为了避免士兵的逃亡,或则如五代梁祖"并黥其面"(《旧五代史·刘守光传》),或则如明代把全国户口分作军、民、匠籍,军之子恒为军,这不但把服役者本人,甚至亦将其后代全部强制为兵。由此可见,历代的兵制亦同样说明了农民对地主政权的人格依存。

此外,地主政权有时为了满足某种需要,往往亦采取购买实物及雇佣劳动力的办法,即和籴、和市、和雇等,这些措施亦同样打上了经济外的强制之烙印,或则少给价钱,或则成为变相的赋敛。如宋代太原路

---

① 《资本论》第 1 卷,人民出版社 1953 年版,第 400—401 页。

于二税之外有"和籴",但"粮草官虽量予钱布,而所得细微,民无所济"(《宋史·食货志》)。又如当时政府预买䌷绢,名为"务优直以利民",实则"犹未免烦民",后或令民折输钱,或物重而价轻",最后甚至"官不给直而赋取益甚矣"(《宋史·食货志》)。宋代的情况如此,其他各代亦多有此类相似之记载。

这些赋役亦有部分涉及地主阶级,是否可以认为经济外的强制亦加诸地主阶级呢?答复是否定的。因为:第一,统治阶级中很多为皇族、贵戚、官僚、寺观等逍遥法外的不课户,没有任何课役负担;第二,地主、商人亦可设法规避,如唐代定九等户时,"富商大贾,多与官吏往还,递相凭嘱,求居下等"①,在明代则更出现了"贴脚诡寄";第三,最重要的是地主与农民所负担之课役在本质上是不相同的,地主所纳之税是由他所剥削的地租中分割出来的一个特殊部分,这部分剥削物同样会转嫁到被他剥削的农民身上,况且这些课役最终是为维护地主阶级的利益服务的;而农民则纯系被强制提供剩余劳动及剩余生产物,地主政权则又利用了这一物质基础对农民继续施以强制及剥削。

因为农民的人格依存主要表现在对地主政权的关系上,所以对农民加以监督、管理的事务就不似在欧洲那样,主要属于领主,在我国,这些权力为封建政权的重要职能之一。

农民对地主政权的人格依存,使农民在皇帝心目中成了代表整个地主阶级之地主政权的财产。因此,地主政权非常重视户口增减,把农民当作重要财产。唐代"括户"的记载俯拾即是,明代的"黄册"可说是这种情形的最高发展。

虽然我们肯定了秦汉以后,对农民的经济外的强制主要来自地主政权,但我们并不否认农民对地主个人的人格依附之存在,毛泽东曾经指出:"地主对农民有随意打骂甚至处死之权,农民是没有任何政治权利的"②。地主个人对农民的经济外的强制是一直存在的,不过在不同的时期,不同的历史条件下,在程度上亦有所不同。列宁曾正确地指明:"这

---

① 《唐会要》卷85。
② 《毛泽东选集》第2卷,人民出版社1952年版,第595页。

种强制底形式和程度可以是极不相同的，从农奴地位起到农民不完全享有权利的身份为止"①。

在地主政权还比较巩固，自耕农比较普遍，土地集中还不太严重的时期，农民对地主的依附关系一般说是比较松弛的，与此相反，在中央地主政权已不稳定，地方豪强地主势力上升，大地产已占支配地位的条件下，地主对农民之经济外的强制也就随之加强了。

地主个人对农民施以强制这一事实并不改变经济外的强制主要来自地主政权这一情况。所谓地主政权的削弱并不意味着它对农民的强制也削弱，而事实恰恰相反，即在土地集中及社会经济混乱的情形下，在财政上削弱了的地主政权往往更藉重于对农民的强制以进行竭泽而渔的聚敛，农民正是为了逃避这种过度的强制才投靠、依附于地主的。况且，这些农民，在一般的情况下，亦未能真正全部逃脱了地主政权的强制。普通地主对农民的强制在各代虽均存在，可是真正能与欧洲农奴主对农奴的强制相比的情况却并不普遍，亦不经常。在我们中国，封建时代的法律不允许地主屠杀农民，也不允许买卖农民。因此，把农民真正当作财产来占有的，在正常的情况下，主要是地主政权，而非地主个人。

此外，我们要特别重视的是地主政权对地主庇荫农民这一事实是不断进行斗争以图遏止的。为了保证农民向政府提供赋役，历代统治者都曾有限制大地产的要求，汉代董仲舒之限制"名田"的建议，西晋之占田制，北魏至唐之均田制，都包含有防止兼并，把农民束缚于份地的目的。明初徙苏、松、嘉、湖、杭等地农民"往耕临濠"（《明史·食货志》）亦属同类性质之措施。因为通过大地产的占有可以获得贡物制及赋役制农民，所以地主政权每当财政困窘的时候，又往往实行扩大官田的办法以保证剥削依附农民，如汉代杨可的"告缗"曾打击了大地主，而地主政权则得田"大县数百顷，小县百余顷"（《汉书·食货志》），宋代贾似道行公田，也是为了"抑强嫉富"②。历代之屯田、营田等各色公田均有争取更多依附农民之性质及作用。最后，地主政权为了争夺农民，

---

① 列宁：《俄国资本主义底发展》，解放社1949年版，第162页。
② 周密：《齐东野语》卷17。

在与豪强地主的斗争中，除了打击后者的经济、政治势力外，往往还直接简刮户口，如隋开皇初，为了争取南北朝以来的大量佃客与部曲，曾"令州县大索貌阅，户口不实者，正长远配，又开纠举之科"（《隋书·食货志》）。关于安缉流亡及括户的记载几无代无之。

地主政权与地主为了争夺依附农民，虽然展开了一定程度的斗争，但地主政权亦正是代表着整个地主阶级来强制农民的，正因为有这种本质上的一致性，所以我国封建社会中这种特殊的经济外的强制，在巩固封建生产关系方面也起了重要的作用，它既是地主获得地租，又是地主政权获得赋役的重要手段之一。因此，毛泽东说："农民被束缚于封建制度之下，没有人身的自由。"①

二

我国封建社会长期停滞的原因很多，生产力的发展可能受到了多方面的阻碍，在这个问题上，我国特殊的经济外的强制，无容怀疑的，也起着一定的作用。

封建社会中生产力不断发展的主要动力，是直接生产者有可能获得一部分必要生活资料以上的余额，农民及手工业者"个人所有制"的发展促使生产力逐渐提高。在欧洲，生产者能否取得这一余额"完全是由地租的高度决定"；② 在我国，这种余额除由地租的高度决定以外，同样亦取决于地主政权强制农民所提供的课役之多少。每当农民起义之后，农民的个人所有制是比较发展的，相当普遍地出现了摆脱地主的剥削与强制的自耕农。但生产力的提高仍然受到了极大的限制，因为地主政权的强制剥削不但存在，而且不断增加，这就大大削弱了个人所有制的基础，于是自耕农重新又丧失了土地，转化成了佃农、雇农，封建的大地产亦重新增多，在社会上占了支配地位。在这种情况下，生产力不但不

---

① 《毛泽东选集》第 2 卷，人民出版社 1952 年版，第 595 页。
② 《资本论》第 3 卷，人民出版社 1953 年版，第 1031 页。

能继续提高,反而遭到了严重的破坏。大批农民相率脱离了生产过程,初则逃亡,继则起义。

这种特殊的经济外的强制,同样也妨碍了我国简单商品生产的发展。欧洲农奴的不自由、人格依存只表现在对封建领主的关系上,他们可以用逃出领地的方式摆脱这种经济外的强制,中世纪城市中的手工业者大多即系由此种逃亡农奴转化而成。因此,商品生产在这些城市里找到了发展的场所,马克思曾把这种中世纪的城市称作当时"鲜艳的花朵"。在我国,地主政权对农民的强制是全国性的,也就是集中的、普遍的,城市中的手工业者亦如农村中的手工业者,同样不能成为自由的商品持有者。于是,价值法则的作用大大地受到了阻碍,简单商品生产者的分化过程十分缓慢。欧洲的城市是在反对农村封建领主的政治统治之斗争中发展起来的,而我国的城市则为封建政权的据点,这里不但有手工业者、商人,而且也聚集了大批的官僚及地主。因此,从农业分裂出来的手工业,由农村手工业者转化成的城市手工业者,仍然是在地主政权经济外的强制下苟延残喘,得不到能够比较迅速发展的条件。

另一种手工业生产是与农业相结合的农村手工业。地主政权经常通过赋役制度榨取农村的农产品、手工业品甚至直接的劳役,因而农民的剩余生产物就不能投入市场,这不但使直接生产者获得生活资料以外的余额之可能性缩小,而且也阻止了农村手工业走向简单商品生产的趋势。这种经济外的强制就更加巩固了农业与手工业的结合。

最后,我国封建社会中的手工业生产有相当大的一部分是控制在地主政权手中的官府手工业。从事生产的奴婢、罪犯,强制的性质是极其明显的。其他如政府征调的工匠、人夫、抑配的坑冶户与灶户亦无不说明了他们对政府的人格依存。官府手工业本身基本上是没有商品生产的性质,只为满足地主政权的需要而生产,所以虽然这种手工业的规模较大,但这并不说明社会分工的扩大与商品流通的增加。同时,官府手工业又吸收了社会上大批最有技艺的手工业者,使他们离开了商品生产的过程,这同样大大阻碍了商品生产的发展,因此我们可以说:"个体生产的自由发展愈为官手工业所限制,则封建社会转为资本主义社会的条件越显得薄弱"①。

总之,"农民的依附形式愈缓和,封建剥削程度愈低,农民保持的自由愈多,则农民经济和个体产品生产取得发展和巩固的条件就愈多,封建社会形态的生产力和社会关系的发展就愈快,封建社会变成资本主义社会的先决条件的创立就愈迅速",② 我国这种统一由地主政权体现的,全面的经济外的强制使农民及手工业者几乎丧失了任何获得自由的机会,这不能不说是我国封建社会长期停滞的重要原因之一。

三

这种特殊的经济外的强制对我国历代的农民起义也是有很大影响的。毛泽东说:"中国历史上的农民起义和农民战争的规模之大,是世界历史上所仅见的。"③ 这是我国农民起义的重要特点之一,也是我们特别值得自豪之处。为什么我国历史上出现了这一"世界历史上所仅见的"情况呢?可能原因很多,我们仅就经济外的强制之特点做一研究。

欧洲封建社会在比较巩固的时期,大规模的农奴起义很少,大多数农奴反领主的斗争都采取了逃亡的方式,因为他们只要逃出束缚自己的领地,就可以获得自由了。即使偶然也有较大规模的起义,但从未能推翻过一个封建政权。在货币地租出现以后,封建社会面临崩溃的前夕,才出现了规模较大的农民起义。但是这些起义亦未能推翻旧有的封建政权。

从秦末开始,我国历史上即出现了大规模的农民起义,这当然与专制主义的地主政权之建立是分不开的。列宁说:"在历史上,革命底破坏力量如何,也多半是依自由趋向所受到的压迫如何厉害和如何长久为转移。"④ 我国农民的人格依存主要表现在对地主政权的关系上,而这种特

---

① 白寿彝、王毓铨:《说秦汉到明末官手工业和封建制度的关系》,《历史研究》1954 年第 5 期。

② М. Н. 梅伊曼、С. Д. 斯卡兹金:《论封建社会形态的基本经济法则》,《史学译丛》1954 年第 1 期。

③ 《毛泽东选集》第 2 卷,人民出版社 1952 年版,第 595 页。

④ 《列宁文选》第 1 卷,莫斯科:外国文书籍出版局 1949 年版,第 604—605 页。

殊的强制与剥削又是不易逃避的，这就必然造成农民在全国范围内爆发大起义，并集中目标打击地主政权。秦隋两代享国短暂，土地集中在程度上恐不能与汉末、唐末、宋末、明末相比，可是这两代所爆发的农民起义规模却特别大，主要原因是：地主政权除了强制农民缴纳大量赋税外，又因筑长城、建阿房宫、治驰道、开运河、大规模的对外战争而强征大批的农民服兵役徭役。各代农民起义的发端者及领袖很多亦为直接受政府强制的戍卒，如：秦末的陈胜、吴广；唐末的庞勋；明末欠饷的边兵、驿卒。因为这种集中与普遍的经济外的强制来自地主政权，所以每当起义从个别地区发端之后，很快就形成了燎原之火，所谓"从者如归"，"旬日间至数万"及"三十六方"同日而起的记载是农民起义极其富有普遍性与广泛性的生动说明。

这种特殊的经济外的强制使农民起义除打击普通地主外，又有一个共同打击的目标，即中央地主政权。这是我国农民起义能够不断推翻封建王朝的重要原因。秦末、唐末、明末的起义农民在转战全国之后，均攻陷了首都长安或北京。宋代的方腊起义虽未发展成全国范围内的起义，没有最终颠覆了赵宋王朝，但亦有打击地主政权的明确口号。引起这次起义的"花石纲"事件就是地主政权经济外的强制之证明。此外，方腊在鼓动群众时称："天下国家，本同一理。今有子弟耕织，终岁劳苦，少有粟帛，父兄悉取而荡之，稍不如意，则鞭笞酷虐，至死弗邺，于汝甘乎（《青溪寇轨》引《容斋逸史》）。"从方腊的演说中，我们清楚地看到了农民对地主政权的农奴地位。正是由于赵宋地主政权的横肆欺凌与剥削，所以才爆发了这次矛头直接指向地主政权的农民起义。

因为农民不是新的生产力的代表者，所以这一阶级斗争的意义是有其局限性的。新的生产力既未出现，新的生产关系也就无法建立，故农民只能推翻一个封建王朝，却不能从根本上摧毁封建生产关系。毛泽东在总结中国农民起义时，正确地指出，农民革命的结果"总是陷于失败，总是在革命中和革命后被地主和贵族利用了去，当作他们改朝换代的工具"。[①]

---

① 《毛泽东选集》第 2 卷，人民出版社 1952 年版，第 595 页。

农民革命斗争的失败并不减低这一阶级斗争的积极意义。每一次农民大起义后，土地分配情形有所改变，农民的人格依存虽仍存在，但却大大地减轻了。这种情形首先表现在赋役的剥削上，秦末农民起义的结果，汉初出现了"文景之治"；隋末农民大起义后，唐初出现了"贞观之治"。其他农民起义后建立的王朝亦无不接受了前代地主政权覆灭的教训，实行了"轻徭薄赋"的政策。他们的目的自然仍是在生产恢复及发展的基础上，保证财政需要，在客观效果上，这种政策却为社会经济的发展提供了比较有利的条件。

其次，经济外的强制之缓和亦表现在地主政权在刑法上对农民强制的暂时放松。汉高祖入关中，废秦苛法，只有简单的约法三章："杀人者死，伤人及盗抵罪"（《汉书·刑法志》）；西汉末绿林、赤眉起义后，光武定天下，"务用安静，约王莽之繁密，还汉世之轻法"（《后汉书·循吏传序》）；唐高祖李渊平长安后，曾"约法为二十条，惟制杀人、劫盗、背军、叛逆者死，余并蠲除之"；受禅之后，因隋开皇律令而损益之，"尽削大业所由烦峻之法"，又制五十三条格，"务在宽简"（《旧唐书·刑法志》）。仅此数例，见其一斑。这种情况使农民有可能比较自由地生产，使封建社会中的个人所有制获得了发展的条件。

最后，在农民起义打击地主阶级及地主政权压抑豪强的基础上，在劳动力缺乏，土地大量抛荒的条件下，地主对农民的经济外的强制也被迫缓和了，这也就是新王朝建立后，中央集权比较巩固的重要原因之一。

由于农民起义打击了地主阶级及其政权，为生产力的发展开辟了道路，所以毛泽东对这种伟大的阶级斗争曾给予了很高的评价："在中国封建社会里，只有这种农民的阶级斗争、农民的起义和农民的战争，才是历史发展的真正动力"。①

四

以上，我们讨论了我国封建社会经济外的强制之特点及其与封建社

---

① 《毛泽东选集》第2卷，人民出版社1952年版，第595页。

会长期停滞、农民起义等问题的关系。此外，须要特别声明的是地主政权对农民的经济外的强制，并非始终如一，毫无变化的。由秦汉至明清，我国封建社会的停滞并不等于没有一定程度上的发展。生产力的逐步提高亦必然反映到农民对地主政权的人格依存逐渐减轻。由汉代的算赋、口赋发展至明代的一条鞭法，正是经济外的强制由剧烈趋向缓和的证明。

　　这一趋势亦反映到农民起义的口号之变化上。尚钺先生曾经把由秦末至唐代的农民斗争划作一类，宋以后为另一类。前者的口号多"杀人者死，伤人者还创"等，其特点是："主要的为保护生命不被杀害，即起义者为着人身起码的保证而斗争。"我觉得这和唐以前经济外的强制比较剧烈的历史条件是分不开的。"但入宋以后，农民起义的口号就根本改变了，由宋初王小波、李顺的'均贫富'，到南宋的钟相、杨么的'等贵贱、均贫富'，到明末李自成则提出'贵贱均田'，清中叶太平天国起义，则制订出'天朝田亩制度'。由其口号的要求上，则属于另一类"①。这是在生产力发展的条件下，经济外的强制比较缓和的说明。当然，由秦汉至明清，这种变化只是程度上的不同，事实上，这种强制是始终存在的。

（原载《光明日报》1955 年 8 月 4 日）

---

① 尚钺：《总路线对历史科学的伟大贡献》，《历史教学》1954 年第 3 期。

关于我国封建社会经济规律的几个问题

一　地主土地所有制与经济危机的特点

我国封建社会的经济危机是我国封建生产关系在运动发展过程中的必然产物，所以在讨论这一问题时，必须首先对我国封建社会的基础——封建土地所有制——有所认识。我国封建社会占支配地位的土地所有制形式是地主土地所有制。在这篇文章中，我将在这一论点的基础上，进一步探讨经济规律的特点及有关诸问题。

每一次大规模的农民起义都在不同程度上给与地主阶级及地主政权以一定的打击，广大的农民往往在推翻旧王朝以后占有了一定数量的土地，但地主土地所有制的最重要特点之一是土地可以买卖，这与欧洲的世袭领地制是迥然不同的。恩格斯曾经指出："对于一切以商品生产及商品交换为基础的社会来说，在它们里面，财产分配之日益不均，贫富矛盾之日益扩大，财产之日益集中于少数人的手中，这已成为一种牢不可破的规律了；……所以，从那一瞬间起，当自由地一旦变为可以出让的土地财产，变成商品的土地财产，从那一瞬间起，大土地所有制底产生，便仅仅是一个时间问题了。"① 因此，通过土地买卖，分散于农民手中的土地就又逐渐地集中到地主阶级手中了。秦汉以后，"富者田连阡陌，贫者无立锥之地"的事实说明，在我国封建社会中，在地主土地所有制的基础上，存在着一条特有的土地兼并与土地集中的经济规律。它在一定

---

① 恩格斯：《法兰克时代》，《史学译丛》1956年第3期。

程度上是决定着我国历史发展的某些方面与过程的。当然，它也就成为我们了解我国封建社会经济危机的一把钥匙。

在对抗性的阶级社会中，经济危机的产生是与一定的生产方式内部的基本经济矛盾分不开的。马克思在研究资本主义社会的经济危机时，正是以生产社会化与资本家的私人占有制这一基本矛盾为出发点的。由此可见，在研究封建社会的经济危机时，我们也必须以封建社会的基本经济矛盾为出发点。苏联史学家梅伊曼及斯卡兹金指出，封建生产方式的基本矛盾是："剥削者的大所有制即封建所有制是与小生产和生产过程的个体性质相对立的。"正如资本主义社会的基本矛盾意味着无产阶级与资产阶级的对抗一样，封建社会的基本矛盾亦同样意味着"封建主和农奴的对抗"。① 这一论点在苏联史学界经过讨论后，已经得到了普通的承认，所以，"历史问题"编辑部在题为"论封建社会形态的基本经济规律"的"讨论总结"中，最后肯定："许多参加讨论的人认为封建主义的主要经济矛盾是生产过程的个体性质和大封建所有制之间的矛盾，我们认为这种意见是正确的。"此外，"总结"又指出："这种矛盾自封建社会形态一开始存在的时候起，即为其所固有，并随着它的发展而日益尖锐起来。"② 无论中外历史，我们都不能离开这一矛盾来研究封建社会的经济危机。

欧洲封建社会在最后阶段的全面危机之前，曾经发生过由劳役租向实物代役租过渡时劳役地租的危机与由实物代役租向货币代役租过渡时实物代役租的危机。这种不同形态的封建地租危机是否可以作为欧洲封建社会的经济危机来考虑，姑不置论，但可以完全断言的是，这种地租危机正说明落后的剥削形式已经不适合于已经发展了的生产力情况了，同时，这也正是其基本经济矛盾比较尖锐化的时期。所以，对这种地租危机作一概括认识对我们所讨论的问题是不无裨益的。

欧洲封建社会的土地是不能自由买卖的，封建领主虽然拥有大地产，但它本身却很难继续扩大。在领主经济中，农奴没有土地所有权，但他

---

① 梅伊曼、斯卡兹金：《论封建社会形态的基本经济法则》，《史学译丛》1954年第1期。
② 苏联"历史问题"编辑部：《论封建社会形态的基本经济规律（讨论总结）》，《史学译丛》1955年第5期。

们世代相承地占有的份地却是比较稳定的。这就决定了基本经济矛盾的发展与趋向尖锐化,主要不是由大地产的扩大及农奴丧失份地而促成的;与此相反,却是由个体性质的小生产的发展而促成的。劳役地租及实物地租的危机正是由此产生的。在生产力水平已经发展的情况下,个体小生产者要求更进一步的独立性,要求在比较自由的条件下发展个体经济。这种落后地租形态的危机,只有在新的进步的地租形态产生后,才能加以克服,于是,实物代役租取代了劳役地租的地位,货币代役租又取代了实物代役租的地位。每当地租形态发生变化时,个体小生产都获得了发展的条件。马克思说:"与劳动地租比较,生产者宁可说将会有更大的活动范围可以获得剩余劳动的时间,而以这种劳动的生产物,和他的必要需要由以得到满足的劳动的生产物一样归他自己所有。"① 马克思在谈到货币代役租代替实物代役租的过程时指出,农民"和地主间的传统的合乎习惯法的关系,必然会转化为一种契约的,依照明文法的固定规则来确定的,纯粹的货币关系"②。不仅如此,货币代役租的出现还可"使土地变为自由农民的财产",也就是"使向来的占有者得以赎免纳租的义务,转化为独立农民,而对于所耕作的土地,取得完全的所有权"。③

封建社会末期的全面的经济危机是在资本主义生产关系已经萌芽和初步发展的情况下爆发的。当时,生产关系一定要适合生产力性质规律正在发生着决定性的作用。垂死的封建势力往往用再度农奴化等残暴的手段来维持封建社会,而农奴制的最后危机也就不可避免了。正因为如此,所以作为个体生产者的农民能够在资产阶级领导下,成为一支巨大的革命力量。

我国封建社会经常往复出现的经济危机也是由封建社会的基本经济矛盾引起的,但它却具有着显著的特征。地主阶级利用了土地兼并与土地集中的经济规律,最大限度地把土地集中在自己手中,结果,大批农民失去了土地,在这种情况下,不但剥削率急剧增高,而且地主对农民的超经济强制也有所加强。直接生产者占有一部分剩余生产物的可能性

---

① 《资本论》第3卷,人民出版社1953年版,第1038页。
② 《资本论》第3卷,人民出版社1953年版,第1042页。
③ 《资本论》第3卷,人民出版社1953年版,第1042页。

完全消失了，甚至地主阶级还部分地攫取了必要劳动生产物，于是农民就大大地丧失了生产积极性。

欧洲农民占有比较稳定的份地，因此在封建社会，很少能出现相对过剩人口。只有在资本主义已经产生的条件下，在原始积累阶段，破产的小生产者才成了产业后备军。只有在资本主义社会中，由于资本有机构成的提高，机器排挤工人，才出现了相对过剩人口。在我国，土地兼并使大批农民成了失业者，因而在封建社会中，就出现了相对过剩的劳动者。马克思指出，大批失业人口的存在是资产阶级进一步降低工资水平的有利条件。同样，我国大批失业农民的存在也是地主阶级进一步提高地租剥削的有利条件。

因此，在危机时期，由于生产力遭受破坏，所产生的不是过剩的危机，而是不足的危机。尽管社会的总生产额大为减少，土地集中的情况却使生产物的分配更集中在地主阶级手中。个体小生产者于是陷入极度的饥寒交迫之中。由此可见，我国封建社会的经济危机不是因个体小生产的发展造成的，而是由大所有制的发展造成的。在危机时期，不是生产力的发展使地租形态转化及使封建社会向资本主义社会过渡，而是大所有制的发展使个体小生产者破产，使生产力萎缩与破坏。在这种情况下，小生产者所希望的，基本是土地分配与占有情况的改变与重新恢复衰落下去的生产。

两汉、唐、宋、明各代的经济危机是比较典型的，其形成原因是土地兼并，这是显而易见的。秦、隋两代国祚较短，社会危机产生的主要原因是地主政权对农民的横征暴敛，但即令在这种特殊的情况下，我们对危机的了解亦不能排除土地集中的因素。况且，繁重的赋役必然造成农民的破产，从而也就一定会加速土地兼并的过程。

与欧洲相比较，中国封建社会的经济危机因有上述显著的特点，所以它发生的次数亦与欧洲者不同。欧洲只有在地租形态转化时，才发生了少数几次落后地租形态的危机，而全面的社会危机却只发生在封建社会行将崩溃并向资本主义社会过渡的时期。在我国，由于土地兼并与土地集中的规律是经常发生作用的，所以在秦汉封建帝国刚出现的时候就出现了危机，而且在以后各代，往复多次地一再出现。这同样也是一个重要特点。

在讨论明末社会危机时，有人认为这是封建社会末期，旧的生产关系趋向崩溃的危机，甚至根据"所谓原始积累，不外就是生产者与生产资料分离的历史过程"① 这一原理断言当时已经处于原始积累阶段了。事实上，在我国历史上的任何一个危机时期，在土地兼并的条件下，"生产者与生产资料分离"的现象都是存在的。我们必须辨认这两种分离过程的本质区别究竟是什么。马克思在谈到原始积累阶段，小生产者的破产时指出，"一方面就表现为生产者从封建义务和行会束缚解放出来的运动"；"另一方面，这些新被解放的人，要在他们所有的一切生产资料，和旧封建制度给予他们生存上的一切保证，都被剥夺干净以后，方才会成为他们自身的出卖者"。② 明末的破产农民自然有一部分可能投入萌芽状态的资本主义生产关系中去，但绝大多数却转化成为封建佃农与具有封建性质的雇农，而到了清初，农民又和封建制度的生产资料结合起来。只有正确地认识了我国封建社会的经济危机，才能确定明末的社会危机是属于何种性质，即使具有一定程度的原始积累成分，它又占有若干比重。否则，就会盲目地把一切小生产者与生产资料脱离的过程都看作是原始积累的过程，把明末的危机看作是封建社会走向崩溃的危机。我们必须要注意中国封建社会的特点。

二　我国封建社会生产力与生产关系发展的辩证法

生产力与生产关系发展的辩证规律，二者间适合与冲突的情况，这同样是我们了解各种社会形态经济危机的理论根据。斯大林同志在阐述资本主义社会经济危机的根源时，正是从这一原则出发的："生产关系和生产力性质不适合的实例，它们两者间冲突的实例，便是资本主义国家中所发生的经济危机，那里的生产资料的资本主义私有制是和生产过程

---

① 《资本论》第1卷，人民出版社1953年版，第903页。
② 《资本论》第1卷，人民出版社1953年版，第904页。

底公共性质，是和生产力底性质极不适合的。这种不适合的结果，便是使生产力陷于破坏的经济危机。"①

欧洲封建社会落后地租形态的危机是由生产力的发展造成的，它使生产关系在一定程度上不适合于生产力水平了，因此，通过地租形态的变更，也就是生产关系的调整，使二者又重新适合，生产力遂为自己的发展开辟了道路。欧洲封建社会末期，预兆着这一生产方式最终死亡的全面的经济危机说明封建所有制已经完全不能适应新的生产力性质了，所以这一最后的危机之克服只有通过生产方式飞跃的方式。如上所述，无论是落后地租形态的危机或最后的全面社会危机，生产力的发展都是矛盾的主要方面，每次危机的克服都是用生产关系的局部调整或全盘改变来实现的。危机过后，生产力又获得了继续发展的有利条件，扩大再生产的过程就在这种情况下不断进行。

与此相反，我国封建社会经济危机形成的原因是大所有制的发展，而不是个体小生产的发展；对这种危机而言，生产关系不是不适合于新的生产力情况或性质，而是不适合于原来的生产力水平，它不仅阻碍生产力的发展，而且要破坏与摧毁原有的生产力。不同的经济危机对社会经济的发展就有这样不同的意义。

生产力是不可能长期被破坏的，因为"生产力是生产中最活动、最革命的力量"②，它迟早会为自己的恢复及发展开辟道路。在我国，这一发展的动力是农民起义。每次大规模的农民起义后，土地分配及占有的情况都发生了一定的改变，地主土地所有制受到了严重的打击，尽管生产关系并未发生根本性质的变革，但却得到了调整。在大多数农民都能占有一定数量土地的条件下，生产关系又适合于生产力水平了，基本经济矛盾亦随之而缓和下来。

土地兼并与土地集中规律是经常发生作用的，因而无论农民起义给予地主土地所有制的打击如何强大，经济危机仍旧可以不断往复地出现。这种特殊的情况就使我国的经济发展呈现着周期的特点。

---

① 斯大林：《列宁主义问题》，莫斯科：外国文书籍出版局1949年中文版，第725—726页。
② 斯大林：《苏联社会主义经济问题》，人民出版社1953年版，第45页。

我国封建社会长期停滞的问题，近年来曾经受到了史学界普遍的重视。停滞的原因，已经有很多史学工作者从各个不同的角度探寻，并且业已取得了一定的成绩，不过目前对这一问题尚未最终地得到一致的结论。当然，细致地分析起来，原因绝非一端，但可以断言的是，基本原因却只能有一个，其他次要原因只能作为其从生现象而存在。我国封建社会长期停滞的问题也就是生产力发展缓慢的问题。其原因何在呢？我觉得我们只能从生产关系的特殊性中去寻找其主要根源，因为"生产关系虽然是依赖于生产力底发展而发展，但同时它们又反转来影响到生产力，加速或延缓其发展"[①]。

我国封建社会停滞的基本原因是与这种产生于地主土地所有制基础上的经济危机分不开的。在恢复发展与繁荣阶段，生产力的发展并不停滞，而在危机阶段，不但生产力不能继续发展，而且还遭受着严重的破坏与摧残，原来在繁荣时期已经发展起来的生产力这时又萎缩下去。等危机阶段过后，我们又须要经过相当的时期来医治危机所造成的创伤，只有在长期恢复的基础上，生产力才能有新的发展，而这种发展又是不能持久的，因为危机的不断袭击又打断了这种进程。这种周期性的发展就使我国封建社会经历了一个异常迂回曲折的道路。这就是我国封建社会长期停滞的最主要原因。即令在一定的历史时期，已经产生了资本主义的萌芽，而这一幼弱的萌芽亦经不起这种危机的袭击。明末社会危机对资本主义萌芽的摧残作用是十分显然的。毛泽东曾经指示："地主阶级这样残酷的剥削和压迫所造成的农民的极端的穷苦和落后，就是中国社会几千年在经济上和社会生活上停滞不前的基本原因。"[②] 我们只有充分认识了我国所特有的这种经济危机及其作用以后，才能正确、深刻地领会毛泽东这一论证。在恢复发展及繁荣阶段，农民是并未陷于极端穷苦的，是有能力发展生产的，只有在危机阶段，大多数农民才完全失去了获得剩余生产物的可能，生产力才遭受着破坏。我国封建社会扩大再生产的进程就是被这种周期性的危机不断打断的。

[①] 斯大林：《列宁主义问题》，莫斯科：外国文书籍出版局1949年中文版，第725页。
[②] 《毛泽东选集》第2卷，人民出版社1952年版，第595页。

当然，我们强调周期性地出现，并不等于说这是历史发展过程的简单循环；我们强调中国封建社会的停滞，也并不否认其缓慢的发展。实际上，在这种缓慢发展的过程中，生产力还是在逐步上升，并且最后，也"已经孕育着资本主义的萌芽"①。所谓停滞，只是就其相对意义而言的。

过去，由于我们把注意力完全集中在我国封建社会停滞的问题上，所以对生产关系中不利于生产力发展的诸条件曾经给以普遍的重视，这自然是完全可以理解的；但由此就产生了一种偏向，即对我国生产力发展的有利条件几乎全部忽略了，这是流于偏废的片面看法。在地主土地所有制占支配地位的条件下，我国封建大所有制不像欧洲领主的大领地那样固定，尤其是大规模的农民起义沉重地打击地主阶级以后，封建社会的基本经济矛盾特别地缓和下来，随着个体小生产的发展，生产力亦得到了恢复发展的场所。忽略了这一有利条件，我们就会对下列事实无从理解：封建帝国建立不久，就出现了汉、唐的鼎盛，而欧洲封建社会却一直到资本主义萌芽以后才出现了"文艺复兴"，在此以前，素称"黑暗时代"的西欧虽比奴隶社会前进了一步，但却从未达到我国封建社会早已到达的高度繁荣。我国劳动人民正是利用了这一有利条件，经过辛勤的劳动，创造了这样高度的封建文明。只是因为危机的不断产生，才抵消了这一有利条件，使社会的发展缓慢下来。

在讨论我国封建社会的停滞问题时，曾经流行着下列的一种错误看法：土地自由买卖使商业资本和地租结合在一起，也就是商业资本向地租转化，因而不肯把蓄积起来的资本投入商品生产促进其扩大再生产，甚至一些手工业经营者亦将已经积累的资金用来购买土地，这是我国封建社会停滞的基本原因。必须指出，把停滞问题与地主土地所有制联系起来研究是正确的，但把商业资本、手工业资本购买土地的作用估计过高却是不妥当的。因为我们"决不能把商品生产看作是某种不依赖周围经济条件而独立自在的东西"，"它在奴隶制度下就存在过，并且替奴隶制度服务过，然而并没有引导到资本主义。它在封建制度下就存在过，并且替封建制度服务过，可是，虽然它为资本主义生产准备了若干条件，

---

① 《毛泽东选集》第2卷，人民出版社1952年版，第596页。

却没有引导到资本主义。"① 手工业商品生产能否迅速扩大再生产，资本之是否购买土地，这应首先取决于商品生产的规模、性质与当时的生产力水平。如果资本主义产生的条件已经具备，商品生产自然会导向资本主义，即令土地可以自由购买，手工业经营者亦不肯去投资于土地；反之，在资本主义产生的条件还不具备时，即令土地不可以自由买卖，商业资本也还是不肯向生产投资，而它宁愿在商品生产之外，在流通领域中独立地发挥作用。欧洲封建社会土地不能自由买卖，但商业资本在很长的时期中并不肯去发展生产。在17世纪的俄国，也发生过"商人力图使自己从商业中得来的利润转化为地租，因而他们便购买土地与农奴"②的现象，但在18世纪，由于俄国社会分工与商品生产的发展，所以"商人已不再把所获的商业利润变为地租，而是相反，把自己所有的货币重新投入流通领域以获得新的利润。现在商人这样说，只有处在流通中的货币，才是真正的、产生利润的资本"③。只有在这一基础上，当商业利润逐步取决于商品价值时，商业资本才渐渐从事于生产事业。因此，马克思说："不是商业使产业革命，而是产业不断使商业革命。"④ 把商业资本不肯投向生产而用来购买土地作为我国封建社会停滞的主要原因，这无异于承认商业资本"足以媒介成由一个生产方式到别一个生产方式的过渡"，这种说法显然是错误的。由此可见，商业资本及手工业资本不肯继续发展商品生产而去购买土地这一事实，是商品生产不发达的结果，而不是其主要原因。

三　经济危机与农民起义

在封建社会的严重经济危机时期，必然伴随着大规模的农民起义，这一点对中外历史都具有着正确性。

---

① 斯大林：《苏联社会主义经济问题》，人民出版社1953年版，第13页。
② 雅可夫柴夫斯基：《封建农奴制时期俄国的商人资本》，科学出版社1956年版，第22页。
③ 雅可夫柴夫斯基：《封建农奴制时期俄国的商人资本》，科学出版社1956年版，第47页。
④ 《资本论》第3卷，人民出版社1953年版，第412页。

我国的危机阶段是农民脱离生产资料，走向破产的时期，也是地租、赋税、商业资本、高利贷向生产者共同大举进攻的时期。农民的生产条件及劳动条件的再生产于是再也无法继续维持。随着基本经济矛盾之趋向尖锐化，阶级矛盾也激化起来。大规模的农民起义，在这种情况下，就成为不可避免的了。毛泽东在总结我国历史上的农民起义时指出："地主阶级对于农民的残酷的经济剥削和政治压迫，迫使农民多次地举行起义，以反抗地主阶级的统治……总计大小数百次的起义，都是农民的反抗运动，都是农民的革命战争。中国历史上的农民起义和农民战争的规模之大，是世界历史上所仅见的。"① 根据这一指示，我国农民起义的规模特别大、次数特别多是其重要特点之一。产生这些特点的原因是什么呢？我觉得这和我国封建社会经济危机的特点是分不开的。

我国经济危机不但出现得早，而且具有周期性，也就是往复多次地出现，而危机的爆发则又伴随着大规模的农民起义。这就是我国历史上能产生大小数百次农民起义的物质原因。如果我们和欧洲封建社会的农民起义作一比较，问题就更明显了。欧洲"农民反对封建地主的斗争充满整个封建主义时代，但只是到这个时代的末期才达到特别尖锐的程度"②。法国的"查克里"起义、英国的"奥特·泰勒"起义均发生在14世纪；"托马斯·闵采尔"领导的德国农民起义发生于16世纪；俄国除17世纪的"斯杰潘·拉辛"起义及18世纪的"叶梅连·普加乔夫"起义外，"在19世纪50年代，封建农奴制经济体系的危机急剧尖锐化，在1861年改革前夜，掀起了农民起义的汹涌浪潮"③。因为欧洲封建社会没有我国这种多次出现的危机，所以其大规模农民起义的次数也就少得多，而上述这些著名的大规模起义也均集中在封建社会末期的危机时期。这一反证更有力地说明了我国农民起义特别多的原因。

欧洲农民反对封建地主的斗争虽然充满着整个封建主义时代，但除了初期农民反对农奴化的大规模起义外，在14世纪以前，大规模的农民起义却很少出现，封建领地经济是互相隔绝的，严重的割据形势使农民

---

① 《毛泽东选集》第2卷，人民出版社1952年版，第595页。
② 苏联科学院经济研究所编：《政治经济学教科书》，人民出版社1955年版，第59页。
③ 苏联科学院经济研究所编：《政治经济学教科书》，人民出版社1955年版，第59—60页。

不易获得普遍发动的条件。在 14 世纪以后，"当商品货币关系开始发展和换算（指货币代役租）日益成为普及于各地的现象的时候，对农民的压榨具有普遍的性质，变成了统治阶级对全体农民的真正进攻"①，于是大规模的农民起义、农民战争就产生了。我国农民起义远在实物地租占支配地位，商品货币关系的发展还极其有限的时候，农民起义的规模就特别大，而且往往能够颠覆封建王朝，原因何在呢？当然，中央集权制较早的形成，地主政权对全国农民剥削的普遍性是重要原因之一。此外，更重要的是，在危机阶段，地主阶级向所有农民进行土地兼并，不但使完全脱离了生产过程的农民普遍地滋长着斗争情绪，而且使佃耕农民也被高额地租压得喘不过气来，加之商业资本及高利贷的同时进攻，这就形成了所有的剥削者联合起来，压榨整个的农民阶级的现象。同时，在地主土地所有制的基础上，农民并未完全束缚于土地之上，而且在危机阶段，还有很多"逃户""流民"，这就更使起义的农民较容易地进行普遍的发动。总之，农民起义是密切地和地主土地所有制及经济危机相联系的。不了解各种生产条件的总和，我们就无从科学地研究农民起义。

对我国农民起义进行研究时，如果仅从历史记载的表面情况出发，很容易流于片面地强调"官逼民反"。这种忽略或低估经济危机的看法是不正确的。当然，我们并不否认地主政权对农民的剥削压迫在促成起义中的重要意义，但只有我们把经济危机放在首位，才能正确地理解当时的阶级斗争。

阶级斗争是对抗性社会中历史发展的动力，在我国封建社会中，"只有这种农民的阶级斗争、农民的起义和农民的战争，才是历史发展的真正动力"②。具体地说，农民起义的这一积极作用就在于，它使生产关系得到了调整，使危机阶段被恢复发展阶段所代替，正是通过这种阶级斗争，生产力才为自己的恢复及发展开辟了道路。尽管经济危机不断袭来，尽管我国封建社会走了迂回曲折的道路，呈现着停滞状态，但在这种不

---

① 斯卡兹金：《中世纪时农民反对剥削者的斗争》，《封建社会历史译文集》，生活·读书·新知三联书店 1955 年版，第 162 页。

② 《毛泽东选集》第 2 卷，人民出版社 1952 年版，第 595 页。

断农民起义的推动下,经济危机不断被消灭,我国封建社会还是继续地向前发展。因为我国农民起义不是爆发于资本主义已经萌芽的条件下,所以它没有能够动摇封建社会的基础。这是由于历史条件的限制造成的。正如马克思说:"无论哪一个社会形态,当它所给以充分发展余地的那一切生产力还没有展开以前,是绝不会灭亡的;而新的更高的生产关系,当它们所借以存在的那些物质条件还没有在旧社会胞胎里成熟以前,是决不会出现的。所以人类始终只会提出自己所能够解决的任务,因为我们仔细去看时总可看出,任务本身,只有当它所能借以得到解决的那些物质条件已经存在或至少是已在形成过程中的时候,才会发生。"① 因此,我国封建社会的经济危机只能对农民起义提出在封建社会的基础上摆脱危机、调整生产关系的任务。在危机阶段,虽然生产关系与生产力情况处于矛盾之中,但这不等于说,生产力在当时的封建社会中已经没有充分发展的余地了。

在上述几个问题的讨论中,我特别强调了我国封建社会的这种特殊经济危机,因为它是我国所特有的历史现象。但我并不否认类似欧洲封建社会末期的经济危机在我国产生的可能性。如果我国历史能在不受资本主义侵略的条件下自行进入资本主义社会,这种危机是必然会发生的。

我对我国封建社会经济危机的论述,只限于一般规律的探讨,并不排斥这些危机在各个不同历史时期的特点。对各个时期的具体研究是有赖于断代史工作者的努力的,远非本文的范围所能涉及,更非笔者的能力所及。

最后,须要指出,如果脱离开地主土地所有制这一基础,上述这一系列问题就成为不易理解,无规律可循,因此,地主土地所有制是我国封建社会占支配地位的土地所有制形式。这些问题的提法是否合适,对问题的理解是否全面、正确,我诚恳地期待着读者与专家们的指教与帮助。

---

① 《马克思恩格斯文选》(两卷集),第1卷,莫斯科:外国文书籍出版局1954年中文版,第341页。

关于我国封建社会经济规律的几个问题

编者按：胡节①同志此作，某些地方提出了一些创见，但也提出了不少问题。特为刊出，提供大家研究和讨论。

（原载《历史教学问题》1958 年第 2 期，以笔名"胡节"发表）

---

① 胡节为胡如雷先生笔名。——编者注

应该严肃正确地理解和引用马克思列宁主义经典理论

马克思所说的下述论点被主张中国没有土地私有制的史学家一再引用，作为论据：

> 假设相对出现的，不是私有土地的地主，却像在亚细亚一样，是那种对于他们是地主同时又是主权者的国家，地租和课税就会合并在一起，或不如说，不会再有什么和这个地租形态不同的课税。①

这些史学家只注意"亚细亚"所指的地理概念，很少考虑中国的地租与课税是否合一的问题。贺昌群先生在《关于古代东方封建国家土地所有制的几条札记》一文②中，就列举了印度、日本、高丽及唐代的南诏的土地制度作为例证。实际上，从地理概念的观点出发是不可能正确理解上述理论的，不仅埃及在封建社会有土地私有制，就是国有制最典型的印度，也不是绝对没有私有土地。马克思在写给恩格斯的一封信中就承认："克立齐那南方的断续山地好像的确有土地私有制的存在。"③ 既然印度封建社会还能在局部地区有土地私有制，为什么中国就不能有土地私有制呢？马克思所说的地租与课税是否合一确实是具有指导意义的一条政治经济学理论。关于此点，我只想举一个例子说明。明代苏松一带有大量

---

① 《资本论》第3卷，人民出版社1953年版，第1032页。
② 贺昌群：《关于古代东方封建国家土地所有制的几条札记》，《光明日报》1961年8月30日《史学》第219号。
③ 《马克思恩格斯通信集》第1卷，生活·读书·新知三联书店1957年版，第554页。

的国有土地——官田，耕种官田者所提供的是地租与课税合一的官租。一般民田所负担的却是税粮。前者较后者为重，《武进县志》："国初官田每亩科米三五斗，递而上至一石者有之。民田每亩科米五七升，递而上至一斗或一斗余者有之。此科则之不得其平也。"① 当时有人建议田不分官民，税不分等则，以同一税额起征。唐鹤征说：

> 官民一则之说，殊为可恨。何也？官田者，朝廷之有而非细民之产；耕之者，乃佃种之人而非得业之主；所费者，乃兑佃之需而非转鬻之价；所输者，乃完官之租而非民田之赋。……以租为赋而病其过重，俾民均田而任之，是上夺朝廷之田以慧奸宄，下又苦纯良之民代任其祖也。②

以后确实官民田一则起征税粮，于是又有人反对，指责这一措施是"将朝廷入官之田，无价而白与顽民，将原额所纳之租，无辜而重害平民"③。顾炎武也反对摊官田租于民田税粮，致使苏松蒙重赋之苦，因而主张严官田、民田之界限：

> 官田，官之田也，国家之所有，而耕者犹人家之佃户也。民田，民自有之田也。各为一册而征之，犹夫《宋史》所谓一曰官田之赋，二曰民田之赋；《金史》所谓官田曰租，私田曰税者，而未尝并也。④

上述议论的共同点是，均以地租和课税作为区别国有土地和私有土地的标准，而且一旦地租和课税的差别不存在了，那么国有土地也就转化为私有土地了。他们一致认为官民田一则起税是"上夺朝廷之田以慧奸宄"，是将官田"无价而白与顽民"。这些议论与马克思的上述论点是吻合的。地租与课税是否合一的理论比"亚细亚"几个字所指的地理概念

---

① 《天下郡国利病书》原第七册常镇。
② 《天下郡国利病书》原第七册常镇。
③ 《天下郡国利病书》原第七册常镇。
④ 《日知录》卷10 苏松二府田赋之重。

更具有理论意义上的逻辑力量,我们应该首先把握的正是这一点,而不是其它。

通过争论,最近很多人肯定《资本论》此处是讨论封建地租,这一段所指的是封建土地国有制,不能机械地把"亚细亚"几个字理解为"亚细亚式"的东方奴隶制。贺先生也同意上述看法,但他所举的唐代南诏却正处于奴隶社会阶段。如何能用奴隶社会的土地制度去论证东方封建社会没有土地私有制呢?何况当时的南诏在国有土地之外,确实还存在着私有土地。① 贺先生在《关于封建的土地国有制问题的一些意见》一文②中引用了恩格斯《在爱北斐特的演说》中的下述一段:

> 的确,或者是私有制神圣不可侵犯,这样就没有什么国家所有制,而国家也就无权征税;或者是国家有这种权利,这种私有制就不是神圣不可侵犯的,国家所有制就高于私有制,而国家也就成了真正的主人。③

贺先生也知道这里指的是"共产主义的国家",那么如何能用剥夺资产阶级的"纳税原则本质上是纯共产主义的原则"来论证封建土地国有制呢?难道"共产主义国家"中资产阶级的纳税原则和封建地主的纳税原则可以等同起来吗?不同类不能相比。列宁曾经对这种研究方法给以严厉的批评:

> 当然资本主义这种或那种类型的发展的因素有可能无穷地复杂地结合在一起,只有不可救药的书呆子才会单单引证马克思关于另一历史时代的某一论述来解决当前发生的独特而复杂的问题。④

---

① 马长寿:《南诏国内的部族组成和奴隶制度》,上海人民出版社1961年版,第四节"南诏的社会经济制度"。
② 贺昌群:《关于封建的土地国有制问题的一些意见》,《新建设》1960年第2期。
③ 《马克思恩格斯全集》第2卷,人民出版社1957年版,第615页。
④ 《列宁全集》第3卷,人民出版社1959年版,第13页。

贺先生正是单单引经典作家关于共产主义社会的某一论述，用奴隶社会的土地制度，来解决中国的封建土地所有制这一独特而复杂的问题。

在同一文章中，贺先生又引用了《资本论》中的下述两段：

> 只要在那里直接劳动者仍然是生产他自己的生活资料所必要的生产资料和劳动条件的"占有者"，财产关系同时就必然会当作直接的统治与奴役关系，直接生产者则当作不自由的人而出现；这种不自由，可以由那种有徭役劳动的农奴制度算起，一直算到单纯的进贡义务。
>
> 小农受封建主超经济的强制，是由于（以上数字贺加）"有人身的依赖关系，有人身的不自由（不管其程度如何），有人身当作附属物而固定在土地上的制度，有严格意义上的隶属制度"。①

根据上述引文，贺先生说："这段话里所说的小农，正是指的封建的土地国有制下的个体小农，实际是国家佃农。"贺先生明明知道这段引文是就"小农受封建主超经济的强制"而言的，即指领主对农奴的超经济强制而言，却把他解释为国家佃农。事实上，贺先生删去了上述两段引文中的下述一段：

> 在这里，依照假设，直接生产者还占有他自己的生产资料，那是他实现他的劳动，生产他的生活资料所必要的物质的劳动条件；他独立经营他的农业以及与农业结合在一起的农村家庭工业。这种独立性，不因有下述的事实而消灭：像在印度一样，这些小农民会在自己中间组成一种多少带有自发性的生产共同体；因为这里所说的独立，只是对名义上的地主说的。在这各种条件下，那种为名义上的地主而做的剩余劳动，只有用经济以外的强制来榨取，而不问它是采取怎样的形态。

---

① 《资本论》第3卷，人民出版社1953年版，第1031—1032页。

很显然，这里主要是指地主对农民的超经济强制而言，贺先生在引用时，却有意地把它删去了。列宁在《社会民主党在1905年至1907年第一次俄国革命中的土地纲领》这一经典著作中曾经驳斥了普列汉诺夫关于土地制度的谬论。贺先生在引用上述经典著作的有关部分时，也同样采用了任意删节，以致使人误解原意的方法。贺先生还把同一著作中受到列宁批判的叔尔根的意见当作列宁的论点，张冠李戴地加以引用。这两处已为束世澂先生指出，"这是对引用经典著作极不严肃"的表现。①

贺先生在《秦汉间个体小农的形成和发展》一文②中谈到秦统一时说，秦始皇"在全国范围内建立郡县两级制度，把六国诸侯以及大小封君占有的土地夺取过来，而成为封建的国有土地"。接着，引用了《资本论》中的下述一段：

> 在这里（亚细亚——引者），国家是最高的地主。在这里，主权就是在全国范围内集中的土地所有权。但在这里，因此也就没有土地私有权，虽然对于土地，既有私人的也有共同的占有权和使用权。③

孤立地把这段经典指示摘录下来没有什么意义，因为我们可以把这段引文加到任何一个国家的历史上去，把那里的土地制度说成是土地国有制。事实上，这段引文是紧接着下述一段的："假使相对出现的……地租和课税就会合并在一起，或不如说，不会再有什么和这个地租形态不同的课税……"马克思的意思很明显，地租和课税合并在一起了，国家就是"最高的地主"。贺先生知道秦汉时代有"三十而税一"的课税和"见税什五"的地租，二者判然有别，但又要证明中国没有私有土地，因而就从这段经典著作中把最有理论指导意义的一段删节了。这样，"国家是最高的地主。在这里，主权就是在全国范围内集中的土地所有权"。这句话就可以成为抽象的公式，任意运用于任何国家。

贺先生在同篇文章中研究秦汉个体小农的经济地位时，还引用了

---

① 束世澂：《关于封建社会土地制度的几个基本问题》，《历史研究》1960年第6期。
② 贺昌群：《秦汉间个体小农的形成和发展》，《历史研究》1959年第12期。
③ 《资本论》第3卷，人民出版社1953年版，第1032页。

《家庭、私有制和国家的起源》一书的"序言":

> 一定历史时代及一定地域内的人们生活于其下的社会制度,是由两种生产制约的:即一方面是劳动底发展阶段,另一方面是家庭底发展阶段。

我们知道,恩格斯这段话是不确切的,家庭关系不能与物质生产等量齐观。恩格斯在全书中贯通的基本论点是,决定社会面貌及人类生活的主要、决定性条件是社会物质资料的生产方式。上述引文与这一马克思主义理论是不完全吻合的。不应该不加分析地引用这一段引文,无条件地加以运用,因为这段引文本身存在缺点和问题。

总之,在历史研究中,应该运用理论,结合史料,得出结论,而不应该利用经典著作为自己的论点服务。斯大林曾说:

> 书呆子和死啃书本的人把马克思主义、马克思主义个别结论和公式看作教条底汇集……他们认为:如果他们把这些结论和公式都背熟了,并把它们胡乱地引证一番,那末他们就能够解决任何问题,因为他们指望背熟了的结论和公式对于一切时代和国家、对于一切生活情形都是适用的。①

这一批评是十分中肯的,在我们的学术研究中,把经典著作当作"教条底汇集","胡乱地引证"的现象是不断出现的。至于歪曲经典著作的原意,甚至把经典作家论敌的谬论当作经典指示去引用和运用,那就比教条主义者的胡乱引用更坏,毛泽东在抗战时期特别提出"整顿学风"的任务,批评了主观主义者的下述缺点:

> 许多同志的学习马克思列宁主义似乎并不是为了革命实践的需要,而是为了单纯的学习。所以虽然读了,但是消化不了。只会片

---

① 《马克思主义与语言学问题》,人民出版社 1953 年版,第 54—55 页。

面地引用马克思、恩格斯、列宁、斯大林的个别词句，而不会运用他们的立场、观点和方法，来具体地研究中国的现状和中国的历史，具体地分析中国革命问题和解决中国革命问题。

毛泽东又说：

马克思列宁主义是科学，科学是老老实实的学问，任何一点调皮都是不行的。我们还是老实一点吧！①

这一指示，我们应该经常温习，不断用以检查我们的工作和学习。

在研究历史问题、研究中国封建土地制度时，引用一些经典著作是必要的，但是，我们必须忠实于经典作家的原意，以严肃的态度进行摘引，应该把理论作为一个体系去把握。在这方面，我自己的理论修养很差，对经典著作的理解也往往流于片面和错误，愿与贺昌群先生共勉之。

（原载《光明日报》1961年10月11日）

---

① 《毛泽东选集》第3卷，人民出版社1953年版，第817、821页。

怎样研究隋唐五代史

由我写这个题目的一篇短文，自己感到很为难。好在这些年来自己走过一些弯路，这些教训至今记忆犹新，向青年同志们谈谈，也许略有裨补。

治隋唐五代史，首先要用主要的力量大量阅读史书和可作史料的其他古籍。关于一般典籍，已有专家介绍过了，我就不打算在此重复。需要特别强调的是，在汗牛充栋的古籍中必须划清精读和粗读的范围。我觉得《资治通鉴》《隋书》《旧唐书》《新唐书》《旧五代史》《新五代史》（亦称《五代史记》）和《大唐六典》是应当精读的基本史籍，其中尤其是《资治通鉴》一书，更应当经常反复地读，案头不可一日或缺。在精读上述基本典籍的基础上再涉猎一些诗集、文集和笔记之类的书籍。像《通典》《册府元龟》《唐会要》《五代会要》《唐律疏议》《唐大诏令集》等书，如一时无暇通读，但起码也要经常翻检，熟习各书的体例和大体内容，以便在进行考释和从事专题研究时知道到哪一本书的哪一门中去查找史料。没有对上述有关史籍的基本掌握，不但无法研究隋唐五代史上的重大课题，就是想诠释几件敦煌、吐鲁番出土文书也会感到无从下手。

隋唐五代历时三百余年，而唐代就占二百八十年，所以阅读上列几部精读史书，重点在于精读两《唐书》和《通鉴》。为了读好这三部书，应当首先了解一下这些书的主要史料来源。唐代最主要的历史原始记录是"起居注"。皇帝左右特置起居郎（有时称起居舍人），每天把皇帝的言论、行事如实记录下来，就是所谓"起居注"。史馆根据"起居注"中的原始记录加以整理、编纂，写成"国史"和历朝"实录"。五代人修

《旧唐书》、北宋人修《新唐书》和《通鉴》时，就是主要从唐朝"国史"和"实录"中搜集史料的。今人除能看到温大雅所撰《大唐创业起居注》三卷外，已读不到唐朝建国后的"起居注"。除《韩昌黎集》保留《顺宗实录》五卷外，其余历朝"实录"和"国史"已全部散佚。既然我们已经基本看不到这些比较原始的史料著作，知道这些情况还有什么意义呢？答复是肯定的。今人虽然看不到历朝"实录"和"国史"，但却能从古人的记载中知道各朝"实录"的编纂人以及编写和修改"实录"的大体情况，这样就能根据编写者的政治态度、党派立场、政治斗争的演变来判断这些需要精读的基本史籍在哪些问题上有所回护，在哪些地方歪曲了史实，对哪些历史人物进行了过分的溢美或有意的中伤。

唐代"实录"只到武宗一朝，宣、懿、僖、昭、哀各朝"实录"均非唐人所撰，系宋代人宋敏求所补写。了解这一点可以帮助我们知道，为什么《旧唐书》一书前半部比较精详而后半部舛错特别多，为什么《册府元龟》一书大部照抄"实录"，而宣宗以后用贾纬的《唐年补录》补足。

为了弄清唐、五代、北宋修史时隋唐二代史料在当时保存的情况，不妨参考一下晁公武的《郡斋读书志》、陈振孙的《直斋书录解题》和王尧臣等人所编的《崇文总目》，知道一点古籍著录的情况是非常必要的。其中尤其是《读书志》和《书录解题》二书，在中国古代目录学史上是很有地位的。此外如《隋书·经籍志》《旧唐书·经籍志》《新唐书·艺文志》及《宋史·艺文志》也都是这一方面必读的史书。

我在开始读史书时，只是片面地留心搜集史料，而对史籍本身注意得很不够，更谈不上进行研究了，后来才在这方面有意识地进行补课。因此，青年史学工作者一开始读某一部史书，就要注意前人对这一部书有哪些研究成果。譬如读两《唐书》时，不但要参考赵翼的《廿二史劄记》和《陔余丛考》、王鸣盛的《十七史商榷》及钱大昕的《二十二史考异》等书，而且要读近人岑仲勉先生的《唐史余沈》等书。此外如吴缜[①]的《新唐书纠谬》和赵绍祖的《新旧唐书互证》也应该加以参考。

[①] "缜"原误作"兢"。——编者注

特别值得一提的是余嘉锡先生的《四库提要辩证》，其中有很多重要的研究成果，更当着意吸取，不能有所忽略。除接受前人研究古籍的成果外，自己还应当继续发现和力求掌握各部史书的特点，只有尽量做到此点，才能在选择运用史料方面有所准绳。譬如隋唐之际的很多跨代人物，在《隋书》本传中一般只写到隋亡，入唐以后的经历就只能到两《唐书》中去查找了，这就是《隋书》的特点之一。另外，《隋书》各志本来是《五代史志》，记载内容远不止有隋一朝，实际包括了北齐、北周、梁、陈及隋各代的史实，有时甚至远溯晋代。读《旧唐书》和《新唐书》，应当每纪、每传、每志都两书对照起来钻研，掌握各书的优点与缺点。譬如《旧唐书》多照抄"实录"，虽然修史的人加工较少，但保留了史料的原始面貌对我们却非常有利，尤其重要的是许多诏令、奏疏、书信都原封不动地记录下来，对我们使用史料可以说是利莫大焉。修《新唐书》的欧阳修是宋代的古文家，由于过分强调"事增文省"，所以很多有价值的诏令、奏疏、书信或则被完全删去，或则被略写得面目全非。李密讨隋炀帝檄文是一篇农民起义的重要文献，在《隋书》和《新唐书》的《李密传》中均付阙如，只有在《旧唐书》中全部保留下来了。再如《新唐书》过分强调"文省"的结果，甚至连很多必要的年月也都失载，而我们运用史料却首先就重视历史事件发生的时间性，在这一方面就只能求助于《旧唐书》和《通鉴》了。当然《新唐书》列传也不是全不如《旧唐书》，如《黄巢传》就是新胜于旧。此外，《新唐书》的"志"一般说来都优于《旧志》，尤其是《兵志》部分为正史的首创，更具有突出的地位。读《旧五代史》首先应知道这是清朝人的辑佚之作，并非完整的原著，所以不免有"割裂淆乱"之弊。欧阳修后来修《新五代史》，着意于运用"春秋笔法"，对史实记载不甚经意，尤其是篇幅不足，史料有限，所以今人治五代史，主要只能从《旧史》搜集资料了。司马光著《通鉴》、胡三省作《通鉴注》皆专取薛史，不据欧史，恐怕是有一定道理的。《通鉴》一书的特点之一是附以《考异》，司马光在《考异》中不仅进行了大量的考辨，而且引用了很多后人已无法看到的典籍，这些资料是非常珍贵的。此外，胡三省的注也有很高的价值。因此，读《通鉴》不能只重正文，必须同时细读《考异》和胡注，有的时候，我简直还把

《通鉴》当作工具书使用，譬如两《唐书》的记载有难懂难通之处，一查《通鉴》相应部分，不仅文义大白，而且有时能够发现两《唐书》的脱误。有些偏僻的古地名在一般工具书及《地理志》上无从查考，不知相当于现在的何处，一查《通鉴》胡注，就知道在元代的地名，然后根据元朝地名按图索骥，就知道是现在的什么地方了。因此，掌握了一部史籍的体例特点，是妙用无穷的。

研究隋唐五代史，还需全面掌握近世权威史学家的研究成果和基本论点。陈寅恪先生是当代治隋唐史的泰斗，他的"关中本位"论、"党派分野"论、"种族文化"论，在史学界都有很大的影响。现在有的史学家继承、发挥和发展这些观点，有的史学家提出一些实际是陈先生诸论的变态观点，也有一些后起的史学工作者对陈先生的部分论点提出异议。不管怎样，首先了解、掌握陈先生的成果是追踪学术发展历程的起点。如果不知道《唐代政治史述论稿》和《隋唐制度渊源略论稿》这两部书的基本内容，就会对现在的一些学术争论感到茫然。此外，读陈先生的书，还应当学习他那种索隐探微的治学方法，严肃认真的治学态度，极端敏锐的洞察力，如果我们在马列主义的指导下又能像他那样细致地进行论证，一定可以做出经得起时间考验的成果。

我开始自学隋唐五代史，在研读基本史籍方面走过一段大的弯路，应当介绍给青年同志们，以便从中吸取教训。我第一次是一部书一部书地顺序读下去，先把《通鉴》彻底通读一遍后，再回过头来读《隋书》《旧唐书》《新唐书》……这样的安排产生了一个重要的缺点，即当读完《通鉴》五代部分后再读《隋书》时，《通鉴》隋朝部分的读书印象已经很模糊了；当读完《旧唐书·黄巢传》后再回头读《新唐书·高祖纪》时，也发生了同样的问题。而且每部书单线读下去，对每一个问题都是蜻蜓点水，印象不深，更谈不上深入钻研了。总结了这样的教训以后，我又开始第二次系统读书，新的安排是先把隋唐五代史划分成若干大的段落，然后分段同时读有关的基本史书，譬如先读《隋书》和《通鉴》的隋朝部分，同时涉猎《全隋文》及《大业杂记》等书；其次读有关唐初武德、贞观时期的史书，并且每个人物都同时对照两《唐书》的本传来读。这样一段一段按时间顺序读下去，其好处是：首先，印象较深，便于记忆；其次，便于精读，能够仔细考虑问题，读书的同时就随手可做一些研究；最后，顺手考校一些史料。

研究隋唐五代史不能前不见古人，后不见来者，必须把这将近四百年的历史放在中国封建社会发展的总过程中来探讨。隋唐时期的门阀士族究竟怎样？科举制兴起的条件和它的作用如何？劳动人民的人身依附为什么缓和了？商品经济的水平有多大的提高？为了弄清这些问题，不钻研一下魏晋南北朝史是不行的。唐代后期两税法的出现，如果不把它同明代的一条鞭法、清代的摊丁入亩联系起来进行分析，也不能对它的意义给以充分的估计。韩愈、李翱的思想如果不同宋明理学挂勾，也不能科学地说明其地位。搞断代史如果不把目光放大一些，单纯地就事论事，至多只能描绘一些历史现象的发展脉络，而不可能找到引起这种发展、变化的社会根源。我的学术生涯中有一段插曲，就是一度中断了隋唐史的研究，"不务正业"地搞了几年中国封建社会的政治经济学，当时觉得写成《中国封建社会形态研究》确实有所得，但在隋唐史的研究方面却不免损失太大。后来我才发现，搞一下历代经济对研究隋唐史也有很大的好处。因此我建议青年同志们不妨趁自己还富于春秋的时候，把眼光放大一些，考虑的范围稍宽一些，这样更有利于我们认识隋唐五代史在整个历史长河中所占的地位。像我这样年近六十的人，就再也没有魄力敢选定研究中国封建社会政治经济学那样的课题了。这样的机会在我一生中只有一次，幸好我在年轻时没有把它错过。

我想提出的另一个建议是，今后搞隋唐五代史，不妨研究一点跨学科的课题，这也是放大一下眼界。无论是自然科学还是社会科学，其发展过程有两个主要的方向：一方面分科越来越细，门类越来越多；另一方面是各学科之间的联系越来越广泛，越来越复杂。这种辩证发展过程就使各学科之间的相互渗透既有必要，又有可能。目前隋唐五代史的研究状况是这种渗透非常不足，其主要表现是：研究隋唐社会政治史的史学工作者，在自己的著作中需要涉及思想史和文学史时，这一部分往往写得比较薄弱；研究隋唐思想史和文学史的史学工作者在谈到哲学、文艺发展、变化的社会背景时，往往也出现薄弱环节，目前唐诗发达的原因之所以异说纷纭，不能解决，恐怕主要的原因就是搞隋唐史的人不研究唐代文学，搞唐代文学的人不研究社会政治。不仅如此，像韩愈、柳宗元这些既是思想家又是文学家的一身而二任的人物，我们如果不同时研究思想史和文学史，也很难做出科学的结论。譬如大多数文学史著作都说韩愈倡导的古文运动是进步的，他是中小地主的代表；大多数思想史著作都说韩愈是唯心主义哲学家，是理学的先驱，所以他是大地主阶层的代表；甚至在同一本断代史中，在文学部分说他代表中小地主、在哲学部分说他代表大地主，而没有感到自相矛盾。出现这样的问题，原因就在于搞各学科的人各自为政，闭门造车，而彼此互不渗透。因此为了将来在隋唐五代史的研究上有大的突破，最好能培养出一代兴趣广泛、能够进行多学科综合研究的史学工作者。在这一方面，我个人的条件很差，在有限的余年补上这些课深感不易，所以在此大声疾呼，寄厚望于大有作为的年轻一代。

有的时候也偶尔听到年轻同志有这样的议论：翻翻解放以来有关隋唐五代史的论文索引，觉得所有的重要问题都已经搞完了，以后恐怕题目都不好选。其实这是一种多余的顾虑。按照马克思主义的认识论，无论哪一代人，他们所认识的真理都有相对性，虽然其中都有绝对真理的因素，但任何人也不能穷尽绝对真理。根据这样的理论，一千年后还会有人研究隋唐五代史，而且还能够做出前人所没有做出的新结论。即令像隋末农民起义和唐末农民起义这样最热门的问题，最近几年不是又发表了大量的有关论文吗？唐代均田制也是引人瞩目的问题，这些年来运用敦煌、吐鲁番的出土文书进行深入研究的成果却犹如凤毛麟角。开元、天宝是唐代重要的历史阶段，但仔细探讨这一阶段各方面问题而提出新见解的论著却百不一见。至于唐末和五代十国史，就几乎成了未开垦的处女地。应当说，隋唐五代史的待研究领域是十分宽广的，在这里大有英雄用武之地。

最后想谈谈如何对待学术权威的问题。在隋唐五代史的阵地上确实出现过史学界的最权威的史学家，对于这些史学界的老前辈，首先是要尊重他们的成果，学习他们的治学经验，在他们已经奠定的基础上争取再有所前进；但另一方面，却又不能迷信权威，认为他们做出的结论全部是科学的真理，因崇拜权威而把自己的思想禁锢起来。我们应当实事求是地承认，在国学基础方面、外文掌握方面，与这些史学界大师相比，我们这些平凡的史学工作者确实有很多自愧不如的地方。但同时也要看到，智者千虑，必有一失；愚者千虑，也会有一得。今人在某一个问题上或一个问题的某一点上纠正权威学者的不足之处，在某一方面开拓以往的权威所未曾涉及的领域，是完全可能的，更何况我们这一代人学习了马克思主义基本理论，在运用历史唯物主义研究隋唐五代史的方面超迈前人的信心总应当有吧。在这个问题上，正确的态度应该是：充分尊重前辈的史界权威，大胆解放自己的思想。轻率地否定、贬低前人的成就和轻易地妄自菲薄，都是错误的。每一个人的学术道路都应该是由自己走出来的，任何人都不应当模仿权威或跟在先辈的后面亦步亦趋。

（原载《文史知识》1983 年第 7 期）

对出版古籍的几点建议

新中国成立以后我国确实出版了大量古籍,但仍有美中不足之处,特提出以下几点建议。

第一,希望抓紧出版一些重要而难于购买的书。像《二十四史》《资治通鉴》这类书虽然很重要,是从事学术研究的基本资料,但市面上并不难买,尤其是已经印了几次标点本,专业工作者不至于在今后感到缺这些书。尤其像《续通鉴》《明通鉴》这些史料价值不高的书,暂时可以考虑不印或少印。与此相反,有很多极其重要的基本资料,在市面上很难买到手,而这些书在新中国成立后却一直没有重印,如《大唐六典》《通典》《文献通考》《建炎以来朝野杂记》及《三朝北盟汇编》等书。中华书局重印了《册府元龟》《文苑英华》《太平广记》《续资治通鉴长编》和《建炎以来系年要录》等书,可以说是解了燃眉之急。如果今后能根据急需而难得的书先印的原则出版古籍,一定会得到学术工作者的赞赏。

第二,学术界面临新老交替的问题。据我所知,史学界的情况是七十岁以上的老年学者有一些,五十岁左右的中年学者也有一些,六十岁至七十岁的学者特别少,中间几乎空了一代人。五十岁以下的后来人就是三十多岁的新毕业的研究生,中间空了两代人。现在培养青年学者解决后继有人问题是当务之急。这一批青年人亟须打基础,所以应当根据他们的需要出版一批培养基本功的书。《四库全书总目》重印后一抢而空,出人意料,估计大部分是被他们买去了。因此我建议再出版《郡斋读书志》《直斋书录解题》《遂初堂书目》及罗振玉、王国维等人的全集,其余如《十架斋养新录》《经义述闻》一类的著作也可大量出版。

第三，建设精神文明的任务已经提到相当重要的地位，摆到日程上来了，社会科学今后将受到应有的重视，在此形势下对出版古籍的迫切感不免油然而生，而大多数古籍等校点整理后再从容不迫地问世，显然不能适应时代的需要。为此，我建议两条腿走路，一方面继续搞整理校点工作，一方面可以大量选择过去较好的版本影印或重排出版。

第四，古籍出版一次很不容易，如果印数太少，一二年就脱销，而文科的大学生、研究生逐年增加，所以我建议不要太算经济账，怕印数多了造成积压，应当适当多印一些，以备若干年内足供需求。何况古籍没有什么时间性，不可能时过境迁后无人购买，迟早总会销掉的。

（原载《古籍整理出版情况简报》第104期，中华书局1983年版）

建议出版三种《一切经音义》

唐代僧人撰有《一切经音义》三种。其一是释玄应所撰,一名《玄应音义》,共二十五卷,有乾隆丙午刊本及广东新刻《海山仙馆丛书》本。其二是释惠琳所撰,一名《惠琳音义》,共百卷,有日本元文二年刻本及高丽海印寺刊日本昭和六年京城帝国大学印本。此外,释希麟另撰《续一切经音义》十卷,有日本延享三年刻本。这几部书不但对研究佛教经论有用,而且对文字训诂、名物考证、社会经济研究等都有用处。除玄应《一切经音义》已编入《丛书集成》比较容易查找外,其他二书颇不易得,因此建议重印出版。

这几部书均系字书性质,但不按部首编排,使用起来非常不便。建议把三种《音义》合印在一起,页码不要统一编排,最好各书独立,但最后需编一索引,以便读者按笔画及首字四角号码查检。如一时无力校点,不妨先择善本影印,以解读者燃眉之急。

(原载《古籍整理出版情况简报》第168期,中华书局1986年版)

中国历史学四十年 1949—1989
——隋唐五代史

一 三个时期

中华人民共和国成立后的近40年中，隋唐五代史的研究大体可分为三个时期：从1949年到1965年"文化大革命"前夕是第一个时期；从1966年"文化大革命"开始到1976年粉碎"四人帮"是第二个时期；从1977年到现在是第三个时期。

第一个时期有两个特点。一个特点是史学工作者普遍学习马克思主义，尤其重点学习历史唯物主义，力求运用其基本理论研究隋唐五代史，出现了一批隋唐五代史的断代史专家，史学工作者人数倍增，遍布全国。历史唯物主义强调阶级斗争，重视经济基础的作用，注意人民群众与英雄人物在历史上的地位和作用。因此这一时期的史学研究课题很多集中在隋唐时期的农民起义和农民战争；隋唐时期的土地制度和赋税制度，如均田制、租庸调制、两税法和庄园制等；隋唐时期的重要历史人物评价，如隋炀帝、唐太宗、武则天、朱温、柴荣等。发表了许多论著，提出了不少新看法，研究深度远远超过以前。

另一个特点是学术争论文章发表较多，新中国成立初期，由于贯彻"百家争鸣"的方针，史学工作者围绕着诸如刘黑闼、李密是否农民起义领袖？均田制是否推行过？均田制与租庸调制有否关系？两税法是否包括地税？唐代有否庄园经济？朱温应如何评价等，展开了一系列争论。再者，为了适应建立社会主义新型民族和睦关系的需要，克服大汉族主义和地主民族主义,还加强了隋唐五代时期少数民族史的研究工作,出版了不少论著和资料。

第一时期似可再分为前后两个阶段。50年代为前一阶段,特点是理论水平还不太高,运用马列主义研究隋唐五代史还处于尝试阶段,资料积累也不甚充分。进入60年代以后为后一阶段,理论水平和资料积累都有显著提高,质量较高的论著相继问世,可惜这一良好势头因"文化大革命"而被打断。

第二个时期即"文化大革命"的极左时期,在这动乱的10年,谈不上什么对历史的科学研究,只有对历史的嘲弄,绝无研究成果可言。因为"文化大革命"时期属于历史科学的空白时代,所以当时有关隋唐五代史的胡言,本文一概不作介绍。

1976年粉碎"四人帮"以后,一两年内批判"评法批儒"的文章比较多,这些情况亦不拟介绍。1978年党的十一届三中全会以后,学术研究逐渐转入正常,隋唐五代史这块园地经过史学工作者的辛勤耕耘,很快取得了显著成果,水平超过了以往任何时期。这一时期研究工作出现了以下几个特点。

第一,理论水平空前提高。

第二,考证史实、考订史籍的基础性研究工作受到重视,改变了新中国成立以来长期轻视考订工作的倾向。岑仲勉《郎官石柱题名新考订》(包括其早年著作《翰林学士壁记注补》及《补唐代翰林两记》)初次出版,方积六《黄巢起义考》等,就是这一时期的重要成果。

第三,隋唐五代史的史料整理编辑工作取得了丰硕成果。如隋末、唐末农民起义史料的汇编,唐代经济史资料的搜集整理的积极进行,《千唐志斋藏志》及《八琼室金石补正[①]》的出版等。

第四,选题范围较过去更为扩大,填补了不少研究领域的空白。

第五,隋唐五代史的研究工作同隋唐考古学的进展携手并进。随着《吐鲁番出土文书》的陆续出版,运用敦煌、吐鲁番出土的考古资料进行研究已经蔚成风气,有关论文、专著不断推出,推动了隋唐五代史的研

---

① "正"原作"证"。——编者注

究工作。

第六，整理出版了大量有关隋唐五代的古籍，规模之大，前所未有。

二 几部主要的综合性著作

这里只介绍中华人民共和国成立以来的几部主要的综合性断代史著作，专题性著作放在后面介绍。

杨志玖著《隋唐五代史纲要》。新中国成立初期出版。对当时运用历史唯物主义讲授断代史课，起了很好的作用。

范文澜著《中国通史简编》。现在更名为《中国通史》。第3、第4两册是隋唐五代史部分。前一册是政治史、经济史；后一册是少数民族史和文化史。这两册可以作为独立的断代史来阅读。其中有许多独到的见解，文学史部分写得尤为精彩。

吕思勉著《隋唐五代史》。上、下两册，字数过百万。是新中国成立后出版的有关这一断代史的篇幅最大的著作。上册讲政治史；下册内容庞杂，包括社会、经济、政治制度、人民生活、风俗习惯及文化艺术等方面。该书史料丰富，考证精详。

岑仲勉著《隋唐史》。50余万字。上卷为隋史部分，有19个小专题；下卷为唐史部分，包括68个小专题。每个专题都渗透着作者的研究成果和心得，有较高的学术价值。

韩国磐著《隋唐五代史纲》。约38万字。该书内容充实，章节安排比较妥帖，适于用作大学专题课教材。

吴枫、陈伯岩著《隋唐五代史[1]》。辽宁人民出版社所出"大学历史系自学丛书"中的一种，约28万字。可用作大学参考书。

中国社会科学院历史所宋家钰、唐耕耦、方积六、李斌城[2]、何高济等所写《中国史稿》第四册是隋唐部分。全书26万字。吸收了不少新的

---

[1] 此处原衍"纲"。——编者注
[2] "城"原误作"诚"。——编者注

研究成果，内容较准确，有自己的特点。

陶懋炳著《五代史略》。约29万字。该书内容充实，史料丰富，是关于五代十国史的唯一的专著。

介绍几部有关隋唐五代史的论文集。

韩国磐著《隋唐五代史论集》，生活·读书·新知三联书店出版，共收论文20篇。汪篯遗著《汪篯隋唐史论稿》，中国社会科学出版社出版，共收论文19篇。金宝祥著《唐史论文集》，甘肃人民出版社出版，共收论文8篇。中国唐史研究会编《唐史研究会论文集》、中国唐史学会编《唐史学会论文集》，陕西人民出版社出版。前者收入唐史研究会成立大会和第一届年会的论文21篇，后者收入第二届年会和唐代士族问题讨论会的论文18篇。史念[①]海主编《唐史论丛》，三秦出版社出版。已出四辑，分别收入论文15、15、11、13篇。中国社会科学院历史研究所魏晋南北朝隋唐史研究室编《魏晋隋唐史论集》第1辑、第2辑，中国社会科学出版社出版。两辑共收入隋唐五代史论文12篇。《中国古代史论丛》1982年第3辑，福建人民出版社出版。收入隋唐五代史论文13篇。武汉大学历史系魏晋南北朝隋唐史研究室编《魏晋南北朝隋唐史资料》，已出8期。该刊除考订史料外，兼收论文和译文。所收文章大多未公开发表。《古代长江中游的经济开发》，武汉出版社出版，是1986年"3至9世纪长江中游社会经济讨论会"的论文集，收入隋唐五代史论文8篇。

综合性读史札记类著作有岑仲勉著《唐史余瀋》，中华书局出版。董家遵编《中国通史参考资料》（古代部分）第4册，中华书局出版。该册是隋唐五代时期的史料汇编。

三 专题研究

中华人民共和国成立后的近40年中，隋唐五代史专题研究涉及的范围极其广泛，论著之多不胜枚举。限于篇幅，只能就若干重大问题略作

[①] "念"原误作"会"。——编者注

介绍。

首先谈隋朝部分。

关于隋文帝杨坚的研究。有陈光崇《论隋文帝及其统一事业》(沈阳师院《教学与科学研究集刊》)、胡如雷《隋文帝评价》(《社会科学战线》1979年第2期)、齐陈骏《关于评价隋文帝杨坚和"开皇之治"的几个问题》(《兰州大学学报》1980年第4期)、杨希义《隋文帝评价中的若干问题[①]刍议》(《西北大学学报》1983年第4期)、赵文润《评隋文帝的改革》(《中学历史教学参考》1985年第6期)等。

关于隋炀帝杨广的评价,多数持否定意见,近年主张再评价的渐多。主要论著有韩国磐《隋炀帝》(湖北人民出版社)一书和晏金铭《隋炀帝开运河的历史评价》(《求索》1982年第3期)、赵云旗《评隋炀帝的历史功绩》(《晋阳学刊》1986年第1期)、赵克尧《隋炀帝的再评价》(《温州师专学报》1986年第4期)、胡戟《千秋功罪说隋炀[②]》(《运河访[③]古》)等文。

关于隋统一的主要论文有杨志玖《隋文帝凭些什么条件统一中国》(《历史教学》1954年第6期)、韩国磐《简论隋朝的统一》(《历史教学》1962年第5期)、李燕捷《隋平陈战争浅析》(《中国史研究》1985年第2期)、施建中《隋统一原因再探》(《北京师范大学学报》1988年第2期)等。

关于隋末农民起义。著作有漆侠《隋末农民起义》(华东人民出版社)和陶懋炳《窦建德 李密 杜伏威评传》(湖南人民出版社)。资料集有王永兴《隋末农民战争史料汇编》(中华书局)。主要论文有黄惠贤《李密对瓦岗军发展的贡献和"蒲山公营"的建立》(《江汉论坛》1984年第5期[④])及《李密洛口政权兴衰述评》(《江汉论坛》1985年第6期[⑤])、姜伯勤《隋末奴军起义试探》(《历史研究》1963年第4期)等。

---

① 此处原衍"的"。——编者注
② 此处原衍"帝"。——编者注
③ "访"原误作"考"。——编者注
④ "1984年第5期"原误作"1985年第6期"。——编者注
⑤ "《江汉论坛》1985年第6期"原无。——编者注

争论文章较多，集中在诸如刘黑闼评价、李密评价、江都之变前后农民战争的性质等问题上。围绕着隋末农民起义的社会背景和历史作用，有汪籛《唐太宗"贞观之治"与隋末农民战争的关系》（《汪籛隋唐史论稿》）、高敏《隋末农民起义首先和集中爆发于山东地区的原因初探①》（《史学月刊》1965年第7期）、胡如雷《关于隋末农民起义的若干问题》（《文史》第11辑）等。

近年关于隋宰相制度、科举制度、均田制度、赋税制度、江都之变、东都的营建等也发表有研究文章。

其次介绍有关唐史的专题研究情况。先谈财政史、经济史方面。

关于均田制和租庸调制。专著有贺昌群《汉唐间封建的国有土地制与均田制》（上海人民出版社）、韩国磐《隋唐的均田制度》（同上）和《北朝隋唐的均田制度》（同上）。论文很多，争论也不少。争论焦点是土地还授究竟实行过没有，均田制是否存在。倾向否定意见的主要有邓广铭《唐代租庸调法②研究》（《历史研究》1954年第4期）、宋家钰《唐代户籍上的田籍与均田制》（《中国史研究》1983年第4期）、杨际平《从敦煌户籍看唐代均田制下土地还授的实施问题》（《中国社会经济史研究》1983年第3期）等。杨际平《唐代西州欠③田、退田、给田诸文书非均田说补证》（《敦煌吐鲁番出土经济文书研究》）一文进一步认为唐西州有两种授田制度；持肯定看法的有岑仲勉《租庸调与均田有无关系》（《历史研究》1955年第5期）、韩国磐《唐代的均田制与租庸调④》（同上）、胡如雷《唐代均田制研究》（同上）、乌廷玉《关于唐朝均田制度的几个问题》（东北人民大学⑤《人文科学学报》1955年第1期）、李必忠《唐代均田制的一些基本问题的商榷》（《四川大学学报》1955年第2期）等。

敦煌吐鲁番文书常出现"部田"与"常田"字样。对此进行解释的

---

① "初探"原脱。——编者注
② 此处原衍"的"。——编者注
③ "欠"原误作"贝"。——编者注
④ 此处原衍"制"。——编者注
⑤ "东北人民大学"原脱。——编者注

有马雍《麴斌造寺碑所反映的高昌土地问题》(《文物》1976①年第12期)、杨际平《试考唐代吐鲁番地区"部田"的历史渊源》(《中国社会经济史研究》1982年第1期)及《再谈麹氏高昌与唐代西州"部田"的历史渊源》(《中国史研究》1988年第2期)、黄永年《唐代籍帐中"常田""部田"诸词试释》(《文史》第19辑)、赵吕甫《唐代吐鲁番文书"部田""常田"名义释疑》(《中国史研究》1984年第4期)等文。

研究唐代均田制及其它田制的文章还有胡如雷《魏晋隋唐时期的封建土地所有制形式》(《教学与研究》1962年第3、4期)及《也谈"自田"兼论与唐代田制有关的一些问题》(《中国经济史研究》1986年第2期)、唐耕耦《唐代均田制的性质——唐代前期封建土地所有制的②形式》(《历史论丛》第2辑)、王永兴《论唐代③均田制》(《北京大学学报》1987年第2期)、宋家钰《从敦煌吐鲁番文书看唐代永业、口分田的区别及其性质》(《中国史研究》1986年第1期)、黄正建《唐代前期的屯田》(《人文杂志》④1985年第3期)及《唐代后期的屯田》(《中国社会经济史研究》1986年第4期)、李文澜《论唐代职田经营及官吏对自耕农的地租剥削》(《江汉论坛》1988年第7期)等。

围绕着均田制问题,也发表过一些研究唐代籍帐、手实的文章。主要有宋家钰《唐代的手实、户籍与计帐》(《历史研究》1981年第6期)、朱雷《唐代"手实"制度杂识》(《魏晋南北朝隋唐史资料》第5期)、唐长孺《唐西州诸乡户口帐试释》(《敦煌吐鲁番文书初探》)、周秀女《从敦煌户籍残卷看唐代籍帐制度》(《浙江师范学院学报》1984年第2期)等。

关于唐代租佃制度,由于敦煌、吐鲁番文书发现不少契约,所以发表了一些文章。孙达人《对唐至五代租佃契约经济内容的分析》(《历史研究》1962年第6期),首先指出了租佃关系中的一些复杂情况。韩国磐《根据敦煌和吐鲁番发现的文件略谈有关唐代田制的几个问题》(《历史研

---

① "6"原误作"2"。——编者注
② "的"原脱。——编者注
③ 此处原衍"的"。——编者注
④ "人文杂志"原误作"江汉论坛"。——编者注

究》1962年第4期）一文涉及范围很广，在讲租佃时认为官田出租与私田出租性质相同，而且前者多于后者。沙知《吐鲁番佃人文书里的唐代租佃关系》（《历史研究》1963年第1期）一文对韩文提出的两点看法持有相反的看法。孔祥星《唐代前期的土地租佃关系——吐鲁番文书研究》（《中国历史博物馆馆刊》1982年第4期）对租佃制有许多独到的见解。杨际平有《麴氏高昌与唐代西州、沙州租佃制研究》（《敦煌吐鲁番经济文书研究》）。

在唐代赋役方面，张泽咸《唐五代赋役史草》（中华书局）一书37万字，是全面研究唐五代赋役的力作。对徭役的研究，王永兴《敦煌唐代差科簿考释》（《历史研究》1957年第12期）有两点突破：将过去误称的"丁籍簿"定名为"差科簿"；首次对唐代色役问题进行了深入研究。近年，王永兴又撰有《唐天宝敦煌差科簿研究——兼论唐代色役制和其他问题》（《敦煌吐鲁番文献研究论集》）。唐耕耦有《唐代的资课》（《中国史研究》1980年第3期）及《唐代前期的杂徭》（《文史哲》1981年第4期）二文。李春润先后发表的《唐开元以前的纳资纳课初探》（《中国史研究》1983年第3期）、《略论唐代的资课》（《中华文史论丛》1983年第2辑）等文，在资课、色役研究方面有重大突破。张泽咸《关于唐代杂徭的几个问题》（《中国社会经济史研究》1985年第4期）和程喜霖《对吐鲁番所出四角萄役夫文书的考察①——唐代西州杂徭研究之一》（《中国史研究》1986年第1期）等都是研究杂徭的主要论文。

唐代的土客户、户等及户税问题。唐长孺《关于武则天统治末年的浮逃户》（《历史研究》1961年第6期）是解放后利用敦煌文书研究逃户问题的第一篇重要文章。张泽咸《唐代的客户》（《历史论丛》第1辑）及《再论唐代的客户》（《中国古代史论丛》1982年②第3辑）、李春润《宇文融括户的两个问题》（《中南民族学院学报》1984年第1期）、王珠文《关于唐代户税的几点意见》（《北京师院学报》1983年第1期）及《关于唐代定户等及户令中几个问题的研究》（《山西大学学报》1983年

---

① "对吐鲁番所出四角萄役夫文书的考察"原脱。——编者注
② "1982年"原脱。——编者注

第 2 期)、唐耕耦《唐代前期的户等与租庸调的关系》(《魏晋隋唐史论集》第 1 辑)、杨际平《唐代户等与田产》(《历史研究》1985 年第 3 期)、李晓路《唐代定户等赀中包括土地》(同上①) 等文章都是关于客户、户等、户税的重要文章。

研究两税法的文章比较多。新中国成立初期有岑仲勉《唐代两税基础及其牵连的问题》(《历史教学》1951 年第 2 卷第 5、6 期)。以后又先后发表了王新野《论唐代义仓地税兼及两税法的内容》(《文史哲》1958 年第 4 期)、胡如雷《唐代两税法研究》(《河北天津师院学报》1958 年第 3 期)、金宝祥《论唐代的两税法》(《甘肃师大学报》1962 年第 3 期)、王仲荦《唐代两税法研究》(《历史研究》1963 年第 6 期)。近年来又有黄永年《唐代两税法杂考》(《历史研究》1981 年第 1 期)、陈明光《"量出制入"与两税法的制税原则》(《历史研究》1986 年第 1 期)、姜世俊《论唐代两税法及其得失》(《黑龙江财专学报》1986 年第 1 期)、赵和平《唐代两税法实行后的两个突出问题》(《唐史学会论文集》) 等。

近年研究唐代漕运和仓廪方面的论著渐多。专书有潘镛《隋唐时期②的运河和漕运》(三秦出版社)、张弓《唐朝仓廪制度初探》(中华书局)和余扶危、贺官保《隋唐东都含嘉仓》(文物出版社)。论文主要有何汝泉《唐代转运使成为固定职官考》(《西南师范学院学报》1982 年第 1 期)、王力平《唐肃、代、德时期的南路运输》(《古代长江中游的经济开发》)、赵文润《唐代义仓粟的赋税化》(《陕西师大学报》1987 年第 4 期) 等。

以下介绍农业、手工业等方面的主要论著。研究垦田数量和单位面积产量的有《汪篯隋唐史论稿》一书收录的三篇考证隋唐垦田亩数的文章和胡戟《唐代粮食亩产量③》(《西北大学学报》1980 年第 3 期)、李伯重《唐代江南地区粮食亩产量与农户耕田数》(《中国社会经济史研究》1982 年第 2 期) 等。研究农业生产技术的有林立平《唐代主粮生产的轮作复种制》(《暨南学报》1984 年第 1 期)、唐耕耦《唐代水车的使用与

---

① "同上"原无。——编者注
② "时期"原脱。——编者注
③ "唐代粮食亩产量"原误作"唐代的粮食亩产"。——编者注

推广》(《文史哲》1978年第4期)、宋兆麟《唐代曲辕犁研究》(《中国历史博物馆馆刊》1979年第1期)、李伯重《唐代长江下游地区农业生产集约程度的提高》(《中国农史》1986年第2期)等。研究区域经济的有黄冕堂《论唐代河北道的经济地位》(《山东大学学报》1957年第1期)、史念海《河山集》(生活·读书·新知三联书店)收录的两篇研究长江和黄河流域农业发展的文章、冯汉镛《唐代剑南道的经济状况与李唐的兴亡关系》(《中国史研究》1982年第1期)、杨希义《唐代关中农业经济的主要产品及其地理分布》(《西北大学学报》1986年第1期)等。

研究唐代手工业的论文和分析考古出土产品的文章。唐长孺《魏、晋至唐官府作场及官府工程的工匠》(《魏晋南北朝史论丛续编》)分析了从魏晋到唐朝，官府作坊中劳动者人身依附方面减轻的趋势，文章第四部分重点谈唐代的情况。李文海《唐代官[1]手工业的性质和作用》(《教学与研究》1955年第8、9期)也是主要谈生产关系的。研究手工业生产技术的有王明《隋唐时代[2]的造纸》(《考古学报[3]》1956年第1期)、武敏《新疆出土汉——唐丝织品初探》(《文物》1962年第7、8期)、敦煌文物研究所考古组《莫高窟发现的唐代丝织物及其它》(《文物》1972年第12期)、王仲荦《唐代西州的缭布》(《文物》1976年第1期)等。研究手工业生产地理分布的有汪篯《隋唐时期丝产地之分布》(《汪篯隋唐史论稿》)、王永兴《唐代土贡资料系年——唐代土贡研究之一》(《北京大学学报》1982年第4期)及《试论唐代丝纺织业的地区[4]分布》(《魏晋隋唐史论集》第2辑)、孔祥星《唐代江南和四川地区丝[5]织业的发展——兼论新疆吐鲁番出土的丝织品》(《唐史研究会论文集》)等。此外，冯先铭、傅振伦、李知宴、一冰等还发表了有关唐代瓷器业和冶银术等方面的文章。

以下介绍商品经济与城市等方面的研究成果。有关商业、钱币、物

---

[1] 此处原衍"府"。——编者注
[2] "代"原误作"期"。——编者注
[3] "学报"原脱。——编者注
[4] "区"原误作"理"。——编者注
[5] 此处原衍"纺"。——编者注

价的研究文章主要有李文海《唐代的①商业与商品生产》(《历史教学》1956年第4期)、徐寿坤等《唐代商业繁荣的基础是什么——和李文海同志商榷》(《历史教学》1957年第6期)、郑学檬《关于唐代商人和商业资本的若干问题》(《厦门大学学报》1980年第4期)、刘志坚《唐代市场管理制度初探》(《兰州学刊》1986年第4期)、卞孝萱《唐诗中的酒价》(《学术论坛》1958年第1期)、胡如雷《记②唐代农产品与手工业品的比价及其变动》(《光明日报》1963年12月31日)、王永兴《试论唐代前期布的货币职能》(《中华学术论文集》)、傅筑夫《由唐代的物价波动看唐王朝的兴衰》(《唐史论丛》第3辑)、瞿恺《商品经济与唐代钱荒》(《史学论丛》第2辑)等。研究有关城市的论著有中国科学院考古研究所西安唐城发掘队《唐代长安城考古纪略③》(《考古》1963年第11期)及《唐长安城西市遗址发掘》(《考古》1961年第5期)等。曹尔琴、武伯纶、宿白、阎文儒、高敏、王文才、何汝泉等人及洛阳博物馆、洛阳考古发掘队、南京博物院等分别有关于唐代长安、洛阳、扬州、成都等城市的专文。

研究寺院经济的文章有金毓黻《从榆林窟壁画耕作图谈到唐代寺院经济》(《考古学报》1957年第2期)、于豪亮《"从榆林窟壁画耕作图谈到唐代寺院经济"读后》(《考古通讯》1958年第5期)、何兹全《佛教经律关于寺院财产的规定》(《中国史研究》1982年第1期)、张弓《南北朝隋唐寺观户阶层述略》(《中国史研究》1984年第2期)等。姜伯勤《唐五代敦煌寺户制度》(中华书局)一书27万余字,是研究寺院经济的一部力作。

关于唐代政治,从历史人物、典章制度、统治阶级内部斗争等方面介绍。

研究唐代开国皇帝李渊,专著有牛致功《李渊建唐史略》(陕西人民出版社)。主要文章有陈寅恪《论唐高祖称臣于突厥事》(《岭南学报》1951年第1期)、徐连达等《唐太宗首谋晋阳起兵吗?——关于李渊的历史评价问题》(《复旦学报》1981年第2期)、王士立《试论唐高祖李渊》

---

① "的"原脱。——编者注
② "记"原误作"论"。——编者注
③ "唐代长安城考古纪略"原误作"唐长安考古记略"。——编者注

(《唐山教育学院学报》1985年第2期)等。研究唐太宗李世民的著作有三种：赵克尧、许道勋《唐太宗传》（人民出版社）、袁英光《唐太宗传》（天津人民出版社）、胡如雷《李世民传》（中华书局）。有关评论唐太宗的文章更多，新中国成立以来有200多篇。历史研究编辑部曾编有《唐太宗与贞观之治论集》（陕西人民出版社）。1984年中国唐史学会与昭陵博物馆联合主办召开了唐太宗讨论会，出版了论文集《唐太宗与昭陵》。关于太宗、高宗时期地主阶级政权掌握在哪个阶层手中的问题、是士族还是庶族或士庶联合专政？王继麟、韩国磐、吴泽、齐陈骏等曾展开争论，汪篯、乌廷玉等也曾专文论及。

研究武则天的著作有胡戟《武则天本传》，论文集有《武则天与乾陵》等。关于武周政权性质，陈寅恪发表有《记①唐代之李武韦杨婚姻集团》（《历史研究》1954年第1期）。胡如雷《②论武周的社会基础》（《历史研究》1955年第1期）一文不同意用地域性婚姻集团解释李武二氏之争，主张以阶层间的斗争加以解释。此外发表的文章很多，主要有罗元贞《武则天批判》（《光明日报》1951年9月22日）、缪钺《关于武则天的评价③问题》（《光明日报》1961年5月15日）、汪篯《武则天》和《唐高宗王武二后废立之争》（《汪篯隋唐史论稿》）、黄永年《说李武④政权》（《人文杂志》1982年第1期）等。近年在咸阳、广元、洛阳等地还召开过几次有关武则天的学术讨论会。

有关士族、庶族及谱牒等问题。主要文章有郑欣《关于魏晋南北朝隋唐门阀政治的几个问题》（《中国古代史论丛》1981年第1辑）、乌廷玉《唐代士族地主和庶族地主的历史地位》（《中国史研究》1980年第1期）、韩国磐《隋唐五代时⑤的阶级分析》（《隋唐五代史论集》）、瞿林东《唐代谱学简论》（《中国史研究》1981年第1期）、王仲荦《"新集天下姓望氏族谱"考释》（《敦煌吐鲁番文献研究论集》第2辑）、林立平

---

① "记"原误作"论"。——编者注
② 此处原衍"试"。——编者注
③ "的""评价"原倒。——编者注
④ "李武"原误作"武周"。——编者注
⑤ 此处原衍"期"。——编者注

《唐代士族地主的衰亡过程》(《北京师大学报》1987年第1期)等。

与士庶问题有关的一个课题是党争。主要文章有韩国磐《唐朝的科举制度与朋党之争》(《隋唐五代史论集》)、胡如雷《唐代牛李党争研究》(《历史研究》1979年第6期)、何灿浩《元和对策案试探》(《南开学报》1984年第3期)、《牛李党争和内廷之争的关系辨析[①]》(《宁波师专学报》1983年第3期)、王炎平《辨牛李之争与士庶斗争之关系》(《四川大学学报》1987年第2期)等。此外,"永贞革新"也是研究政治斗争的重要课题。涉及这方面的文章有王芸生《论二王八司马政治革新的历史意义[②]》(《历史研究》1963年第3期)、卞孝萱《试述王叔文集团的任人唯贤及其局限性》(《西北师院学报》1983年第2期)、黄永年《所谓"永贞革新"》(《青海社会科学》1986年第5期)等。

研究宦官问题的论文,主要有唐长孺《唐代的内诸司使》(《魏晋南北朝隋唐史资料》第5、6期)、牛志平《略论唐代宦官》(《陕西师大学报》1985年第1期)、陈仲安《唐代后期的宦官世家》(《唐史学会论文集》)、冯辉《论唐代的宦官政治》(《求是学刊》1987年第4期)等。

藩镇割据和藩镇战争是唐代后期政治生活中的大事,近年这方面的研究逐渐多起来。张国刚《唐代藩镇研究》(湖南教育出版社)是研究藩镇的一部水平较高的专著。论文主要有韩国磐《唐末五代的藩镇割据》(《历史教学》1958年第8期)、胡如雷《略论"安史之乱"的性质》(《光明日报》1962年10月10[③]日)、黄永年《唐代河北藩镇与奚契丹》(《中国古代史论丛》1982年第2辑)、杨志玖《试论唐代藩镇割据的社会基础》(《历史教学》1980年第6期)及《藩镇割据与唐代封建大土地所有制——再论唐代藩镇割据的社会基础》(《学术月刊》1982年第6期)、方积六《论唐代河朔三镇的长期割据》(《中国史研究》1984年第1期)、王赛时《论唐朝藩镇军队的三级构成》(《人文杂志》1986年第4[④]期)、程志《晚唐藩镇与唐朝灭亡》(《东北师大学报》1988年第3期)等。

---

① "辨析"原脱。——编者注
② "义"原误作"识"。——编者注
③ "10"原误作"16"。——编者注
④ "4"原误作"3"。——编者注

以下介绍研究典章制度的情况。

研究兵制的成果最多。专著有岑仲勉《府兵制度研究》（上海人民出版社）、谷霁光《府兵制度考释》（同上）、唐长孺《唐书兵志笺证》（科学出版社）等，都有较高的学术价值。论文主要有陈寅恪《论唐代之蕃将与府兵》（《中山大学学报》1957年第1期）、赵吕甫《唐代初期屯防军制》（《文史哲》1957年第4期）、方积六《关于唐代团结兵的探讨》（《文史》第25辑）及《关于唐代募兵制度的探讨》（《中国史研究》1988年第3期）、杨鸿年《唐募兵制度》（《中国史研究》1985年第3期）、张国刚《关于唐代兵募①制度的几个问题》（《南开学报》1988年第1期）等。程喜霖有《从吐鲁番出土文书中所见的唐代烽堠②制度之一》（《敦煌吐鲁番文书初探》）等一组研究烽铺的论文。研究马政的有马俊民《论唐代马政与边防的关系》（《天津师大学报》1983年第4期）和王世平《跋郗昂"岐邠泾宁四州八马坊碑颂"》（《魏晋南北朝隋唐史资料》第4期）等。唐长孺《唐西州差兵文书跋》（《敦煌吐鲁番文书初探》）不仅分析西州史实，内容还涉及到了唐朝兵制的演变。

唐朝律令方面，有杨廷福《唐律初探》（天津人民出版社）和乔伟《唐律研究》（山东人民出版社）两部专著。论文主要有陈仲安《律令格式》（《魏晋南北朝隋唐史资料》第4期）、刘俊文《唐律与礼的关系试析》（《北京大学学报》1983年第5期）等。

研究科举制的专书有程千帆《唐代进士行卷与文学》（上海古籍出版社）。傅璇琮撰有《关于唐代登科记的考索③》（《历史研究》1984年第3期）等一组有关科举制的论文。张泽咸、赵守俨、乌廷玉、刘绍棠、盛奇秀、吴宗国等人也都分别发表有论文。

职官制度方面的研究。陈仲安《唐代的使职差遣制④》（《武汉大学学报》1963年第1期）是研究唐职官制度的重要论文之一。其他主要论文有王永兴《试论勾官——唐代官制研究之一》[《敦煌吐鲁番文献研究

---

① "兵募"原误倒。——编者注
② "堠"原误作"侯"。——编者注
③ "索"原误作"察"。——编者注
④ 此处原衍"度"。——编者注

论集》（二）]、王超《我国古代的行政法典——"大唐六典"》（《中国社会科学》1984年第1期）、李光霁《隋唐职官制度渊源小议》（《中国史研究》1985年第1期）等。研究基层政权的有孔祥星《唐代里正》（《中国历史博物馆馆刊》1979年第1期）、何汝泉《关于①唐代"乡"的两点商榷》（《中国史研究》1986年第4期）等。近年张国刚著有《唐代官制》（三秦出版社）一书。郁贤皓《唐刺②史考》（江苏古籍出版社）是研究唐代地方官制的一部巨著。王素③《三省制略论》（齐鲁书社）有专门章节论述唐代三省制。关于政事堂，王超、姚澄宇、陈振、魏向东等有一组讨论文章。

有很多史实既与黄巢起义有关，也同五代十国的历史有关，所以从唐末农民战争起至五代末当作一个阶段，介绍有关的研究情况。

农民起义方面的研究成果。资料集有张泽咸《唐五代农民战争史料汇编》（中华书局）。专著有胡如雷《唐末农民战争》（同上）、方积六《黄巢起义考》（中国社会科学出版社）、诸葛计《唐末农民战争战略初探》（天津人民出版社）、俞兆鹏《黄巢起义史》等。发表的论文主要有侯外庐《唐宋之际农民战争的历史特点》（《新建设》1964年第3期）、宋家钰《关于唐末农民起义领袖"天补均平"称号研究中的几个问题》（《中国农民战争史论丛》第1辑）、王大华《论均平在唐末农民战争中的经济内容》（《陕西师大学报》1982年第2期）。这三篇文章就"均平"口号的内涵展开了讨论。吴泽、袁英光、宁可、徐德麟、张志康、杨善衡、戈春源等曾就黄巢、王仙芝是否乞降、如何乞降等问题展开争论，各自发表了一些文章。

朱温是唐末五代初的重要人物，围绕他的评价问题曾展开过讨论。傅衣凌、粘尚友、胡如雷、周宝珠、杨伟立等分别发表过文章。

研究比较集中的历史人物是周世宗柴荣，主要成果是韩国磐所著《柴荣》一书（上海人民出版社），一些学者也发表有若干论文。

五代十国时期的经济、财政方面的主要研究论文有韩国磐《五代时

---

① "关于"原脱。——编者注
② "刺"原误作"制"。——编者注
③ "素"原误作"豪"。——编者注

南中国的经济发展及其限度》(《厦门大学学报》1956年第1期)、臧嵘《关于五代十国时期北方和南方经济发展估价的几点看法》(《史学月刊》1981年第2期)、郑学檬《五代十国商品经济的初步考察》(《中国经济问题》1982年第1期)及《五代两税①述论》(《中国社会经济史研究》1983年第4期)、武建国《论前后蜀经济发展及其原因》(《四川大学学报》1983年第1期)、董恩林《五代中央财政体制考述》(《湖北大学学报》1986年第5期)等。

研究五代十国政治、军事的主要文章有李昌宪《五代削藩制置初探》(《中国史研究》1982年第3期)、任爽《南唐党争试探》(《求是学刊》1985年第5期)、齐勇锋《五代禁军初探》(《唐史论丛》第3辑②)、张其凡《五代后梁禁军探微》(《安徽师大学报》1988年第3期)等。

综论唐宋社会演变发展的文章有胡如雷《唐宋时期中国封建社会的巨大变革》(《史学月刊》1960年第7期)、葛金芳《唐宋之际农民阶级内部构成的变动》(《历史研究》1983年第1期)及任爽《唐宋之际统治集团内部矛盾的地域特征》(《历史研究》1987年第2期)等。

新中国成立后出版的陈寅恪《元白诗笺证稿》、《寒柳堂集》、《金明馆丛稿》初编、二编(均为上海古籍出版社)及岑仲勉《隋书求是》(商务印书馆)、《唐史余瀋》(中华书局)、《唐人行第录》(上海古籍出版社)、《郎官石柱题名新考订》(同上)等,大都属于隋唐史范围。

有关隋唐五代史史料学的论著很多,余嘉锡《四库提要辨证》(中华书局)、陈垣《通鉴胡注表微③》(科学出版社)等涉及隋唐五代部分。万曼《唐集叙录》(中华书局)、傅璇琮等《唐五代人物传记资料综合索引》(同上)、《中国历史地图集》"隋唐五代分册"等都是研究隋唐五代史的重要工具书。

少数民族史、中外关系史、文化史等多为自成独立系统的学科,本文不再做介绍。

---

① 此处原衍"法"。——编者注
② "《唐史论丛》第3辑"原无。——编者注
③ "微"原误作"征"。——编者注

四 几点看法

为了使隋唐五代史的研究继续深入下去，我想就几个问题谈点个人看法。

在以往的研究工作中，最大的缺点是选题过于集中，空白的地方太多，有些课题即使有人问津也无人进行升堂入室的深入探讨。

历史人物评价是新中国成立以来的热门题目，但也大都集中在隋文帝、隋炀帝、唐太宗、武则天、韩愈、柳宗元、刘禹锡、周世宗等少数人身上，高颎、李勣、魏徵、刘晏、朱温等人还略有涉及，至于其他许多重要人物就少有人过问了，始终处于被冷落的状况。像隋朝的杨素、苏威、李德林、杨玄感、王世充；唐朝的皇帝玄宗、德宗、宪宗、武宗、宣宗，贞观朝的房、杜，开元朝的姚、宋及张九龄、李林甫、杨国忠，后期的李泌、杨炎、裴度等；五代十国的唐庄宗、唐明宗、郭威、钱镠、冯道等很多历史人物，都值得进行研究。需要特别提出的是，研究历史人物不能局限于用功过论的框架进行评价，可以从不同角度进行探讨，以利于做出新的结论。

在经济史、财政史方面，过去的研究集中在均田制、租庸调制及两税法等少数题目上，也未能在广阔的领域内放开眼界选题。例如漕运、仓法、盐政、铸钱、商税、私营手工业、交通等课题尚无专著问世，甚至连论文都很少。受到重视的城市不过长安、扬州等为数不多的几个而已。研究经济史首先要积累大量资料，需要下苦功夫，否则难以取得成果。

这些年来，典章制度的研究很不够。除府兵制有谷霁光先生、岑仲勉先生的专著问世，科举制有几篇文章及程千帆先生出版了《唐代进士行卷与文学》外，其他的制度多未受到重视，有的竟从来无人研究。

隋唐五代历时380年，发生了很多震动很大的历史事件，但这些年来却只发表了有关"玄武门之变""武周革命""安史之乱""永贞革新""牛李党争"等少数问题的论文。像"甘露之变"这样的大事件都很少有人问津。从武则天后期至玄宗即位，发生了一系列的重大历史事件，"安史之乱"中的每一次重大战役都值得分析。至于"泾师之变""四王二帝之乱""宋申锡案"等都应当研究。希望治史者能在历史事件方面放眼开拓新天地。

此外,中西文化交流史、民族史领域都有待进一步开拓。尤其值得一提的是,在以往的研究中,由于过分着眼于现实需要,往往局限于单纯介绍两族或两国间的经济、文化交流,而忽略了民族间、国家间的极其复杂的关系。其结果必然流于片面性,其研究水平也就必然落后于国外史学界。

过去的研究有一种倾向,重前期、轻后期,即重视唐代前期的历史,忽略唐朝后期及五代十国的历史;重来龙,轻去脉,即注意南北朝同唐朝的历史联系,忽视唐中叶以后同宋朝的历史联系。实际上,从"安史之乱"到北宋统一是中国封建社会发生巨大变革的历史转折阶段。这二百年左右的历史绝不是简单地用土地集中、赋役苛重、阶级斗争尖锐能够概括得了的。日本学者对唐宋社会的变革就相当注意,而我们恰恰在这方面注意不够。今后如果有人肯于从事唐中叶到北宋末的历史研究,肯定会取得重大成果。

进行跨学科的研究,是另一个重要的途径。首先,隋唐五代史的研究可以同断代考古工作加强联系。如研究唐代手工业史,通过陆羽《茶经》中"类冰""冰玉"及"类银""类雪"的描述去理解越窑、邢窑的制瓷技术,远不如亲自看一下青瓷、白瓷的实物认识得更加亲切和深刻。有条件的可以一身二任,既研究历史,又研究考古学,无条件的可以采取双方合作,互通情况。

其次,在隋唐史及敦煌吐鲁番学间进行跨学科研究。敦煌、吐鲁番出土文书中的绝大多数属于隋唐时期,记载和反映了当地隋唐时代的各方面社会风貌。过去研究敦煌学,多留意于艺术方面及变文,我国学者对社会状况的注意略显不足。这些年来已有很大改观。随着我国敦煌吐鲁番学会的成立,必将推动隋唐史的研究工作。

复次,在隋唐五代史和世界史间进行跨学科研究。这样做有三方面的意义:第一,可以估计隋唐在当时世界范围内的地位。与法兰克王国和拜占庭帝国相比,唐朝的社会、文化发展水平如何?继起的阿拉伯国家比唐朝社会先进还是落后？隋唐与印度、日本相比居于什么地位？在全世界经济、文化交流中，唐朝的地位和作用怎样？回答这些问题，都需要兼顾世界史。这样的研究不仅可以进行爱国主义教育，而且有利于提高民族自信心。第二，兼顾世界史还可以对比研究当时的中外社会。过去讲中日交流多着眼于隋唐典章制度、文化对日本的影响，重点谈日本对唐朝的模仿，往往忽视同中求异。日本的班田制破坏以后同唐朝均田制破坏以后的发展道路有很大差异，这说明颁行班田制和均田制时，两国的起点就有所不同。又如把唐朝、拜占庭、法兰克三国的历史联系起来加以比较，也能发现很多问题。这样做有助于找到历史发展的共同规律和同一社会形态在各国的特殊表现形式。第三，在中国史和世界史间进行跨学科研究，还可以全面、深刻地分析当时的国际关系，找到相互制约的重要因素。一个民族或国家对外采取什么态度和政策，建立什么样的对外关系，总是受国内社会、政治条件的制约。所以，不深入研究世界史，就无法说明隋唐时期中外关系的实质和特点形成的真正原因。总之，我们要把隋唐帝国放在一个大的背景下进行研究和分析，不能只把目光局限于中原和江南。

此外，还可以在隋唐五代史与经济学、财政学、政治学、法律学、文学史、思想史、艺术史、军事史等领域进行跨学科研究。

如果能在理论和方法上有重大突破，自然会推进隋唐五代史的研究。

马克思主义理论需要发展，需要丰富。马克思主义经典作家对上层建筑之间的关系谈得很少，而实际上政治、法律同意识形态间也存在相互制约的关系，思想、宗教、文艺之间也存在相互制约的关系。如果我们研究唐代佛教、道教、经学、哲学、文学、史学间的相互影响和作用，找到了某些规律性的东西，从理论上进行概括，而这种概括在另一个历史时期或另一个民族、国家也能运用，那就意味着对历史唯物主义做出了新的贡献。因此，研究隋唐五代史，不仅要在一点一滴上力图恢复历史的本来面目，而且要在理论上具有雄心壮志，把宏观研究和微观研究结合起来。

近年来，史学界出现了运用自然科学方法研究历史的风气，这是可喜的现象。但是，应注意以下三点：第一，运用自然科学的某些方法研究历史，有两种前途：或者行得通，或者行不通。19世纪掀起的利用力学原理研究历史的浪潮，其结果是失败的。而达尔文的进化论对研究历史就有很多启示。因此，目前关于运用自然科学某些研究方法研究历史，应予以鼓励，大胆探索。第二，要运用这些新方法解决一些运用传统方法无法解决的问题。第三，如果运用传统的方法和新方法都能解决同一问题，而新方法运用起来更简便、更迅速而不是更复杂更费事，那也是一个成就，是新方法生命力的表现。正如运用代数方法比算术方法解四则题更简便易行，而不是更复杂困难。

社会科学领域内许多研究方法都可以借鉴。限于篇幅，不再赘述。

（与孙继民合作，原载《中国历史学四十年1949—1989》，书目文献出版社1989年版）

中国古代史导读
——隋唐五代史部分

一 隋唐五代时期史料介绍

有关隋唐五代史的典籍，可谓汗牛充栋，只能就其中主要者做一简略评介。史料大量保存在古代的史书之中，同时在笔记、诗集、文集、石刻、出土文书等中也大量存在。但史书毕竟是主要的资料来源，应当在读好基本史书的前提下，再涉猎广泛的典籍。因此在这里先介绍基本史籍，然后再介绍一般资料。

（一）隋唐五代基本史籍

为了阅读和研究这一部分史书，首先要了解它们的主要资料来源。唐代最主要的历史原始记录是"起居注"。皇帝左右置起居郎（有时称起居舍人），每天把皇帝的言、行记录下来，就是"起居注"。史馆根据"起居注"中的原始记录加以整理、编纂，写成"国史"和历朝"实录"。"国史"大多为纪传体，只有柳芳所纂之《唐历》40卷及崔龟从、韦澳等所纂之《续唐历》30卷为编年体；"实录"则全部是编年体，但只写到武宗朝，宣宗以后无"实录"。编纂"国史"和"实录"的史臣大多是著名的文学家和史学家，如令狐德棻、许敬宗、吴兢、徐坚、刘知几、张说、萧颖士、韦述、韩愈等人就都是预修"国史"和"实录"的名家，所以在唐朝人看来，任职史馆是非常荣幸的事。唐代中枢政治斗争频仍，官僚集团派系复杂，而官修史书总是按照胜利者的利益和愿望编纂的，因而历朝不断出现改写前朝"实录"的事。可见"国史"和

"实录"保留有政争的印记，具有不少的朋党色彩。我们所要介绍的基本史籍是根据这些"国史"和"实录"写成的，所以自然也会流露这种派别色彩，有的史实不免受到严重的歪曲。"起居注"仅存者为《大唐创业起居注》，记载李渊自太原起兵到攻占长安即位称帝短短一年间的事。"实录"仅存者为《韩昌黎集》中的《顺宗实录》5卷，"国史"则全部散佚，今人已基本上看不到这些原始资料了。但从有关史书中却可以查明历朝编纂"国史"和"实录"者主要有哪些人，而了解他们的政治立场和当时所处的时代、环境，对于考辨基本史书记载之是否真实是非常有用的。而且历朝的"国史"和"实录"时有时无，质量有好有差，对某些史籍的编纂也带来了明显的影响。因此，为了阅读、研究这些基本史书，略加涉猎一下唐代史学史也是很有必要的。

所谓"基本史书"，这里主要是指几部需要经常读、反复读、读懂、读熟的主要史籍。研究隋唐五代史的基本史书大致包括以下几部：《资治通鉴》《隋书》《旧唐书》《新唐书》《唐律疏议》《唐六典》《通典》《唐会要》《册府元龟》《旧五代史》《新五代史》及《五代会要》等。以下对《唐律疏议》《唐六典》《通典》《唐会要》《册府元龟》《五代会要》逐一加以介绍。其他几部书从略。

(1)《唐律疏议》

唐朝建立后高祖李渊曾诏裴寂等人制定《唐律》。按隋朝有《开皇律》与《大业律》，《唐律》所据是前者而非后者。武德七年(624)公布的《唐律》就是《武德律》。唐太宗李世民即位后又令长孙无忌、房玄龄等厘改《武德律》，遂成《贞观律》。唐高宗李治即位后又令长孙无忌厘改《贞观律》，制定《永徽律》，从此以后《唐律》没有再进行较大的修改。高宗同时令长孙无忌撰《义疏》，以解释律文。据《旧唐书·经籍志》《新唐书·艺文志》及《宋史·艺文志》载，当时《律》12卷，《律疏》30卷，说明二者原来是单行的。宋、元刻本名《故唐律疏议》，二者已合为一书。清代修《四库全书》时删去"故"字，遂成今名《唐律疏议》。今本"疏议"部分置于各律条之后，冠以"议曰"二字。

《唐律疏议》共30卷，内容分12篇，包括律文500条。

读《唐律疏议》须知以下几点：

第一,《唐律疏议》是我国完整保留到现在的最早的一部法典,作为研究唐朝历史的原始史料,具有很高的价值。

第二,《唐律疏议》不仅是研究刑律、法制的重要资料,而且也是研究唐代经济、财政、职官、兵制、等级、家庭、婚姻及风俗等方面的重要史籍。尤其值得注意的是,我国古代的律与礼有密切的关系,律随礼改,所以《唐律疏议》也是研究唐礼的资料。

此外,《唐律》对当时的东方各国产生了重大的影响,尤其是日本、高丽等国所受影响更深,日本的《天武律》《大宝律》和《养老律》就是模仿《唐律》而制定的。因此,《唐律疏议》对于研究唐代的中日关系史、中朝关系史都是不可缺少的资料书。

(2)《唐六典》,亦称《大唐六典》

该书共30卷。唐玄宗为了进一步贯彻礼、法结合的原则,遂于开元十年(722)诏丽正院(后改名集贤殿书院)编纂一部行政法典,并手书六条为理典、教典、礼典、政典、刑典、事典,即比拟《周礼》的六官将唐代令、式分别列入各司以成书。先后监修的官员有张说、张九龄及李林甫等人,相继修书的大臣主要有徐坚、毋煚、韦述、陆善经及苑咸等人。开元二十六年(738)修成后由李林甫奏上,故该书署"唐元(玄)宗明皇帝御撰,臣李林甫等奉敕注上"。

读《唐六典》须知以下几点:

第一,关于《六典》修成后是否正式实行的问题,至今众说不一。但可以肯定的是,该书基本上是以令、式为资料来源写成的,所以大体上如实记载了唐代前期的官制,比较可信。即令有个别地方不符合当时实际,亦属凤毛麟角,无关乎大局。

第二,该书是记载唐前期典章制度的最早的典籍,史料比较原始,价值很高。而且关于唐代的政府机构、官制的记载,在内容上都比上举各书详尽,有很多资料是仅见于《六典》而不见于他书的,极其珍贵。

第三,唐代国家机构与周代六官有根本的差别,把唐代的情况硬塞进《周官》的框框,显得不伦不类,这是由修书时的形势及统治者的指导思想造成的。北周武帝曾经实行官制改革,生硬地恢复西周的制度,但切不可认为唐制是承袭了北周的官制,实际上,唐朝的典章制度与秦汉以来的制度是一脉相承的。

第四，开元二十五年（737）唐朝大规模修订律、令、格、式，次年《唐六典》成书，日本学者仁井田陞据此在《唐令拾遗》一书中把相当一部分开元年间的令文当作"开元二十五年令"，这实际上是不妥当的。唐朝在开元七年（719）也曾大规模修订过一次律、令、格、式。《六典》所收入的令一般不晚于开元七年令；至于真正的二十五年令，在《六典》中是极个别的，且已标明年代。

第五，《唐六典》的记载仅限于开元以前的情况，如果研究天宝以后的官制，这部分就没有什么用处了。不过《旧唐书·职官志》及《新唐书·百官志》也有详于前期略于后期的情况。因此，如果能做一点后期官志补的工作，是很有意义的。

（3）《通典》

读《通典》须知以下几点：

第一，该书虽然是历代通史，但对研究隋唐史的人来说，主要是利用其隋唐部分。《通典》的下限一般写到天宝年间，但注文亦涉及肃宗和代宗时史实，至于德宗朝的情况则一概不加记载。所以尽管成书时已晚至贞元十七年（801），却不包括建中、兴元、贞元年间的情况。

第二，修成《通典》的杜佑生于开元二十三年（735），卒于宪宗元和七年（812），亲身经历了唐王朝由全盛走向割据动乱的重要历史阶段，亲见亲闻的事很多，也有阅读当时大量典籍的条件，加之他本人精于吏职、长于理财，具有相当的实践经验，因而《通典》不同于一般书生之作，史料价值特别高。

第三，《通典》中保存的资料，不但比两《唐书》的诸"志"多，而且有的地方也比《唐六典》多。《食货典》所引的宋孝王《关东风俗传》，就是仅存于本书的珍贵资料，关于唐代课口与不课口的统计数字，亦不见于他书。《兵典》中引用的《卫公李靖兵法》，有相当的篇幅，也是仅见于此书的史料。

第四，《通典》还记载了唐朝人就某些制度所发的议论，有不少是宏篇巨著，注文中也有杜佑本人的议论。了解一下唐人论唐制的实况，对今人的研究，很有帮助。

第五，《通典》成书远早于两《唐书》和《通鉴》，后几部书有一些内容就是来源于《通典》，所以在引用相同的记载时，应当优先引用《通典》。

（4）《唐会要》

《唐会要》是由三部分拼合而成的，三部分的作者、成书时间都不同，须要分别加以介绍。据《新唐书·艺文志》载，唐德宗李适（音阔）时，苏冕、苏弁兄弟二人撰成《会要》40卷，记叙自唐高祖至唐德宗共九朝的有关典章制度的沿革损益情况。唐宣宗李忱时宰相崔铉监修《续会要》，成书40卷，预修者尚有杨绍复、裴德融等多人。《续会要》记叙自德宗以来的典章制度沿革。宋太祖赵匡胤时，由王溥监修《唐会要》，成书20卷，记叙自宣宗朝至唐末的史实。以上三部分合在一起，成《新编唐会要》，即今所谓《唐会要》，因王氏最后增补编辑成书，故今本《唐会要》署名"宋王溥撰"。按上述情况，苏冕《会要》为私撰，崔铉《续会要》及王溥《唐会要》均为官修。

《唐会要》共100卷，分门别类记载唐朝的典章制度、文物及故实，也兼及少数民族及外国。计全书共列500余目，门类颇为齐全。唐代玄宗令修《六典》，刘秩撰《政典》，杜佑撰《通典》，苏氏、崔氏撰《会要》，反映当时人重视典章制度成风，这与隋唐时期封建社会国家机构的进一步成熟有关。

读《唐会要》须知以下几点：

第一，该书为资料汇编，照抄诏敕、法令、奏议及其他文字，很少改动，而且苏、崔、杨等均为唐人，所以书中第一手的原始史料很多。不少地方比两《唐书》的"志"还详细，个别记载超过了《册府元龟》。

第二，《唐六典》主要记载官制，而且只限于开元以前。《通典》内容也仅至肃宗、代宗朝，以后历朝史实端赖《唐会要》加以续全，因此就记载有唐一代典章制度的沿革而言，此书最为完整。

第三，除典章制度外，该书也记载了一些其他故实、典故、议论。因此，《唐会要》不仅是研究唐代制度沿革的重要史籍，而且对广泛研究各个领域的问题都是不可或缺的一部书。

第四，第7卷、第8卷、第9卷、第10卷上有引用《文献通考》之处，可见有元代人所补之痕迹，应当特别注意，免得轻信。

(5)《册府元龟》

宋真宗景德二年（1005）命王钦若、杨亿等修历代君臣事迹，参预修书者还有钱惟演、李维、王希逸及陈彭年等多人，其中钦若为提总，总序及各门小序为李维等人手笔，全书最后由杨亿审定。至大中祥符六年（1013），撰成奏献真宗。此书为宋代四大部书之一，与《太平御览》同为类书，但篇幅比后者多一倍。因《御览》采书范围较广，每条皆著出处，便于引据，《册府》主要摘引正史及经书、子书，一概摈弃笔记、杂史资料，且不著出处，所以前人皆重《御览》而轻《册府》。至清代，该书始渐受重视。

《册府元龟》共 1000 卷，内容上自上古，下及五代，采辑群书，以类相从，汇编而成，是一部篇幅浩大的资料书。

读《册府元龟》须知以下几点：

第一，该书卷帙浩繁，门目众多，是一部备查找史料的资料书。有关隋唐五代部分，大多数记载亦见于正史及《唐会要》，不必摘抄，只宜搜集上述各书所不载之史料。因此，对于该书不必像读两《唐书》《通鉴》那样进行精读，但对其部、门、目要比较熟习，以便需要史料时知道到哪些门、目去查找。这就决定了，如果就选定的研究课题搜集史料，必须先读其他书，然后再翻检《册府》，如果反其顺序读书，就会不知道从此书中当抄摘哪些资料，不抄哪些资料。

第二，《册府元龟》隋代以前部分，史料价值不高；隋唐五代部分由于取材不限于正史，亦来源于"实录""国史"、诏令及诸司吏牍等，而且都是照抄原始资料，史料价值较高。武宗朝以后部分无"实录"可据，主要取材于贾纬的《唐年补录》。一概不采笔记、小说材料，是其缺点。

第三，该书主要用途是为研究典章制度提供资料，但其用途不限于此。书中也有大量的记载历史事件和历史人物的史料，而且有的记载比其他典籍都详尽。因此，研究隋唐五代时期各方面的课题，均须翻检此书。

第四，关于唐代诏令，多见于《唐大诏令集》《文苑英华》《全唐文》及《册府元龟》，就数量而言，此书是比较多的，有的地方甚至超过《唐大诏令集》。不过由于分门别类编辑，带来了以下两个缺点：有的诏令被割裂成几部分分别归于几个门目，失去了史料的完整性；有的诏令牵涉很多门目，所以同一诏敕有重出多达六七次者。

第五，中华书局影印本兼采宋版及明版，是最好的本子，但由于未曾在校勘上做工作，书中错字、漏字、误倒及史料顺序颠倒的地方俯拾即是。因此，既可用《册府元龟》校他书，也可用他书校《册府》，整理这部大书的任务还很大。

（6）《五代会要》

该书共30卷。王溥既撰《唐会要》，亦思援其体例续修，乃检寻有关五代的旧史，将资料分门目类辑成编，是为《五代会要》。宋建隆二年（961），与《唐会要》同时奏进。

读《五代会要》须知以下几点：

第一，王溥进书于北宋建立的第二年，说明他早在五代时就已着手搜集史料，进行编辑。当时各代"实录"尚存，很多诏敕、奏疏也能看到，再加上王溥本人曾亲历后汉、后周二朝，亲见亲闻的事肯定不少，因此《五代会要》一书的史料价值不容忽视。

第二，《五代会要》的资料不仅比较系统，而且相当丰富，其中有不见于他书的记载。如依石经雕版印"九经"一事，即仅见于该书卷8"经籍"目中，《四库全书总目》对此大加赞扬说"厥功甚伟"。

（二）其他史书和典籍

这里介绍的不仅是古代属于史部的书，也有内容具有史料价值的古籍。由于这些典籍太多，不能一一介绍，仅选择其中主要者略作评价。

1. 关于唐礼，除记载于正史"礼志"、《通典》之"礼典"等处外，还有以下两部专书：

（1）《大唐开元礼》，150卷。署名"萧嵩等奉敕撰"，开元二十年（732）成书，由王岩奏上。后列于学官。

（2）《大唐郊祀录》，10卷。唐人王泾撰，贞元九年（793）奏上。郊祀属于吉礼，关于郊祀礼《大唐开元礼》与《大唐郊祀录》均载，但互有详略。

2. 诏令汇编

（1）《唐大诏令集》，130卷。宋人宋绶、宋敏求父子编辑。今本缺

14—24卷、87—98卷，当佚于明代隆庆以后。此书资料原始、丰富，分类编排，便于查找。"政事"门的诏敕史料价值尤其高。直至目前为止，对这部典籍的研究和利用都做得很不够。诏制末的年月为宋敏求所加，并不完全准确。

（2）《文馆词林》，4卷。许敬宗主持下撰成。收集汉魏至唐的诏令编辑而成，有不见于他书的资料。原书卷帙浩繁，共1000卷，今本仅存4卷，散佚过多。

3. 类书除前述《册府元龟》等书外尚有：

（1）《白孔六帖事类集》，100卷，亦称《白氏六帖》或《白孔六帖》。据《通考》载，白居易撰有《六帖》30卷，宋人孔传亦撰30卷，但何时合刊一起并发展为百卷，不得而知。书中有一小部分是唐朝的律、令、格、式条文，有史料价值，可用以研究典章制度。

（2）《玉海》，200卷，另有《辞学指南》4卷，合共204卷。宋人王应麟撰。大部分内容抄自习见的《唐书》《会要》等书，且注明出处；但亦偶见不载于他书的珍贵文献，如卷138所载之《邺侯家传》，就是研究府兵制的重要史料。

其他类书还有欧阳询的《艺文类聚》、虞世南的《北堂书钞》、徐坚的《初学记》及李昉等的《太平御览》等书。这些书中有用的史料较少，不逐一介绍。

4. 地理类的典籍，主要有：

（1）《括地志》，为唐太宗子魏王李泰引宾客萧德言、顾胤等人所撰，具有半官书性质。原书550卷，已佚，今有中华书局所印《括地志辑校》，仅存4卷，另有卷首"序略"。其中有"贞观十三年大簿"的材料，价值很高。

（2）《元和郡县图志》，李吉甫撰成于元和八年（813），是我国历史上比较完整地保存下来的较早的地理总志之一。原书有图有志，宋代图已佚，故后世亦称《元和郡县志》。完帙42卷（其中包括"目录"2卷），今本已不足40卷，部分道的记载有缺卷、缺文。此书史料价值很高。

（3）《两京新记》，唐玄宗时史官韦述撰。原书5卷，今仅存1卷，即原来的第3卷。该书记载长安、洛阳的坊、寺、宅、观、园、祠等方面的情况，有重要的城市资料。

（4）《长安志》，20卷。宋人宋敏求因感《两京新记》过于疏略，不够完备，乃博采群籍撰此书，内容远较韦著详尽，甚至连唐代士大夫第宅所在坊里，亦一一指出。唯此书仅记载长安，不涉及东都。

（5）《长安志图》，3卷。元人李好文撰。此书不但有志，且有图22幅。明代将此书与宋敏求《长安志》合刊，且置于后者之前。

（6）《河南志》，4卷。亦宋敏求撰，但有元人增续，故亦名《元河南志》。增续者为何人，已不可考，且所增者寥寥数语，无足轻重。此书主要记载由汉至唐的洛阳城情况。

（7）《雍录》，10卷。南宋人程大昌撰。当时长安为金人所占，程出于民族意识撰此书，故注意力不在于介绍长安街坊，而多叙述宫殿、山水及都邑，尤其是第5卷中有"汉唐用兵攻取守备要地图"，更足以说明著书用意。全书重在考订关中古迹，有说有图，所据资料之一为今已不存的吕大防《长安图记》，甚珍贵。

（8）《唐两京城坊考》，5卷。清人徐松撰，未竟而卒，由张穆增补成书。徐氏发现以往关于长安的宫苑、里巷记载有不少错误，遂在《长安志》的基础上广泛搜集诗、文、小说资料以考订和注解；并且特意增加过去为人所忽略的东都，故内容兼及"两京"。此书虽为清人之作，然在资料方面有集大成之功。

（9）《游城南纪》，1卷。宋人张礼撰，但有金、元时人续注的痕迹。作者曾亲自实地考察长安城南的情况，并参照文献进行考证，甚有价值。如关于长安附近各达官、名士的田庄的记载，对研究土地占有状况就有一定的用处。

（10）《蛮书》，10卷。樊绰撰。撰者是咸通时安南经略使蔡袭的幕僚，他不但参考了《云南记》《云南行记》等很多典籍，而且记录了不少亲见亲闻的史实。书中记载了洱海附近六诏的种族、风俗、山川、道里及前后措置始末，史料价值很高。此书明代失传，清代修《四库全书》时从《永乐大典》辑录而成，今有向达《蛮书校注》本。

5. 谱牒及职官姓名之类的主要典籍有：

（1）《元和姓纂》，10卷。唐代著名谱牒家林宝撰。唐代封爵名号均依受封者郡望而定，有司由于掌握情况不准确，不免发生"封乖本郡"的事，为避免发生这种错误，宰相李吉甫乃命林宝撰此书。除皇族外，各姓氏均加记录，比较可靠，且有两《唐书》列传所无之人物，《新唐书·宰相世系表》多取材此书，研究士庶问题不可不读。岑仲勉著有《元和姓纂四校记》可参阅。

（2）《登科记考》，30卷。亦清人徐松撰。徐松搜集了大量有关唐代科举制的史料，编成此书，每条史料都注明出处，有的地方并加了考证和按语，涉及的时代包括唐朝和五代。这是研究唐五代时期科举制的最重要的一部书。中华书局新出版的《登科记考》附有岑仲勉《登科记考订补》。

（3）《郎官石柱题名考》，26卷。清人赵钺、劳格撰。西安碑林有《郎官石柱题名》，是吏部、户部及礼部诸司的郎中、员外郎的题名录。赵、劳二氏就此题名录搜集了大量有关郎官的资料，并进行考证，撰成此书。以后岑仲勉在此基础上撰写了《郎官石柱题名新考订》，已由中华书局出版。

（4）关于翰林学士的题名录，有以下几种：李肇《翰林志》、元稹《承旨学士院记》、韦处厚《翰林学士记》、韦执谊《翰林院故事》、丁居晦《重修承旨学士壁记》、杨钜（或题李愚）《翰林学士院旧观》等。岑仲勉著有《翰林学士壁记注补》及《补唐代翰林两记》，均收入《郎官石柱题名新考订》。

（5）《唐御史台精舍题名考》，3卷。亦赵钺、劳格撰。唐代御史台狱旁置"精舍"，是以佛教感化囚徒的场所。武周时崔湜撰《大唐御史台精舍碑铭》，开元时刻石，今存西安碑林。碑阴、碑侧等处刻有御史台官员的大量题名。赵、劳二氏以文献资料分别记于各人名下，遂成此书。

6. 石刻资料主要有以下几部书：

（1）《集古录》，10卷。宋人欧阳修撰。是现存最早的石刻专著。所收碑刻上自周秦，下及五代，其中隋唐五代部分的原碑，有些已经毁坏失传，所以保存的资料很有价值。

（2）《金石录》，30卷。宋人赵明诚撰。明诚与其妻大词人李清照收集了大量金石文字，编成此书。清照写了"后序"。前10卷为目录，所收碑有《集古录》所无者。后 10 卷为辨证，进行鉴定和考证。这些碑及其拓本已大部失传，甚珍贵。

（3）《金石萃编》，160 卷。清人王昶撰。所收金文较少，石刻占绝大多数，是石刻文字之集大成的著作，共收碑 1500 余通。内容涉及自上古至辽、金的碑刻，其中第 41 卷至第 118 卷全系唐碑。不但录文认真，兼记行款，而且广搜博采诸家的题跋及考证，王昶所写的按语亦非常精审。此后清人陆耀遹撰有《金石续编》21 卷，由陆增祥校订；清人方履篯撰有《金石萃编补正》4 卷；均为《金石萃编》之续作。

（4）《八琼室金石补正》，130 卷。清人陆增祥撰。此书收录的石志，有相当部分均见于《金石萃编》，但也有后者所未及采录的资料。陆氏对王昶书进行了大量补充、考订的工作，故名此书以"补正"。校订时多以好的拓本为依据，并广征博引诸家论述，最后殿以陆氏本人的见解。附录有《金石札记》4 卷及《金石祛伪》1 卷。前者与隋唐关系不大；后者专门考订伪品，故曰"祛伪"。《八琼室金石补正》是《金石萃编》之后集金石学大成的学术著作，卷帙浩繁，且已刊印，书中史料丰富，考证精确。

（5）《千唐志斋藏志》。千唐志斋坐落在河南新安县的铁门镇。今人张钫系新安人，自 1931 年起历时 5 年，在当地搜集了大量志石，上起西晋，下迄民国，共 1360 件，其中隋代 2 件，唐代 1209 件，五代 22 件，大多是过去金石专著所未收录的珍贵资料。新中国成立后文物出版社已影印其拓本正式出版。

7. 有关文化史（不包括文学、哲学和宗教）的主要典籍

（1）两种《一切经音义》。其一为释玄应撰，25 卷；另一为慧琳撰，100 卷。研究唐代佛经及一般名物，对出土文书进行考释，都须利用这两部《一切经音义》。

（2）《史通》，20 卷。刘知几撰。是中国史学史上第一部关于历史编纂学的理论著作。此书对史书体裁、史家任务及史学家必备的条件等均有独到见解，但在史观上贡献有限。

（3）《茶经》，3 卷。陆羽撰。此书是研究植茶、制茶及瓷器的重要典籍，有丰富的专业性资料。

（4）《四时纂要》，5卷。撰者韩谔，或作韩鄂，待考。大约成书于唐末五代之际。宋真宗时将此书与《齐民要术》一同付刻，后独《四时纂要》失传。最近在日本发现一朝鲜刻本，影印出版。最近农业出版社出版了删节本。这是隋唐五代时期唯一的一部类似农书的典籍。

8. 研究中外关系及经济、文化交流的书籍

（1）《大唐西域记》，12卷。玄奘撰。撰者俗名陈祎，即赴印度取佛经的著名高僧。此书实际是由他口述，由其弟子辩机笔录而成。玄奘亲历西域的城邦、地区和国家110个，传闻得知者28个，所有各地的民族、社会、风尚、山川均有所记载，超过了《新唐书·西域传》的内容。陈垣撰有《大唐西域记撰人辩机》一文（载《历史语言研究所集刊》第2本第1分），可参阅。

（2）继玄奘之后，释义净浮海经东南亚诸国至印度，除取佛经外，还著有《大唐西域求法高僧传》2卷及《南海寄归内法传》4卷：前者记载中国僧侣赴印求法的经历，后者记载了不少东南亚等国佛教流布的情况。二书中均有一些有关外国社会、习俗、文化等状况的记载。

（3）《唐大和上东征传》，1卷。日本真人元开撰。此书不仅记载了鉴真本人的事迹，而且内容涉及中日两国当时的佛教、习俗、物产等方面的情况。中华书局出版的汪向荣校注本的"附录"还收入了日本思托所撰《大唐传戒师僧名记大和上鉴真传》逸文、赞宁所撰《宋高僧传》卷14的《唐扬州大云寺鉴真传》及《神僧传》卷8《鉴真》等文献。

（4）《入唐求法巡礼行记》，4卷，日僧圆仁撰。公元9世纪时，圆仁曾来我国，回国后将他的经历记录下来即成此书，其中既有日中文化交流的资料，也有很多关于唐朝社会、政治状况的珍贵记载。书成后未流行，直至近世始发现了手抄本，引起了各国学者的重视。

9. 其余典籍、杂史及笔记

（1）《大唐创业起居注》，3卷。温大雅撰。大雅为李渊之纪室参军。所记由太原起兵至攻占长安高祖即位凡357日事。隋唐起居注保留至今者仅此一书。

（2）《贞观政要》，10卷。吴兢撰。此书大致取材于《太宗实录》，将贞观朝君臣议论分类编排而成，是研究"贞观之治"的主要史籍。当

注意其过分溢美太宗之处。

（3）《魏郑公谏录》，5卷。王綝撰。书中记载魏徵的言论，也兼及唐太宗的言行。

（4）《隋唐嘉话》，3卷。刘𫗧撰。所记事始于隋，终于唐玄宗朝。系仿《世说新语》之作。在历史琐闻笔记中价值较高。

（5）《大唐新语》，13卷。刘肃撰。所记事起唐高祖武德朝，迄代宗大历末，主要涉及政治、道德，作者力图从中汲取鉴戒。内容与刘𫗧书重出者，多抄自《嘉话》，但资料较《嘉话》丰富。

（6）《松窗杂录》，1卷。李浚撰。所记中宗朝事仅一条，绝大多数系玄宗朝事，且有德宗时李泌论明皇得失一事，有参考价值。

（7）《安禄山事迹》，3卷。姚汝能撰。从安禄山出生开始记载，一直写到宝应元年（762）十二月史思明被杀，是研究"安史之乱"的重要史籍。但禄山死后诸事记载过于简略。就全书而言，史料价值甚高。

（8）《高力士外传》，1卷。郭湜撰。详述自开元后期起至高力士死期间的朝政大事，大部分系笔录力士口述，所以此书不能以一般小说目之，当注意其史料价值。

（9）《奉天录》，4卷。赵元一撰。从建中四年（783）孟冬泾原兵变开始记载，最后写到兴元二年孟秋德宗还都，是有关"四王二帝"之乱的重要史籍，详细程度有超过两《唐书》及《通鉴》之处。

（10）《李相国论事集》，6卷。内容系李绛的奏议，由蒋偕编辑成书，蒋序称共有7篇，今存6卷。遗闻旧事记录颇详，然蒋系属于牛党，故书中着意搜集不利于李吉甫的材料，当注意其政治倾向。

（11）《唐国史补》，3卷。李肇撰。此书亦简称《国史补》，大致"唐"字为后人所增。内容涉及范围上自开元、下迄穆宗长庆间事。书中除偶然记载怪异外大多为可信的史实，包括唐代的人物传说、典故、风俗及典章制度。是笔记中史料价值很高的典籍。

（12）《因话录》，6卷。赵璘撰。以载君、臣、公卿百僚及未仕诸人物为主，亦兼及典故、事物及谐戏等，涉及方面很广，尤以肃、代、德至文、武、宣各朝故事为详，足与正史相参。

（13）《唐摭言》，15卷。五代人王定保撰。书成于唐亡前后，故称唐朝为"国朝"或"我唐"。主要记载选举制度，有的地方超过了两《唐书》的《选举志》。亦有小部分有关诗人轶闻的记载。

（14）《幽闲鼓吹》，1卷。张固撰。全书共25目，记载自宪宗至宣宗朝事，但以宣宗朝事为多。可补史氏之阙，有参考价值。

（15）《封氏闻见记》，10卷。封演撰。内容涉及自唐初至德宗朝制度、风俗、名物及杂论等很多方面，言必征实，比较可信。但今本非全帙，有残缺。

（16）《大唐传载》，1卷。撰者不详。所载多起唐初至元和中杂事，有关公卿百官的事迹、言论颇详细，有参考价值。

（17）《杜阳杂编》，3卷。苏鹗撰。所记内容上起广德元年（763）下至咸通十四年（873）凡十朝事，有很多关于奇技宝货的记载，有助于研究中外经济、文化交流。

（18）《东观奏记》，3卷。裴廷裕撰。廷裕于昭宗时预修宣、懿、僖三朝"实录"，他采宣宗一朝耳闻目睹之事写成此书，是为修"宣宗实录"准备的资料，有很高的史料价值。

（19）《唐语林》，8卷。宋人吕大防之婿王谠撰。此书亦系仿《世说新语》之作，把唐朝及五代人的杂记小说50余种的资料分类汇编而成，缺点是未注明出处。这些书有的已经散佚，取材于这些书者颇有价值。其余保留至今者也不少，取材于此者不算珍贵，引用时当首先使用原书而不取《唐语林》，因后者成书晚，且系抄自前者。书中内容多涉典章故实及古人之嘉言懿行。

（20）《南部新书》，10卷。宋人钱易撰。此书内容多记载唐代的典章制度及其沿革损益，轶闻琐语尤其较多，偶尔也有一些五代的情况。不像一般小说侈谈怪诞，有相当的参考价值。

（21）《中朝故事》，2卷。南唐人尉迟偓撰。记载唐末宣宗以下四朝旧闻。上卷内容多与君臣事迹、朝廷制度有关，价值较高，但其中也有舛错的地方；下卷杂录神怪之事，价值很低。

（22）《金华子杂编》，2卷。五代人刘崇远撰。此书亦名《金华子》，所录皆宣宗大中以后事，内容相当广泛，有关大臣良否、藩镇强弱及文章吟咏等方面都有记载，但也涉及神鬼之事。其中对黄巢起义原因的记载就很有价值。今本系辑佚之作。非完帙，内容共60余条。

(23)《玉泉子》，1卷。撰者不详。所记皆中晚唐杂事，有参考价值。但撰者在政治态度上倾向李党，当注意。

(24)《三水小牍》，2卷。皇甫枚撰。内容多有关神怪之事。但撰者历官懿、僖、昭三朝，正值黄巢起义前后，故书中有反映阶级矛盾和社会动乱的内容。

(25)《剧谈录》，2卷。康骈撰。成书于乾宁二年（895），载天宝以来琐事凡40条，有的条目后面附有议论。除荒诞不经的部分外，也有能反映社会政治的内容。

(26)《酉阳杂俎》，20卷，《续集》10卷。段成式撰。此书分门别类辑录资料，除鬼神怪异内容外，也有杂录、琐闻、考证等内容，所以有一定的史料价值，如"寺塔记"篇的材料就被《长安志》《长安志图》及《唐两京城坊考》等书所利用。

(27)《北梦琐言》，20卷。五代、宋人孙光宪撰。此书所载多唐及五代士大夫逸事，系历史琐闻类笔记，内容比较可信，有一定价值。

史料价值很低的杂史及志怪小说还有《桂苑丛谈》《玄怪录》及《续玄怪录》《宣室志》《稽神录》《集异记》《博异记》和《录异记》等，兹不介绍。

(28)《太平广记》，500卷。宋人李昉监修，参加修书者还有扈蒙、李穆、汤悦、徐铉、宋白等10余人。此书是一部综合性的笔记小说分类摘抄，也是宋代四部大书之一。全书资料来源于500部左右的典籍，极其丰富。除神怪部分外，也有不少真人真事的记载，即令荒诞故事中也有一些能反映社会面貌的史料。

10. 有关五代十国的典籍

除《旧五代史》《新五代史》及《五代会要》外，研究五代十国的历史还须阅读以下一些典籍。

研究五代历朝、各国须翻检之书有：

(1)《九国志》，12卷。宋人路振撰，同代人张唐英补撰。今本为辑佚本，原书亡佚过半。列传可补《五代史》之遗。

(2)《五代春秋》，2卷。宋人尹洙撰。此书为编年体，但篇幅有限，

◆◇◆ 杂文篇

价值不高。

（3）《五代史补》，5卷。宋人陶岳撰。《旧五代史》成书后，岳以其尚有缺遗，因撰此书，值得参考。

（4）《五代史阙文》，1卷。宋人王禹偁撰。可能也是为补五代史而撰。虽篇幅寥寥，记载比较可信。

（5）《十国春秋》，116卷。清人吴任臣撰。此书是关于十国历史之篇幅最大的著作，撰者除有关君主部分主要取材于《通鉴》及《旧五代史》《新五代史》外，有关人物列传则博采五代、宋代的各种杂史、笔记、类书、文集等。表的部分价值尤高，编制时还参考了明清的一些方志。书中小注亦吴氏手笔，其中有不少资料和考证。不能因成书较晚而忽略其价值。

有关南唐的史籍主要有以下几部：

（1）《南唐书》，30卷。宋人马令撰。序已佚。"建国谱"相当于"地理志"。"灭国传"涉及楚、闽二国历史。

（2）《南唐书》，18卷。宋人陆游撰。另有"音释"1卷，元人戚光撰。与马令《南唐书》资料互有多少，不能偏废。清人周在浚撰有《南唐书注》，搜集资料特别多，当参考。

（3）《江表志》，3卷。宋人郑文宝撰。文宝曾为南唐旧臣，入宋后与南唐后主李煜过从甚密，故此书有一定的史料价值，唯对南唐不免有回护处。文宝搜集的丛谈琐事资料未写入《江表志》者，乃另撰《南唐近事》1卷，亦有史料价值。

（4）《江南野史》，10卷。宋人龙衮撰。此书错误不少，但也有参考价值。自明代以来已无全帙。

（5）《江南余载》，2卷。撰者不详，当为宋人。以《江南志》为稿本写成。今本有残缺。

（6）《钓矶立谈》，1卷。撰者不详，当为南唐人史虚白之子。书中记载多南唐事。

关于前后蜀的史籍，主要有：

（1）《锦里耆旧传》，4卷，亦名《成都理乱记》。宋人句延庆撰。此书记事简略，独二蜀诏敕表章较详。

（2）《蜀梼杌》，2卷。宋人张唐英撰。据《前蜀开国记》及《后蜀实录》所写，记王、孟二氏据蜀事颇详，有史料价值。系编年体史书。

关于吴越的史籍主要有《吴越备史》4卷。宋人钱俨撰。另有"补遗"1卷，不载撰者姓名。俨为钱镠后人，撰此书记载吴越累世事迹。自宋以来《吴越备史》即无完帙，前面的诸图、表仅存"十三州考"一篇及"舆地图""世系图"，余均散佚。

关于楚国及荆南的史籍主要有《三楚新录》3卷。宋人周羽翀（chōng，音冲）撰。"三楚"指长沙马殷、武陵周行逢及江陵高季兴，各为1卷。所载多不见于正史之轶闻轶事，不够准确。

记载唐末、五代洛阳一带事迹之主要史籍有《洛阳缙绅旧闻记》5卷。宋人张齐贤撰。共21篇，记载轶事轶闻很多，如张全义屯田事记载就很详细。但也有志怪内容。

（3）《鉴诫录》，10卷。后蜀人何光远撰。主要记载唐及五代时事，而以蜀中史事为多。卷1"金统事"条记载黄巢起义很有价值，但该书荒诞不经之事亦不少。书中注不知系何人所加，多驳正其书失实之处。

11. 诗文总集

（1）《全唐文》，1000卷。

（2）《文苑英华》，1000卷。

（3）《全唐诗》，900卷。

（4）《唐文粹》，100卷。

12. 别集

唐人别集汗牛充栋，一概从略。

此外，关于敦煌、吐鲁番资料文书

我们是从研究隋唐史的角度介绍敦煌、吐鲁番资料书，而且这仅仅是一部"入门"书，所以不必要全面叙述敦煌、吐鲁番文书、文物在国内外收藏的情况，非汉文的卷子也一概从略，在这里仅罗列几部正式出版的主要资料书。

中国科学院历史研究所资料室编《敦煌资料》第1辑。1961年出版。录文错误较多。内容系有关社会经济史的资料。因为类似的资料在国外也一再发表，此书用处越来越小。

王重民、向达、周一良、启功等编辑《敦煌变文》。1957年人民文学出版社出版。共编选78种变文，是研究唐代变文的最主要的资料书。

国家文物局古文献研究室、新疆维吾尔自治区博物馆、武汉大学历史系编《吐鲁番出土文书》已经由文物出版社出版6册，预计共出10册左右。此书由唐长孺先生主持编辑。文书全部是新中国成立以后出土的。体例上按墓编排。

敦煌文物研究所《敦煌壁画选》3辑。1952—1954年北京荣宝斋出版。

商务印书馆编《敦煌遗书总目索引》，1983年出版。内容包括北京图书馆藏敦煌遗书简目、斯坦因劫经录、伯希和劫经录和敦煌遗书散录四部分。是重要的工具书。

黄永武主编《敦煌宝藏》，台湾地区影印出版。到1978年9月已出80册。

日本龙谷大学西域研究会编《西域文化研究》6册。其中《敦煌吐鲁番社会经济资料》分上下册，虽均系论文，但图版、录文发表不少，可用作资料。

日本池田温《中国古代籍帐研究》已译成中文出版，但中译本无录文，日文本有大量文书录文。该书搜集资料比较齐全，但不包括新中国成立后出土的吐鲁番文书。

斯坦因、伯希和二人盗劫的文书已有缩微胶片传入我国。日本从1990年起将陆续出版多卷本的《大谷文书集成》。

二　隋唐五代史研究的历史

历代人研究隋唐五代史的著述非常之多，但其中有相当部分已经散佚，写这个题目是为使青年史学工作者对传世的论著有所了解，所以对失传的典籍只在必要时略事提示一下，一般就不多涉及了。即使能够流传至今的著作，限于篇幅，也只能就其重要者稍加介绍或罗列，次要的典籍和文章，一概从略。由于笔者个人阅历有限，孤陋寡闻，遗漏的地方和当详反略的地方均在所难免，还望读者自己勤于翻检书籍、刊物和工具书，以资弥补。

（一）隋唐五代偏重本朝史料的搜集、整理和保存

隋朝历时甚短，传世的史学名著根本没有，就连当朝实录修纂的情况，亦无从详考。从一些史籍知道，史官王劭确曾撰成《隋书》80卷，惜未传世。估计价值和质量都不高，所以唐初人仍须要认真地研究隋朝的历史。

唐初正式建立了宰相监修制度，官修史书成为定制，统治者特别重视编纂前朝的历史，现存《隋书》85卷就是魏徵、房玄龄、李淳风、于志宁等人集体努力的成果。唐初人修隋史有两点值得注意：第一，史臣们把梁、陈、北周、北齐及隋五个朝代作为一个整体进行研究，即可说明杨隋王朝的由来，指出其建立的必然性和意义。第二，在五朝中，唐人又特别重视隋朝，这同唐初李渊、李世民力图以隋亡为戒，从中汲取兴替的教训有关。此点在魏徵为《隋书》撰写的序、论中有明显的反映。由于隋炀帝时期的历史是作为反面教材而被编写，所以杨广尽管是一个应当否定的历史人物，但却不免有被唐初史臣过度丑化的地方。今天要想恢复隋朝历史的本来面目，还须要做不少去伪存真、由表及里的工作。

除今本《隋书》外，唐朝人撰写隋史的还有一些，如吴兢撰有《隋书》20卷等，可惜这些典籍大多已无从查考。不过可以由此看到，唐朝人对研究隋史是相当重视的。

唐朝人对修唐史所做的最大贡献，是记录、保存、整理当时的有关史料，为后人修史准备好资料条件。我们今天研究唐史，基本上没有条件以原来的起居注、实录和国史为依据，史料主要来源于五代人和宋人的著述，但仍然须要继续清除唐人有意歪曲历史的痕迹。

据《新唐书·艺文志》载，唐人修唐史的也有一些，如长孙无忌、令狐德棻等撰成《武德贞观两朝史》80卷，吴兢撰成《唐书》100卷、《唐春秋》30卷等10余种。这些著述均成于唐人之手，所以不可能有始有终地记述完整的唐史，各书所记至多只能止于作者所处的年代。上述典籍虽未传世，但在《通鉴考异》中有一些却不时出现，可见大部分在宋代仍在流传，对宋人修唐史起了一定的作用。

中国封建社会的政治制度，秦汉可谓形成时期，第二步重要的发展即三省六部的建立，而这一步恰好成熟于隋唐时期，这种历史条件促使唐朝人特别重视研究典章制度，因而产生了大量关于唐代典制的著述。正是在这种重视研究典章制度的风气下，唐代人给我们留下了传世的下述几部重要著作：玄宗朝官修的《大唐六典》、杜佑所撰的《通典》和苏冕兄弟及崔铉先后所修的《会要》。

与政治制度的发展相同，在礼仪方面，唐朝也是古代五礼（吉礼、嘉礼、宾礼、军礼、凶礼）进一步成熟和完善的历史阶段，从《贞观礼》《永徽礼》的初颁到《开元礼》的公布，可以说是唐礼形成的关键时期。正是由于统治者非常重视礼仪，所以杜佑在《通典》中以一半的篇幅100卷写了《礼典》部分。在这种形势下，唐人研究礼仪成风，曾经撰写了这方面的大量著作，其中有官修的，也有私撰。但唐人礼仪著作保留至今的，只有《大唐开元礼》和《大唐郊祀录》二书而已。

在中国古代地理学发展史上，唐朝也占有显著的地位，这方面人才济济，典籍汗牛充栋，成就远远超越前人。这些著作大部散佚，今天尚能看到的只有《括地志》辑佚本、《元和郡县志》和日本《佚存丛书》中的《两京新记》1卷（原书的第3卷）。尤其令人惋惜的是，大地理学家贾耽的著作竟无一部传世。

门阀士族在唐代虽已衰落，但唐人仍非常讲究谱牒之学，谱家辈出，著述不少。这些著作中绝大多数是属于一姓一族的谱牒，均不止涉及有唐一代。流传至今者仅有《元和姓纂》一书，为清人辑佚本，非原帙，改厘为18卷。此外，敦煌发现的文书中有《天下姓望氏族谱（？）》《姓望氏族谱》《新集天下姓望氏族谱》及《姓氏录》，均为残卷，撰者皆不详。

唐人为当朝人物撰写传记的也有一些，亦为研究、编纂唐史的一个方面。可惜这些著作均已失传，仅《玉海》第138卷中保留有《邺侯家传》的部分内容，其中有李泌的行事。

至于唐人所写的笔记、文、诗等著作中也保存了不少史料，但由于不是他们研究唐史的专门著述，不属于史籍，就不在这里涉及了。

五代十国时期，全国分裂，天下扰攘，图籍丧亡，编纂前朝历史确有困难，但即令在这种形势下，由于某些统治者的倡导和封建史臣、学者的努力，还是撰写了不少著作。

为了修纂唐史，首先须要搜集有关唐朝的主要资料。后唐明宗时着手这项工作，因而在后晋时才能够修成《旧唐书》200卷，这是五代时期编纂唐代历史的最大成就。此外，五代十国人关于唐史的其他重要著作还有几部典籍，未能流传至今。

五代十国人研究五代十国史，主要的成就体现在以下两个方面：首先是撰写历朝实录及列国实录，今天可考的总计近20部，300余卷，虽均未能传之久远，却为当时人和宋人研究五代十国史提供了资料。其次，撰写了不少有关五代十国的史籍，其中比较重要的有：范质的《五代通录》65卷，孙冲的《五代纪》75卷，王珍的《五朝春秋》25卷等。历史地理方面有一部巨著，即徐锴所撰《方舆记》，篇幅达130卷，惜未久传。

关于科举制的专书有：王定保的《唐摭言》15卷，《登科记》（撰者不详）5卷，徐锴的《五代登科记》1卷。

隋唐五代人所修纂的本朝典籍，主要贡献偏重在资料搜集及整理、保存方面，除修成几部纪传体正史及杜佑撰成《通典》外，从容斟酌的研究工作显然不足。宋以降的学者回过头来研究隋唐五代史，情况就略有不同，他们一方面可以摆脱当时人为本朝回护的局限，一方面可以作为旁观者稍微冷静地对前几朝进行分析，工作也可以做得更加细致。宋、元、明、清各代的人还往往从他们各人所处的时代和具体政治要求出发，议论隋唐五代的人和事，所以除编纂传统的纪传体、编年体史书外，还出现了不少史论性质的著作。到民国时期则由于时代的不同而研究工作又别开生面了。以下将按朝代进行介绍。

（二）宋人研究隋唐五代史的成果特别多

这主要原因是：首先，宋朝是紧接着唐、五代的朝代，按照新王朝修前朝史的传统，统治者必然大力抓修史工作。其次，北宋统一后易于集中全国的资料，为修史提供了有利的环境和条件。最后，古文运动在北宋掀起第二次高潮，文人辈出，其中很多人就是修史的能手，文学对史学产生了积极的影响。在中国历史上，文学与史学往往是同步发展的。

宋人研究隋唐五代史，最主要的贡献有以下几个方面：

第一，继续修纂纪传体正史。这方面最重要的成就是：薛居正等修纂《旧五代史》150卷，今本虽系清人辑佚之作，然仍不失为研究五代十国史的最主要史籍；欧阳修、宋祁等人在《旧唐书》的基础上有增有删，另修成《新唐书》225卷，书中贯彻了欧阳修的观点，在文字上也有特色；欧阳修还私纂《新五代史》74卷，由于是个人的著述，特色比《新唐书》更加显著。两部《唐书》和两部《五代史》并存，为我们考证史实、史籍提供了方便。这几部书均列为正史。

第二，司马光、范祖禹等人修的《资治通鉴》，是一部通史性质的编年体史书，但就其价值而言，最突出、最珍贵的是隋唐五代史部分，约占全书篇幅的40%。该书使用的史料，有不少处比两《唐书》和新旧《五代史》都丰富。纂修者对隋唐五代史的研究工作显示了以下两点新成就：首先是《考异》部分既考证史实，又考订典籍，态度相当严谨；而且把所根据的史料一一引用，这些资料有很多是今天无从看到原书的珍贵资料。其次是通过"臣光曰"发挥议论，对历史人物和事件进行表态，于此集中地反映了司马光的政治思想和他"资治"的修书目的。以上两点都说明宋人研究这段历史，已不限于搜集史料、平铺直叙，而是较以往大大深入了一步。

第三，宋人还写了不少纪传体、编年体及杂史体的史籍。流传至今者有：尹洙的《五代春秋》，路振的《九国志》辑佚本，陶岳的《五代史补》，龙衮的《江南野史》，陆游的《南唐书》，马令的《南唐书》，钱俨的《吴越备史》等。

第四，宋人在搜集、编辑史料方面有非常突出的成就。如王溥续《唐会要》的最后20卷，并撰成《五代会要》30卷。王钦若等主持官修《册府元龟》1000卷，该书虽包括历代资料，但以隋唐五代部分史料价值最高，有的诏令和实录原封不动地保存于其中。王应麟撰有《玉海》200卷，虽然史料价值不如以上三书，但其中间或也保存有珍贵的资料。宋敏求所编的《唐大诏令集》130卷，史料原始而丰富，无论对当时修史者还是对今天的史学工作者，都是手头不可缺少的资料书。欧阳修的《集古录》和赵明诚的《金石录》在搜集隋唐志石方面的贡献，前已涉及，不赘于此。

第五，除《通鉴考异》外，宋人还撰写了一些考证、注释史籍的专著，其中最主要的有：吴缜的《新唐书纠谬》20卷和《五代史记纂误》3卷，吕夏卿的《唐书直笔》4卷，韩中子的《新唐书辨惑》60卷，王禹偁的《五代史阙文》1卷等。

第六，宋人的史论之作颇多，其中就隋唐五代史发议论的现存著作有：范祖禹撰《唐鉴》12卷，南宋吕祖谦为之作注，析为24卷；孙甫撰《唐史论断》3卷。

第七，还有一些宋人著作，虽不是关于隋唐五代史的专著，其中却有不少有关这一断代史的内容，而且有的还很有价值。此类著作中绝大多数为南宋人之作，其中最著名的有：洪迈的《容斋随笔》（包括《续笔》至《五笔》），黄震的《黄氏日钞》，吴曾的《能改斋漫录》，叶适的《习学记言》，赵彦卫的《云麓漫钞》，张如愚的《山堂考索》，王应麟的《困学纪闻》及高承的《事物纪原》等。其他宋人文集、笔记涉及这一断代史者几乎俯拾即是，不再赘述。

最后，宋代是中国目录学有新发展的重要时代，出现了很多名著，其中有几部书著录隋唐五代典籍颇多，如官修的《崇文总目》、晁公武的《郡斋读书志》、陈振孙的《直斋书录解题》及尤袤的《遂初堂书目》等。查阅这几部书和《新唐书·艺文志》，可以知道隋唐五代时期的典籍在宋代流传的情况，得以进而探索宋人所修史书所根据的资料。这几部书也是研究古籍版本的重要依据。

（三）元明两代是研究隋唐五代史的"淡季"

元代研究隋唐五代史仅存至今的著作有三部：第一部是李好文的《长安志图》3卷，为地理书，叙述自汉代至元代的长安宫阙、陵寝、沿革、渠泾等情况，唐代部分占有一定的篇幅。第二部是朱礼所撰《汉唐事笺》12卷及《后集》8卷，价值不高。第三部成果是《资治通鉴》的胡三省注，注文以双行夹注形式附于《考异》之后。胡注对隋唐五代的职官、地理诠释尤详，兼注《通鉴》本文音、义。胡氏不仅是搜集罗列一下，而且对地名、典章制度有所考证。"胡注"可以说是元人研究隋唐五代史取得的最大成果。

明代人研究历史的兴奋点有二：一是先秦至两汉；一是元明。对于由魏晋至唐宋的历史过问较少，所以有关隋唐五代史的著作寥寥无几，兹列举数书如下：李东阳所撰《新旧唐书杂论》仅1卷，为史论之作，且议论多不平允。袁祥撰有《新旧唐书折衷》25卷，是篇幅最大的书，但已佚。郝敬所撰《批点旧唐书琐琐》，不过4卷而已，却已算得上是传世之作中的篇幅较大者。虽然还有一些著作，但价值不大，不予罗列。

明末清初，由于时代的特色，产生了几个著名的思想家，他们有成体系的哲学思想和政治思想，并且运用自己的观点分析、议论历史上的事件和人物，撰写了不少历史著作，这些著述中大多涉及隋唐五代史。王夫之所撰《读通鉴论》共16卷，其中从隋到五代部分竟占6卷之多。这是一部史论著作，是以严肃的态度发挥审慎的议论，所以不但对今人研究历史有参考价值，而且是研究王船山本人的思想的重要资料。书中涉及的面很广，如人物、事件、制度等都议论到了。另一个大思想家是顾炎武，他所撰的《日知录》共32卷，写作过程历时30余年，书中考订历代经济、政治、典制、军事、天文地理、文化等史实，包括隋唐五代时期的历史。由于对很多内容是纵论古今，所以有时能把唐代的事件、制度放在一个大的背景下进行宏观的考察，对今人很有启迪。该书为读书札记性的著作，缺乏系统性，为其不足之处。王船山重议论，顾炎武重考证，二书各有侧重，但均语多中肯。

（四）清人注重隋唐五代史籍的考证和辑补

清代前期，中国的传统史学面临着如何向纵深发展的任务，也由于当时具体政治环境的影响，所以一时兴起考订史籍、考证史实的学风，特别盛行于乾隆、嘉庆两朝，这种学风自然会波及隋唐五代史的领域，使研究工作出现新的局面。乾嘉学派中最重要的史学家是王鸣盛、钱大昕和赵翼三人。王鸣盛撰有《十七史商榷》，是篇幅达100卷的巨著，其中专论《隋书》《旧唐书》《新唐书》《旧五代史》及《新五代史》的部分就有34卷之多。王氏对各书均进行过校勘和考证，做出了一定的贡献。钱大昕撰有《廿二史考异》《唐学士年表》《五代学士年表》等有关隋唐五代史的著作，其中尤以《廿二史考异》最为重要。该书共100卷，除《旧五代史》未加涉及外，《隋书》、两《唐书》和新旧《五代史》都谈到了，这一部分共占28卷的篇幅。作者对各书的避讳、错字、脱漏及史实均逐卷逐篇详加考证，不仅取证他书，且兼采碑志材料。但该书也有论证不细，轻下断语之处。赵翼是三大家中最重要的一个，他的著作很多，与这一断代史有关的主要有《廿二史劄记》和《陔余丛考》二书。《廿二史劄记》共36卷，研究了全部《二十四史》，该书从第15卷至第22卷是有关隋唐五代史部分。赵氏的成就绝不仅仅限于考证，他还同时留心于重要的社会问题，如书中就有"唐节度使之祸""方镇骄兵""唐前后米价贵贱之数""黄巢李自成"等条目。《陔余丛考》共43卷，内容相当繁杂，涉及经史、风俗以至器物等很多方面，不过毕竟以论史籍、史事为主。今人研究隋唐五代史，《十七史商榷》《廿二史考异》《廿二史劄记》及《陔余丛考》是几部必须经常置于案头的参考书。

清代学者考证史籍、辑补旧典的著作还很多，他们的成就虽比不上以上三人，但亦不可忽视，兹列举其主要著作如下：牛运震撰《隋书纠谬》1卷，李慈铭撰《隋书札记》1卷（近人王重民辑录），章宗源撰《隋书经籍志考证》13卷，姚振宗亦撰《隋书经籍志考证》52卷，张鹏一撰《隋书经籍志补》2卷，杨守敬撰《隋书地理志考证》9卷，附《补遗》1卷，罗士琳、刘文淇撰《旧唐书校勘记》66卷，沈炳震撰《唐书宰相世系表订讹》12卷，赵绍祖撰《新旧唐书互证》20卷，张道撰《旧唐书疑义》4卷、《旧唐书勘同》1卷，岑建功撰《旧唐书逸文》12卷，蔡世钹撰《读旧唐书随笔》（亦称《读刘煦书随笔》）1卷。对吴缜《新唐书纠谬》进行校补的有：孙星华撰《新唐书纠谬校勘记》2卷，卢文弨撰《新唐书纠谬校补》1卷。研究新旧《五代史》的主要成果有：邵晋涵等人编《四库全书》时把早已散失的薛居正《旧五代史》辑录成书，恢复了原书的绝大部分，这是清人的一项极大贡献。

对旧史籍作注，也是清代盛行的风气，注唐、五代史书的主要著作有：沈炳震撰《新旧唐书合钞》260卷，该书系以两《唐书》互注。王先谦所撰《新旧唐书合钞补注》及丁子复所撰《新旧唐书合钞补正》279卷（包括"补正"6卷）则是对沈氏书的补充。以上沈、王二氏书均未刊行。唐景崧撰《两唐书校注》，仅排印数册，未全部刊行。其他还有武亿撰《新唐书注》，朱彝尊撰《五代史记注》，彭元瑞、刘凤诰撰《新五代史注》，周浚撰《南唐书注》。

清代学者为《隋书》、两《唐书》及新旧《五代史》补作表的也不乏其人,这方面可谓硕果累累,其主要著作有:万斯同撰《历代史表》53卷,其中有关这一断代的有21个表。黄大华撰《隋唐之际月表》。周嘉猷撰《五代纪年表》。以上各表均已收入《二十五史补编》。清末、民国之际人吴廷燮所撰《唐方镇年表》篇幅最大,已由中华书局分三册印行,书末并附有《考证叙录》《唐方镇年表考证》及岑仲勉所写的《唐方镇年表正补》,吴氏此书是研究唐代方镇的重要参考书、工具书,具有一定的学术价值。

在清代,也修成了几部纪传体、编年体的史书。其中最重要的是吴任臣所撰《十国春秋》114卷,另附以《拾遗》1卷,《备考》1卷,合共116卷,该书虽名《春秋》,却是纪传体史书。吴氏修书过程中曾进行过认真的考证,所以尽管成书较晚,却有参考价值。陈鳣撰《续唐书》70卷,亦系纪传体之作,篇幅具有一定规模,但陈氏以后唐、南唐继唐朝的正统,置于突出地位,其他各国均列为"世家",这种处理方法不免流于迂腐。不过陈氏对史料、史实也进行过一些考证,这一部分成果值得参考。梁廷枏所撰《南汉丛书》,是有关十国时期南汉历史的重要著作,其中《南汉书》系纪传体史书,材料较丰富,且有考证,是一部重要的国别史。吴兰修撰有《南汉纪》5卷,为编年体,价值不及梁氏《南汉丛书》。李清撰有《南唐书合订》25卷,以野史资料补充陆、马二氏之《南唐书》,惜此书很少见,流传者多为抄本。

清人在搜集隋唐五代石刻文字并对之进行考订、研究方面,成果显然大大超过了宋代,取得了长足的进展。王昶的《金石萃编》、陆心源的《金石萃编补》及陆增祥的《八琼室金石补正》等书均广收不少志石。黄本骥编《隋唐石刻拾遗》,是全部属于隋唐时期的材料。

清代还出现了有关隋唐五代史的专题著作,功绩主要在于汇集资料,进行考证。这方面最重要的著作是:徐松所撰的《登科记考》26卷,另附有《附考》1卷、《别录》3卷,共合30卷,是研究唐代科举制的专著;徐氏另撰有《唐两京城坊考》5卷,是研究唐代长安、洛阳的力作。劳经原撰《唐折冲府考》4卷,是研究府兵制的最早的专著,在搜集资料和考证府数上做出了贡献。

目录学方面的著作也取得很大成就。纪昀等馆臣曾撰成《四库全书总目提要》，对有关隋唐五代的经、史、子、集诸书均做了简要的介绍，并有所考证，是今人阅读古籍的一部重要入门工具书。此外，张之洞的《书目答问》也是性质相同的书，只是内容过于简单。

最后，清代学者还有不少著述涉及隋唐五代史，其中有一定的研究成果，此类著作非常之多，无从一一介绍了。

从上述情况可以看出，清人研究隋唐五代史，主要成就集中在史籍考证、辑补方面，对历史人物、事件、典章制度本身的研究只居从属地位。前者是具有积极意义的成果，多属于史料学范畴，对今人很有参考价值；后者则为其局限性，值得引以为训。清人的成就和缺点均来源于乾嘉学风及其影响，具有明显的时代烙印。

（五）民国年间隋唐五代史的研究显示新学风和新突破

辛亥革命以后，直到新中国成立以前，历时不过30多年，但由于文化的发展、学人的辈出和时代的改变，无论在研究方法上，探讨的领域上，还是成果的数量和质量上，民国年间隋唐五代史的研究工作都取得了显著的进展。

这个时期首先有重大突破的，是西洋汉学的传入使我国的历史研究面目为之一新。这方面最突出的标志是历史学与考古学的空前密切结合，尤其是敦煌学的勃兴对隋唐史的研究起了巨大的推动作用。罗振玉编的《敦煌石室遗书》《鸣沙石室秘录》二书于1909年问世，同年又发表了《西州图经跋》（《雪堂校刊群书叙录》卷下）和《敦煌石室书目及发见之原始》（《东方杂志》第6卷第10号）二文，为敦煌学的兴起开了先河。王国维不久就着手研究敦煌文书，为不少唐代文献写了跋。1925年刘复辑录的《敦煌掇琐》面世，"中辑"中包括有关家宅田地、社会契约、讼诉、官车等很多方面的文书，为研究唐代社会史开辟了新的道路。1930年陈寅恪先生为陈垣所著《敦煌劫余录》写的序中首次正式提出了"敦煌学"这一概念。外国人从新疆吐鲁番劫走的出土文书中也有大量的官文书、契约等，其中相当部分是有关唐代社会、政治、军事的重要文献。以后研究敦煌、吐鲁番文书的学者、著作逐渐增加，唐史研究随之日益深入、具体。关于变文的论文连篇累牍地发表，为韦庄《秦妇吟》注释的学者大有人在，王国维等还利用户籍卷子考证均田制的实施状况。

对敦煌、吐鲁番文书的研究，只能作轮廓的、粗略的介绍，想要进一步了解敦煌、吐鲁番学的成果，就只能查阅专门性的资料了。

新学风兴起的另一个明显标志是，专题性的研究大为发展，而且很多专题是过去传统史学所从未问津过的。如前所述，清代学者中已有人在探讨科举制、府兵制等专题性问题，但成果太少，而且多限于使用传统的考释方法，从未有人进行宏观研究，发现重大的社会、文化问题。民国时期的研究则与此大不相同，远远超越了前人。这方面做出突出贡献的是陈寅恪先生，他先后撰成《隋唐制度渊源略论稿》和《唐代政治史述论稿》这两部名著，并且发表了一大批学术论文，对很多问题都进行过专题性的探讨，做出了不少新的结论。陈先生有深厚的国学基础，继承清代乾嘉学派的扎实学风，又精通约20种语言，接触、采用西方近代的治史方法，所以能够做出巨大贡献，成为一代大师。他研究隋唐史的特点是：宏观与微观相结合，既综览数百年历史的全貌，力求发现规律性的东西，又进行精审的考证，力求做到论证有力有据；思想敏锐，目光犀利，能就常人经常阅读的史料中发现常人所不能发现的新问题，引用的生僻材料并不多；以诗证史，以史证诗，开了新的风气；治学谨严，态度审慎，对引用的每一条史料都要进行认真的查证。陈先生的结论虽然未必全部正确，尤其是宏观方面的看法并不妥切，但他的论点、学风却对以后治隋唐史的人产生了深远的影响。

在专题研究中异军突起的是抗日战争以前数年间出现了一阵唐代经济史热，不少学者撰写了大量的著作，有的是专著，有的是资料汇编。这些学人中最有成绩的是陶希圣、鞠清远、全汉昇等人。陶氏发表了不少论文，多刊于《食货》杂志，还同鞠清远合写了《唐代经济史》；鞠氏则另撰有《唐代财政史》及《唐宋官私工业》二书。全汉昇的专著有《唐宋帝国与运河》，并发表了《唐代物价的变动》及《唐宋时代扬州经济景况的繁荣与衰落》（均刊于《历史语言研究所集刊》第11本）等长篇论文。此外，黄现璠亦著有《唐代社会概略》一书。在资料的搜集和整理方面，北京大学出版组曾准备编辑一套有关唐代经济史的资料书，旋因抗战开始，未能全部出齐，已经出版的几部是：《土地问题》《寺院经济》和《唐代之交通》。当时经济史的研究尚在草创之中，论文、著作虽然发表不少，但不免失之粗疏，像俞大纲所写《读高力士外传释"变造""和籴"之法》（《历史语言研究所集刊》第5本）那样深入细致的文章，尚不多见。

民国时期对少数民族史的研究开始重视，尽管没有留下篇幅很大的专著，却已有不少学者发表了很多文章，如吴廷燮的《室韦考略》（《四存月刊》第14期）、方壮猷的《契丹民族考》（《女师大学术季刊》第1卷第2、3期）、冯家昇的《契丹名号考释》（《燕京学报》第13期）等。只有金毓黻的《渤海国志长编》达20余卷的篇幅。

随着中外接触的增加，闭关政策的结束，西学的东渐，中外关系史作为一种新兴的学科登上了史坛。唐代是中外文化交流的高涨时期，所以民国年间出现了一些研究唐代中外关系史的论著。辅仁大学于1930年出版了张星烺编的《中西交通史料汇编》，是多卷本的宏篇巨著，其中每一部分几乎都包括唐代中外关系史的史料，并且有的史料是由外文翻译成中文的。不久，哈佛燕京学社于1933年又出版了向达的名著《唐代长安与西域文明》，是一本洋洋数十万言的论文集，这些论文涉及的范围有中西交通史方面的，敦煌学方面的，少数民族史方面的。内容虽也有涉及明、清二代历史处，但绝大部分系属于唐史范围内的问题。此外，也有一些学者撰写过中外关系史方面的论文，就不列举了。

民国年间虽以新的学风、新的成果显示了研究这一断代史的特征，但考证史籍的成就也不少。在这方面成就最多的是丁谦，他所撰的《新唐书各外国传地理考证》共8卷，分别考证了《吐蕃传》《突厥传》《沙陀传》《北狄传》《东夷传》《南蛮传》《西域传》等，此外还撰有《隋书四夷传地理考证》《大唐西域记地理考证》及《杜环经行纪地理考证》。其他人的著作还有：张鹏一撰《隋书经籍志补》，罗振玉撰《隋书斠议》，罗振常撰《新唐书斠议》，唐景崇撰《唐书注》，陈垣撰《薛史辑本避讳例》《旧五代史辑本发覆》，缪荃孙撰《九国志校》《九国志逸文》及《周世宗实录》（辑佚之作），王元稚撰《读五代史随笔》，张元济撰《南唐书校记》。此外，班书阁、罗香林、岑仲勉、傅振伦、钱保琮、俞大纲等人还在刊物上发表过一些论文。

我国历代及民国时期研究隋唐五代史的情况大致简略介绍如上。这些成就无疑是了不起的，对我们今天的史学工作者来说都具有参考价值，尤其是史料学方面的著述更是如此。但也应当看到，除个别论著是在唯物主义思想影响下写成的外，大多缺乏正确的理论指导。真正运用历史唯物主义基本理论研究隋唐五代史，基本上是中华人民共和国成立以后的事了。

三　隋唐五代史研究的现状

1949年新中国成立以后，41年来，我国的历史科学进入了一个崭新的时代，隋唐五代史的研究随之也发生了明显的变化。在这一断代史的领域中，广大史学工作者辛勤耕耘史坛，取得了巨大的成就，可谓硕果累累；但由于政治形势的演变和极左思想的影响、干扰，研究工作也有过多次曲折，走过不少弯路。回顾这几十年的学术道路，加以总结，是非常有意义的。

（一）建国后隋唐五代史研究分为三个时期

中华人民共和国成立后的41年中，隋唐五代史的研究大体可分为三个时期：从1949年到1965年"文化大革命"前夕是第一个时期，从1966年"文化大革命"开始到1976年粉碎"四人帮"是第二个时期，从1977年到现在是第三个时期。

在第一时期，史学工作者奋起学习马克思列宁主义，尤其是重点学习历史唯物主义，力求运用其基本理论研究隋唐五代史。过去运用辩证唯物主义和历史唯物主义的史学工作者也有，他们大多集中在解放区，人数有限，至于其中专攻隋唐五代史的人就更如凤毛麟角了。新中国成立以后，情况就不同了，运用马克思列宁主义理论研究历史开始具有了全国的规模，而且出现了一批专门研究隋唐史的断代史专家，史学工作者人数倍增，遍于祖国各地。这一形势对隋唐五代史研究重点的确定起了制约作用。历史唯物主义首先强调阶级斗争，认为农民起义是封建社会发展的动力，所以当时的研究课题有很多集中在隋末农民大起义、唐末农民战争等问题上。历史唯物主义重视经济基础，认为上层建筑是由经济基础决定的，所以当时有不少论著重点研究隋唐时期的土地制度和赋税制度，围绕着均田制、租庸调法、两税法和庄园制展开了讨论。历史唯物主义的重要理论之一，是关于人民群众与英雄人物在历史上的地位和作用，所以当时历史人物评价在整个史坛上占有突出地位，隋炀帝、唐太宗、武则天、朱温、柴荣等一大批人物成为评论的目标，发表了很多文章和传记。研究这些题目之所以称得起是新气象，是由于：过去虽然也有封建史臣和资产阶级史家评论历史人物，但那是在英雄史观的指导下孤立地看待帝王的作用，完全忽视人民群众；至于农民起义和农民战争，就更是完全被忽略的课题，几乎是无人问津；过去研究经济史的文章、著作也发表过一些，但研究的深度远不能与新中国成立后相比。

第一个时期的另一个学术特点是争论文章发表得比较多。新中国成立前也有学术争论，譬如围绕着李世民姓族、籍贯等问题就发表过针锋相对的意见，但讨论的课题不多，争论的范围也不大。新中国成立初期我国就贯彻"百家争鸣"的方针，在这个方针的指引下，广大的史学工作者就很多学术问题展开争鸣，从而使史坛上出现了繁花似锦的景象，诸如刘黑闼、李密算不算农民起义的领袖？均田制是否推行过？均田制与租庸调制有没有关系？两税法中是否包括地税？唐代有无庄园制经济？王仙芝、黄巢确曾打算降敌与否？朱温是应该肯定还是否定的人物？……一系列争论问题都先后提了出来，不同的意见纷纷发表，研究随之一步一步深入。这种"百家争鸣"的局面，确实是盛况空前的。贯彻"百家争鸣"的方针，也遇到一些挫折，主要是"左"的路线的干扰和大批判中的扣帽子、打棍子，不过在第一时期这一正确方针是基本上得到了贯彻，正常、健康的学风是主流。

研究隋唐五代时期少数民族史的工作大为加强了。出版了不少专著和资料，发表了一大批论文。这方面的成绩也是旧社会所无法比拟的。

第二个时期从1966年到1976年。在这个时期，隋唐五代史被彻底颠倒了，研究工作走上了坎坷的道路，几乎可以说是完全陷于停顿，如果说还有人在谈论唐太宗和武则天、韩愈和柳宗元，那也是对历史的尽情歪曲。大概说来，当时先后出现过两股逆流：最初是"左"的路线影响下否定一切，所有地主阶级出身的唐太宗、武则天，都被大字报说成是

"天下老鸦一般黑"的吸血鬼,甚至讲创作了"三吏""三别"的杜甫同情人民也被批判为阶级调和论。当林彪和"四人帮"掀起"揪叛徒"的妖风时,历史上的李密、杜伏威、黄巢也都遭了池鱼之殃,从千年古墓中被揪出来接受批斗。后来随着"评法批儒"的需要,又出现了第二股逆流,一夜之间唐太宗、武则天、柳宗元、刘禹锡等人物又突然摇身一变,成了法家,被捧上了天,甚至在农民起义军中李密同翟让间也展开了儒法两条路线的斗争。在这十年中,没有历史的研究,只有对历史的嘲弄,根本无研究成果可言,正直的史学工作者都愤然搁笔了。因为"文化大革命"时期是历史科学的空白时代,所以当时有关隋唐五代史的胡诌,我们在下面一概不作介绍。

1976年粉碎"四人帮"以后,特别是在党的十一届三中全会以后,由于清算了"文化大革命"的流毒,政治生活逐渐正常,学术研究随之活跃起来,史学工作者经过10多年的"冬眠"之后再度复活了,又辛勤地耕耘着隋唐五代史这块一度抛荒了的园地,不久就取得了显著的成果,而且因为学风健康、工作踏实,其水平超过了以往任何时期。

这一时期的研究工作出现了以下几个特点:

第一,理论水平有了空前的提高。经过"文化大革命"时期,广大史学工作者吸取正反两面的经验和教训,重新学习马克思列宁主义的经典著作,对理论的理解更深刻了,有力地指导了史学的研究。

第二,不论是新中国成立后的十七年还是"文化大革命"时期,考证史实、考订史籍经常被扣上反对或不肯运用马克思列宁主义研究历史的帽子,这种政治压力对这方面的工作极其不利。其实史料学是历史学的辅助科学,二者间的关系是相辅相成的,并不是对立的。粉碎"四人帮"以后,这方面的情况有了极大的好转,考证文章、著作理直气壮地问世,如岑仲勉所著《郎官石柱题名新考订》(包括其早年著作《翰林学士壁记注补》及《补唐代翰林两记》)初次出版,就是重要的成果。方积六所著《黄巢起义考》,是新中国成立以来出版的第一部有关农民起义的考证著作。此外,各种刊物上发表的考证隋唐五代史实的文章就不计其数了。这方面的成果可以说是盛况空前。

第三,隋唐五代史的史料整理编辑工作也取得了丰硕的成果。关于隋末农民起义和唐末农民起义，均有专门的史料汇编问世。唐代经济史资料的搜集整理工作也在积极进行中，将来全部出版，估计篇幅在 500 万字左右。

第四，选题范围较过去更为扩大了。前两个时期，选题多局限于隋唐两次大规模的农民起义、均田制和租庸调制、两税法、历史人物评价，对其他方面的问题研究成果极其有限。这几年有关典章制度、历史事件及过去从未涉及的人物如李勣、陆贽等的论著先后发表，反映对隋唐五代史的研究广度有所发展。尤其是研究生学位论文的选题范围大为扩大了，起了很好的作用，不少空白得到了填补。

第五，隋唐五代史的研究工作同隋唐考古学的进展携手并进，可以说是这几年的新气象之一。随着敦煌、吐鲁番学在国内的蓬勃发展，专著、论文出版发表得非常多。这种局面是空前的，对隋唐五代史的研究起了巨大的推动作用。

第六，整理出版了大量有关隋唐五代的古籍，其规模可以说是新中国成立以来从未见过的。

以上就是新中国成立以后 41 年中研究隋唐五代史的基本脉络和概貌，这一介绍仅仅是一个粗线条的轮廓描绘。

（二）几部主要的综合性著作

中华人民共和国成立初期，上海新知识出版社出版了杨志玖著《隋唐五代史纲要》。当时对怎样运用历史唯物主义观点讲授这一断代史课，普遍感到心中无数，这本书虽然篇幅有限，却解了燃眉之急，起了很好的作用。

范文澜所著《中国通史简编》，在解放后进行改写，出版了修订本，其第 3 编的第 1、第 2 册即系隋唐五代史部分。现在该书更名为《中国通史》，这一部分是第 3、第 4 两册。范著虽然不是专门性的断代史，但这两册的篇幅近 60 万言，完全可以当作独立的断代史来阅读。此书非一般讲义性质的著作可比，而是在搜集大量史料的基础上精心研究的成果，其中有很多独到的见解，文学史部分写得尤为精彩。

吕思勉著《隋唐五代史》共上、下二册，字数过百万言，是解放后出版的有关这一断代史的篇幅最大的著作。上册讲政治史；下册内容庞杂，包括社会、经济、政治制度、人民生活、风俗习惯及文化学术等方面。该书史料丰富，考证精详，但史料主要来源于正史，未能广泛搜集其他典籍中的资料，是其美中不足之处。

岑仲勉所著《隋唐史》，原由高等教育出版社出版一册本，最近改由中华书局分二册出版。该书篇幅50余万字，系岑先生为中山大学历史系隋唐史专题课写的教材；但体例与一般讲义迥然不同，作者采取分若干小专题撰写的方式。虽然各题之间并无联系，但对各个专题均有研究成果和心得，有较高的学术价值。

韩国磐著《隋唐五代史纲》于1961年由生活·读书·新知三联书店出版，1977年改由人民出版社修订出版。该书内容充实，章节安排比较妥帖，适于用作大学专题课教材。但由于"修订本"完稿于1975年，不免有时代的痕迹。

吴枫、陈伯岩合著的《隋唐五代史》，是辽宁人民出版社出版的"大学历史系自学丛书"中的一种，篇幅约28万字，可用作大学参考书。

中国社会科学院历史所宋家钰、唐耕耦、方积六、李斌城、何高济等所写的《中国史稿》第4册，是专写隋朝和唐朝的部分。全书篇幅虽仅26万字，但吸收了不少新的研究成果，内容比较准确，具有自己的特点。

陶懋炳所著《五代史略》，是最近出版的一部重要著作，篇幅近29万字。该书内容充实，史料丰富，叙述全面，是关于五代十国史的唯一的专著。

除上述综合性的断代史著作外，新中国成立以来还出版了几部有关隋唐五代史的论文集，兹略事介绍如下：

韩国磐著《隋唐五代史论集》，生活·读书·新知三联书店出版，共包括论文20篇，涉及的范围很广。

汪篯遗著《汪篯隋唐史论稿》，中国社会科学出版社出版，共包括论文19篇，选题主要集中在隋朝和唐朝前期。另有"附录"所收文章3篇，不属隋唐史范围。

金宝祥著《唐史论文集》，甘肃人民出版社出版，共收隋唐史论文8篇。

中国社会科学院历史研究所魏晋南北朝隋唐史研究室编《魏晋隋唐史论集》第1、2辑，中国社会科学出版社出版，第1辑收隋唐五代史论文6篇，第2辑收6篇。

《中国古代史论丛》1982年第3辑，福建人民出版社出版，此辑所收论文全部属于魏晋南北朝和隋唐五代史范围，其中隋唐五代史论文共13篇。

武汉大学历史系魏晋南北朝隋唐史研究室编《魏晋南北朝隋唐史资料》已出8[①]期。该刊并非全部发表史料，既有关于隋唐史的资料考订，也有很多论文，有时还发表国外重要论著的译文。这些成果大部未在其他刊物上发表，是不可不读的文字。

综合性的读史札记类著作有岑仲勉著《唐史余渖》，中华书局出版。

董家遵编《中国通史参考资料》（古代部分）第4册，中华书局出版。该册系由隋到五代末的史料汇编，是为历史系学生编辑的资料参考书。编者对史料加了不少注释。

（三）隋唐五代史的专题研究

中华人民共和国成立以来，隋唐五代史专题研究涉及的范围极其广泛，论著之多不胜枚举，限于篇幅，不能一一仔细介绍，下面只能就若干重大问题作极其简略的罗列。

首先谈谈隋朝部分。

关于隋文帝杨坚这个重要人物，陈光崇在1956年发表论文《论隋文帝及其统一事业》（沈阳师院《教学与科学研究集刊》）。"文化大革命"以后发表的主要文章有胡如雷的《隋文帝评价》（《社会科学战线》1979年第2期）及齐陈骏的《关于评价隋文帝杨坚和"开皇之治"的几个问题》（《兰州大学学报》1980年第4期）。评价虽然略有高低之分，但基本上肯定，则是一致的意见。

韩国磐著《隋炀帝》（湖北人民出版社）一书于1957年出版，篇幅近6万字。1959年在《史学月刊》上曾发表过讨论隋炀帝的数篇文章，在评价上虽然有争论，主张肯定这一人物的毕竟占少数，多数意见认为

[①] "8"原误作"5"。——编者注

杨广是应当否定的人物。关于隋炀帝开运河的目的究竟是什么，在1964年也展开过争论，巡游说、漕运说、加强统治说都有，文章大多发表在《学术月刊》《文汇报》和《光明日报》上。"文化大革命"以后晏金铭又写了《隋炀帝开运河的历史评价》一文（《求索》1982年第3期），继续研究这个问题。此外，岑仲勉在《黄河变迁史》（人民出版社出版）一书中对隋代运河有深入的考证和研究。

有关隋统一这一重大事件，发表的主要论文有：杨志玖的《隋文帝凭些什么条件统一中国》（《历史教学》1954年第6期）、韩国磐的《简论隋朝的统一》（《历史教学》1962年第5期）及李燕捷的《隋平陈战争浅析》（《中国史研究》1985年第2期）。李文系专门分析隋、陈兵力对比。至于隋统一全国的社会政治原因，还有待于进一步深入探讨。

隋末农民大起义是隋史中最为重要的研究课题。新中国成立初，漆侠著有《隋末农民起义》一书（华东人民出版社）。近几年又有陶懋炳所著《窦建德　李密　杜伏威评传》（湖南人民出版社）问世。王永兴编辑的《隋末农民战争史料汇编》（中华书局）则是篇幅具有一定规模的资料集。此外，黄惠贤发表了一系列有关隋末农民战争的论文，集中发表在1979年至1984年的《江汉论坛》《史学月刊》及武汉大学《魏晋南北朝隋唐史资料》等刊物上。截至目前为止，关于隋末农民起义还无大部头的专著出版，但发表的争论文章却很多，分歧意见大多集中在以下几个问题上：第一，刘黑闼评价问题。第二，李密是农民起义的领袖，还是阶级异己分子和叛徒？第三，江都之变隋炀帝被弑以后的战争，其性质属于农民起义的继续，还是属于兼并战争和统一战争？如果属于后者，那么，第四，刘黑闼起兵和辅公祏起兵是否具有反动性？第五，西北的"奴军"反隋是农民起义，还是民族反抗？有关其他几个争论问题的文章太多，就不一一列举了。围绕着隋末农民起义的社会背景和历史作用，发表了以下几篇主要文章：《汪籛隋唐史论稿》中收有《关于隋末农民大起义的发源地问题》及《唐太宗"贞观之治"与隋末农民战争的关系》二文，高敏撰有《隋末农民起义首先和集中爆发于山东地区的原因初探[①]》（《史学月刊》

---

① "初探"原脱。——编者注

1965年第7期），胡如雷撰有《关于隋末农民起义的若干问题》（《文史》第11辑）。

其次介绍关于唐史的专题研究情况。让我们先介绍财政史、经济史方面的进展。

均田制和租庸调制是唐朝前期的重要制度，二者间存在密切的关系，新中国成立以后关于这两个制度也发表了不少文章，而且发生过热烈的讨论。此外还出版过几本关于隋唐土地制度的专著，兹分别介绍如下：

贺昌群著《汉唐间封建的国有土地制与均田制》（上海人民出版社）出版于1958年，以后又在1964年出版《汉唐间封建土地所有制形式研究》（同上），二书均贯彻作者关于中国封建社会没有土地私有制的基本论点。韩国磐著《隋唐的均田制度》（上海人民出版社），出版于1957年；最近又在该书的基础上撰成《北朝隋唐的均田制度》（同上），于1984年问世。

关于隋唐时期是否确实推行过均田制，即进行过土地还受的问题，争论始终不断。邓广铭在1954年发表《唐代租庸调法[①]研究》一文（《历史研究》1954年第4期），认为土地还受并未实行，均田制是不存在的，所以租庸调法同均田制没有关系。不久就发生争论，《历史研究》1955年第5期共发表了3篇文章：岑仲勉《租庸调与均田有无关系》、韩国磐《唐代的均田制与租庸调[②]》、胡如雷《唐代均田制研究》。此外，乌廷玉发表了《关于唐朝均田制度的几个问题》一文（东北人民大学[③]《人文科学学报》1955年第1期），李必忠发表了《唐代均田制的一些基本问题的商榷》（《四川大学学报》1955年第2期）。这5篇文章都对邓文持相反的意见。但问题并没有解决，"文化大革命"以后王永兴发表了题为《唐田令研究——从田令和敦煌文书看唐代土地制度中几个问题》（《纪念陈垣诞辰百周年史学论文集》）的长篇论文，宋家钰发表了题为《唐代户籍上的田籍与均田制》（《中国史研究》1983年第4期）的文章，均认为户籍卷上田籍登记的"已受田"就是各户原有的各种私田，受自

---

① 此处原衍"的"。——编者注
② 此处原衍"制"。——编者注
③ "人民大学"原作"师大"。——编者注

国家的土地或者没有，或者很少，言外之意，均田令实际上是具文一纸。侯绍庄的《"自田"考释》一文（《社会科学》1981年第2期）则认为田籍上所载"自田"系私有土地，"已受"的永业田、口分田均系官授土地，即承认土地还受是确实存在的。涉及这一问题的主要文章还有杨际平所写的《从敦煌户籍看唐代均田制下土地还授[①]的实施问题》（《中国社会经济史研究》1983年第3期）及《从唐代敦煌户籍资料看均田制下私田的存在——兼与日本学者西岛定生教授商榷》（《厦门大学学报》1982年第4期）二文。

受敦煌、吐鲁番出土文书的田籍上经常出现"部田"与"常田"字样，就如何解释这两个名词的问题，先后发表的主要文章有：马雍《麴斌造寺碑所反映的高昌土地问题》（《文物》1976[②]年第12期）、杨际平《试考唐代吐鲁番地区"部田"的历史渊源》（《中国社会经济史研究》1982年第1期）、黄永年《唐代籍帐中"常田""部田"诸词试释》（《文史》第19辑）及赵吕甫《唐代吐鲁番文书"部田""常田"名义释疑》（《中国史研究》1984年第4期）。贺昌群在《汉唐间封建的国有土地制与均田制》一书中也提到了这个问题。几种主要不同的解释是：贺书认为"常田"即永业田，"部田"是畿外州县的公田，这种意见已基本上被否定。黄文认为二者的区别在于土地的质量，"部田"即"薄田"，是较"常田"差的土地。这种意见在史学界为多数人所接受。杨文认为"部田"即来源于屯田的土地，但毫无史料作证。赵文认为"部田"是乡一级官吏所经营而又分布于各"里"的农田，"常田"是各里的里正所掌握的当"里"的正田，这是一种最新的意见。这个问题还需继续讨论才能彻底解决。

均田制究竟属于什么性质，这一问题除贺昌群、韩国磐的专著论及外，还发表过以下几篇论文：胡如雷《魏晋隋唐时期的封建土地所有制形式》（《教学与研究》1962年第3、第4期）、唐耕耦《唐代均田制的性质——唐代前期封建土地所有制的[③]形式》（《历史论丛》第2辑）、武建

---

① "授"原作"受"。——编者注
② "1976"原误作"1972"。——编者注
③ "的"原脱。——编者注

国《试论均田制中①永业田的性质》(《历史研究》1981年第3期)及翁俊雄《关于唐代均田制中永业田的性质问题》(《中国史研究》1983年第2期)等。

关于均田制实施的社会条件及破坏的原因,唐长孺发表过重要文章《均田制的产生及其破坏》(《历史研究》1956年第2期),郭庠林写过《试论"均田之制"的缘起及其弛坏的根本原因》(《复旦学报》1981年第3期)。胡如雷在《中国封建社会形态研究》一书(生活·读书·新知三联书店)的第二章第二节中亦对均田制在唐中叶最终破坏、再也不能恢复的原因提出了看法。

围绕着均田制问题,也发表过一些研究唐代籍帐、手实的文章,其中最重要的是:宋家钰《唐代的手实、户籍与计帐》(《历史研究》1981年第6期)、《唐初手实初探》(《魏晋隋唐史论集》第1辑)。对前文日本史学家堀敏一已经提出了不同的看法(见《关于计帐与户籍的我见》,载《中国律令制的展开及其与国家、社会的关系》),但在国内尚未进行讨论。研究"手实"的文章还有朱雷《唐代"手实"制度杂识》(《魏晋南北朝隋唐史资料》第5期)。

关于唐代租佃制度,由于敦煌、吐鲁番等地发现了不少契约,所以发表了一些文章,其中比较重要的有:孙达人《对唐至五代租佃契约经济内容的分析》(《历史研究》1962年第6期),首先指出了租佃关系中的一些复杂情况。韩国磐《根据敦煌和吐鲁番发现的文件略谈有关唐代田制的几个问题》(《历史研究》1962年第4期)一文涉及的范围很广,诸如均田制、庄园制、租佃制等内容都谈到了,在讲租佃时认为官田出租与私田出租性质相同,而且前者多于后者。沙知在《吐鲁番佃人文书里的唐代租佃关系》(《历史研究》1963年第1期)一文中对韩文提出的两点看法持有相反的意见,认为官佃与私佃性质不同,尤其不能把小土地出租者看作地主;私佃与官佃相比,在数量上前者大大超过后者。孔祥星所写的《唐代前期的土地租佃关系——吐鲁番文书研究》(《中国历史博物馆馆刊》1982年第4期)一文,根据大量吐鲁番出土文书,对租

---

① "中"原脱。——编者注

佃制进行了非常细致的分析，提出了很多独到的见解。

在唐代徭役问题上，发表的文章也不少。王永兴《敦煌唐代差科簿考释》(《历史研究》1957年第12期)是研究差科簿的最早的论文，文章在两点上有突破：首先，文书过去被误称作"丁籍簿"，自此文定名为"差科簿"后，在中外学者中得到了普遍的承认，已成为定论。其次，对唐代色役问题首次进行了深入的研究。最近，王永兴在《唐天宝敦煌差科簿研究——兼论唐代色役制和其他问题》一文(北京大学中国中古史研究中心编《敦煌吐鲁番文献研究论集》)中又对上述问题进行了细致的发挥。关于色役与资课，唐耕耦撰有《唐代的资课》(《中国史研究》1980年第3期)及《唐代前期的杂徭》(《文史哲》1981年第4期)二文，不过杂徭与色役的关系尚未在文章中区别清楚。李春润先后发表《唐开元以前的纳资纳课初探》(《中国史研究》1983年第3期)、《略论唐代的资课》(《中华文史论丛》1983年第2辑)等文，在资课、色役的研究方面有重大突破。此外，张泽咸《唐代的力役》(《魏晋隋唐史论集》第1辑)一文是综论全部役制的，其中可贵的是首次论及两税法实行以后的徭役问题。

唐代的土客户、户等及户税问题，也是近年来重点探讨的课题之一，而且发生了争论。唐长孺所撰《关于武则天统治末年的浮逃户》(《历史研究》1961年第6期)是新中国成立以后利用敦煌文书研究逃户问题的第一篇重要文章。此后，张泽咸先后发表了《唐代的客户》(《历史论丛》第1辑，1964年)和《再论唐代的客户》(《中国古代史论丛》1982年第3辑)两篇文章。近几年所发表的李春润《宇文融括户的两个问题》(《中南民族学院学报》1984年第1期)及《宇文融括户的评价问题》(《中南民族学院学报》1985年第1期)二文则是关于宇文融括户问题的重要论文。王珠文连续发表的《关于唐代户税的几点意见》(《北京师院学报》1983年第1期)、《关于唐代定户等及户令中几个问题的研究》(《山西大学学报》1983年第2期)、《关于唐中期户税的税额税率和计征的一些认识》(《北京师院学报》1985年第1期)三篇文章，是新中国成立以后研究户税的主要成果，而且其中提出"计赀定户"并不包括土地。唐耕耦在《唐代前期的户等与租庸调的关系》(《魏晋隋唐史论集》第1

辑）一文中也根据吐鲁番出土的"九等定簿"做出土地被排除在定户资产之外的结论。1985年《历史研究》第3期发表的杨际平《唐代户等与田产》和李晓路《唐代定户等赀中包括土地》二文则认为赀中包括土地。此外，张泽咸所撰《唐代的寄庄户》（《文史》第5辑）及《唐代的衣冠户和形势户》（《中华文史论丛》1980年第3辑①），韩国磐《隋唐五代史论集》所收《科举制和衣冠户》三文都是有关特殊户的文章。

研究唐代人口的文章主要有两篇：黄盛璋《唐代户口的分布与变迁》（《历史研究》1980年第6期），胡道修《开皇天宝之间人口的分布与变迁》（《中国史研究》1984年第4期）。

两税法是唐代后期的主要赋税制度，也是史学界的重点研究课题之一，因而发表的文章比较多。新中国成立初期岑仲勉首先撰写《唐代两税基础及其牵连的问题》（《历史教学》1951年第2卷第5、6期）这一长篇论文进行探讨。以后史学界又先后发表了许多文章，主要的争论问题是：一种意见认为"田亩之税"即地税应属于两税法的内容，持此看法者占多数；另一种意见认为两税法仅指"居人之税"即户税，不包括地税，持此看法者为少数。只有岑仲勉认为两税即由租庸调正供发展而来，因夏秋两征而得名，与原来的户税、地税均无关系。林立平在最近发表的《唐代主粮生产的轮作复种制》（《暨南学报》1984年第1期）一文中指出，夏秋两征与小麦的普遍种植、轮作复种制的发展有密切的关系，这种意见值得重视。

以下介绍农业、手工业、商业和城市等方面的主要论著。

韩国磐《隋唐五代时的生产力发展》（《隋唐五代史论集》）一文约3万字，对农业和手工业的技术进步和劳动力的增长作了全面概略的介绍。

垦田的多少和单位面积产量的高低是衡量古代农业生产水平的重要标准。《汪籛隋唐史论稿》一书中共收了三篇考证隋唐垦田亩数的文章。蒙文通在《中国历代农产量的扩大和赋役②制度及学术思想的演变》（《四川大学学报》1957年第2期）一文中首次对唐代亩产量进行研究，

---

① "1980年第3辑"原脱。——编者注
② "役"原误作"税"。——编者注

认为比汉代猛增一倍。近年来胡戟在《唐代粮食亩产量①》（《西北大学学报》1980 年第 3 期）、《唐代度量衡与亩里制度》（《西北大学学报》1980 年第 4 期）中对亩产量的估测更精确了。李伯重的《唐代江南地区粮食亩产量与农户耕田②数》（《中国社会经济史研究》1982 年第 2 期）则是专门分析南方亩产量的论文。

从历史地理的角度研究唐代各地，尤其是南方经济的成果相当多，重要的论文有：黄冕堂《论唐代河北道的经济地位》（《山东大学学报》1957 年第 1 期）；史念海在《河山集》（生活·读书·新知三联书店）中收了两篇论文：《开皇天宝之③间黄河流域及其附近地区农业的发展》、《隋唐时期长江下游农业的发展》，他还另撰论文《论唐代扬州和长江下游的经济地区》（《扬州师院学报》1982 年第 2 期）；李伯重最近发表了《唐代长江流域地区农民副业生产的发展》（《厦门大学学报》1982 年第 4 期）；冯汉镛发表论文《唐代剑南道的经济状况与李唐的兴亡关系》（《中国史研究》1982 年第 1 期）；曹尔琴《唐代经济重心的转移》（《历史地理》第 2 辑）是专门研究经济重心南移的文章。

在研究唐代的手工业和分析出土的手工业品方面也发表了一些文章，限于篇幅，不一一罗列。

以下介绍唐代商品经济与城市等方面的研究成果。

全面论述唐代商品经济的文章较少，李文海撰有《唐代的④商业与商品生产》（《历史教学》1956 年第 4 期）一文，发表后也引起一些讨论，与之商榷的文章有徐寿坤等的《唐代商业繁荣的基础是什么——和李文海同志商榷》（《历史教学》1957 年第 6 期）。近年来发表的重要文章是郑学檬的《关于唐代商人和商业资本的若干问题》（《厦门大学学报》1980 年第 4 期）。

关于唐代的城市，既有研究论文，也有考古成果。尤其是长安是京师，洛阳是东都，发掘和研究两京的成果比较多。

---

① "唐代粮食亩产量"原误作"唐代的粮食亩产"。——编者注
② "田"原误作"亩"。——编者注
③ "之"原脱。——编者注
④ "的"原脱。——编者注

寺院经济是一个特殊的经济范畴，研究成果大多利用出土文书。这方面发表较早的文章有金毓黻《从榆林窟壁画耕作图谈到唐代寺院经济》（《考古学报》1957年第2期）及于豪亮《"从榆林窟壁画耕作图谈到唐代寺院经济"读后》（《考古通讯》1958年第5期）。近年来姜伯勤连续发表了几篇文章：《敦煌寺院文书中"梁户"的性质》（《中国史研究》1980年第3期）、《唐西州寺院家人奴婢的放良》（《中国古代史论丛》1982年第3辑）、《敦煌寺院碾硙经营的两种形式》（《历史论丛》第3辑）。张弓发表了《南北朝隋唐寺观户阶层述略》（《中国史研究》1984年第2期）。何兹全《佛教经律关于寺院财产的规定》（《中国史研究》1982年第1期）一文是利用释道宣《四分律删繁补阙行事钞》及《量处轻重仪》记载的材料研究寺院经济的仅有论文。

关于唐代政治，拟分别介绍历史人物、典章制度、统治阶级内部斗争等几方面的研究情况。至于研究农民起义的情况，将另作专门介绍。

李渊是唐朝的开国皇帝唐高祖，研究这一重要历史人物的书有牛致功的《李渊建唐史略》（陕西人民出版社）。发表的文章有陈寅恪《论唐高祖称臣于突厥事》（《岭南学报》1951年第1期），徐连达等《唐太宗首谋晋阳起兵吗？——关于李渊的历史评价问题》（《复旦学报》1981年第2期）。

唐太宗是唐朝初年最重要的历史人物，又是中国历史上少见的杰出皇帝之一，他受到史学工作者的重视是很自然的。粗略统计，新中国成立以来评论唐太宗的文章一共发表了200多篇，还出版了几本传记和论文集，其中最主要的有：汪篯著《唐太宗与"贞观之治"》（求实出版社）。历史研究编辑部所编《唐太宗与贞观之治论集》（陕西人民出版社），是一部论文集。1984年中国唐史学会与昭陵博物馆联合主办召开了唐太宗讨论会，为会议提供的论文编印成册，取名《唐太宗与昭陵》（陕西省社科院出版发行室），作为《人文杂志丛刊》第6辑问世。关于传记，1984年以来共出版了以下三部：赵克尧、许道勋合著《唐太宗传》（人民出版社），袁英光著《唐太宗传》（天津人民出版社），胡如雷著《李世民传》（中华书局）。对于这个人物，大家的结论均趋于肯定，无太大的分歧，至多只有评价稍高、稍低的区别而已。

关于武则天的评价及武周政权的性质问题，也发表了不少文章，其中最主要的有：陈寅恪《记唐代之李武韦杨婚姻集团》（《历史研究》1954年第1期）一文发表后曾引起争论，胡如雷在《①论武周的社会基础》（《历史研究》1955年第1期）中不同意用地域性婚姻集团解释李武二氏之争，主张以阶层间的斗争加以解释。最早对武氏进行评论的是罗元贞的文章《武则天批判》（《光明日报》1951年9月22日），以后缪钺发表了《关于武则天的评价②问题》（《光明日报》1961年5月15日），汪篯《武则天》和《唐高宗王武二后废立之争》二文（并见《汪篯隋唐史论稿》），对武氏进行了全面的研究。关于武则天是否生于广元，也有争论，因问题琐细，文章不少，就不列举了。围绕武氏政权的其他重要文章还有：黄永年《说李武③政权》（《人文杂志》1982年第1期）、《说永徽六年废立皇后事真相》（《陕西师大学报》1981年第3期）及《开元天宝时所谓武氏政治势力的剖析》（《陕西师大学报》1981年第4期）三文，赵光贤《裴炎谋反说辨诬④》（《北京师大学报》1982年第4期），胡戟《酷吏政治与五王政变》（《西北大学学报》1983年第3期）。借否定武则天以骂江青的论著，于此从略。

研究士族、庶族及谱牒等问题，也取得了一些成果，主要文章有：郑欣《关于魏晋南北朝隋唐门阀政治的几个问题》（《中国古代史论丛》1981年第1辑），乌廷玉《唐代士族地主和庶族地主的历史地位》（《中国史研究》1980年第1期），韩国磐《隋唐五代时的阶级分析》（《隋唐五代史论集》）一文也用了一定的篇幅分析士族和庶族的地位，瞿林东的《唐代谱学简论》（《中国史研究》1981年第1期）则是研究这一问题及《贞观氏族志》《姓氏录》的重要文章。

与士庶问题有关的一个课题是党争。韩国磐《唐朝的科举制度与朋党之争》（《隋唐五代史论集》）一文，最早发表于1954年，对玄宗、德宗各朝的政争及牛李党争都提到了，主要的论点是政治斗争即士族与庶

---

① 此处原衍"试"。——编者注
② "的""评价"原倒。——编者注
③ "李武"原误作"武周"。——编者注
④ "诬"原误作"误"。——编者注

族之争，以是否出身进士科及对科举制的不同态度来划分党派。粉碎"四人帮"以后又发表了《元载论略》（《中国古代史论丛》1981年第1辑）一文，进一步发挥同一论点。"永贞革新"是研究政治斗争的重要题目之一，关于这个问题发表的重要文章有：王芸生《论二王八司马政治革新的历史意义》（《历史研究》1963年第3期），卞孝萱《试述王叔文集团的任人唯贤及其局限性》（《西北师院学报》1983年第2期）。讨论牛李党争的论文还有：胡如雷《唐代牛李党争研究》（《历史研究》1979年第6期），何灿浩的《元和对①策案试探》（《南开学报》1984年第3期）、《牛李党争和内廷之争的关系辨析》（《宁波师专学报》1983年第3期）、《试论牛李二党内部关系的不同特点——兼谈评价李党的主要依据》（《宁波师专学报》1983年第4期）等文，赵吕甫《牛僧孺、李德裕史事辨误》（《南充师院学报》1983年第1期）。关于牛李党争的主要分歧意见是：第一，两个朋党各代表什么阶层？第二，斗争的中心问题是对科举制的态度，还是对藩镇叛乱、割据所采取的不同政策？第三，两党中何者进步，何者保守？应当怎样评价李德裕这个人物？

藩镇割据和藩镇战争是唐朝后期政治生活中的大事，研究这一课题的成果，过去较少，近几年多起来了。韩国磐《唐末五代的藩镇割据》（《历史教学》1958年第8期）是全面介绍藩镇割据的文章。研究"安史之乱"的文章较少，胡如雷撰有《略论"安史之乱"的性质》一文（《光明日报》1962年10月10②日），另文《唐五代时期的"骄兵"与藩镇》（《光明日报》1963年7月3日）是重点分析"骄兵"的论文。黄永年《唐代河北藩镇与奚契丹》（《中国古代史论丛》1982年第2辑）、《论安史之乱的平定和河北藩镇的重建》（《中国古代史论丛》1981年第1辑）是两篇有关"安史之乱"前因后果的文章。最近几年杨志玖、张国刚对藩镇问题进行了深入的研究，发表论文不少，其中主要的有：杨志玖《试论唐代藩镇割据的社会基础》（《历史教学》1980年第6期），杨志玖、张国刚合撰《唐代藩镇使府辟署制度》（《社会科学战线》1984年

---

① "对"原误作"试"。——编者注
② "10"原误作"16"。——编者注

第1期),张国刚《唐代藩镇类型及其动乱特点》(《历史研究》1983年第4期)。

以下介绍研究典章制度的情况。

研究兵制的成果最多,尤其集中在府兵制上。岑仲勉《府兵制度研究》(上海人民出版社)篇幅虽有限,但却是新中国成立后最早出版的关于唐代兵制的书,作者提出了不少独到的见解。谷霁光一生研究兵制,尤其是重点研究府兵制,于1957年出版了他的集大成之巨著——《府兵制度考释》(上海人民出版社)。唐长孺的《唐书兵志笺证》(科学出版社)对《新唐书·兵志》进行精详的考证,对兵制进行了全面的研究。陈寅恪不但在《隋唐制度渊源略论稿》一书中专置"兵制"一节研究府兵制,而且还发表论文《论唐代之蕃①将与府兵》(《中山大学学报》1957年第1期)。赵吕甫《唐代初期屯防军制》(《文史哲》1957年第4期)是专门研究边防军的文章。唐耕耦《唐代前期的兵募》(《历史研究》1981年第4期)是唯一研究"兵募"的文章,纠正了对一些史料的传统错误理解。程喜霖的《释烽铺》(《魏晋南北朝隋唐史资料》第4期)及《唐代烽堠制度拾零》(《魏晋南北朝隋唐史资料》第5期)是两篇利用吐鲁番出土文书研究烽堠制度的文章。

关于唐朝的律令,近年来的研究成果颇多。专门研究"唐律"的专著有两部:杨廷福《唐律初探》(天津人民出版社),是一本论文集,从各个方面分析"唐律"。最近出版的乔伟《唐律研究》(山东人民出版社)一书,显示作者有较高的法律专业水平,是为特色。陈仲安《律令格式》(《魏晋南北朝隋唐史资料》第4期)一文对律、令、格、式的概念诠释准确,文末并附有《唐神龙散颁刑部格》及《唐开元水部式》二件文书。校点《唐律疏议》的刘俊文还发表了论文《唐律与礼的关系试析》(《北京大学学报》1983年第5期)。

科举制同党争、阶级关系、文学都有关系,所以引起了史学工作者的普遍重视,近年来发表的有关科举制的研究成果特别多,不再介绍了。

"文化大革命"以前研究职官的文章很少,最近10年中这方面的文

---

① "蕃"原误作"藩"。——编者注

章有显著的增加。陈仲安《唐代的使职差遣制①》（《武汉大学学报》1963年第1期）一文不仅发表的时间较早，而且填补了空白。此外，还有王永兴《试论勾官——唐代官制研究之一》[《敦煌吐鲁番文献研究论集》（二）]、《论唐代前期行政管理的较高效率与法制②的关系》（《北京大学学报》1985年第3期），王超《我国古代的行③政法典——"大唐六典"》（《中国社会科学》1984年第1期）、《政事堂制度辨证》（《中国史研究》1983年第4期），姚澄宇《唐朝政事堂制度初探》（《中国史研究》1982年第3期）等。

有很多史实既与黄巢起义有关，也同五代十国的历史有关，所以从唐末农民战争起至五代末当作一个阶段，介绍有关的研究情况。

首先，介绍农民起义的研究成果。张泽咸《唐五代农民战争史料汇编》（中华书局）是编者用了很大气力辑录而成的资料书，对研究唐朝及五代的农民起义提供了方便。其次，研究唐末农民战争的专书有：胡如雷《唐末农民战争》（中华书局），方积六《黄巢起义考》（中国社会科学出版社），诸葛计《唐末农民战争战略初探》（天津人民出版社），俞兆鹏《黄巢起义史》（江西人民出版社）。发表的论文很多，不再介绍。

1959年前后，由于史学界讨论曹操评价问题，唐史学界于是也就朱温评价问题展开争论。当时发表的主要文章有：傅衣凌《关于朱温的评价》（《厦门大学学报》1959年第1期），粘④尚友《"关于对朱温评价"的一些看法》（《厦门大学学报》1959年第2期），胡如雷《关于朱温的评价问题》（《光明日报》1959年9月17日），周宝珠《朱温叛变与黄巢起义失败的关系——兼论关于朱温评价的几个问题》（《史学月刊》1960年第9期）。肯定朱温的文章认为朱温可以与曹操相比，都镇压过农民起义，统一过北方，执行过恢复经济的政策；否定朱温的文章认为朱温是黄巢大齐政权的叛徒，与李克用同为镇压起义军的主将，也没有完全统一了北方，执行的进步政策不如曹操明显和卓有成效。

---

① 此处原衍"度"。——编者注
② "制"原误作"律"。——编者注
③ "行"原误作"刑"。——编者注
④ "粘"原脱。——编者注

研究比较集中的历史人物是周世宗柴荣，主要的成果是韩国磐所著《柴荣》一书（上海人民出版社）。此外，研究李昪的文章有诸葛计的《南唐先主李昪行事述略》（《学术月刊》1983年第12期）。

关于五代十国时期经济、财政方面的主要研究论文有：韩国磐《五代时南中国的经济发展及其限度》（《厦门大学学报》1956年第1期），臧嵘《关于五代十国时期北方和南方经济发展估价的几点看法》（《史学月刊》1981年第2期），郑学檬《五代十国商品经济的初步考察》（《中国经济问题》1982年第1期）及《五代两税①述论》（《中国社会经济史研究》1983年第4期），武建国《论前后蜀经济发展及其原因》（《四川大学学报》1983年第1期）。

研究五代政治的主要文章只有一篇，即李昌宪的《五代削藩制置初探》（《中国史研究》1982年第3期）。

综论唐宋社会演变发展的文章有胡如雷《唐宋时期中国封建社会的巨大变革》（《史学月刊》1960年第7期）及葛金芳《唐宋之际农民阶级内部构成的变动》（《历史研究》1983年第1期）。

新中国成立以后，陈寅恪出版了《元白诗笺证稿》（上海古籍出版社）一书，不仅研究文学，也涉及历史。新出版的陈著论文集《寒柳堂集》及《金明馆丛稿》初编、二编（均同上）也发表了一些以前尚未公开的论文。

岑仲勉是出书最多的史学家，其著作大多是考证事实或考证史籍、金石之作，他的主要著作有：《隋书求是》（商务印书馆）、《唐史余瀋》（中华书局）、《唐人行第录》（上海古籍出版社）、《郎官石柱题名新考订》（上海古籍出版社）、《通鉴隋唐纪比事质疑》（中华书局），此外《金石论丛》（上海古籍出版社）一书中所收的文章大部分亦属于唐史范围。

关于隋唐五代史史料学方面的论著还很多，其中主要的著作有：余嘉锡《四库提要辨证》（中华书局），纠正了不少《四库提要》的错误，

---

① 此处原衍"法"。——编者注

隋唐五代史古籍经考辨者相当多。陈垣《通鉴胡注①表微》（科学出版社）是专门研究《资治通鉴》一书的胡三省注的专著，其中既研究胡氏的思想观点，也进行精审的考证。近几年出版了张煦侯所著《通鉴学》（修订本）（安徽教育出版社），是研究《资治通鉴》的著作。陈、张二书对阅读《通鉴》隋唐五代部分均值得参考。万曼所著《唐集叙录》（中华书局）详细介绍了唐人别集的版本及流传情况，是阅读唐人文集时不可不查阅的著作。傅璇琮、张忱石、许②逸民编撰的《唐五代人物传记资料综合索引》（中华书局）是一部非常有用的工具书。

《中国历史地图集》（地图出版社）是一部大型工具书，在中国地理学史上将占有显著而突出的地位，其成就远远超过了裴秀、贾耽、李吉甫和杨守敬。该书第5册即"隋唐五代十国时期③"分册，是必备的工具书。

少数民族史、中外关系史、文化史等均是自成独立系统的学科，每一个方面论著都很多，无法逐一详细介绍，只拟在每一个领域列举特别重要的几部专著，至于论文就一概从略了。

少数民族方面的主要著作是：岑仲勉《突厥集史》（中华书局）、《西突厥史料补阙及考证④》（中华书局），马长寿《突厥人和突厥汗国》（上海人民出版社）、《南诏国内的部族组成和奴隶制度》（同上），向达《蛮书校注》（中华书局），王忠《新唐书吐蕃传笺证》（科学出版社）、《新唐书南诏传笺证》（中华书局），方国瑜《彝族史稿》（四川民族出版社），苏晋仁、萧𬭚⑤子校注《"册府元龟"吐蕃史料校证》（同上），陈燮章、索文清、陈乃文编《藏族史料集》第（一）册为《隋书》《北史》《旧唐书》《新唐书》《旧五代史》《新五代史》诸书史料（同上），耿世民《维吾尔族古代文化和文献概论》（新疆人民出版社），王承礼《渤海简史》（黑龙江人民出版社），黄文弼《吐鲁番考古记》（中国科学院

---

① "注"原误作"著"。——编者注
② "许"原误作"徐"。——编者注
③ "时期"原脱。——编者注
④ "补阙及考证"原脱。——编者注
⑤ "𬭚"原误作"铄"。——编者注

印行），许浩福、陈鹏编译《国外突厥学研究概况》（中国社会科学出版社）。

研究中外关系史的主要著作有：岑仲勉《中外史地考证》（中华书局），汪向荣校注日本真人元开《唐大和上东征传》（同上），汪向荣、夏应元《中日关系史资料汇编》（同上），扬州市政协文史资料研究组、扬州师院历史科编《鉴真研究论文集》（扬州印刷厂印），季羡林《中印文化关系史论文集》（生活·读书·新知三联书店），北京大学历史系亚非拉史教研室、东语系亚非历史组《中国与亚洲国家关系史论丛[①]》（江西人民出版社），中国社会科学院历史研究所编《古代中越关系史资料选编》（中国社会科学出版社），王治来《中亚史》第1卷（同上）。

思想史方面的专著集中在佛教史领域，主要者有：汤用彤《隋唐佛教史稿》（中华书局），任继愈《汉唐佛教思想论集》（人民出版社），范文澜《唐代佛教》（同上），郭朋《隋唐佛教》（齐鲁书社）。中国佛教学会所编《中国佛教史》第一册介绍佛教在隋唐时的发展，也专门涉及与佛教传播有关的中外关系。研究一般哲学思想的通史性著作，虽均包括隋唐五代部分，然篇幅不大，就不介绍了。研究隋唐思想家的专著有最近问世的尹协理、魏明合著《王通论》（中国社会科学出版社）。

柳宗元既是思想家，又是文学家，而且参加过王叔文、王伾倡导的政治改革，他与刘禹锡、韩愈又有繁杂的关系。章士钊《柳文指[②]要》（中华书局）一书对这几方面、这几个人及他们所处时代的社会、政治都有所涉及，是一部综合性的学术著作。专门研究韩愈、柳宗元的专著还有黄云眉的《韩愈柳宗元文学[③]评价》（齐鲁书社）。孙昌武《唐代古文运动通论》（百花文艺出版社）也是最近问世的主要研究韩、柳的专著。

研究唐代文学的主要专著还有：周祖譔[④]《隋唐五代文学史》（福建人民出版社）。傅璇琮《唐代诗人丛考》（中华书局）及《李德裕年谱》（齐鲁书社），后书不仅与文学史有关，而且内容涉及牛李党争。刘开荣

[①] "论丛"原脱。——编者注
[②] "指"原误作"旨"。——编者注
[③] "文学"原脱。——编者注
[④] "譔"原误作"谟"。——编者注

《唐代小说研究》（商务印书馆）是研究唐代传奇的著作。有关唐诗的论文不胜枚举，其中有个人文章编成的集子，也有众人文章编选成集的，不一一介绍。作为文学方面的综合性刊物，《唐代文学论丛》自1982年第1期问世以来已经发行了好几期。

史学史方面发表的论文不少，专著却不多见，其中最重要的是程千帆所著《史通笺记》（中华书局）和瞿林东著的《唐代史学论稿》（北京师范大学出版社）。

艺术方面出版的专著有：童书业《唐宋绘画谈丛》（中国古典艺术出版社），冯立《隋唐画家轶事》（陕西人民美术出版社），欧阳予倩主编《唐代舞蹈》（上海文艺出版社）。叶栋破译敦煌曲谱是研究唐代音乐的新成就（参阅叶栋《敦煌曲谱研究》，载《音乐研究》1982年第2期）。他最近又出版了《唐代音乐与古谱译读》（陕西省社会科学院）一书。

关于隋唐五代的科技成就，可参阅李约瑟著《中国科学技术史》中译本（科学出版社）的有关部分，也可参阅其他中国数学史、化学史、医药史等著作的有关部分。至于专书则有李迪所著《唐代天文学家张遂（一行）》（上海人民出版社）一书。

四 隋唐五代史研究的展望

上面介绍了从宋代至新中国成立前研究隋唐五代史的简略历程及新中国成立以来国内外对这一断代史研究的大致情况，在这一基础上对今后的研究工作略事展望，或者说顺便提出一些期望，也许不无裨益。

（一）扩大隋唐五代史研究选题的范围

以往的研究工作中，最大的缺点是选题过于集中，空白的地方太多，有些课题即使有人问津也无人进行升堂入室的深入探讨。

（1）历史人物评价是解放以来的热门题目，然而即令在这个领域内，大量研究工作也多集中在隋文帝、隋炀帝、唐太宗、武则天、韩愈、柳宗元、刘禹锡、周世宗等少数人物身上，高颎、李勣、魏徵、刘晏、朱温等人还略有涉及，至于其他很多重要人物就少有人过问了，始终处于被冷落的状况。像隋朝的杨素、苏威、李德林、杨玄感、王世充；唐朝的皇帝玄宗、代宗、德宗、宪宗、武宗和宣宗，贞观朝的房、杜，开元朝的姚、宋及张九龄、张说、李林甫、杨国忠，后期的李泌、杨炎、裴度、李绛、陆贽、裴延龄、权德舆、牛僧孺，五代十国的唐庄宗、唐明宗、郭威、杨行密、徐温、徐知诰、钱镠、马殷、冯道等很多历史人物，都值得进行研究。须要特别提出的是，研究历史人物不能局限于用功过论的框架进行评价，可以从各种不同的角度进行探讨，以利于做出新的结论。

（2）在经济史、财政史方面，过去的研究集中在均田制、租庸调制及两税法等少数题目上，也没有在广阔的领域内放开眼界选题。譬如漕运、仓法、盐政、铸钱、商税、私营手工业、交通等重大课题尚无专著问世，甚至发表的论文也为数有限。受到重视的城市不过长安、扬州等为数不多的几个而已，甚至连东都洛阳的研究成果也少见，至于其他大、中、小城市的逐个研究及城市分布的宏观分析就更属于未开垦的处女地了。研究经济史首先须要积累大量资料，为此要下苦功夫，经年累月地坐冷板凳，否则就难以取得成果。目前北京已经有几个单位在协作编辑唐代经济史资料，是一个可喜的信息，相信到数百万字的史料出版后这方面会出现新局面。

（3）这些年来，典章制度的研究非常不足，除府兵制有谷霁光先生、岑仲勉先生的专著问世，科举制有几篇零星的文章及程千帆先生出版了《唐代进士行卷与文学》外，其他的制度多未受到重视，有的是从来无人研究。尤其是唐朝后期的官制、兵制及科举中的制科，更应当着重研究，因为两《唐书》的诸"志"在这方面都非常不足，不论在资料上还是探讨上都有很多填补空白的工作可做。

（4）隋唐五代历时近380年，发生了许多震动很大的历史事件，但这些年来却只发表了有关"玄武门之变""武周革命""安史之乱""永贞革新""牛李党争"等少数问题的论文，像"甘露之变"这样的大事件都很少有人问津，在这方面可作的题目太多了。从武则天后期至玄宗即位发生了一系列的重大历史事件，"安史之乱"中的每一次重大战役都值得分析，其他如"泾师之变""四王二帝之乱""宋申锡案"等都应当研究，黄巢大起义后残唐政局直至"白马驿之祸"也有很多事件应予重视。希望今后史学工作者能在历史事件方面放眼开拓新天地。

（5）在中西文化交流方面，除重印了向达先生的旧作《唐代长安与西域文明》外，还很少有新作问世，文章发表得也不多。民族史方面出版了几部资料书，专著和论文也比较少。这些领域也有待开拓。尤其值得一提的是，在以往的研究中，由于过分着眼于现实需要，往往局限于单纯介绍两族间或两国间的经济、文化交流，而忽略民族间、国家间的极其错综复杂的关系，更为突出的是不敢介绍或分析战争关系，这就必然流于片面性，不能全面地恢复历史的本来面目，不能科学地加以说明和解释。如果不大力克服这一缺点，在这些领域的研究就必然会落后于国外史学界。

总之，新中国成立以来的研究工作比较集中在农民起义、历史人物评价和赋税制度等几个方面，所以领域显得狭窄，在面上没有展开。这些年研究生选题的范围逐渐扩大，在弥补这一缺陷中起了很好的作用，相信今后随着研究队伍的扩大，在填补空白方面会有大的突破。

须要指出的一种倾向是，过去的研究重前期、轻后期，即重视唐代前期的历史，忽略唐朝后期及五代十国的历史；重来龙、轻去脉，即注意南北朝同唐朝的历史联系，忽视唐中叶以后同宋朝的历史联系。从陈寅恪先生治唐史以来，形成了一个传统，即大多数史学家把魏晋南北朝史同隋唐史打通进行研究，探求隋唐制度的历史渊源，这样做无疑是非常正确的，因为对南北朝史一无所知或知之过少，就会陷于只知隋唐史之然而不知其所以然。但把唐朝后期、五代十国史同宋史打通进行研究的史学工作者，却有如凤毛麟角，极其罕见，这就不免产生只知来龙、不知去脉的缺陷。实际上，从"安史之乱"到北宋统一是中国封建社会发生巨大变革的历史转折阶段，这200年左右的历史绝不是简单地用土地集中、赋役苛重、阶级斗争尖锐能够概括得了的。日本学者对唐宋社会的变革就相当留意，而我国学术界恰恰在这方面注意不足。今后如果有人肯于从事从唐中叶到北宋末的历史研究，肯定可以取得重大的成就。

（二）进行跨学科的研究

这是另一个重要的途径。在这方面，可做的工作就更多了。兹举几个主要的领域略事提示。

第一，隋唐五代史的研究要同断代考古工作加强联系。以往，史学工作者在隋唐考古方面往往是门外汉，不但对考古本身缺乏研究，甚至对考古资料的利用也不够充分；至于考古工作者，则多留心于墓葬排队、器物排队，对隋唐五代的典制、礼俗、故实还比较重视，而对这将近400年的历史则缺乏通盘的考虑。如果史学工作者也兼通隋唐考古学，考古工作者也同时研究隋唐史，两个学科之间互通声气，共同探讨重大问题，是肯定能够打开新局面的。研究唐代手工业史，通过陆羽《茶经》中"类冰""冰玉"及"类银""类雪"的描述去理解越窑、邢窑的制瓷技术，远不如亲自看一下青瓷、白瓷的实物认识得更加亲切和深刻。一件考古文物的现身说法往往比几百字、上千字的文字记录还重要。为了在隋唐五代史和隋唐五代考古学这两个学科间进行跨学科的研究，可以采取以下两种方式：或者是两个学科的科学工作者进行协作，共同参加某些学术会议，经常交流情报、互通声气；或者是某些学者一身而二任焉，既研究历史，又研究考古学。建议年轻的史学工作者利用目前富有青春的优势，从现在起补一下隋唐考古课或开始从事跨学科的研究，这样做大有好处。

第二，在隋唐史及敦煌吐鲁番学间进行跨学科的研究。过去研究敦煌学，多留意于艺术方面及变文，对社会状况的注意略显不足。这些年来隋唐史的史学工作者已开始重视敦煌、吐鲁番出土的文献，并用作史料研究社会经济，取得了可喜的成就。随着我国敦煌吐鲁番学会的成立，无疑将掀起一个对这一领域的研究高潮，必将推动隋唐史的研究工作。目前中国唐史学会与敦煌吐鲁番学会间成员交错，彼此交流资料、参加年会等方面已经有了很好的开端，今后继续加强协作和交流，必能收相互促进之效。

第三，在隋唐五代史与经济学、财政学间进行跨学科研究。目前的情况是，研究政治经济学及财政学的学者在隋唐五代史方面多缺乏断代史的基本功训练，尤其是不太了解政治史、军事史及文化史方面的详细背景情况；研究隋唐五代经济史、财政史的史学工作者，多缺乏经济理论和财政理论等基础知识和学术素养，搞租庸调制和两税法的甚至不知道什么是直接税和间接税、经常税和临时税、定额分摊和按率计征、课税标准和计税单位、税率和税源。在这种情况下哪一方面的学者也难于写出准确、深刻的高水平论著。为了克服上述缺陷，研究隋唐五代史的史学工作者就应当在政治经济学及财政学等有关的学术领域下功夫钻研一番，首先使自己成为这些方面的里手，然后再利用个人的史学优势，以便写出价值较高的科学论著。

第四，在隋唐五代史及政治学、法律学之间进行跨学科的研究。与上述经济史、财政史方面的情况相同，在研究隋唐五代的国家与法权历史的领域内，同样存在类似的缺点。即：治唐代职官及《唐律》的学者，往往对政治学、法学缺乏理论基础。譬如研究三省六部制仅着眼于探源考证，在职衔的名称上大做文章，而对其职能的继承性及整个国家机构的运转情况则重视不足。又如研究《唐律疏议》，对民法、刑法、习惯法、犯罪等现代法律基本概念却不甚了了。与此相反，研究政治学、法学的学者撰写隋唐五代国家与法权史时却又疏于对史料进行考订，对职官沿革掌握得不够细致。因此，如果研究隋唐官制史、法制史的史学工作者能在政治学、法学基本理论方面认真下一番功夫，成为这些领域的内行，然后再结合自己史学知识的优势，亦能取得优异的成果。

第五，在隋唐五代史及文学史、思想史、艺术史等领域进行跨学科的研究。通史著作和断代史著作中像范文澜同志《中国通史简编》第三编那样，能够在隋唐文学、佛学方面进行独创性阐发的著作，可以说是太少了。大多数论著在牵涉文学史、思想史和艺术史的内容时均缺乏独到的研究，通行的撰写方法是到各种专史中汲取别人已有的成果，加以综合、取舍，敷衍成章。至于有关文学史、思想史及艺术史的专门著作，则在写到隋唐五代时期的社会背景时，多显得薄弱，不少内容是从断代史著作中借用来的。这两种做法不但不易写得深入、有说服力，而且往往会产生矛盾，出现一些难通的说法。譬如大多数思想史论著都认为韩愈是唯心主义思想家，是大地主阶层的代表；而大多数文学史论著则认为韩愈提倡写古文，发起古文运动，代表中小地主阶层；甚至在同一部断代史中都能出现二说并存的现象而不感到彼此抵牾。产生这种情况的原因就在于，研究唐史的学者多着意于钻研社会史、政治史，而对文学史、哲学史缺乏深入的考虑；研究文学史、哲学史的学者多孤立地钻研意识形态，而没有同时深入考虑社会经济和政治；治文学史的不治哲学史，治哲学史的不兼治文学史。

最后，在隋唐五代史和世界史间进行跨学科研究。这样做有三方面的意义：首先，可以估计隋朝和唐朝在当时世界范围内的地位。与法兰克王国和拜占庭帝国相比，唐朝的社会、文化发展水平究竟怎样？继起的阿拉伯国家比唐朝社会显得先进，还是落后？隋唐帝国与印度、日本相比居于什么地位？在全世界经济、文化交流中，唐朝的地位和作用怎样？回答这些问题，都需要兼顾世界史。因此，不仅通过中国历史可以进行爱国主义教育，而且分析当时的世界形势也有利于提高民族自信心。其次，兼顾世界史还可以对比研究当时的中外社会。譬如过去讲中日文化交流，多着眼于隋唐典章制度、文化对日本的影响，重点介绍班田收授法模仿隋唐的均田制，日本的律令模仿唐朝的律令等，但往往忽视同中求异，即未能发现日本并非单纯地照抄唐制，而是结合其本国具体条件加以改造和发展了这些制度。班田收授制破坏以后同唐朝均田制破坏以后的发展道路有很大差异，日本形成了类似欧洲的庄园制而唐朝却仍沿着历代传统的土地兼并道路前进，这反映颁行班田制和均田制时，两国的起点就有所不同。不进行这样的比较研究，就无法说明很多重要的社会现象。再如把唐朝、拜占庭、法兰克三国的历史联系起来加以比较，也能发现很多问题。这样做有助于找到历史发展的共同规律和同一社会形态在各国的特殊表现形式。最后，在中国史和世界史间进行跨学科研究，还可以全面、深刻地分析当时的国际关系，找到相互制约的重要因素。如前所述，对于中外关系史，通史和隋唐史的著作中以往多偏重介绍友好交往和中外经济、文化交流，而忽视各国关系中还有阴暗的一面，即不断产生龃龉和发生战争。毋庸讳言，我们应当全面地研究中外关系中的各个方面。但一个民族或国家对外采取什么态度和政策，建立什么样的对外关系，总是受国内社会、政治条件的制约，执政者并不能随心所欲地任意制定对外政策。所以不深入研究世界史，就无法说明隋唐时期中外关系的实质和特点形成的真正原因。此外，过去研究中外关系史，多着重介绍隋唐与某国间的文化交流，如中日、中朝、中印、中波等，而忽略三国或三个以上国家间的多边关系。譬如研究唐朝同日本的关系，若不同时考虑朝鲜半岛诸国历史及高丽、百济、新罗间的关系，不同时考虑中、朝、日之间的错综复杂关系，就很难深入。如果说，过去在中国史的研究中还有不少课题成为无人问津的空白，那么在外国史和国际关系史的研究中隋唐五代时期的空白课题就更多了。在这一方面应当培养队伍、组织力量、搜集资料、添置设备、同国外加强学术交流，如果不急起直追，就很容易落后。总之，我们要把隋唐放在一个大的背景下进行研究和分析，不能只把目光局限于中原和江南。

（三）在史学研究理论和方法上要有重大的突破

如果能在理论和方法上有重大的突破，自然会给予隋唐五代史的研究以巨大的推动。以下打算就这个问题谈谈一些不成熟的想法。

首先，马克思主义理论需要有新的发展，继续得到丰富。19世纪马克思主义形成的时候，曾经继承了资产阶级学者的一些"合理的内核"；20世纪已经过去90年了，随着科学技术的突飞猛进，资本主义国家的学者无论在认识论上还是方法论上又取得了不少重大的进展，今天的马克思主义学者实际上还面临着一个继续吸取其"合理的内核"并加以改造，使之纳入辩证唯物主义和历史唯物主义理论体系的任务。结合国际共产主义运动发展马克思主义理论，这方面的工作虽然做得也很不够，但道理是一目了然的，容易为人们所注意；而继续吸取资产阶级学者的"合理的内核"以丰富马克思主义，则远未受到重视。如果在这方面能够有所突破，不仅对隋唐五代史，对整个社会科学的研究也都具有不可估量的意义。

其次，通过研究历史（包括隋唐五代史）可以丰富历史唯物主义的基本理论。研究人类社会史，同认识任何事物一样，都必须通过从具体到抽象、从抽象到具体的无穷反复的过程，所以研究断代史可以为理论上的前进创造条件、开辟道路。譬如马克思主义经典作家就经济基础同上层建筑的关系做出了一些理论性概括，但对上层建筑相互之间的关系如何，谈得很少，而实际上政治、法律同意识形态间也存在相互制约的关系，思想、宗教、文艺之间也存在相互制约的关系。这种制约规律是什么呢？经典理论中并没有现成的答案。如果我们研究唐代佛教、道教、经学、哲学、文学、史学间的相互影响和作用，找到了某些规律性的东西，从理论上进行概括，而这种概括在另一个历史时期或另一个民族、国家也能适用，那就意味着对历史唯物主义作出了新的贡献。因此，研究隋唐五代史，不仅要在一点一滴上力图恢复历史的本来面目，而且要在理论上具有雄心壮志，把宏观研究同微观研究很好地结合起来。

最后，近几年来我国史学界出现了运用自然科学某些方法研究历史的风气。应当承认，这是一种可喜的现象。关于此点，在这里简单谈谈个人的一些浅见。第一，应当首先看到，运用自然科学的某些方法研究人类社会，有两种可能的前途：或者行得通，或者行不通。19世纪曾经掀起过一股利用力学原理研究历史的浪潮，但结果证明这种试验是失败了。与此相反，达尔文的进化论对研究人类发展史就很有启示。因此，运用控制论、系统论、模糊数学等方法研究历史，有可能成功，也有可能不成功；有可能在某些领域、某些课题上有用，在另外一些领域或课题上就没有用。目前应大力在这方面进行试探，不应过早地做简单的肯定或否定的结论，适当的鼓励是需要的。有志于此道的史学工作者不妨运用这些新方法研究隋唐五代史，希望能取得新成果。第二，要运用这些新方法去解决一些运用传统方法所无法解决的问题，不要局限于用一些新名词概念去说明一些用传统名词概念也能说明的历史现象。第三，如果运用传统的方法和理论以及系统论、控制论都能解决同一问题，而新方法运用起来更简便、更迅速而不是更复杂、更费事，那也是一个成就，也是新方法具有生命力的表现。正如运用代数方法比算术方法解四则题更简便易行，而不是更复杂困难。

除了自然科学的某些方法外，在社会科学领域内还有很多学科的研究方法、考虑问题的角度值得借鉴，而且肯定是用得上的。譬如社会学就属于此类学科，它所研究的像人口移动、职业构成、社会就业等问题，在隋唐五代时期都是存在的。当然，由于史料的局限，有些问题难以解决；但肯定也有一些问题是既存在又可能解决的。此外如生产力经济学对研究历史无疑也很重要。这些年来，我们研究经济史，存在着重生产关系、轻生产力的倾向，应当加以克服，把生产力经济学引进到历史科学中来，有利于克服上述倾向。

研究历史，离不开史料，根据新发现的史料往往可以得出新的科学结论。可以预期，今后若干年内，肯定能够发现大量有关隋唐五代史的新资料，前景是十分喜人的。这主要是指以下两个方面：吐鲁番地区必将出土很多新的文书和文物，新的碑志在全国也将大量发现并得到整理。

像敦煌藏经洞那样的奇迹，很难再发现了，但新疆吐鲁番地区蕴藏的文书、文物却非常丰富。当地阿斯塔那、哈拉和卓两处墓地有大量的古代墓群，其中绝大多数属于隋唐五代时期。已经发掘的近400个墓葬不足总数的十分之一，从中出土的文书已达2700余件。可以预期，将来两处墓地的墓葬全部发掘，所得文书将达数万件之多，至于明器、丝织品等就可想而知了。随着大量新文书、新文物的出土，很多正确的结论会得到丰富和进一步的论证，有一些传统的错误看法将得到纠正，还有一些从未认识的事物会开始面世。

隋唐五代时期的碑志，自欧阳修《集古录》、赵明诚《金石录》直到王昶《金石萃编》、陆增祥《八琼室金石补正》已经不断得到收集和研究。但过去已被发现并研究的为数仍然有限，像缪荃孙"艺丰堂"收藏的大量拓片尚未公诸世人，私人的收藏也不少。新中国成立以后全国发现的隋唐碑志更是不计其数，仅西安市附近的唐碑就以千方计。随着时间的推移，今后还会发现很多。已发现的志石有的有拓片，有的连拓片也没有，录文得到公布的为数极其有限，至于研究工作就更显得不足了。相信今后必将组织人力去收集志石、集中拓片、公布录文，这将为隋唐五代史的研究提供大量的史料。

此外，在传统的典籍中也还有发现新史料的余地，只要史学工作者认真耕耘，辛勤梳理，是会有所收获的。如果我们把视野扩大，在古代典籍中广泛浏览，就会发现不少古籍中均有关于这一断代的史料。譬如唐人注古书很多，贾公彦的《周礼注疏》就有关于唐代"行"的记载。司马贞为《史记》作的《索隐》、张守节为《史记》作的《正义》及孔颖达的《五经正义》等书，也可能有反映唐代史实的记载。唐人这方面的著作很多，如李贤的《后汉书注》，杨士勋的《春秋谷梁疏》，陆淳的《春秋集传微旨》《春秋集传辨疑》，李善的《文选注》及李淳风为《九章算术》《周髀算经》所作的注释等，不胜枚举。还有，宋人著述中论及唐代历史的也不少，因时代相去不远，其叙述部分也可以当作史料使用。

陆贽论唐前期的租庸调同北宋人谈唐后期的事，史料价值上没有什么不同，但我们往往重视前者而忽视后者。有些事物被唐人视为当然，由于太一般了，反而被忽略，未加记载；到宋代情况发生了变化，宋人于是将异代制度、习俗加以比较，由此把唐人忽略的史实记载下来，这种情况也会存在。今后的史料搜集应不限于几部重要的史籍，要解放思想，在更广阔的范围内博览群书，这方面可做的工作也不少。

在强调新突破的同时，用传统的方法研究隋唐五代史仍然非常重要，不能忽视。

运用马克思主义研究隋唐五代史，几十年来撰写的论著，不可讳言存在着下述缺陷，即专题论文多而专著少，二者间很不平衡。今后有志于治隋唐五代史的史学工作者如果有更多的人经年累月地积累资料，下大力气写几部有分量的专著，相信对这一断代史领域会做出更大的贡献，能够大大提高我们的学术水平。

（原载《中国古代史导读》，文汇出版社 1991 年版）

知识竞赛的新世纪

当我们站在世纪之交的门槛，回顾20世纪和展望即将到来的21世纪时，不能不在总结往事的基础上粗略地预测一下未来。我认为新的世纪将是充满挑战、希望和机遇的时代，也必然是非常严酷的竞争和淘汰的时代。简言之，21世纪必将是文明飞跃进步和各国知识分子全力赛跑的新世纪。

所谓"文明进步"或"文化进步"包括两层含义：一是指科学和技术的迅猛发展，二是指文化大环境的不断改善。千百年来，国与国之间相比，孰强孰弱，主要看经济实力和军事力量，所以"国强民富"曾经是中国世代人的梦想。中国历来有句口头禅："弱国无外交。"意谓民贫国弱的国家，即使幅员辽阔，也难以取得大国的资格，在外交上很少有发言权。而经济实力和军事实力的增强，又都离不开科学和技术的进步，在古代是这样，在"第三次浪潮"的现代更是如此。传统的看法是，国家的大小主要取决于疆域的大小；但在今天，情况已经有所变化，疆域并不很大的国家却可以成为经济大国，日本就是这样。由此可以预料，在21世纪，随着物质文明突飞猛进，迟早会出现科技大国或文明大国，即使领土较小的国家只要在科技上拥有杰出成就，也可以取得大国的资格和地位。从这个意义上，也许可以说，人类即将进入以科学技术称霸的时代。

所谓"文化大环境"是何所指呢？即科学技术进步所需要的"经济文化"条件、"政治文化"氛围和"社会文化"气候。缺乏这些方面的有力配合，科技的前进就会陷于举步维艰的不利境地。不能设想一个生产落后、政治专制和社会混乱的国家能够成为科技大国。

无论是物质文明还是精神文明，其进步和提高都离不开各国知识分子的努力和劳作。在这个新时代，哪一国的知识分子在超导、基因工程、人工智能、社会学、社会心理学、文化人类学、行为科学……领域能取得突破性成就，哪一国的综合国力就必然强大，在国际舞台上就拥有较多的发言权，在对外战争中就可能成为胜利者；哪一国的知识分子在上述领域落后了，哪一国的综合国力就必然比较弱小，在国际上就会处于没有多少发言权的弱国地位，有时甚至在对外战争中吃败仗。因此，说到底，21世纪是一个各国知识分子赛跑的时代，哪一国的知识分子跑在前列，哪一国就能赢得"金牌"或"银牌"；哪一国的知识分子跑输了，哪一国就没有取得"名次"的资格，无情地被淘汰下来。正是在这一意义上，我才说未来的世纪也是一个严酷的"淘汰的时代"。

知识分子的成长、壮大需要一定的社会机制和政治、文化环境，有远见的各国政治家应当从现在起就建立和完善这种机制和环境。不重视这个根本问题，仅仅依靠号召重视人才，仅靠有数的几次重奖和表彰，是不能长期奏效的。不及早重视和解决关键问题，到21世纪来临时，是会后悔莫及的。

处在世纪之交的重要时刻，中国的前途主要取决于科技、文化和知识分子的发展。五千年文化古国面临着新的挑战和问题，作为炎黄子孙，我们必须以严肃与认真的态度对待；否则，在21世纪是难以自立于世界民族之林的。

（原载香港中文大学《二十一世纪》1992年10月号总第13期）

《升平源》的真伪辨析

关于《升平源》的作者是否吴兢,素来是一桩千古疑案。司马光说:"世传《升平源》以为吴兢所撰",但他却认为该书"似好事者为之,依托兢名,难以尽信"。所以《通鉴》正文中"不取"①。于是问题就发生了:《升平源》是吴兢所撰的真实著作,还是别人依托兢名的伪作?它所记的内容可信吗?这是颇值得探讨的问题。

为了进一步深入分析这一难题,不妨先把《考异》所引《升平源》全文移录如下:

姚元崇初拒太平得罪,上颇德之。既诛太平,方任元崇以相,进拜同州刺史。张说素不叶,命赵彦昭骤弹之,不许。居无何,上将猎于渭滨,密召元崇会于行所。

初,元崇闻上讲武于骊山,谓所亲曰:"准式,车驾行幸,三百里内刺史合朝觐。元崇必为权臣所挤,若何?"参军李景初进曰:"某有乳母者,其父即教坊长入内,相公倘致厚赂,使其冒法进状,可达。"公然之,辄效。燕公说使姜皎入曰:"陛下久卜河东总管,重难其人。臣有所得,何以见赏?"上曰:"谁邪?如惬,有万金之赐。"乃曰:"冯翊太守姚元崇,文武全材,即其人也。"上曰:"此张说意也。卿罔上,当诛。"皎首服万死,即诏中官追赴行在。

上方猎于渭滨,公至,拜马首。上曰:"卿颇知猎乎?"元崇曰:"臣少孤,居广成泽,目不知书,唯以射猎为事。四十年,方遇张憬

---

① 《通鉴》卷210开元元年十月《考异》。

藏，谓臣当以文学备位将相，无为自弃。尔来折节读书。今虽官位过忝，至于驰射，老而犹能。"于是呼鹰放犬，迟速称旨，上大悦。上曰："朕久不见卿，思有顾问，卿可于宰相行中行。"公行犹后。上纵辔久之，顾曰："卿行何后？"公曰："臣官疏贱，不合参宰相行。"上曰："可兵部尚书同平章事。"公不谢，上顾讶焉。至顿，上命宰臣坐。公跪奏："臣适奉作弼之诏不谢者，欲以十事上献，有不可行，臣不敢奉诏。"上曰："悉数之，朕当量力而行，然①定可否。"公曰："自垂拱已来，朝廷以刑法理天下，臣请圣政先仁义，可乎？"上曰："朕深心有望于公也。"又曰："圣朝自丧师青海，未有牵复之悔，臣请三数十年不求边功，可乎？"上曰："可。"又曰："自太后临朝以来，喉舌之任，或出于阉人之口，臣请中官不预公事，可乎？"上曰："怀之久矣。"又曰："自武氏诸亲，猥侵清切权要之地，继以韦庶人、安乐、太平用事，班序荒杂，臣请国亲不任台省官，凡有斜封、待阙、员外等官，悉请停罢，可乎？"上曰："朕素志也。"又曰："比来近密佞幸之徒，冒犯宪纲②者，皆以宠免，臣请行法，可乎？"上曰："朕切齿久矣。"又曰："比因豪家戚里贡献求媚，延及公卿、方镇亦为之，臣请除租庸赋税之外，悉杜塞之，可乎？"上曰："愿行之。"又曰："太后造福先寺，中宗造圣善寺，上皇造金仙、玉真观，皆费巨百万，耗蠹生灵。凡寺、观、宫、殿，臣请止绝建造，可乎？"上曰："朕每睹之，心即不安，而况敢为者哉？"又曰："先朝褒狎大臣或亏君臣之敬，臣请陛下接之以礼，可乎？"上曰："事诚当然，有何不可？"又曰："自燕钦融、韦月将献直得罪，由是谏臣沮色。臣请凡在臣子皆得触龙鳞，犯忌讳，可乎？"上曰："朕非唯能容之，亦能行之。"又曰："吕氏产、禄几危西京，马、窦、阎、梁亦乱东汉，万古寒心，国朝为甚。臣请陛下书之史册，永为殿鉴，作万代法，可乎？"上乃潸然良久曰："此事真可为刻肌刻骨者也。"

公再拜曰："此诚陛下致仁政之初，是臣千载一遇之日，臣敢当

---

① 此处原衍"后"。——编者注
② "纲"原作"网"。——编者注

弼谐之地，天下幸甚！天下幸甚！"又再拜，蹈舞称万岁者三，从官千万皆出涕。上曰："坐。"公坐于燕公之下，燕公让不敢坐。上问，对曰："元崇是先朝旧臣，合首坐。"公曰："张说是紫微宫使，今臣是客宰相，不合首坐。"上曰："可紫微宫使居首坐。"

我细读了这段文字，结合当时的实际形势，初步认为《升平源》的记载基本上是可信的，它的作者也确实是吴兢本人。兹简略讨论如下。

首先，司马光认为此段文值得怀疑，但他并没有进行考证，也没有提出把它说成伪作的证据，仅仅是从情理上进行推断，所以温公做出的结论不能完全令人信服，不够有力。

其次，仅就情理推断而言，温公的说法也并不一定能够成立。他做如此判断的唯一依据是："当时天下事止此十条，须因事启沃，岂一旦可邀？似好事者为之，依托兢名。"为了分析这一判断，我们必须先搞清楚当时的实际形势究竟怎样。《考异》中没有载明姚元之与皇帝对话的具体年代，但《通鉴》正文系此事于开元元年十月条下。《新唐书》卷124《姚崇传》把这十条都收录了，只是在文字上稍加删削，可以看出欧阳修并不怀疑它的真实性。《新唐书》把此事系于先天二年（713）。大家知道先天二年十二月改元开元，所以先天二年和开元元年是同一年。这说明《通鉴》和《新唐书·姚崇传》所记载的年代完全相同。按先天、开元之际正是唐玄宗刚刚即位的重要时刻，当时他面临的重要政治使命是拨乱反正，即结束武则天以来数十年的政局混乱，同历史的昨天正式告别；另一方面，勇敢地面向未来，开创一个面目全新的政治形势。为了完成开创新局面的任务，他不可能不在总结以往的基础上对未来进行全面的规划，对各方面的问题统筹兼顾，以便在实践中大步前进。恐怕做如此认识的不可能仅止皇帝一人，不少人会考虑如何治理整顿的大政方针，姚崇就是这些人中考虑最全面、见地最多的一个。因此君臣相遇之后一拍即合，是完全合乎情理的。当时确实是一个历史处于急转弯的非同寻常的时期，不是通常的时日可比，有很多大问题亟待解决，决非"因事启沃"可以应付得了。这就决定了《升平源》所记录的君臣对白实际是具有纲领性的，非常重要，不同寻常。

第三，据《新唐书》卷62《宰相表》所载，开元元年十月甲辰，以"同州（治今陕西铜川市）刺史姚元之为兵部尚书、同中书门下三品"。十二月壬寅，"元之兼紫微令"。《通鉴》所系年月日悉同。姚元之在武周时期曾经担任过宰相，"五王政变"后他因"辞违旧主"而"悲泣"，众人都在"欣跃称庆"时他却"独呜咽流涕"①。尽人皆知，玄宗对武周政治持完全否定态度，他日后重用曾经效忠于武则天的人，没有重大的契机和考验是不可能的。在李隆基同太平公主的斗争中姚崇是经过了一番考验的，但在开元元年（713）就突然把他由同州刺史擢拔为宰相和中书令，而且仅仅是在两个月左右的短期内先拜相后除中书令，其中姚崇必然有重要的表现，否则这样的优遇是难以想象的。我觉得如果否定了渭滨君臣大加议论大政那件事，这些现象就无法加以圆满解释。正因为玄宗听了姚崇的十条宏论，而且认为正合自己的主张，所以才肯对他破格迅猛提拔。否则，对这个历史复杂的人如此迅速晋升和信用，就成了很不合情理的事。从这一角度看，《升平源》所记载的史实也是比较可信的。

第四，从姚崇与张说间的相互矛盾及二人分别同玄宗的关系亲疏看，其中也有不少很值得注意和能说明问题的地方。早在李隆基做太子时，张说就是他的侍读，"深见亲敬"。不久，睿宗又是在张说的建议下"使太子监国"，并于次年"制太子即帝位"。玄宗继位不久张说又献佩刀"请先事讨"太平公主。② 从上述经历看，张说与玄宗之间的关系是"情义至密，（说）非他相可比，故任用以来言必从，计必行"③。论同皇帝的关系，姚崇不能望张说之项背。此外，姚崇固然是玄宗朝的名相，可张说也并非无能之辈，"时议以为，说之通识过于魏徵"④。这是很高的舆论评价！奇怪的是，姚崇拜相后仅仅过了九个月，张说就为"姚崇所构，出为相州（治今河南安阳市）刺史"，"俄又坐事左转岳州（治今湖南岳

---

① 《旧唐书》卷96《姚崇传》。
② 《旧唐书》卷97《张说传》。
③ 《唐史论断》卷中《册忠王为皇太子》。
④ 《大唐新语》卷7《识量第十四》。

阳市）刺史"①。姚崇在皇帝面前"构陷"张说是以疏间亲，论同玄宗的关系他又不能与张说同日而语，为什么姚崇能够在这件事上一举得逞呢？这是非常引人注目的问题，无怪乎宋人孙甫说："张说有辅翊旧勋，素亲倚任，方居左右，与崇不协，崇虽才过于说，适在疏远，不任说而任崇，此所以为难也。"②难就难在玄宗这样做太不近情理。当时姚崇新登相位，还来不及有非凡才能的表现，玄宗从哪里能看出他的才能超过张说呢？只有承认了《升平源》中所记载的君臣对话，才能解开这些谜。显然，通过这一番纵论天下大事，玄宗看清了姚崇是极富政治头脑的人，相信重用他后必然能有杰出的政治表现。从这一侧面看，《升平源》的记载也绝对不是子虚乌有。

最后，《新唐书》卷59《艺文志》中著录有"陈鸿《开元升平源》一卷"，并注称："字大亮，贞元主客郎。"两《唐书》中无《陈鸿传》，所以无从查考他的身世。世人皆知《长恨歌传》的作者叫作陈鸿，但《长恨歌传》是文艺作品，根本不是历史撰述。现在我们看到的《通鉴考异》所引的《升平源》虽然也有一些细节的描写，然从总体上看还是更像记叙史实的文字。吴兢则是尽人皆知的开元朝著名史臣，撰有《国史》六十五卷及梁、陈、齐、周、隋五代史，还有《隋史》二十卷。他卒于天宝八载（749），在他晚年"虽衰耗，犹希史职"③，可见他是有撰史癖的人，一生有很多机会接触史料。吴兢还撰有《唐史备阙记》十卷④，说明他手头必然收集有不少《实录》《国史》所不载的其他一部分史料，用这些材料可能有利于撰写《升平源》一类的文字。司马光撰《通鉴考异》时称："世传《升平源》以为吴兢所传。"说明到北宋时人们仍能看到吴撰《升平源》，如果确实有陈鸿所撰的《开元升平源》，温公应当也能看到，但他却从未提及此书。依此推断，很可能实情是这样的：所谓传世的《升平源》亦名《开元升平源》，前者是后者的简称，其作者大概是吴兢无疑。欧阳修在撰《新唐

---

① 《旧唐书》卷97《张说传》。
② 《唐史论断》卷中《相姚元崇》。
③ 《旧唐书》卷102《吴兢传》。
④ 《新唐书》卷58《艺文志》。

书·艺文志》著录《升平源》的过程中由于众书丛脞,在抄录定稿中发生了笔误,因而把"吴兢"误写成了"陈鸿"。这样的假说或可有确立的余地,故特备一说于此。

(原载《河北学刊》1994年第1期)

哲学、思想与史学的关系

对一个民族和国家的史学发展在一定时代能起作用和影响的东西很多，譬如经济、政治、法律和文学、艺术、一般文化氛围等，我只打算在这里谈谈哲学和思想在这方面的问题。即使仅就哲学和思想而言，问题也很复杂，譬如同一时期就有各种各样甚至是相互对立的哲学和思想，远非短短几千字能够阐发清楚。这篇短文只企图谈一下一个民族和国家中占统治地位的哲学和思想对史学发展所能起的主要作用和影响。一滴之见，尚乞方家、通人批评指正。

纵观世界各国的历史，我们可以发现一个共同现象：不同时代的史学家是按照该同一时代的居于支配地位的哲学和思想所定的基调放声歌唱的。这几乎是一条铁的定理，古今中外概莫能外。以下先举事实加以说明。

早在人类的远古时代，一神教曾经有一个时期在人们意识中占绝对的统治地位，在它的影响下，史学深深地打上了神的烙印，于是就出现了史学与神话相联系的现象。其表现是，在西方流传着《创世记》的传说，在中国则相应出现了"盘古开天辟地"的故事。

西欧跨入了中世纪，当时占绝对统治地位的思想是基督教的教义，它是支配人们世界观和价值观的绝对因素，甚至神学使当时的各种思想体系都变成了它的分支门类，当然哲学和史学也不例外。中世纪史学家用教义神学来说明历史事实和历史现象，可以说他们是戴上宗教和教会的有色眼镜来观察中世纪社会的。因此人们惯于把中世纪的欧洲史学称作"基督教史学"。甚至可以说，当时的史学是为神学服务的，基督教思想浸透了史学的每一个细胞。在中世纪的中东，情况也颇类似，不同的只是在那里，占支配地位的不是基督教而是伊斯兰教，因而出现的是以该教教义为基础思想的中东史学。

到了文艺复兴时代，教会思想的一统天下破灭了，因而"基督教史学"也就随之寿终正寝了。代之而起的占统治地位的思想是理性主义，史学遂借此东风而摆脱了宗教的羁绊，走向理性的批判。重视理性思维的史学家却不免由此走向极端，因而产生了对史料的必要考订有所忽视的缺点，他们的共同缺点是学风不够扎实。

历史继续前进，跨入了"工业革命"的年代。这一新的巨变使自然科学随之勃兴，而尽人皆知，自然科学尤其重视证据和实验，特别强调实证，流风所及，也使人们的思想和研究方法起了非常巨大的变化。在这种思潮影响下，在德国史学界遂兴起了以兰克（Leopold von Ranke）为代表的新学派，其特点是特别重视对史料的考证。相对于陈旧的"基督教史学"来说，这一新学派确实标志着史学的进步趋势。在科学迅猛勃兴的开明时代，兰克甚至要把史学也列入科学的行列。事实说明，自然科学的迅速发展影响了人们的学术思想，占统治地位的新思潮终于有力地作用于史学的发展过程。

进入20世纪，弗洛伊德（Sigmund Freud）异军突起，其精神分析的理论和方法发生了广大作用，受其影响特别巨大的心理学，开创了全新的心理学领域。受弗洛伊德主义影响的学科非常普遍，诸如哲学、宗教、人类学、教育学、艺术等无不受到这一新思潮的光辉照射。在这种总的新思潮下，史学自然也难以摆脱它的影响，因而最后产生了新的理论和方法，这就是所谓"心理史学"。

法国的孔德（Auguste Comte）在19世纪创建了新的学科——社会学，从19世纪和20世纪社会学逐渐成为显学。在它影响下在史学上出现了"历史社会学"及"社会历史学"。孔德不仅是社会学的鼻祖，而且还是一位信奉实证主义哲学的思想家。由此可见，实证主义哲学还是通过社会学的中介，最终影响到了史学的发展。随着社会学的普及和广为学者所接受，人们因能用宏观的眼光观察人类发展在漫长历史中所经历的相继接续的各个社会，这是马克思所创建的社会发展史系统得以诞生的重要条件之一。现代西方所盛行的"年鉴学派"也是由于同样的原因才能够形成的史学流派，后者的发展至现在仍方兴未艾，对史学界产生了巨大的影响。

1917年俄国爆发"十月革命"这一重大历史事件以后，在现代世界舞台上曾先后出了一大批社会主义国家，在这些国家中的历史学家基本上都信奉马克思主义，也就必然信奉作为其哲学思想的历史唯物主义和辩证唯物主义。所以这些国家的历史学家理所当然地在此哲学思想指导下研究历史，他们纷纷探讨农民战争史，强调研究、编写经济史，把各个时代的政治史、法律史及意识形态史当作"上层建筑"史来对待，特别热衷于对历史人物进行评价。其所以会出现这种现象，就因为上述方面都牵涉到了历史唯物主义这一哲学体系的基本理论。一言以蔽之，在社会主义国家中，辩证唯物主义和历史唯物主义思想占绝对统治地位，故其理论必然成为给史学定基调的主导因素。

回顾长达数千年之久的中国封建社会，虽然历史上产生过各种各样的思想家，但探讨宇宙观的哲学思想却从来未能取得统治地位，而真正占支配地位的却是儒家思想。自汉武帝、董仲舒以来垂两千年，这始终是一贯的。佛教、道教虽然也广为流传，但却从未取代过儒家思想的独尊地位。这确实是中国历史能显示特色之处。自中华人民共和国成立以来的近半个世纪中，国内治哲学史、思想史的学者花费大量心血和时间，力图把一部中国封建社会思想史写成唯物论思想同唯心论思想的斗争史，即企图把中国思想史尽量套入西方思想史的既定框架，但其结果却是写出来的专著和论文始终令读者有未能打中要害的感觉，让人读起来觉得有些隔靴搔痒。原因何在呢？我觉得关键就是他们都犯了削足适履的毛病，即削中国思想史之足以适外国思想史之履。这样的研究方法必然使写出来的论著脱离开中国历史的实际。说至此不禁要问：什么才是治中国思想史应当着重研究的关键问题呢？遍检从孔子、孟子直至朱熹以来的大量儒家典籍，其中有关探讨宇宙观、自然观的内容有如凤毛麟角，非常贫乏，即令有这方面的片言只语也很不系统。我们很难把这些先贤称作具有系统哲学思想的思想家。儒家学说所特别重视和经常提到的是：仁、仁政、恕、忠、孝、悌、义、德……概括起来无非是关于政治思想、伦理思想两个范畴的内容。这才是儒家思想的核心所在。因此，治中国思想史应当从政治思想、伦理思想两个方面入手,首先考虑宇宙观问题,难免走向缘木求鱼的错误道路。

现在让我们回过头来分析这种儒家思想对中国封建史学发生什么样的影响和作用,看看它如何塑造史学的面貌。宋人司马光有一部闻名于世的名著,即尽人皆知的《资治通鉴》,正是"资治"二字道出了其中的奥秘。其实何止《通鉴》一书,其他正史莫不皆然,莫不围绕着统治思想、伦理思想这两个轴心在旋转。所以我曾在拙著《中国封建社会形态研究》一书"序言"中指出,在历代以正史为主体的史籍中,记载最多的是有关皇族、贵族、官吏言行的史料,甚至从未做过官的庶族地主和商人,也很少被涉及,至于农民和手工业者就更不在话下了。即令在经济、财政范畴,史料也是"国计多于民生,财政多于经济"。这一史料的特点反映,其所以如此,盖由于儒家思想在意识形态领域里居于绝对支配地位,史学遂深深地打上了儒家思想的烙印。

不仅哲学史、思想史是史学发展和演变的指挥棒,而且就个人言,一位史学家怎样从事历史研究也同样与他脑海中信奉什么哲学和思想有关。封建史臣的情形无须赘论,从前面的论述也可明了其大概。以下举近代、现代的两位史学大师的例子加以说明。胡适在哲学思想上信奉实用主义,无怪乎他把历史看成是一个任人打扮的"百依百顺的女孩子"。在胡适看来,史学家不是研究、描述"女孩子"的本来面目究竟怎样,而是经过他的加工把这个"女孩子""打扮"成什么模样。显然这就是实用主义哲学在胡适的所谓史学上的必然反映。郭沫若在思想上信奉马克思主义的历史唯物论,按照这一理论,人类社会的发展过程可以依次划分为如下五个阶段:原始社会、奴隶社会、封建社会、资本主义社会和社会主义社会,所以郭氏对史学的最大贡献是首先把殷代社会定性为奴隶社会,他的名著《奴隶制时代》就是主要阐发这一观点的。可见对于史学家个人来说,他信奉什么哲学和思想也是决定其史学活动的关键因素。

近些年来在西方兴起一门新的学科,名曰未来学,即对未来进行预测。其中有很多预测未来的理论、方法和启示。我们不妨也用未来学的目光来展望一下史学在未来的前景,预测一下它的可能发展趋势。决定史学前景的因素很多，如重大历史事件的爆发，自然科学的进展，各种技术的提高、人文科学及社会科学的发展、考古上的突破发现……都会影响到史学的趋势，我们很难在所有这些方面进行全面的预测，在这里我打算仅就本文所讨论的问题，在这一个方面进行粗略的展望性估计。根据前面所讨论的情况完全可以断言：当将来人类在哲学领域或思想领域取得重大突破，而新的哲学和思想在某些民族或某些国家占据了统治地位时，它必将给史学带来巨大的变化，即促使史学跨入一个崭新的时代和境界，这一点是确定不移的，毫无疑义的。让我们满怀信心地翘首企盼吧！

（原载《中国前近代史理论国际学术研讨会论文集》，
湖北人民出版社 1997 年版）

《唐末农民战争战略初探》序言（二）

新中国成立以后，由于运用历史唯物主义的基本理论研究中国古代史蔚然成风，劳动人民的生产斗争和阶级斗争受到特殊重视，所以在史学界农民战争史的研究成为"热门"是理所当然的。回顾三十多年来史学工作者所走过的历程，这方面的成就可以说相当丰硕。

但是如果一分为二地总结以往的经验和教训，也不能不看到我们的研究工作是有一些偏向的，如：纯理论问题探讨多，具体的研究相对不足；热情歌颂农民起义多，深入细致的分析相对逊色；研究起义过程时绘形绘声的描写多，对军事战略的分析相对较少。最近诸葛计同志根据白天同志研究唐末农民战争史的遗著《唐末农民战争的战略问题》结合自己的深入钻研，用很大力气写成《唐末农民战争战略初探》一书（以下简称《初探》），洋洋近二十万言。作者将未刊稿寄给我一份，让我写篇序言，因而得以先睹为快，粗读了一遍。读后的总印象是这本书恰好在上述几个不足的方面有所弥补，这本书的出版应当受到史界同行的重视。

"文化大革命"以前，我曾写了一本小册子《唐末农民战争》，篇幅仅十三万字左右。由于自己是从校门走向校门的书生，一生中从未经历过战争，个人毫无实战经验，因而在分析黄巢起义的战略问题时自必感到力不从心，尤其是不敢妄加发挥，写起来不顺手，写出后不满意。白天同志受过正规的军事训练，具有很高的军事理论修养，又长期在部队工作，具有丰富的实战经验。由这样的同志来研究唐末农民战争的战略问题，可以说是已经掌握了人体解剖的技术以后再来解剖猴体，自然是得心应手的事。这样，以拙著分析黄巢进军战略部分与诸葛计同志这部

《唐末农民战争战略初探》序言(二)

著作相比,就不免油然而生后来居上之感。作者用主要力量分析"流寇主义"问题,确实是抓住了要害;《初探》对起义涨潮、退潮时间农民起义的优缺点及其历史作用的分析,是相当精到的。

不论是写篇文章还是著一本书,材料由自己搜集,结论在自己头脑中酝酿成熟,执笔时当然会感到顺理成章,要容易得多。诸葛计同志写这本书的情况却不然。尽管材料是亲自动手搜集的,但看法却有很多部分来源于白天同志的遗著,这样要写得准确、前后不发生矛盾、发挥得比较自如,就不是一件容易的事。《初探》正是在这一点上做得相当成功。值得特别提出的是,诸葛计同志对白天同志的论点也不是原封不动地简单因袭,而是有所取舍,有所改变,有所发展。在一本著作中既尊重前人的成果而不掠人之美,又能提出独立的见解而不做违心之论,不能不承认这是学风正派的表现。

我最近几年常常感到研究社会科学也应当搞边缘科学。目前已有一部分同志提倡和尝试利用系统论和控制论等方法研究中国历史。对于这种新生事物,个人的态度是先不轻于表示肯定或否定,不妨由大家广泛试试,根据研究实践来检验这些方法能否使用。但即令这些方法在研究某些问题或某个问题的某些方面可以运用,它们也只能在马克思列宁主义总指导下起作用。企图以这些方法代替辩证唯物主义和历史唯物主义来研究历史是完全错误的。此外,我认为搞边缘学科应当首先在社会科学内部各学科间进行跨学科的研究。《初探》似乎可以看作就是边缘学科的产物。我之所以这样讲,是由于感到:过去研究历史的史学工作者多不懂军事,真正懂军事科学又有实战经验的同志却往往并不是专业的史学工作者,而诸葛计同志与白天同志的合作恰好能做到这两方面的结合。今后搞边缘学科,无非是采取以下两种方式:或者是史学工作者扩大研究领域,再搞一门或几门别的学科,如经济学、国家与法学、军事学……或者是史学工作者与精通别的学科的专业工作者协作。就白天同志个人而言,可以说是一身而二任焉,兼有两种身份,可惜的是唐末农民战争史的研究是他未竟之业;就诸葛计同志写《初探》而言,可以说是采取了后一种方式。这两种做法都值得提倡。

兹就《初探》问世之机，写了以上几点粗浅的意见，未知作者与读者以为然否。

胡如雷
1982年12月5日

（原载《唐末农民战争战略初探》，天津人民出版社1985年版）

怀念张老 纪念张老

1991年3月7日一早，忽然传来张恒寿同志不幸仙逝的消息，我急忙奔赴省医院瞧个究竟，幸好仅有五分钟的时间得以一睹遗容。张老安详地静卧在那里，与我们永别了！从他的面孔可以看出，临终前未罹重病，没有痛苦的样子，走得利落干净。

张老于我，可谓情兼师、友。在学术上，就辈分而言，是我的师长；张老享年八十九，我现年六十五，相差二十四岁，就友谊关系而言，彼此间可以说是忘年之交。相处三十五年的良师益友，一旦溘然长逝，怎能不令人黯然神伤！

处此潸然泪下的悲痛时刻，不由得回顾往日相处的三十五年，张老的音容笑貌历历在目，值得回味的往事很多，兹写出来以资纪念。

一

我是1956年从河北邢台师范调到河北天津师院历史系任教的。从此开始同张老接触，但此前已经发生了工作关系。事情的原委是这样的：当时正值高等学校大发展，周总理又作了《关于知识分子问题的报告》，"向科学进军"的呼声震耳欲聋。正是在这种情况下，《历史研究》发表了我的两篇文章，而河北天津师范学院也正壮大教师队伍，目光自然也及于中学，所以张老看过我的论文后，即向历史系的领导力荐，我才终于调到了该系。因此可以说，俩人之间是神交有素，谋面之前已经建立友谊。

从中学初调到高等学府，突然感到不用再每周讲课十八节了，时间和精力比较充裕，可以系统读书了，同时更觉得当时讲授"中国通史"课力不从心，业务水平需要大大提高，为此，必须通过读史书奠定深厚的基础。在这种考虑下，我决定先读《论语》《孟子》《左传》和前四史等。但精读这些书时首先遇到了如何逐字逐句读懂的问题，确实遇到了一些拦路虎，非个人能力所能跨越。每遇到困难，我就挟书求教于张老。最初的几次，在我思想上还有一些顾虑，深恐一再打扰会占用张老太多的时间。但每次登门请教，张老都是那样耐心仔细地解答疑难，日子久了，顾虑也就全部解除了。交谈的时候张老还毫无保留地介绍他的治学经验，介绍史学界的情况和最新动态，因而我的每次求教几乎都是谈得尽兴而归。这样，彼此的思想感情遂日见加深，终于达到了无所不谈的地步，年轻时的爱情故事也可以相互涉及，甚至张老提出入党申请的心愿也都对我和盘托出。张老临终前几年中，我经常去师院看望女儿和小外孙，也顺便去张老家中畅谈，有时还把女儿做的羊肉、汤团、米酒之类风味饮食给张老送去。每次从张老家中回来，因为他老人家吃得心满意足而使我心中享受到一种安慰。

与张老的过从中，无论是在学问方面还是在做人处世方面，我都深感获益良多。譬如对于教过的学生，即使十几年不见后偶然相逢，张老都能够直呼其名。最初，我对他的记忆力感到吃惊，但事后深思此事，才发现张老之所以能做到这一点，是由于热爱学生的一颗赤子之心。与张老相比，自觉不但在学问方面自愧不如，在做人方面也是望尘莫及，自己只能由此受到鞭策，确实是"见贤思齐"焉。

二

评价学者，贵在兼重文章和道德两个方面。以此而论，张老可以称得起是品学兼优。现在首先就其品格高尚，为人正派方面谈谈我的印象。

青年时代的张恒寿同志就读于清华大学研究院，师从陈寅恪等大师。在钻研学问之暇，他亦留心国家大事，过问政治。清华校内有一个进步的小报，在一段时间里由张恒寿同志主编。由于报纸的政治倾向非常明显，他曾因此受到学校领导人的斥责。当时张老已经接触和信奉马克思列宁主义，并已侧身于进步学生的行列之中。有的地下党员为了躲避反动政府的迫害，曾经得到过张恒寿同志的掩护。

1937年七七事变爆发，抗战军兴，其时张老正乡居山西平定县的故里。因为他在当地已具声望，日伪方面有意请他出来担任职务。张老闻讯后大义凛然，连夜出走，随难民徒步跋涉数十里，吃尽了苦头，最后才得以乘火车直奔北平。初到北平，他无正常收入，一贫如洗，因为他擅长书法，曾打算卖字为生。后来无论生活如何困窘，张老始终坚持不就职于日伪政权的原则。这些往事非常感人而生动，前些年故乡修地方志时，有的同志曾主张把张老的事迹写入"先贤传"。

抗战胜利后，中国面临着两条道路的斗争，每一个人也面临着如何进行抉择的问题，是拥护国民党政府呢？还是欢迎解放，为新中国服务呢？正是在这个大是大非问题上，有人决心留在北平迎候解放，有人决定随蒋政权南逃，也有一些人举棋未定，持犹豫态度。在此关键时刻，张老同张岱年等人组成的"三立学社"当仁不让，以左派面目努力劝阻知识分子随蒋政权南下，留下来迎候解放。在当时思想混乱中，"三立学社"无疑发挥了积极作用，张老自然功不可没。

张老的澹泊明志非常突出。高等学校1956年晋职时，张老任副教授，但同时却在中国科学院哲学研究所兼任正研究员。按他的实际学术水平，早已该是二级教授了，但在高校，他却是四级副教授，一直到"文化大革命"以后。他晋职为正教授，那已经是近些年的事了。了解情况的人，包括我在内，一直为张老鸣不平，但从张老口中，却从来没有人听到一句不满的话，他根本不谈论这件事。有一个时期，张老任河北师院历史系的系主任，杂事很多，占去不少时间和精力，我深深地感到这样影响他的学术研究太严重了，非常可惜，劝他多依靠副系主任和总支领导同志，尽量摆脱烦琐的杂务，但他却说："我每月拿206元工资，不多干工作就不能心安理得。"可见他对四级副教授的工资不但不感觉太低，反而用它来鞭策自己。就是在张老这种精神感召下，我对自己十级讲师的工资也不敢太耿耿于怀了。

张老仙逝后，我送了一副挽联，上句是"德高望重，澹泊明志，一生坚操守"，歌颂的就是他的道德方面，张老不愧是一位永远值得敬仰的忠厚长者。

三

说罢道德，再专门谈谈文章方面。

张老一生主要治思想史，而我是搞隋唐史的，俗话说，"隔行如隔山"。按理，对张老的渊博学问，我无由置喙，但在多年的接触中，从他身上得到很多的启示，获益良多，似乎也可以谈出些印象和看法。我觉得张老治学，有以下几个特点：

第一，贵精深，不轻易落笔。

我刚调入河北天津师院历史系时，张老接连发表了两篇文章：一篇题为《评胡适"反理学"的历史渊源和思想实质》，发表于《哲学研究》1956年第2期；一篇题为《试论两汉时代的社会性质》，发表于《历史研究》1957年第9期。前者是全国开展批判胡适运动的产物；后者是史学界开展古代史分期讨论的争鸣之作。这两篇文章在我思想上留下了极其深刻的印象。

在大规模批判运动中发表的文章，一般多有如下的不足之处：政治帽子多，学术水平低，批结论多，批论据少，也有一部分文章则干脆就是谩骂，但谩骂不等于战斗。张老批判胡适的论文与此不同，他没有单纯地打政治棍子，而是把批判建立在深入研究的基础之上。行文中毫无盛气凌人的架式，但那却是认真的战斗。他不但研究了思想史的发展脉络，尤其是明、清以来的历史和思想，而且对胡适本人的身世和思想也进行了深入的探讨。所以至今读起来，无人不感到信服。像这样具有学术水平的批判文章，在政治运动中是很少见的，难能可贵。

古代史分期问题是史学界所谓"五朵金花"之一，前后发表的论文、专著，以数百万字计。在我的印象中，张老的《试论两汉时代的社会性质》确是其中的奇葩，有如鹤立鸡群，独放异彩。《历史研究》发表时置于该期之首篇地位，不是没有原因的。

张老研究《庄子》达半个世纪之久，早在清华大学就读时就开始了这项工程，他用文言撰写的研究生毕业论文就是关于庄子的。而直至1983年，经过五十年的呕心沥血，张老的《庄子新探》才姗姗来迟地第一次面世。无怪乎此书一出版就受到了国内外的普遍重视，记得1985年我赴香港参加学术会议时，曾遇到一位研究《庄子》的学者提及此书，倍加赞扬，并向我问起张老的近况。毫无疑问，《庄子新探》称得起是一部名著。

就数量言，张老一生的论著似乎不太多，但正是由于不轻率执笔，才能达字字珠玑的高度，非一般人所能企及。

为什么张老的论著特别显得深刻和精彩呢？主要原因在于思路致密，深思熟虑。关于此点，在生活中也有所表现。记得"文化大革命"前在北京时，有一年暑期张老同我都去香山度假，游山玩水之余就以弈棋为乐。有时一位棋手已到了山穷水尽的地步，眼看已被将死，大家都认为败局已定，而在这种时候往往是张老还能找到出路，把死棋下活。我觉得张老治学也是如此，具有开拓"柳暗花明又一村"的境界的能力，能够"妙手回春"。

第二，从不保守，不断关心新事物，勇于开拓。

张老享年八十九岁高龄，但不像一般老年人那样易于趋向保守，而是肯于面向新事物，面向未来，始终勇往直前。

最近几年，史学界流行运用控制论、系统论、信息论研究历史。张老对"三论"并不简单地拒之门外，而是不断把这些新潮论著找来钻研，认为其中也许有真理可言。他并不抱残守缺、故步自封，按自己的习惯道路走下去，而是随时关心新方法、新理论、新领域，力求新的开拓。对一位老年学者而言，这种求新精神是非常可贵的。

1988年6月，我在《光明日报》的《史学》上发表了拙文《运用"角色"原理研究历史人物的设想》，张老读后立即寻觅社会心理学、心理学方面的书，探讨历史研究运用相邻学科方法的问题。

连欧洲共产主义思想影响下出现的新潮著作，也都没有逃出张老的视线，他从不轻易放过任何一点有价值的东西。张老之所以早在清华大学读书时就能接触和信仰马克思主义,恐怕就与他一贯求新有关,当时正值"五四"以后,历史唯物主义和辩证唯物主义刚刚传入我国,这一新的科学的世界观必然引起具有求新意识的知识分子的注意。

第三,重视理论,兼长考证,做到了论史密切结合。

有不少长于运用理论研究历史的史学家,往往使用史料比较马虎,不进行古籍、史事的考证;另一种学人不善于运用理论,却有考证工夫,继续沿着乾嘉遗风做学问。张老则兼通二者,而且能把它们很好地结合起来,因而所写的论著特别显得扎实、功底深厚,而且具有理论的高度。这一点可以说是为我们树立一个榜样。

最后,学贯中西,古今融会,兼顾文、史、哲,博中求约。

张老不但专门研究思想史,而且对文学、史学也都能兼顾。他曾用数年的时间研究韩愈和柳宗元,虽未形诸文字,但一再同我谈起,他是从两人思想、文字、官履等各个方面考虑问题的。他不但留心文学,而且从事旧体诗创作,最后把自己一生的篇什编为《韵泉室旧体诗存》,由花山文艺出版社出版。

一般文学史、哲学史专著,多全力以赴研究各个领域本身,写到社会背景时则多借用通史和断代史的成果,无大新意。张老则克服了上述弱点,对中国古代史上各个重要的时期,也亲自动手进行研究。譬如他不但钻研董仲舒和王充,而且撰写过论汉代社会性质的文章。在钻研韩、柳的过程中,我从相互交谈中发现,张老对唐代历史社会也很熟习。谈论顾、黄、王的学术思想时,明、清之际的历史对他来说是了如指掌,从他批判胡适的那篇论文中也可以清楚地看出此点。不仅如此,张老还撰写过题为《关于中国封建土地所有制讨论中的若干问题》的文章,发表于《历史研究》1962年第2期。

在张老的书斋中,不仅有关于爱因斯坦的著作,而且还有康德著作的英译版,他虽已年属九十,有时尚阅读外文书籍。说张老学贯东西,可谓当之无愧。

正是由于他兼顾古今中外,兼顾文学、史学和哲学,能使研究工作建立在坚实的基础上,才能在博中见约,在有限的论著中显示出很高的水平。这一点对我们是很有启发的。我的挽联的下句是"学广识博,未轻落笔，一贯尚精深"，就是企图描绘张老的治学特点。

张老虽然离开了我们，但他那亲切的面容和道德、文章中包含的精神却永远活在人们心中。我们无比怀念张老！永远纪念张老！

（原载《河北师院学报》1991年第2期）

附录　胡如雷先生论著目录编年

秦进才辑录

胡如雷先生（1926年1月22日—1998年1月19日），山西定襄县人。1946年9月—1949年9月，先后在西安西北大学、上海大夏大学读书。1949年暑假，考入清华大学历史系；1952年7月毕业，分配到河北邢台师范学校（邢台学院前身），担任历史课教员。1956年9月，调入河北天津师范学院历史系任教。1958年8月起，先后随历史系搬迁到北京、宣化、石家庄等地，历任河北北京师范学院（后改为河北师范学院）历史系教员、讲师、副教授、教授等职。1985年9月，调入河北省社会科学院历史所任研究员。1994年4月，调回河北师范学院（今合并为河北师范大学）历史系任教授。

胡先生视学术研究为生命，不论是在坎坷的岁月，还是在多彩的晚年，都以深厚的理论修养、扎实的史学功力、恢弘的大家气度、高瞻远瞩的学术视野，研究中国古代的政治、经济和隋唐史，并进行跨学科的探讨，融会中西，贯通古今，撰写了多部自成一家、别具特色的学术专著，发表了近百篇学术论文，还参加了多部专著、大型工具书的编撰。他的很多论著，促进了学术的发展；他的许多观点，已被学界所认同；他的思路，给学者以新的启迪；他的成就，使他成为《中国大百科全书·中国历史》卷所收录的著名史学家之一。

胡先生成就卓著，获得了各方面的尊重和信任。他担任过张家口市宣化区人大代表，河北省第六届人大常委，全国政协第七、八届常委，全国哲学社会科学规划领导小组成员，中国唐史学会会长，中国农民战争史研究会副理事长，唐太宗研究会会长，河北省历史学会副会长，河北省历史教学研究会会长，河北省地方志学会副会长等职。他的著述多次获得省部级奖励，他是首批国务院特殊津贴的获得者和首批省管专家，也曾多次受到政府表彰。

论著目录，既是学者成就的具体体现，又是了解、研究学者的入门向导。为方便学习、研究胡先生著述，在胡先生生前自编论著目录与孙继民《胡如雷先生论著年表》的基础上，笔者扩大收集范围，力求全面反映胡先生论著的面貌，说明胡先生论著传播的情况，为研究者提供翔实可靠的资料线索，编成了《胡如雷先生论著目录编年》。

本篇分为著作、论文、书评回忆与访谈三部分，分别按年代先后排列。同一篇文章有转载者，排在开始发表处之后。参加合作撰写的著述，按题目排在论文部分。未在报刊发表而收入论文集者，排列在论文集出版年代。

论文收入《抛引集》者，用＊号注明；收入《隋唐五代社会经济史论稿》者，用☆号注明；收入《隋唐政治史论集》者，用※号注明。论文名称报刊与论文集有不同者，以所刊载的报刊为主，论文集上的题目在注释中说明。

在收集整理过程中，得到胡先生子女与学生的帮助。但由于年长日久，虽然多次修订，资料仍然不敢说十分齐全，尤其是论文的转载数量在不断的增长中，难免还有遗漏讹误，错谬之处请批评指正。

一　著作

1979 年

《中国封建社会形态研究》

生活·读书·新知三联书店 1979 年版、谷风出版社 1987 年再版。

《唐末农民战争》

中华书局 1979 年版。

1984 年

《李世民传》

中华书局 1984 年版。

1993 年

《抛引集》

河北教育出版社 1993 年版。

1996 年

《隋唐五代社会经济史论稿》

中国社会科学出版社 1996 年版。

1997 年

《隋唐政治史论集》

河北教育出版社 1997 年版。

2011 年

《唐史》（中国大百科全书　名家文库）

中国大百科全书出版社 2011 年版[①]、中国盲文出版社 2015 年版。

二　论　文

1953 年

《关于高中世界近代史第一册一些问题的商榷》[②]

《历史教学》1953 年第 4 期。

1954 年

《甲午以前的军需工业》

《光明日报》1954 年 4 月 29 日。

1955 年

《论武周的社会基础》※

《历史研究》1955 年第 1 期。

《唐代均田制研究》☆

《历史研究》1955 年第 5 期。

---

① 中国大百科全书出版社 2014 年出版《百科名家中国史》合订本，其中包括胡如雷先生的《唐史》。

② 署名：河北邢台师范历史教研组高俊修、尹金翔、胡如雷。胡如雷执笔。

《中国古代史教学参考论文选》第三册。

《试论秦汉以后我国封建社会经济外的强制》

《光明日报》1955年8月4日。

1956年

《唐代的飞钱》☆

《光明日报》1956年6月7日。

《试论中国封建社会的土地所有制形式——对侯外庐先生意见的商榷》＊

《光明日报》1956年9月13日。

《中国历代土地制度问题讨论集》，生活·读书·新知三联书店1957年版。

《中国封建社会土地所有制形式问题讨论集》上册，生活·读书·新知三联书店1962年版。

《唐代的客户是些什么人?》

《历史教学》1956年第8期。

1957年

《唐朝的府兵是怎样变成彍骑和禁军的？为什么要有这样的改变?》

《历史教学》1957年第2期。

《什么是驿站?》

《历史教学》1957年第3期。

《唐代租庸调制的作用及意义》☆

《河北天津师范学院学报》1957年第2期。①

1958年

《关于我国封建社会经济规律的几个问题》②

《历史教学问题》1958年第2期。

《唐代两税法研究》☆

---

① 本文此条是根据《河北天津师范学院学报》封面、黑色字体标注：第二期，1957年3月著录的，有些学者引用、学术目录索引著录此文也多是如此著录。中国知网已经收录了此期的封面，但误录为：1957年第1期。

② 作者署名"胡节"，即胡先生的笔名。

《河北天津师范学院学报》1958年第3期。①

《廓清陈寅恪先生资产阶级史学观点的不良影响》

《新建设》1958年第12期。

《唐代的田庄》☆②

《历史教学》1958年第12期。

1959年

《关于朱温的评价问题》※

《光明日报》1959年9月17日。

1960年

《如何正确地理解封建主义生产方式》*

《新建设》1960年第2期。

《中国封建社会土地所有制形式问题讨论集》上册，生活·读书·新知三联书店1962年版。

《唐宋时期中国封建社会的巨大变革》☆③

《史学月刊》1960年第7期。

1961年

《应该严肃正确地理解和引用马克思列宁主义经典理论》

《光明日报》1961年10月11日。

1962年

《关于中国封建社会形态的一些特点》*

《历史研究》1962年第1期。

《北京市历史学会第一第二届年会论文选集》，北京出版社1964年版。

《魏晋隋唐时期的封建土地所有制形式》☆④

---

① 本文此条是根据《河北天津师范学院学报》白色封面、红色字体标注：第三期，1958年1月而著录的。有些学者引用此文、有些史学目录索引著录此文，多也是如此著录。中国知网收录了此期的封面，印制的很清晰，但著录为：1958年第1期。在此更正。

② 作者署名"胡节"，即胡先生的笔名。

③ 收入《隋唐五代社会经济史论稿》时，题目改为《唐宋之际中国封建社会的巨大变革》，见中国社会科学出版社1996年版，第324—344页。

④ 收入《隋唐五代社会经济史论稿》时，题目改为《从汉末到唐中叶的封建土地所有制形式》，见中国社会科学出版社1996年版，第266—282页。

《教学与研究》1962年第3、4期。

《对王仙芝、黄巢"乞降"问题的两点意见》☆①

《光明日报》1962年9月12日。

《略论"安史之乱"的性质》※

《光明日报》1962年10月10日。

1963年

《唐末农民战争的历史作用》☆

《历史研究》1963年第1期。

《唐五代时期的"骄兵"与藩镇》☆

《光明日报》1963年7月3日。

《北宋王小波、李顺起义》

《历史故事第一集》，北京出版社1963年版。

《记唐代农产品和手工业品的比价及其变动》☆②

《光明日报》1963年12月31日。

1964年

《庞勋领导起义的戍卒发遣年代略考》☆

《历史教学》1964年第7期。

1976年

《清算"四人帮"利用历史进行反党的罪行——部分工人和史学工作者的笔谈》③

《文物》1976年第12期。

1977年

《关于唐代韩柳之争的几个问题》＊

《历史研究》1977年第4期。

1978年

《几件新疆出土文书中反映的十六国时期租佃契约关系》＊

---

① 作者署名"吴节"，即胡先生的笔名。

② 收入《隋唐五代社会经济史论稿》时，题目改为《论唐代农产品和手工业品的比价及其变动》，中国社会科学出版社1996年版，第148—157页。

③ 本文是宁可、马雍、李学勤等十二人的笔谈文章，胡先生是笔谈作者之一。

《文物》1978 年第 6 期。

《新疆考古三十年》，新疆人民出版社 1983 年版。

《敦煌吐鲁番文书研究》，甘肃人民出版社 1984 年版。

1979 年

《"让步政策"是客观存在的》*

《光明日报》1979 年 1 月 16 日。

《隋文帝评价》※

《社会科学战线》1979 年第 2 期。

《中国古代史教学参考论文选》第三册。

《唐代牛李党争研究》※

《历史研究》1979 年第 6 期。

1980 年

《略论李密》※

《河北师院学报》1980 年第 4 期。

《复印报刊资料·中国古代史》1981 年第 5 期。

河北省历史学会一九八〇年年会论文选。

《中国农民战争史研究集刊》第 2 辑，上海人民出版社 1982 年版。

1981 年

《关于隋末农民起义的若干问题》☆

《文史》第 11 辑，中华书局 1981 年版。

《复印报刊资料·中国古代史》1982 年第 1 期。

《史学情报》1982 年第 2 期摘要。

《唐太宗生年考》※

《河北师院学报》1981 年第 4 期。

1982 年

《时代赋予历史学家的中心使命》*

《光明日报》1982 年 2 月 1 日。

《复印报刊资料·历史学》1982 年第 2 期。

《历史研究的理论与方法》，红旗出版社 1983 年版。

《历史理论研究》，重庆出版社 1984 年版。

《历史科学研究的新历程》,光明日报出版社1987年版。

《历史与现实论稿》,中国文史出版社1991年版。

《论唐太宗》※

《中国史研究》1982年第2期。

《复印报刊资料·中国古代史》1982年第14期。

《历史与现实》 *

《光明日报》1982年10月13日。

《史坛纵论》,重庆出版社1984年版。

《怎样记历史年代》

《文史知识》1982年第10期。

《学史入门》,中华书局1988年版。

《唐太宗民族政策的局限性》※

《历史研究》1982年第6期。

《复印报刊资料·中国古代史》1983年第1期。

《"玄武门之变"有关史事考辨》※

《中国古代史论丛》第1辑,福建人民出版社1982年版。

1983年

《一年来隋唐五代史研究情况简介》

《河北师院学报》1983年第1期。

《隋唐五代史》

《中国历史学年鉴(1983年版)》,人民出版社1983年版。

《李世民和"玄武门之变"》

《夜读》1983年第1期。

《谈谈研究封建社会经济史的一个方法论问题——如何看待典型性的问题》 *

《河北学刊》1983年第1期。

《复印报刊资料·经济史》1983年第3期。

《对出版古籍的几点建议》

《古籍整理出版情况简报》第104期,中华书局1983年版。

《怎样研究隋唐五代史》

《文史知识》1983 年第 7 期。

《学史入门》，中华书局 1988 年版。

1984 年

《运用马克思主义理论研究历史的点滴体会》＊

《文史哲》1984 年第 2 期。

《中国史研究文摘》，中州古籍出版社 1985 年版。

《唐玄宗李隆基卒年辨》※

《河北师院学报》1984 年第 2 期。

《中国史研究文摘》，中州古籍出版社 1985 年版。

1985 年

《瞻前顾后　左顾右盼》＊

《光明日报》1985 年 1 月 23 日。

《中国史研究文摘》，中州古籍出版社 1986 年版。

《试论社会主义史德》＊

《河北学刊》1985 年第 2 期。

《中国史研究文摘》，中州古籍出版社 1986 年版。

《学历史有什么用处》①

《中学生文史》1985 年第 6 期。

《百年中国历史教育箴言集萃》，学林出版社 2012 年版。

1986 年

《百姓≠平民》

《中学生文史》1986 年第 7—8 期。

《也谈"自田"兼论与唐代田制有关的一些问题》☆

《中国经济史研究》1986 年第 2 期。

《复印报刊资料·经济史》1986 年第 9 期。

《报刊资料选汇·魏晋南北朝隋唐史》1986 年第 9 期。

---

① 此篇原未著录，承王京州《胡如雷先生年谱稿》提示而增加，诚挚感谢。但此文不是刊登在《中学生文史》1986 年第 6 期，而是在 1985 年第 6 期。之所以如此，当是因为《百年中国历史教育箴言集萃》介绍胡先生时，说："《学历史有什么用处》一文，刊登于《中学生文史》1986 年第 6 期。"（学林出版社 2012 年版，第 238 页）随之沿讹袭谬所致。

《历史研究法刍议》*

《河北学刊》1986年第4期。

《隋唐五代史的阶段划分》☆

《河北师院学报》1986年第3期。

《高等学校文科学报文摘》1986年第6期。

《关于发展马克思主义基本理论的几个问题》*

《社会科学评论》1986年第4期。

《报刊资料选汇·科学社会主义》1986年第7期。

《隋唐科举制》

《百科知识》1986年第9期。

《建议出版三种〈一切经音义〉》

《古籍整理出版情况简报》第168期，中华书局1986年版。

1987年

《两件敦煌出土的判牒文书所反映的社会经济状况》☆

《唐史论丛》第2辑，陕西人民出版社1987年版。

《门阀士族兴衰的根本原因及其士族在唐代的地位和作用》☆①

《唐史论丛》第3辑，陕西人民出版社1987年版。

《关于生产力与生产关系范畴的几个问题》*

《河北学刊》1987年第3期。

《复印报刊资料·政治经济学总论部分》1987年第6期。

《再论唐太宗民族政策※——兼答熊德基先生》

《中国史研究》1987年第4期。

《复印报刊资料·魏晋南北朝隋唐史》1988年第2期。

《漫谈治学》*

《河北学刊》1987年第6期。

《唐代中日文化交流高度发展的社会政治条件》☆

《河北师院学报》1987年第4期。

---

① 收入《隋唐五代社会经济史论稿》时，题目改为《门阀士族兴衰的根本原因及在隋唐的地位与作用》，中国社会科学出版社1996年版，第283—323页。

《高等学校文科学报文摘》1988年第3期。

林天蔚、黄约瑟主编《古代中韩日关系研究》,香港大学亚洲研究中心1987年版。

1988年

《略谈中国古代的国家体制——统一、集权、专制》*

《山东社会科学》1988年第1期。

《论隋唐五代在历史上的地位》☆

《河北学刊》1988年第2期。

《复印报刊资料·魏晋南北朝隋唐史》1988年第6期。

《运用"角色"原理研究历史人物的设想》*

《光明日报》1988年6月1日。

《试论"民族同化"及其机制》*

《河北师院学报》1988年第4期。

1989年

《魏征——千古流芳的谏臣和一代著名的史臣》※

《河北师院学报》1989年第3期。

《复印报刊资料·魏晋南北朝隋唐史》1989年第11期。

《隋唐五代史》(与孙继民合作)

《中国历史学四十年1949—1989》,书目文献出版社1989年版。

《周隋之际的"三方之乱"及其平定》※

《河北学刊》1989年第6期。

1990年

《中国经济史研究中存在问题之我见》

《中国经济史研究》1990年第1期。

《北周政局的演变与杨坚的以隋代周》※

《社会科学战线》1990年第2期。

《复印报刊资料·魏晋南北朝隋唐史》1990年第9期。

《〈唐天宝二年交河郡市估案〉中的物价史料》☆

《平准学刊》第2集,中国商业出版社1990年版。

1991 年

《隋文帝杨坚的篡周阴谋与即位后的沉猜成性》※
《中国唐史学会论文集》,三秦出版社 1991 年版。

《隋唐五代史部分》
《中国古代史导读》,文汇出版社 1991 年版。

1992 年

《中国封建社会形态的主要特点》
日本中央大学《亚细亚研究》第 16 号 1992 年。

《隋唐帝国の诸阶层と诸民族》
《日本明治大学国际交流センター》1992 年 2 月。

《唐》、《魏徵》等词条
《中国大百科全书·中国历史》,中国大百科全书出版社 1992 年版。

《知识竞赛的新世纪》
香港中文大学《二十一世纪》1992 年 10 月号。

1993 年

《关于武则天研究中的几个问题》※
《社会科学战线》1993 年第 1 期。
《复印报刊资料·魏晋南北朝隋唐史》1993 年第 4 期。

《关于国家理论的几点探讨》
《抛引集》,河北教育出版社 1993 年版。

《一个值得努力研究的重大史学课题——人类历史上的社会发展效益问题》
《抛引集》,河北教育出版社 1993 年版。
《史学名篇》(高等教育学养丛书),陕西师范大学出版社 2005 年版。

《论"东方土地国有制"与中国的封建土地所有制》
《抛引集》,河北教育出版社 1993 年版。

《论唐代开元时期对地方吏治的重视与整饬》※
《河北师院学报》1993 年第 4 期。

1994 年

《唐"开元之治"时期宰相政治探微》※
《历史研究》1994 年第 1 期。

《复印报刊资料·中国古代史先秦至隋唐》1994 年第 4 期。
《〈升平源〉的真伪辨析》
《河北学刊》1994 年第 1 期。
《对隋唐之际王世充势力的几点剖析》※
《厦门大学学报》1994 年第 2 期。
《复印报刊资料·中国古代史先秦至隋唐》1994 年第 9 期。
《隋唐之际的林士弘起义考释》※
《河北师院学报》1994 年第 4 期。

1996 年
《隋朝统一新探》※
《历史研究》1996 年第 2 期。
《高等学校文科学报文摘》1996 年第 4 期。
《复印报刊资料·魏晋南北朝隋唐史》1996 年第 4 期。
《略谈唐代宦官滥收假子的现象》※
《河北师院学报》1996 年第 2 期。
《唐朝的宦官是商贾阶层在政治上的代表者吗?》※
《中国史研究》1996 年第 3 期。

1997 年
《试论唐朝"甘露之变"中文宗和"南衙"朝官失败的主要原因》※
《唐代的历史与社会》,武汉大学出版社 1997 年版。
《哲学、思想与史学的关系》
《中国前近代史理论国际学术研讨会论文集》,湖北人民出版社 1997 年版。
《狄仁杰与"五王政变"》
《隋唐政治史论集》,河北教育出版社 1997 年版。

三 书评、回忆与访谈

(一) 书评、回忆
1982 年
《读〈汪篯隋唐史论稿〉兼论隋唐史研究》*

《读书》1982 年第 2 期。

1983 年

《回顾在清华大学历史系学习生活片断》 *

《学林漫录》第 7 集，中华书局 1983 年版。

《清华旧影》，东方出版社 1998 年版。

1985 年

《〈唐末农民战争战略初探〉序言（二）》

天津人民出版社 1985 年版。

1989 年

《〈中国农民战争史〉（隋唐五代十国卷）读后》 *

《中国史研究动态》1989 年第 9 期。

1991 年

《怀念恩师孙毓棠先生》

《学林漫录》第 13 集，中华书局 1991 年版。

《怀念张老　纪念张老》

《河北师院学报》1991 年第 2 期。

《张恒寿先生纪念文集》，河北教育出版社 1993 年版。

1993 年

《坎坷的遭遇　多彩的暮年》

《文史精华》1993 年第 5 期。

（二）访谈①

1985 年

《历史学家谈史德——访省社科院历史研究所副教授胡如雷》

刘东稳，《河北日报》1985 年 4 月 18 日。

1988 年

《关于"史学危机"的思考——访胡如雷教授》 *

孔洁，《史学情报》1988 年第 1 期。

---

① 访谈，是阎荣素建议增加的，并提供了《呼唤高层次的历史著作问世——访胡如雷先生》一文。

1989 年

《呼唤高层次的历史著作问世——访胡如雷先生》

肖黎、陈君聪,《光明日报》1989 年 5 月 17 日第 3 版。

《复印报刊资料·出版工作、图书评介》1989 年第 5 期。

1995 年

《胡如雷：我是野生植物》

刘九生,《中学历史教学参考》1995 年第 5 期。

编 后 记

本文集（全四卷）为河北省社会科学基金重点项目"《胡如雷先生全集》整理与研究"（批准号：HB23ZL001）的结项成果。2026年是胡如雷先生诞辰100周年，我整理编纂胡先生的文集，一方面是学院工作的需要，另一方面亦是为了纪念和缅怀胡先生。

胡如雷先生是20世纪我国著名的马克思主义史学家和隋唐史专家，曾长期执教于河北师范大学历史文化学院前身之一的河北师范学院历史系。胡先生研究领域广泛，在中国封建社会形态、隋唐政治史、经济史、农民战争史和史学理论等方面皆有重要建树，其代表作《中国封建社会形态研究》是马克思主义史学研究的典范，具有很高的理论水平。胡如雷先生为中国古代史研究做出了卓越贡献，是20世纪中国古代史研究中里程碑式的人物。[①]

胡先生著述丰硕，本文集乃其论著的精选，包括著作6部，论文80余篇，这些发表在不同时期、不同报刊的文章在文字、标点等规范标准上是不一致的。本书的校勘原则如下：

一、总的原则是既保持原作的本来面目，又要符合出版规范。

二、本文集所收入的胡先生的著述，最早发表的是论文《甲午以前的军需工业》，原载于1954年4月29日的《光明日报》，最晚面世的是1997年河北教育出版社出版的论文集《隋唐政治史论集》，前后历时43年，故字体繁简不一。除个别特殊文字外，本文集一律使用简体。

---

① 冯金忠：《"唐长孺、胡如雷先生与隋唐史研究"学术研讨会综述》，《河北学刊》2005年第5期。

三、过去使用汉字多有不规范之处，本文集根据今天的规范标准进行了改动，如"好象"改为"好像"，"拚命"改为"拼命"，"帅领"改为"率领"，"那末"改为"那么"等。

四、对原作的引文，基本不予改动。因为同一文献可能有多个版本，作者使用的文献版本可能与今天的通行本不同。

五、本文集对发现的脱、衍、倒、讹等错误，查证后进行了修改并加以脚注。

六、原作的注释既有尾注，又有脚注。本文集的注释统一采用脚注。脚注为古籍的，一般以原格式为主。卷次序号原多为单纯数字，统一为数字前加"卷"字；脚注为现代书目的，有些缺少出版社或出版时间，核查后基本进行了完善。

在本文集整理编纂过程中，河北师范大学历史文化学院领导给予了鼎力支持和帮助，在此深表感谢！遇到难题时，我常向贾丽英教授、秦进才教授和胡宝华教授请教，他们总是不厌其烦，为我提供了很多帮助。中国社会科学出版社的编审安芳女士负责本文集的编辑工作，她认真细致，悉心审校，提出了很多宝贵的修改意见。还有陈瑞青教授、孙文阁教授为本文集的完成付出了不少艰辛，在此一并致谢！

由于水平所限，本文集在整理编纂过程中必有很多不当或错误之处，敬请各方批评指正。

阎荣素

2025年5月26日